戦争批判の公共哲学

「反テロ」世界戦争における法と政治

Critical Public Philosophy against War
: Law and Politics in the 'Anti-Terrorism' World War

小林正弥 [編]
KOBAYASHI Masaya

まえがき

2001年9月11日の同時多発テロは確かに世界を変えた．それ以来，アフガニスタン・パレスチナ・イラクと戦火は燃えさかり，北朝鮮・イラン・シリアなどに今後もさらに拡大する危険が存在する．

本書では，この一連の戦争の総体を「反テロ」世界戦争と呼び（**序章**参照），この戦争を，両次の世界大戦の後に現れた最大の世界的な戦争と位置づける．イラク戦が行われてしまった現在では，イスラーム圏における反米感情が沸騰してしまい，この戦争は一種の「文明の衝突」（ハンチントン）──筆者の表現では「文明衝突戦争」──となりつつある．

同時多発テロ事件は，ビルの崩落という映像の効果もあって，人々に心理的衝撃を引き起こした．筆者も含めて，そこに終末論や黙示録を連想した人も少なくはないであろう．そして，以上のような展開は，確かにこのような印象が必ずしも的外れではなかったことを物語っていよう．

しかし，冷静に考えてみれば明らかな通り，いかに大きな事件とは言っても，同時多発テロ事件は世界の終末や文明衝突戦争を必然的に帰結するものではない．それ故に，これ以上の事態の悪化を防ぐためには，冷静な社会科学的ないし公共哲学的な考察が必要とされる．逆に言えば，そのような努力が集合的になされることによって，終末論的な悲劇や文明衝突戦争の危険は回避しうるであろう．少なくとも，そのような希望に基づいて，この書物は編集された．

このためには，これ以上の戦争の拡大を防ぐために，戦争批判を改めて本格的に遂行するのが，正に喫緊の課題となっている．日本も含め，今後の全世界の運命がかかる問題だけに，これは，他のいかなる問題にもまして緊急に行わなければならない最優先事であろう．そこで，本書では，この戦争に関して，公共哲学の観点から，特に法と政治に焦点を合わせて戦争批判の論点を提示し，考察を行う．

本書の姉妹書『地球的平和の公共哲学——「反テロ」世界戦争に抗して』（東京大学出版会，2003年）においては，特にアフガニスタン戦に焦点を合わせて，公共哲学の広範な観点からの議論がなされている．アフガニスタン戦では，アル＝カーイダやターリバーンというようなイスラーム過激派やイスラーム原理主義が議論の中心となるから，この姉妹編では，「文明の衝突」に対する「文明間対話」や「宗教間対話」などが重要な主題となっている．そのために，学際的な公共哲学の特色を生かして，政治学者だけではなく，イスラーム世界やアメリカの研究者や宗教研究者など，多様な領域の研究者が寄稿している．

これに対して，本書は，アフガニスタン戦だけではなく，その後のパレスチナ戦や，さらにイラク戦をも射程に入れつつ，「反テロ」世界戦争の——現在までの——全体を念頭において，単に状況論ではなく，戦争を根底的に批判することを目指している．特にイラク戦までも含めて考えれば，「反テロ」世界戦争の考察においては，イスラーム世界と西洋世界との衝突という角度からだけではなく，戦争／平和という国際政治や国際秩序の根本的問題を論じることが不可欠であろう．そこで，本書では，公共哲学の中で，戦争批判において特に重要な焦点をなす「法」と「政治」という二つの観点に重点を置いたのである．

戦争批判の論点を明らかにするために，各部の題は疑問形として，その基本的な問題意識を示した．まず**序章**では，「戦争批判の公共哲学」の必要性を述べると共に，「反テロ」世界戦争という概念やその思想的動因についての筆者の理解の大要を示した．

アフガニスタン戦やパレスチナ戦を考察するためには，やはりイスラーム世界やユダヤ教ないしイスラエルについての知見が必要であり，本書の**第一部・第二部**はそれらの研究者の論稿を収録している．その場合にも「法と政治」という観点が背景に伏在している．**第一部**は「イスラーム法：『テロ』は犯罪か戦争か？」という論点を中心にしており，「犯罪」という見方が法的な発想であるのに対し，「戦争」という規定は政治的なものである．

同時多発テロ事件を「犯罪」と見做せば，「反テロ」世界戦争は起こらなかったはずであるが，ブッシュ大統領が事件直後にこれを「戦争」と規定したことによって，戦争が開始された．だから，「このテロ事件を犯罪と見るか戦争

と見るか」という論点は，正に「反テロ」世界戦争が開始されるかどうかという決定的な分岐点だった．この意味において，戦争批判は，まず「犯罪／戦争」ないし「法／政治」という対の中で，「テロ」を「戦争-政治」の範疇で捉えたところから始めるべきであろう．イスラーム世界の内在的論理に即して検討するために，イスラームの研究者である柳橋博之（敬称略，以下同じ）と池内恵の論稿を収録し，さらにこの論点について議論を深めるために池内と山本登志哉の対話も収録した．

この戦争を全体的に捉えるためには，アフガニスタンとイラクだけを見るのではなく，パレスチナ／イスラエル問題を直視する必要がある．**序章**で述べるように，アメリカ国内で特にこの戦争を推進している勢力（新保守主義，キリスト教原理主義）にとって，実はイスラエルの安全や利益の増進が大きな目的になっているからである．この問題においても，イスラーム問題と同様に，政治と宗教という二つの問題が複雑に関連している．そこで，**第二部**は「**パレスチナ戦争：根源は宗教か政治か？**」と題して，ユダヤ教やパレスチナ問題に詳しい黒川知文と臼杵陽の論稿を収録した．

一般には「パレスチナ紛争」というような呼称が用いられるが，死傷者の数等から見れば，この「紛争」は優に「戦争」の規模に達していると思われる．そこで，本書では，アフガニスタン戦やイラク戦の場合と同様に，これを「パレスチナ戦（戦線）」と呼んで，その深刻さを強調することにした．ここにおける「自爆テロ」とイスラエルの報復攻撃という戦争の構図が，同時多発テロに対するアメリカの報復攻撃によって，世界大の戦争として拡大してしまったのである．アフガニスタンやイラクにおける死傷者や民兵等によるゲリラ戦などの戦闘状況は，正にパレスチナの状況を連想させ，これらの地域はいわばパレスチナ化したと言って良いであろう．いわば，「アメリカのイスラエル化」と「世界のパレスチナ化」が進行したのである．

前述したように，アメリカが「テロ」を「戦争」と規定して「戦争」を開始してしまったために，「テロ」と「戦争」との悪循環が始まってしまったように見える．しかも，パレスチナ問題の場合と同様に，この悪循環においても，宗教的・思想的要因と政治的要因が複合しており，イスラームの「聖戦（ジハード）」の観念とアメリカ帝国の「正戦」の観念が衝突して状況を悪化させて

いる．そこで，**第三部**では「**国際政治：『テロ』と戦争の悪循環は超えられないか？**」と題し，国際政治の観点からの議論として，木村正俊と藤原帰一の論稿を収録した．

序章で論じるように，イスラーム側の「テロ」だけではなく，アメリカ側の「戦争」においても，「正義の戦争」という観念，さらにはキリスト教原理主義の影響（「聖戦！」）が存在する．だから，この戦争は，宗教的原理を持ち込まないことによって成立した近代の国際関係を揺るがせるものであり，それ故に，「文明衝突戦争」の危険を孕むのである．

そして，この戦争は国際関係だけではなく，国際法や，日本にとっては憲法という，内外の法的秩序を全面的に動揺させている．既にアフガニスタン戦においても，国連を無視してアメリカは一方的に武力攻撃を行ったが，イラク戦においては，国連安保理で新決議が成立しなかったにも拘らず，アメリカ・イギリスはそれを無視して攻撃を開始した．また，日本政府はアフガニスタン戦においてテロ特措法を成立させて，自衛と関係のない国際紛争に対し自衛隊を初めて「参戦」させてしまったし，アメリカ・イギリスのイラク攻撃も支持した．

そこで，法的観点からこれらの問題性を問うために，**第四部**では「**法：正当な戦争か？**」と題して，国際法学と憲法学から松井芳郎と山内敏弘の論稿を収録した．ここでは，いわば「法的戦争批判」として，アメリカ政府・日本政府それぞれの行った国際的・国内的違法性が批判され，またそこに浮かび上がった国連や国際法の弱体性や，日本の立憲主義の危機に対し，克服の方策などが提言されている．

勿論，これは法的危機であると共に，政治的危機でもある．「反テロ」世界戦争が，第二次世界大戦以来，領域的には最大の戦争であるという事実に対応して，国内政治についての問題点も政治の根本に関わっている．筆者の見解では，アメリカやイスラエルを始め，この戦争に関しては，戦前日本の超国家主義を思わせるような危険な現象が世界的に現れている．また，戦前の超国家主義への反省から生まれた日本の平和主義も，日本国内の新国家主義の再生によって揺るがされており，さらにこの戦争によって転覆される危機に襲われている．そこで，**第五部**を「**ファシズムか平和主義か？**」と題して，政治思想と比較

政治の観点から，いわば「政治学的戦争批判」を千葉眞と筆者が行っている．

そして，**第六部**は「**展開：戦争批判の理論と実践**」と題し，以上の議論を最後に「戦争批判の理論」として筆者なりに展開させ，その「実践」として，鎌田東二・千葉眞・西田清志らと共に「地球平和公共ネットワーク」を中心に行った試みを紹介している．

終章の「**戦争批判の地球的公共哲学――地球的人民主権による平和へ**」では，収録の諸論稿を要約しつつ，それらと関係させながら，**序章**の観点や問題意識に基づいて，筆者自身の見解を述べた．**第四部**までの諸論稿がいわば戦争批判の諸論点を提示しているので，筆者なりの公共哲学の観点から，なるべく広くそれらを考察するように努めたつもりである．

公共哲学の一つの重要な目的は，このような幅広い考察や議論を行うことによって，現実に有意な実践的指針を示すことである．「地球平和公共ネットワーク」が中心となって公表した「**イラク非戦声明**」は，本書の議論をはじめとするそのような試みの一つの結実である．戦後政治学の伝統を体現する福田歓一や，平和研究で著名な武者小路公秀の他，本書や姉妹書収録の論者の中から，鎌田東二・千葉眞・稲垣久和・加藤哲郎・栗田禎子・黒住眞・鈴木規夫・松井芳郎・山本登志哉・山脇直司が呼びかけ人に，また石田雄・板垣雄三・宮本久雄・山内敏弘が賛同者になっている．そこで，地球平和公共ネットワークの結成趣意書と共に，この声明を巻末に資料として収録することにした．

公共哲学にも様々な立場が存在しうるが，法と政治という二つの領域を中心にした結果，本書の編集や序章・終章などにおいては特に，編者が強い影響を受けているところの，戦後における南原-丸山公共哲学の観点が強く表れている．もっとも，これは編者個人の企図に関わることであって，本書に収録された執筆者個々人が同様の立場を取っているわけではない．「反テロ」世界戦争の批判という点においては，相当広範な合意が存在するが，その思想的立場や，戦争規定（序章参照）も含め様々な論点については，執筆者の中でも意見の相違が存在するであろう．だから，人名・地名や諸概念など様々な用語についても表記の統一は図っていない．筆者個人の見解は，『非戦の哲学』（筑摩書房，2003年）に端的に現れているのに対し，本書は，その多様な見解を浮き彫りにすることによって，戦争批判の公共哲学を総体として前進させることを目的に

している．

　イラク戦が終了しても，「反テロ」世界戦争の危機は去らず，北朝鮮など東アジアや中東の全域に危機が拡大する危険が存在する．そして，姉妹書の帯のとおり，この「襲い来る大洪水」（板垣雄三）をくぐり抜ける中から，新しい時代における国際的・国内的な公共世界の姿が現れて来るであろう．例えば，両次の世界大戦の後で，帝国主義や軍国主義が反省・批判され，国際的には国際連盟・国際連合が形成され，国内では民主主義が多くの国で制度として確立されたように．

　同様に，「反テロ」世界戦争の渦中における人類の思惟は，従来の世界やこの戦争に対して反省や批判的総括を行うことにより，その後の「地球的平和」の実現と「新公共世界」への礎石となるに違いない．例えば国際政治学などの観点から戦争を具体的に扱う場合とはやや異なって，本書では公共哲学という観点から，主権の変容や地球的公共体構成といった大問題も含め，新公共世界の巨視的ビジョンについても大胆な思想的議論が正面から提起されている．本書や姉妹書における学際的な論稿が，進行中の世界戦争に対して「戦争批判の公共哲学」としての機能を果たし，「地球的平和」の達成に，さらには次なる「地球的公共世界」の形成に，知的に寄与する意義をも持つように願って止まない．

2003 年 4 月 8 日

小林正弥

戦争批判の公共哲学
「反テロ」世界戦争における法と政治

目　次

まえがき

序　章　「反テロ」世界戦争批判の公共哲学 ………小林正弥
　　　　──「理想主義的現実主義」の観点から

1　戦争と平和　　1

2　「戦争批判の公共哲学」の必要性　　3

3　戦争規定　　5

4　「反テロ」世界戦争の思想的動因　　11

5　国際秩序の危機と帝国化　　21

6　反戦論と正戦論──二つの理想主義の統合に向けて　　24

第一部　イスラーム法：「テロ」は犯罪か戦争か？

第1章　現代イスラーム法解釈における危険性 …柳橋博之
　　　　──スンナ派イスラーム圏の法体系

1　イスラーム法の理論　　33

2　イスラーム法の特徴　　36

3　前近代におけるイスラーム圏の法体系の発展　　37

4　近現代におけるイスラーム圏の法体制　40
　　——家族法を中心として

5　古典的イスラーム法のゆくえ　45

第2章　イスラーム法における「罪と罰」

発題：非対称戦争とイスラーム世界……………池内恵

1　イスラーム教の基本要素　51
2　イスラーム主義過激派の動員力　53
3　「非対称性」の増大　54
4　「非対称世界」の「非対称戦争」　55
5　世界観闘争・宗教戦争を避けるために　57

対話：非イスラーム世界と意味を共有する可能性　59
　　　　　　………池内恵・山本登志哉

第二部　パレスチナ戦争：根源は宗教か政治か？

第3章　ユダヤ教の戦争観，殉教観　……………黒川知文

1　ロシア・ユダヤ人のイスラエルへの移住　85

2　ロシア・ユダヤ人の歴史　86

3　ユダヤ教の戦争観　87

4　ユダヤ教の殉教観　88

5　宗教紛争をのりこえるために　89

第4章　シオニズムの問題性 ……………………………臼杵陽
　　　　　――パレスチナ／イスラエルの視点から

1　パレスチナ／イスラエルという「場」　91

2　シオニズムというイデオロギーの孕む問題性　93

3　「犠牲者」による「犠牲者」の創出という悪循環　101

第三部　国際政治：「テロ」と戦争の悪循環は超えられないか？

第5章　正戦と聖戦 ………………………………………木村正俊

1　本章の課題　109

2　伝統的な正戦観念　110

3　伝統的なジハード概念　115

4　現代における正戦とジハード　119

5　「宗教戦争」時代の共生　126

第6章　二つの恐怖の谷間で ……………………………藤原帰一
　　　　　――冷戦後世界における暴力とアメリカ

1　二つの恐怖　133

2　二つの世界――イギリス・インドネシア・日本　135

3　正義の帝国　138

4　デモクラシーとその周辺　140

5　帝国と平和　142

第四部　法：正当な戦争か？

第7章　国際テロリズムに対する一方的武力行使の違法性……………松井芳郎

1　問題提起　147

2　国際テロリズムは「戦争」か　149

3　自衛を根拠とする武力行使　151

4　自衛以外の違法性阻却事由　171

5　一方的武力行使は世界秩序の将来に何をもたらすか　175

第8章　歴史的岐路に立つ平和憲法……………山内敏弘
　　　　──テロ対策特措法と有事法案に関連して

1　憲法研究者の対応について　183

2　テロ対策特別措置法と自衛隊法改定について　184

3　有事関連法案について　188

4　平和憲法の今日的な意義　191

5　学際的共同研究の意義　194

第五部　政治：ファシズムか平和主義か？

第9章　戦後日本の社会契約は破棄されたのか ……千葉眞
　　　　──政治思想史からの徹底平和主義

1　戦後初の海外派兵と憲法平和主義の危機　199

2　湾岸戦争以後──戦後平和主義にとっての「失われた十年」　201

3　国家創設行為としての憲法制定　203
　　──社会契約としての日本国憲法の制定

4　戦後平和主義の危機と憲法平和主義の危機　207

5　徹底平和主義の将来構想　212

第10章　今なおファシズムの世紀なのか？ ………小林正弥
　　　　──21世紀の超国家主義批判

1　極右の世界的抬頭　219

2　ネオ・ファシズムの概念　220

3　「民主制のファシズム」という逆説　226

4　「地球的反動の総本山」としてのアメリカ超国家主義　233

5　宗教的／虚無主義的超国家主義　237

6　大日本帝国とアメリカ世界帝国における歴史の逆説　241

7　日本近代史とイラク「民主化」　245

8　世界的循環論における極右的反動への警鐘　249

第六部　展開：戦争批判の理論と実践

終　章　戦争批判の地球的公共哲学　………………小林正弥
　　　　——地球的人民主権による平和へ

1　戦争批判の論理と地球的公共主義　257
2　イスラーム法：「テロ」は犯罪か戦争か？　265
3　パレスチナ戦争：根源は宗教か政治か？　270
4　国際政治：「テロ」と戦争の悪循環は超えられないか？　285
5　法：正当な戦争か？　296
6　政治：ファシズムか平和主義か？　305

あとがき

　　資料１：地球平和公共ネットワーク結成趣意書
　　　　〈１〉平和への希望，友愛の螺旋
　　　　　　「足の裏で憲法第９条を考える会」有志　鎌田東二・西田清志
　　　　〈２〉非戦の活動
　　　　　　「公共哲学ネットワーク」有志　小林正弥・千葉眞
　　資料２：イラク非戦声明——「反テロ」世界戦争から「いのちと平和」を守るために
　　　　（本文・趣旨）

序　章　「反テロ」世界戦争批判の公共哲学
──「理想主義的現実主義」の観点から

小林正弥

1　戦争と平和

　戦争と平和──これは，トルストイの有名な小説の題にもなっているように，公共世界にとって最も根源的な主題である．人間にとって究極的な主題は生死であり，それが大量に集合的に問われるのが戦争と平和の問題だからである．
　だから，大戦争の後，例えば両次の世界大戦の後には，この主題が最重要なものとして意識され，学問や芸術において深く展開された．例えば，第一次世界大戦の後では，理想主義的な平和運動や国際統合運動などが高揚したし，小説でもマルタン・デュ・ガールの『チボー家の人々』（1922年-1940年）のような名作が生まれた．第二次世界大戦の後には，モントルー宣言（1947年）を経て世界連邦運動が開始され（1948年），日本でも1948年に「世界連邦建設同盟」（現在の「世界連邦運動協会」）が結成された（初代会長・尾崎行雄，副会長・賀川豊彦）．さらに日本では平和問題が国内政治におけるファシズムや軍国主義と結びつけられて論じられ，民主主義と平和主義とは車の両輪のように考えられて，「民主と平和」は戦後民主主義の中心的標語となった．芸術においても，ピカソのゲルニカのような名作が現れ，戦争の悲惨さが訴えられた．日本においても，唯一の被爆国として特に広島・長崎の体験が写真や遺跡や語りによって世界に訴えられ，原民喜の「夏の花」三部作のような原爆小説も生まれた．
　このような動向や真剣な平和運動の結果，国際世論や政府当局者においても世界的に戦争廃絶・恒久平和の理想が広がりを持ち，国際機構としても，第一

次世界大戦後に国際連盟，第二次世界大戦後には国際連合が形成された．国際法としても，1928年の不戦条約（ケロッグ-ブリアン条約）に始まった（侵略）戦争違法化の歩みは，国際連合憲章において重要な到達点に至った．ここでは，自衛権の行使（第51条）と，安全保障理事会の決定による軍事的強制措置（第42条）とを例外として，個別の加盟国による戦争は違法とされた．いわば世界的に「戦争批判の公共哲学」が存在し，それが現実の国際秩序や国際法として一定程度制度化され，法的・政治的に実現した，と言えよう．

戦勝国であったアメリカ等においては，ナチスに対する宥和政策が批判され，それに対する戦争が正当化されて，正戦論が戦後も有力になった[1]．これとは対照的に，自らの過ちによって徹底的な打撃を蒙った日本の戦後の学問，特に政治学や法学にとっては，以上のような一般的動向以上に，戦争／平和の問題は決定的に重要であった．敗戦後に戦争に対する「悔恨共同体」（丸山眞男）として成立した戦後日本社会科学においては，徹底的に戦争総体や軍国主義が批判され，これに対して平和主義が圧倒的に主流となったのである．

日本国憲法では，前文で国連中心主義や国際協調主義が謳われていただけではなく，第9条では戦争放棄が具体的に規定され，平和主義が明確に法的に定められている．だから，これは単に政治思想や政治的主張ではなく，最高法規たる憲法自体に実定法的な根拠を持った法的規範でもある．ことに第9条第2項における戦争放棄の規定は，殆ど他に類例を見ない憲法規範[2]であり，国連憲章等における一般的な戦争違法化への流れを遙かに先に進めたものであった．それだけに，これは，非現実的として保守主義者や現実主義者からは（さらには戦争直後の共産主義者からも）批判の的となり，改憲論の最大の焦点となった．しかし逆に，いわゆる進歩派の多くや平和主義者にとっては，痛恨の敗戦から獲得した貴重な理想主義的規範であり，このような平和主義は，戦後日本の基本的原理であると共に，ゆくゆくは世界の先例たるべき理念として考えられていた．

丸山眞男のような政治学者や宮沢俊義・小林直樹のような憲法学者にとって，平和問題が最重要の問題であったことは疑いを容れない．丸山らが関与した

1　藤原帰一『戦争を記憶する――広島・ホロコースト・現在』講談社，2001年，第3章．
2　この点で類例として挙げられるのがコスタリカ憲法（1949年）である．

「平和問題談話会」や「憲法問題研究会」の活動はその象徴的な例である．講和問題や安保問題において，研究者は分野を超えて討議を行い，これらの研究会の声明や総合雑誌における個々人の論説を通じて，知識人が積極的に発言し，その公共的責任を果たそうとした．自衛隊の合憲性・違憲性を巡る論争に端的に現れているように，憲法第9条を中心にした改憲論・護憲論は，1990年代前半まで，現実の政治過程において，また政治学や憲法学などの学問において一貫して中心的な関心事だった．

　自民党が当初は改憲を党の政綱（昭和30年）に謳っていたように，現実政治においては保守政党の現実主義が強力であり，その下で自衛隊は徐々に拡大して遂には世界で有数の戦力となった．しかし，逆に学界や論壇においては，憲法第9条を重視する平和主義や非武装中立主義が（少なくとも当初は）優勢であり，軍拡路線に一定の歯止めをかけていた．筆者は，公共哲学との関連において丸山眞男を論じる中で，この対立を「保守的公共哲学／革新的公共哲学」と呼んだ．戦後日本においては，憲法第9条の存在故に，後者が「公式公共哲学」をなしており，その中核は「平和公共哲学」だった[3]．いわば，戦後日本の公式公共哲学は，「戦争批判の公共哲学」に立脚した「平和公共哲学」だったのである．

2　「戦争批判の公共哲学」の必要性

　1990年代初頭における冷戦の終焉とソ連の崩壊や，湾岸戦争，さらにその後の日本政治の大転換によって，このような状況は著しく変わった．いわゆる革新陣営は政治的に決定的に退潮し，護憲勢力の中核だった社会党（現，社民党）も，1984年には石橋政嗣委員長の下で自衛隊「違憲・法的存在」論を党の公式見解として採用し，さらに1994年の村山政権成立と共に，日米安保条約を不可欠とし自衛隊を合憲と認めるに至った．党是だった非武装中立主義は，その「政策的役割を終えた」とされて，ここに放棄されたのである[4]．学界や論壇でも，日米安全保障条約や自衛隊の廃絶を唱える理想主義者は少なくなり，

3　小林正弥編『丸山眞男論——主体的作為，ファシズム，市民社会』公共哲学叢書第2巻，東京大学出版会，2003年，4頁．

逆に親米的な現実主義者が急増して，日米新ガイドライン（1997年）などにも正面から異を唱える人は少なくなった．現実主義的政策を唱えることがいわば知的世界の主潮のようになり，恒久平和の理念を謳う理想主義者は珍しくなった．このような中では，国際政治や国際関係の現実分析や政策論は隆盛を迎えても，平和の公共哲学は退潮し，戦争を正面から原理的に批判することも少なくならざるを得ない．

このような潮流に対し，2001年9月11日の同時多発テロ以後の世界の展開は，全く新しい局面を開くことになった．アフガニスタン戦の段階では，イギリス・フランス・ドイツ・ロシア・中国など世界的にもアメリカを支持する勢力が強かった．また日本国内でも，現実主義の惰性の下で，論壇でも，アメリカが主導する戦争を支持する論者が圧倒的に多数であり，イラク戦の段階においても，そのような現実主義者の多くはなおアメリカを支持している．しかし，他方，同時多発テロ事件以降，アフガニスタン戦の段階でも，これまでさほどこの問題について発言してこなかった研究者の中で，「反テロ」を大義名分とする戦争に対する疑問や反対の意見が生じ始めた．本書の大部分の論稿は，その段階における考察に由来している．そして，このような疑問は，その後の展開，例えばブッシュ大統領の「悪の枢軸」発言（2002年1月29日）や新戦略ドクトリン（ブッシュ・ドクトリン，「アメリカの国家安全保障戦略」，2002年9月20日）によって，さらに膨れあがり，イラク戦（2003年3月20日に開始）の時点では，むしろ世界の中で——アメリカ国内を除けば——圧倒的な声となった．

アメリカが強引に進めたイラク戦に対して，世界的に反対の声がデモなどで津波のように巻き起こり，特に2003年2月15日のデモは全世界で合わせて1000万人以上が参加して，根拠のない戦争に反対する世界的な民意を示した．フランス・ドイツ・ロシア・中国はその非戦の声に支えられて，アメリカ・イギリス・スペインが提案した国連安保理新決議への反対を最後まで堅持し，安保理での中間派諸国も賛成しなかった．このため，アメリカ・イギリス等は新決議の採択を断念して，新決議なしの戦争へと突き進むに至った．このような戦争や，その背景をなす（大量破壊兵器開発・所有国やテロ組織に対して先制

---

4 原彬久『戦後史のなかの日本社会党——その理想主義とは何であったのか』中央公論社，2000年，第7章，317-318頁．

攻撃・予防攻撃を容認する）ブッシュ・ドクトリンは，国連憲章などの国際法に明らかに背反し，前述の戦争違法化への潮流に完全に反している．これが認められれば，平和な国際的秩序は転覆され，戦争を自由に起こせるような無法世界へと逆転してしまう．

　イラク戦直前に，国連安保理は，新決議を巡って完全に意見が分裂し，少なくとも一時的には機能停止状態に陥った．これを受けて，アメリカ側からも，あるいはそれとは異なった観点からも，「安保理を始め，国連ないし国際秩序を再構成する必要がある」といった意見が出されている．第二次世界大戦後に創られた既存の国際法や国際秩序は，現在激しく動揺しており，場合によっては大規模な変更を余儀なくされるかもしれない．

　事情は，日本国内においても同様である．アフガニスタン戦の際に作られた対テロ特措法は，明らかに日本国憲法の平和主義に反する違憲立法であり，このような立法がなされるのは立憲主義の危機である．さらに，国連安保理新決議なしのイラク先制攻撃を日本政府が支持するに至っては，憲法における国連中心主義とすら背反する．日本政府は国連における国際協力と対米協力との両立を望んで態度表明を回避していたが，新決議が採択されずにそれが実現できないことを知ると，対米協力を優先して直ちにアメリカ・イギリスのイラク攻撃を支持した．つまり，憲法原理における国際協調主義と，安保条約による日米同盟ないし対米随従とが衝突する中で，憲法原理を無視して日米同盟を取ったのである．従って，日本の戦後憲法，ことにその平和主義は，ここに終焉の危険を迎えている[5]．

　このように，国際的にも，また国内においても，「戦争批判の公共哲学」を真剣に考えなければならない局面が再び到来したのである．

3　戦争規定

　「戦争批判の公共哲学」においては，戦争一般を対象として批判することも有り得るが，現在の状況に即して考察するためには，特に同時多発テロ事件以

5　小林正弥『非戦の哲学』筑摩書房，2003年，第3章．

後のアメリカ主導の「戦争」を念頭に置く必要があろう．しかし，この「戦争」の呼称は未だに定まってはおらず，適切な呼称自体が一つの重要な論点をなす．「太平洋戦争」と呼ぶか「大東亜戦争」と呼ぶか「15年戦争」と呼ぶかという議論のように，呼称は戦争についての歴史的認識を反映するからである．

同時多発テロ事件以後，アフガニスタン戦が本格的に行われていた頃は，例えば「対テロ戦争 (war against terror)」とか「アフガニスタン戦争 (war on Afganistan)」というような表現が多かったし，イラク戦については「イラク戦争 (Iraq war)」というような呼称がマスコミでは用いられている．これに対し，アフガニスタン戦時に筆者は，次のように主張した．

「対テロ戦争」という表現は，「テロ対策」というような含意を持っているが，実際には「反テロ戦争」と直訳する方が適切である．「テロ対策」自体は正当な対応であり，筆者もその必要性を首肯するところだが，それは「戦争」を論理的に帰結するものではない．この「戦争」は，「テロ対策」というよりも，「テロ」に対する反動として行われている「反テロ」の戦争である．また「テロ」という表現もアメリカ側からの規定なので，偏向を避けるためには鍵括弧付きで「反『テロ』戦争」と表現した方がよい．「テロ」を巡っては，特にパレスチナの自爆「テロ」について，「これをテロと考えるかそれとも正当な抵抗運動と考えるか」という点に関し，西洋側とイスラーム圏側との間で見解の対立があり，国際的に定義が成立していないからである．さらに，同時多発テロ事件直後から，この戦争はアフガニスタンだけに止まるものではなく，イラク等へと拡大する危険が高いから，その規模を明示するために，「反『テロ』世界戦争」と呼ぶのが適切であろう——こう考えて，「地球的平和問題」会議 (2001年12月28日-30日，於千葉大学) では，この表現を用いたのである[6]．

「世界戦争」という表現は，非常に大きな戦争を意味するから，その時点ではこの表現を用いるのには些か勇気が必要だった．例えば，アフガニスタン戦だけでこの戦争が終了することになれば，この呼称は誇大なものと感じられるだろうからである．「世界戦争」という表現を用いるからと言って，筆者は両次の世界大戦ほどの規模の戦争になると考えているわけではない．しかし，ア

---

[6] 詳しくは，公共哲学ネットワーク編『地球的平和の公共哲学——「反テロ」世界戦争に抗して』公共哲学叢書第3巻，東京大学出版会，2003年を参照

フガニスタン戦だけでは戦争は終わらないと考えていたし，類比の対象として考えられるベトナム戦争や湾岸戦争よりも大きな戦争になる可能性が高いと考えていたのである．9月11日直後に，アメリカ当局者や有力論者などから「この戦争は長期間（例えば21世紀の初めの4半世紀）続く」というような発言が聞こえてきたし，アフガニスタン戦後の一般教書演説でブッシュ大統領は，「テロとの戦争は始まったばかりだ」とし，イラク・イラン・北朝鮮について「悪の枢軸」という悪名高い表現を用いて，大量破壊兵器開発・所有国への戦線の拡大を示唆した（2002年1月29日）．そして，アフガニスタン戦と並行して，フィリピン・イエメンなどにアメリカ軍（軍事顧問団など）は小規模ながら展開して軍事的行動を行っていた．これらを総合してみれば，「アフガニスタン戦を嚆矢として，イラク・北朝鮮など世界の多数の諸国を巻き込む大戦争が世界規模で遂行される危険が高い．これは世界大戦ほどではないにしても，世界規模の広がりを持つという点において，世界戦争と呼ぶのが適切である」と考えたのである[7]．

　イラク戦が行われてしまった現時点では，「世界戦争」という表現も，あながち誇大だとは感じられないであろう．不幸なことに，筆者の予測は的中してしまった．多くの識者，ことにいわゆる現実主義的な論者は，遙かに楽観的な見通しを述べ，しばしばアフガニスタン戦を支持していたから，それに比して以上の戦争規定や，それに立脚した戦争批判は正しかったことになる．ここには，一種の逆説が存在しよう．現実主義的な論者の現状把握や見通しは現実的ではなく，理想主義的な筆者の観測の方が現実的だったわけである．

　このような逆転現象が生じた理由は，決して難しいものではない．多くの現実主義者は，従来の国際政治や権力政治の慣例から推測して事態を考えていたので，この観点から見ると，9・11からアフガニスタン戦へと進行することまでは想定できても，それがイラク戦へと展開することは必ずしも予想できなかったのであろう．これは，従来の常識からすれば，妥当ないし常識的な推測というべきであろう．しかし，筆者には，そのような「常識」的な「現実主義」は誤っていると思われた．何よりも，ブッシュ大統領を始めラムズフェルド国

---

[7] 公共哲学ネットワーク編前掲注6，「地球平和問題会議最終案内」，10-16頁．また小林前掲注5，11-12頁．

防長官など政権中枢の人々の言動は，決して従来の「常識」の枠の中には入らず，むしろそれは「常識」的な理性からは逸脱しており，確信犯のような一種の「異常さ」ないし「狂気」を孕んでいるように思われたからである．ヒットラーとの類比は避けるにしても，少なくともそこには，民主主義的統制の及ばない独裁者や専制君主にしばしば見られる権力の自己陶酔現象や横暴さ・傲慢さが見られるように思われた．「現実主義」者は，そのような言動を見ても，それはいわばレトリックであり，まさかそのまま現実に戦争を起こすとは思っていなかったのであろう．しかし，筆者はそれを額面通りに真剣に受け取った．いわば「彼らは本気だ（狂気だ）」と感じ，それがそのまま戦争として実現する危険に心底から戦慄を感じ，様々な文章や発言においてその危険を警告したのである．

　ブッシュ大統領の選出が，フロリダ州の選挙の混乱の末になされたものであることを考えると，政治におけるリーダーシップ，そしてリーダー選出の重要性を改めて認識せざるを得ない．もしゴア氏が大統領になっていても，アフガニスタンにおけるアル＝カーイダへの攻撃は行われたかもしれない．しかし，アフガニスタン攻撃の規模はもっと限定されたものだったかもしれない．まして，イラク戦までは行わなかったのではなかろうか？

　事実，アフガニスタン戦からイラク戦へと戦乱を次々と拡大させてしまったところに，ブッシュ政権の問題性が如実に現れており，この戦争を批判しなければならない所以がここに歴然としている．まず，「反テロ」戦争の論理自体に，大きな問題が存在する．ブッシュ大統領はアル＝カーイダなどのイスラーム過激派だけではなく，それらの「テロリスト」を匿う政権も「テロ支援者＝敵」と見做して，ターリバーン政権を攻撃の対象とし，その政権を崩壊させた．ところが，ブッシュ政権の意図に反して，この論理はパレスチナ問題に転用されて，紛争を激化させた．イスラエルのシャロン政権は，「ハマースやイスラーム聖戦などのように自爆テロを行っている組織だけではなく，アラファト議長らの自治政府も過激派を十分に取り締まれず匿っているが故に，敵である」と見做して，議長らを軟禁状態に置いた（2001年12月3日-2002年5月2日，9月19日-29日）．この結果，オスロ合意は事実上破綻し，パレスチナ紛争は死傷者数（2002年9月26日時点で死者2519人，負傷者2万人）から見ると，いわば「パレスチ

ナ戦」とでも呼ぶべき状態へと悪化してしまった．また，この論理は，インドとパキスタンの間のカシミール紛争でも借用され，核戦争すら起きかねない一発触発の状態を生み出した（2002年5月-6月）．

　イラク戦にはさらに大きな問題が存在する．冷静に距離を置いて考えてみれば，同時多発テロ事件に対して「反テロ」戦争として企てられたアフガニスタン戦と，イラク戦とを結びつけるものは，論理的には存在せず，アフガニスタン戦に続いてイラク戦を開始しなければならない必然性は全く存在しない．同時多発テロ事件直後には，実行犯の一人ムハンマド・アターがチェコのプラハでイラク大使館書記官と接触した可能性があると報じられ，それを根拠とするイラク攻撃が論じられたが，その後この情報はチェコ政府によって否定され，その内，アメリカ政府すら言及しなくなった．そこで，イラク戦を「反テロ」戦争として行うことは不可能になり，それに代わって，「大量破壊兵器の開発・所有」を根拠とするイラク攻撃が主張されるようになった．しかし，国連査察団によってこの疑惑が十分に証明されず，国連安保理でその認定もなされない内に，アメリカ・イギリスは──安保理新決議を実現できずに──独断によってイラク攻撃を開始したわけである．

　アメリカは，「このまま放置すると，フセイン政権が生物化学兵器や核兵器などの大量破壊兵器を所持してアル＝カーイダなどのテロ組織に渡す恐れがある」として，イラク攻撃を「反テロ」戦争と関連づけようとしたが，これには全く根拠がない．フセイン政権は湾岸戦争以来，イスラーム諸国の協力を得ようとしてイスラーム的な言辞を用いたが，元来は世俗的政権であって，イスラーム原理主義を抑圧・攻撃してきたからである（終章参照）．従って，「テロ」問題によってイラク攻撃を正当化することは論理的には不可能である[8]．

　他方，イラクの大量破壊兵器開発・所持は十分に実証されておらず，ましてイラクは査察に協力する姿勢を見せていた．だから，軍事攻撃を正当化するような事態は全く存在しなかった．従って，2003年3月に戦争を始める必要性

---

[8] この点について，特にウィリアム・リバーズ・ピット，スコット・リッター『イラク戦争──元国連大量破壊兵器査察官スコット・リッターの証言　ブッシュ政権が隠したい事実』星川淳訳，合同出版，2002年．なお，ビン＝ラディンはフセイン政権に3度提案を行ったが，拒否され，その後情報交換のみを行ったという．ロラン・ジャカール『ビンラディンとアルカイダ──極秘資料が暴くイスラム過激派の実像』前沢敬訳，双葉社，2001年，235-237頁．

は存在しなかった．だからこそ，安保理でもフランス・ドイツ・ロシア・中国や中間派諸国はアメリカ・イギリスの新決議案に同調せず，世界的に戦争反対の声が津波のように沸き起こったのである．

　このような状況にも拘らず，イラク戦を開始できたのは，アメリカ国内において，同時多発テロ事件以降に極端な危機感や愛国心が生じ，政権がこれを利用ないし悪用してイラク戦への支持を調達したからである．しかし，「反テロ」という名目でイラク戦争を遂行するのは，いわば政治的な詐術であると言わなければならない．これに騙された人々は，あたかもテロ問題に対する必要な措置であるかのように感じて，戦争を支持する．けれども，実際にはそのような理由は実際には存在せず，政権は別の目的のためにイラク戦を行い，人々をその支持へと誘導する．単に一般の人々だけではなく，知識人までもこの政治的幻術にひっかかって，「反テロ」戦争の支持者が，いつのまにか「大量破壊兵器」に対する戦争の支持者となってしまっているのである．日本でも，残念ながら，このような幻術の擒になってしまった「知識人」ないし現実主義者が決して少なくはない．

　このような事態を見据えれば，9月11日以来の「戦争」の規定は，さらに重要にならざるを得ない．イラク戦までも考慮すれば，これは反テロ戦争ではありえないのである．ここに至っては，「反テロ」はもはや口実に過ぎなくなっており，戦争の真の目的は別にある．それ故，本書では，「反テロ」と括弧を付けて，これが口実に堕してしまっていることを批判的に示し，一連の戦争を「『反テロ』世界戦争」と呼ぶことにした．

　このような視角からすれば，アフガニスタン攻撃やイラク攻撃は，独立の戦争としてよりもむしろ，「反テロ」を契機ないし口実にした一連の世界戦争の一局面として把握した方が妥当になる．つまり，これらは，「反テロ」世界戦争の一戦線であり，アフガニスタン戦線やイラク戦線なのである．その他にも，既にフィリピン戦線やイエメン戦線などの小戦線が既に開かれており，今後さらに北朝鮮戦線やイラン戦線・シリア戦線などが開かれる危険性も存在する．また，イスラエルも「反テロ」の論理を借用してパレスチナで攻撃を行っているから，これも「パレスチナ戦線」という一戦線として位置付けられよう．これらは，独立した戦争ではないから，ある時点では一つの戦線に重点が置かれ

ているにしても，他の戦線も同時並行的に進行している場合が少なくない．例えば，イラク戦の開始と同時に，アフガニスタンでも，アル＝カーイダの大規模掃討作戦「勇壮な攻撃」が行われたのである．

　従って，筆者は，個別の地域の戦闘について，基本的に「アフガニスタン戦争」「イラク戦争」などというように「戦争」と呼ぶよりも，「アフガニスタン戦」「イラク戦」などというように「戦」と呼ぶことにしている．「戦」ならば，「戦争」「戦闘」であると共に，「戦線」でもあるからである．これに対して，これらの「戦」「戦線」の全てを包括した「戦争」を「『反テロ』世界戦争」と呼んでいる．冒頭に述べたような，国連安保理の一時的機能停止，国際法や国際秩序の危機などは，この「世界戦争」の規模の大きさを証している．この「戦争」は，通常の中小戦争のように，既存の国際秩序の中で処理できる紛争ではなく，それを根本から揺るがせ新秩序を要請するような「世界戦争＝大戦争」なのである．

4　「反テロ」世界戦争の思想的動因

　それでは，この「世界戦争」の真の目的や動因は何なのだろうか？　アフガニスタン戦だけならば，「反テロ」という目的にも一見は説得力があったとしても，イラク戦によって，それは虚偽ないし部分的な理由に過ぎないことが暴露された．アフガニスタン戦にも，天然ガスのパイプライン建設などを巡る利権が存在していたし，イラク戦においては，石油利権の存在は明確である．ブッシュ政権要人には，石油会社や軍需産業など大企業の重役や顧問になっている人が極めて多く，政権といわゆる軍産複合体とは密接な結合関係にある．だから，これらの産業の利益が戦争の背景をなし，意識的か無意識裡かは別にして，政策形成に一定の影響を与えていることは疑いない[9]．従って，この「世界戦争」は，かつてレーニンが分析したような，経済的権益から生じる「帝国主義戦争」の側面を持っている．

　このような「経済的帝国主義」と同時に，戦争遂行者の政治的目的や世界観などにも私達は目を向ける必要があろう．イラク戦については，大統領個人のフセイン政権に対する敵意が存在する．「要するに，俺の父親を一度殺そうと

した男なのだ」(2002年9月26日)という発言が象徴するように，"父ブッシュ大統領が大統領を退いた後でも君臨しているフセイン大統領を，自分が打倒したい"という私的動機が存在する．また，戦争に勝利して国民の支持を高め，再選を狙おうとする政治的野心も存在しよう．

このような経済的及び個人的・私的動機は理解しやすい．ただ，公共哲学という観点からすると，これらに加えて思想的動因が存在することに目を向ける必要が存在する[10]．この中で，最も重要なのは，いわゆる「帝国」の発想と原理主義的世界観である．

まず，いわゆる「新保守主義（ネオ・コンサーバティブ）」の勢力は，自由・民主主義などを旗印にして，"アメリカ的原理に従って，軍事力の行使も辞さずに世界を変革すべきである"と考えている．政権内部ではラムズフェルド国防長官やチェイニー副大統領が（以前からの保守派ではあるものの）この派に近く，代表者たるポール・ウォルフォウィッツ国防副長官やジョン・ボルトン国務省次官やエリオット・エイブラムズ国家安全保障会議上級部長がこの派に属する．そして「暗黒の王子」という異名を持つリチャード・パール国防政策諮問委員会前議長（現委員）も政権に強い影響力を持つ．

この派に近い保守系研究機関は「アメリカ企業研究所」など幾つか存在するが，特に注目されるのは，ウィリアム・クリストフ（『ウィークリー・スタンダード』編集長）とロバート・ケーガンが，共同設立者として1997年に発足させた政策集団「新アメリカ世紀のためのプロジェクト」(Project for the New American Centruy)である．その「原則の声明」においては，「アメリカの地球的リーダーシップ」「アメリカの地球的責任」を実現するために，レーガン政権の原則

9　ブッシュ大統領自身が石油会社「アルブスト・エナジー社」を共同設立した経歴があるし，副大統領チェイニーは石油関連会社ハリバートン社のCEO，国防長官ラムズフェルドは製薬会社や通信会社のCEO，エヴァンズ商務長官は石油・ガス会社トム・ブラウン社の会長兼CEO，ミネタ運輸長官は軍需産業ロッキード・マーチン社の副社長，ライス大統領補佐官はオイルメジャー・シェヴロンの取締役など，枚挙に暇がない．これらの事実は，ブッシュ政権批判の文献において必ずと言ってよいほど指摘されている．アンドリュー・デウィット，金子勝『反ブッシュイズム――いかにブッシュ政権は危険か』岩波ブックレット，2003年；板垣英憲『ブッシュの陰謀――対テロ戦争・知られざるシナリオ』KKベストセラーズ，2002年，71-81頁；マイケル・ムーア『アホでマヌケなアメリカ白人』松田和也訳，柏書房，2002年，46-57頁．

10　イラク戦の要因については，小林前掲注5，18-20頁にも簡単に列挙しておいた．

に戻って,「①軍事力を強化する.②民主主義的な同盟国との絆を強化して敵対的政権に挑戦する.③政治的・経済的自由の大義を海外に広める.④アメリカの安全・繁栄・原則に有利な国際秩序を維持し拡大するために,アメリカの独特な役割を果たす責任を引き受ける」という方針が宣言されている.この声明には,現在政権にいるチェイニー,ラムズフェルド,ウォルフォウィッツや,フランシス・フクヤマ,ジェブ・ブッシュ(大統領の弟・フロリダ州知事)などが署名しており,ブッシュ政権との繋がりが極めて濃い[11].

さらに,このシンク・タンクでは報告書「アメリカ防衛の再建――新世紀のための戦略,軍隊,そして資源」を2000年9月に出しており,そこでは「イラクが〔アメリカ軍の存在を――引用者〕正当化することをすぐ可能にするものの,サッダーム・フセイン体制の問題を超えて,湾岸にアメリカ軍を実質的に存在させる必要がある」としている.また,"①イギリスを最大の味方としてアメリカの地球的リーダーシップを行使する,②平和維持には国連よりもアメリカの政治的リーダーシップが必要である"と強調し,③ヨーロッパがアメリカのライバルになることを警告する.そして,④フセイン政権が消滅してもサウジアラビアやクウェートの基地を恒久的に使い,東アジアにおいては⑤中国の体制変革を必要として,東南アジアにおけるアメリカの軍事的存在を高めるとともに,⑥北朝鮮,リビア,シリア,イランを危険な体制として挙げて,それ故に「世界大の命令-制御システム」を正当化できる,という[12].

この段階ではクリントン政権下だったので,この報告書は全く影響力を持たなかったが,ブッシュ政権の成立によって新保守主義派が浮上するに伴い,こ

---

11 「新アメリカ世紀のためのプロジェクト」のサイトは,http://www.newamericancentury.org/index.html.著作としては,Robert Kagan and William Kristol, eds., *Present Dangers : Crisis and Opportunity in American Foreign and Defense Policy*, San Fransisco, Encounter Books, 2000 ; Lawrence F. Kaplan and William Kristol, *The War over Iraq : Saddam's Tyranny and America's Mission*, San Fransisco, Encounter Books, 2003. また関連文献として Neil Mackay, "Bush Planned Iraq 'Regime Change' Before Becoming President", *The Sunday Herald*, 15, September, 2002 ; 松尾文夫「したたかな新帝国主義の登場」『中央公論』2002年8月号,82-93頁 ; 坂井定雄「つぎの目標は中東か北朝鮮か――ブッシュ大統領のネオ・コン戦略」『現代思想 イラク戦争 中東研究者が鳴らす警鐘』2003年4月臨時増刊号, Vol 31-5, 53-58頁 ; 吉崎隆彦『アメリカの論理』新潮社, 2003年, 第4章.
12 「新アメリカ世紀のためのプロジェクト」前掲注11のサイトに掲載されている.

れは、「ライバルを防止して地球的なアメリカの優勢を維持し、アメリカの原則と利益に沿った国際安全保障秩序を形成する青写真」となった．明らかにイラク戦もこの線に即して遂行された．つまり、新保守主義派は 2001 年 1 月にブッシュ政権が成立する以前から、以上のような展望の下にイラクのフセイン体制の打倒とアメリカ軍の湾岸への進出を構想していたのである．先述したように、同時多発テロ事件とイラク戦とに論理的関係が存在しないにも拘わらずイラク戦をアメリカが強行した理由の一つは、ここに存在する．ブッシュ政権は、同時多発テロ事件を利用ないし悪用してイラク戦を開始したのであり、本当に「テロ」を防いだり大量破壊兵器の開発・所有を阻止したりするために戦争を起こしたわけではないのである．

この点は、ブッシュ政権高官のインタビューを踏まえて執筆されたボブ・ウッドワードの『ブッシュの戦争』でも確認することができる．同時多発テロ直後の 12 日の会議で、ラムズフェルド国防長官がアル＝カーイダだけではなくイラクも攻めることを主張し、彼は「テロリズムを相手に総力戦を行うのなら、イラクをいずれ攻撃目標にせざるを得ない．9・11 は直ちにフセインを征討する好機を提供してくれたわけで、それに乗じることもできるのではないか」と提案したという．ブッシュ大統領は、"まずビン＝ラディンに集中した方が国民の支持を得られやすい" という理由によって、まずはアフガニスタン戦を行った[13]．しかし、結局イラク攻撃は時機を遅らせただけに過ぎず、次の段階としてイラク戦が行われるに至った．ここからもわかるように、イラク戦は、同時多発テロと論理的な関係は存在せず、テロ以前から存在していたイラク攻撃ないし湾岸への軍事的進出という提案を、テロに乗じて実現したものなのである．

しかも、新保守主義派は、イラクだけではなく、湾岸地域ないし中東にアメリカ軍を進駐させ、それらの地域を民主化しようと企てている．彼ら自身は "アメリカの「支配」ではなく「リーダーシップ」を目指している" として「帝国」を自称していないが、それは形式的な制度の問題に過ぎず、実質的には「パックス・アメリカーナ」の確立を企図しているわけである．

13　ボブ・ウッドワード『ブッシュの戦争』伏見威蕃訳，日本経済新聞社，2003 年，65-67 頁を参照．

そのうえ，それに近い右派の中には「帝国主義」や「新植民地主義」を露骨に提唱する場合も存在する[14]．このような勢力がアメリカをかつてのローマ帝国に比定して，「デモクラシーの帝国」（藤原帰一）となることを自ら主張していることを知って，筆者自身も驚倒した．同時多発テロ事件以後，筆者は「帝国主義」を否定的な概念だと信じて，その観点からブッシュ政権の単独行動主義を批判していたからである．

しかし，この場合も，私達は，一見信じ難い発想が政権に多大な影響を与えて現実化しつつあるということ，「彼らは本気だ」ということを肝に命じなければならない．「戦争」は，単にテロ対策や経済的権益の追求というだけではなく，それを通じて反抗的勢力を打倒し，アメリカ「帝国」を確立する意味も持つのである．アフガニスタン戦が「文明」の立場から「野蛮」なイスラーム過激派を攻撃するものとされたように，またイラクが「ならず者国家」の代表であるとされているように，これは——かつてローマ帝国や中華帝国などの歴史的帝国が繰り返し行ったような——「帝国」に反抗する「蛮族」の鎮圧や平定に似ている．この観点からすれば，「反テロ」世界戦争の真の目的は「帝国の確立」であり，これはいわば「蛮族討伐世界戦争」であり「政治的帝国主義戦争」なのである．

同時に，ブッシュ政権にはキリスト教原理主義の世界観が影響を与えていることも重要である．現実的に見ても，この勢力が人口比で約4分の1も存在するが，ブッシュ大統領の地元テキサス州を始め南部では特に強い力を持っており，大統領の再選にはその支持が必要だから，ブッシュ政権はその主張に配慮せざるを得ない．キリスト教原理主義の中には，イスラーム教を邪教として露骨に批判したり，イスラエルを擁護して，アフガニスタン戦やイラク戦を積極的に支持し，場合によっては扇動する宣教師すら存在する．さらには，終末論を信じ，救世主が再臨する前に起こると信じられている世界最終戦争（ハルマゲドン）として，核戦争が中東に起こることを待望する人々すら存在するのである（終章参照）[15]．

さらに，ブッシュ大統領自体が，信仰としてもキリスト教福音派ないし原理

14　田中宇『仕組まれた9・11』PHP研究所，2002年，208-216頁．

主義の影響を受けていると考えられる．彼は，石油ビジネスの失敗によってすさみアルコール中毒寸前だった 39 歳の時に，父親に紹介された福音派の著名な宣教師ビリー・グラハムの説教を聞いたことを契機にして 40 歳の時に改宗し (1986 年)，再洗礼を受けて「ボーン・アゲイン・クリスチャン」となったからである．

　従って，彼は形式的にはメソディスト派に所属しているが，むしろ実質的にはキリスト教原理主義者に近いと言うことができよう．「悪の枢軸」というような「善／悪」二元論や，力による悪の打倒といったような観念は，この原理主義的思惟様式が現れている典型的な例である[16]．このように原理主義的な「宗教的」言辞は，ブッシュ大統領の演説に繰り返し現れている．これを単なる政治的レトリックとして軽視すべきではない．この点においても，「彼らは本気だ」と考えなければならないのである．

　新保守主義は，自由と民主主義というアメリカ的原理を全世界に押しつけて「帝国」を形成しようとしている点で，いわば「アメリカ原理主義」と言うことができるだろう．この原理主義から見ると，「反テロ」世界戦争は「正義の戦争＝正戦」である．他方，キリスト教原理主義から見れば，この戦争は「聖戦」であろう．アフガニスタン戦時におけるブッシュ大統領の十字軍発言 (2001 年 9 月 16 日) は，イスラーム諸国の反発を呼ぶという政治的問題のために取り消されたものの，実は単なる言い間違いではなく，深層の心理を物語っている．

　今日の新保守主義の始祖とされるアーヴィング・クリストル (ウィリアム・クリストルの父親，『パブリック・インタレスト』『ナショナル・インタレスト』の編集者〔発行者〕) がかつてはトロツキストだったように，この派には，(以前は民主党の

15　グレース・ハルセル『核戦争を待望する人びと——聖書根本主義派潜入記』越智道雄訳，朝日新聞社，1989 年；Lowell D. Streiker, *The Gospel Time Bomb: Ultrafundamentalism and the Future of America*, Prometheus Books, 1984.

16　以上については，Michael Lind, *Made in Texas: George Bush and the Southern Takeover of American Politics*, New York, Basic Books, 2003, Ch. 5-6；小浜正幸『ブッシュはこう動く』朝日新聞社，2003 年，57-70 頁；マイケル・リンド「ブッシュ外交は南部原理主義」『ニューズウィーク日本版』2002 年 12 月 25 日，34-35 頁；森孝一『「ジョージ・ブッシュ」のアタマの中身——アメリカ「超保守派」の世界観』講談社，2003 年．

リベラルないし左派支持だったりしたが）1970年代に，政府の行き過ぎや対抗文化の抬頭に反発して左派から離反した人が多い．だからこそ，「新（ネオ）」保守主義と呼ばれるのである．

　これらの人々は，ウィルソン主義的リベラルやマルクス主義的左翼からいわばアメリカ原理主義へとイデオロギーを変化させたものの，「世界革命」を目指すような思考様式自体には連続性があるのかもしれない[17]．つまり，「新保守主義」は，既存の秩序を保守するという意味における保守主義とは全く異なっており，右派という点では「保守」的だが，国際的秩序変革を目指す点ではむしろ「革新的」なのである．

　新保守主義と宗教的原理主義の最大の共通点は，親イスラエル路線であり，これに次いで道徳的保守主義である．新保守主義派にはユダヤ系知識人が多い．特にパールやダグラス・フェイスらは，イスラエルの右翼政党リクードのネタニヤーフ首相に対して「明確な断絶——領土確保のための新戦略」（1996年）という文書を共同執筆して，イスラエルに和平過程から離脱することを提案した．現在，この2人はブッシュ政権に入っており，シャロン首相が現実にオスロ合意を崩壊させる政策を実行したことになる[18]．

　他方，宗教的原理主義者は，旧約聖書に従って「エジプトの河から大河ユーフラテスに至るまで」の地を神がユダヤ人に与えたと信じているから，イスラエル右派の大イスラエル主義を支持することになる．さらに，前千年王国説により，キリストの再臨のためには，その前段階として，イスラエル国家がその土地を獲得・拡大したり入植を進める必要があると解釈し，イスラエル右派を積極的に支援する場合も多いのである（終章参照）．

　ユダヤ系知識人のアーヴィング・クリストルは，1884年に，アメリカ・ユダヤ人協会発行の雑誌『コメンタリー』で，リベラル派の外交・防衛政策が親アラブ的になってイスラエルの防衛に不利になってきたので，"在米ユダヤ人は従来のリベラル派支持を止めて，「強いアメリカ」を支持し，キリスト教原理主義ら宗教右派と協力すべきである．説教師達がイスラエル支持である以上，

---

17 「イラク戦争　陰の"主役・新保守派"政策，世論を動かす人脈」『京都新聞』2003年3月21日．Lind, *op. cit,* p. 138.
18 Lind, *op. cit.,* p. 139.

その神学を気にする必要はない"という趣旨の主張を説いて，議論を巻き起こした[19]．この方針に従って，ウィリアム・クリストルらは堕胎や同性愛への反対やバイオテクノロジーへの敵意，宗教的学校への補助金などの社会政策でも，南部の宗教右派の観点を近年採用するようになっている．

　クリストルや哲学者アラン・ブルーム（『アメリカン・マインドの終焉』[20] の著者で，パールやウォルフォウィッツはその講義を受講）などの新保守主義的知識人は，ユダヤ人の保守的政治哲学者レオ・シュトラウスの影響を受けているという．ナチズムのためにドイツからアメリカに亡命したシュトラウスは，共産主義やファシズムのような「独裁」を批判して自由民主主義を擁護する一方で，古代の自然法のような規範的秩序が失われてしまった点において，近代のリベラリズムの相対主義やニヒリズムを批判した．新保守主義者のリベラル批判や，独裁的な「ならず者国家」に対して民主主義を実現しようとする思想には，この影響が伺われる．また，シュトラウスは知的な「哲学者」と伝統的宗教を信じる「大衆」を分けて，哲学者が批判的精神に基づいて理性的な議論を秘教的に展開する一方で，大衆は公教的な宗教を信じることによって秩序が維持されると考えていた．これと同じように，新保守主義者は，自分自身は必ずしも宗教的・道徳的生き方をしているわけではなく，内心で南部福音派の信仰を軽蔑しながらも，堕胎・同性愛・生命倫理等につき，原理主義的政策を公共的討論では支持するのである[21]．

　こうして政策集団である知性的な新保守主義と南部の非知性的なキリスト教原理主義とは，いわば野合している[22]．つまり，ブッシュ政権及びその支持者においては，「アメリカ原理主義＋キリスト教原理主義」という二重の原理主義が存在する．これらに支えられて「正戦＋聖戦」を遂行するのが「反テロ」

19　Irving Kristol, "The Political Dilemma of American Jews," *Commentary*, July, 1984 ; Lind, *op. cit.*, p. 151 ; 坪内隆彦『キリスト教原理主義のアメリカ』三一書房，1997年，217-222頁．
20　アラン・ブルーム『アメリカン・マインドの終焉』菅野盾樹訳，みすず書房，1988年．
21　Lind, *op. cit.*, p. 116. なお，シュトラウスの影響を強調する解釈として，Alain Frachon et Daniel Vernet, "Le stratège et le philosophe", *Le Monde*, 16. 04. 03. 橋本尚幸訳，http://homepage.mac.com/naoyuki_hasimoto．これに対して，パール，ウォルフォウィッツら実務家やケーガンはシュトラウスの影響を否定している．『ニュースウィーク　日本版』2003年7月2日号，20頁．
22　Lind., *op. cit.*, pp. 114-115.

世界戦争なのである．

　政治思想史家・佐々木毅によれば，1970年代以来のアメリカの保守主義は，主流の「①共和党エスタブリッシュメント（ウォールストリート保守派，中道右派，国際主義的なキッシンジャー路線を支持），②オールド・ライト（メインストリート・保守派，自由放任主義・小さな政府・反共主義・孤立主義）」と新興の「③新保守主義（リベラリズム内部から転向した保守主義，アーヴィング・クリストル，N・ポドーレッツら），④ニューライト（サイレント・マジョリティなど），キリスト教ニューライト（キリスト教原理主義，フォルウェルの道徳的多数派（モラルマジョリティ）など）」とに大別することができる[23]．この中で，新保守主義とキリスト教原理主義との連携は，③と④とが結合したことを意味し，シュトラウス的な哲学的保守主義は，知的な新保守主義とキリスト教原理主義との思想的媒介項となったのであろう．

　アーヴィング・クリストルやポドーレッツら新保守主義者は，70年代末から高揚した「ニュー・ナショナリズム」に即して，レーガン期には，主流派の現実主義的外交における宥和主義（「フィンランド化」）や孤立主義を批判し，自由や民主主義といった「道徳的」大義を掲げて，「ソ連の封じ込め」などの反共主義的路線を唱えた．彼らは，「強いアメリカ」を訴え，「アメリカの再生」によって，アメリカが民主主義を旗印にして世界のリーダーとなるグローバリズムを主張したのである[24]．また，特に『コメンタリー』の編集者だったポドーレッツは，イスラエルのレバノン侵攻（1982年）に際して起こったイスラエル批判に対して，"イスラエルは（批判者の言うように）ナチスと同様どころか諸国民の光明であり，イスラエル批判という反ユダヤ主義は，「テロリズムに対する黙認」や共産主義的な「全体主義」に対する宥和政策に加担している"とその「罪」を「告発」した，という（「私は告発する」1982年）[25]．これらには，親イスラエル路線や軍事的覇権志向などといった，今日の新保守主義の原型が現れている．

　80年代以来，キリスト教原理主義との連携の結果，新保守主義に道徳的保

23　佐々木毅『現代アメリカの保守主義』岩波書店，1984年，1993年，第1章2，13-23頁．同『アメリカの保守とリベラル』講談社，1993年，23-29頁．
24　佐々木前掲注23,『現代アメリカの保守主義』，第7章「反共の旗の下に」(1984年版のみ)．
25　佐々木前掲注23,『現代アメリカの保守主義』，280-282頁．

守主義が強まり右傾化が進んだので，かつての多くの有名な穏健な新保守主義者（ダニエル・パトリック・モイニハン，ダニエル・ベル，ピーター・バーガー，サミュエル・ハンチントンら）はそれと距離を置くようになった[26]．しかし，その反面，新保守主義の以上のような志向は先鋭化して，明確な軍事的・政治的拡張主義に至った．国内では道徳的保守主義に向かう反面，国際的には，国際法や国際連合を軽視して，「正義」の名の下に軍事力による世界秩序の強制的構築を主張するようになったのである．

この主張は，シュトラウス的な政治哲学というよりも，その一部が悪用されて転形され，むしろ「力こそ正義」という（プラトンが否定した）カリクレスやトラシュマコスのような露骨な権力主義に戻ってしまっていると言わざるを得ない．新保守主義者カプランの主張する（古代から不変の）「戦士の政治」「異教徒の精神」や，R・ケーガンの主張する（ヨーロッパの「楽園」と対比した）アメリカの「力」による世界秩序というような発想[27]には，シュトラウスではなく，ナチズムに見られたようなニヒリスティックな力の賛美・高唱が感じられるのである．ここにおいては，シュトラウスの保守的政治哲学やキリスト教的原理主義が道を開いた――問題を孕んだ意味での――道徳的な発想が，もはや「正義」すら問題としない「ニヒリズムの革命」（ラウシュニング）というファシズム的思想にまで陥っている，とすら考えられよう．

このような観点から新保守主義派は，親イスラエルの観点から，イラクだけではなく周辺のアラブ諸国にもアメリカの影響力を拡大し，アメリカ的な価値観を広げたいと考えている．同時多発テロ事件後にはアフガニスタンやイラクだけではなく，サウジアラビアなどの穏健諸国に対しても批判を始めており，アメリカ的な民主主義を中東全域に拡大する「中東の民主化」を唱えている．ブッシュ大統領自身もこれを採用し，2月26日に保守系シンクタンク，アメリカ企業研究所で「アメリカは以前にも，敵を倒した後，占領軍を残さず，憲法と議会，安全な環境を残した．日本とドイツの文化は，民主主義的価値観と

26　Lind, *op. cit.*, p. 115.
27　Robert D. Kaplan, *Warrior Politics : Why Leadership Demands a Pagan Ethos*, New York, Vintage Books, 2003 ; Robert Kagan, *Of Paradise and Power : America and Europe in the New World Order*, New York, Alfred A. Knopf, 2003. ロバート・ケーガン『ネオコンの論理――アメリカ新保守主義の世界戦略』山岡洋一訳，光文社，2003年．詳しくは，本書の第10章3，終章注4参照．

相いれないと言われたこともあった．それは間違いだった．イラクも同じだ．／イラクの新体制は，中東地域の他の国々にとっても自由主義国家の具体例となるだろう」と述べて，イラクの民主化をモデルに，中東の民主化を目指すことを明らかにした．

事実，イラク戦末期の3月末からラムズフェルド国防長官ら政府要人が，シリアに対して，"イラクへの武器輸出，イラクの大量破壊兵器のシリアへの移送，フセイン政府要人のシリアへの脱出"などの疑念を挙げ，激しく非難した．また，イランに対しても，核開発疑惑を取り上げて非難している．これらにも，中東民主化の発想が影響している．

そして，新保守主義派は，「中東民主化」を実現するためには，民主化の妨げになっているイスラームの力を殺ぎ，政教分離を実現する必要があると考えている．他方，キリスト教原理主義から見れば，イスラームは極論すれば邪教ないし低級な宗教ということになるから，これは望むところであろう．

このような新保守主義-宗教的原理主義の連合が，イスラーム原理主義と正に正反対の思想であり，それと正面から衝突することは言うまでもない．この対立の構図には，イスラーム原理主義とアメリカ原理主義・キリスト教原理主義との，双子の原理主義，いわば「対称的原理主義」が存在する．この観点からすれば，この「反テロ」世界戦争は，原理主義相互の「宗教戦争」，「原理主義間世界戦争」という側面も帯びている．アメリカ側について言えば，これは「文化的（宗教的）帝国主義戦争」とすら言えるかもしれない．このまま進むと，本当にハンチントンの言う「文明の衝突」，筆者の言う「文明衝突戦争」[28]へと危機が昂進してゆくことが懸念されるのである．

5　国際秩序の危機と帝国化

このようにこの「世界戦争」を理解すれば，戦争／平和の問題において，これは，従来の法的・政治的思想や制度を根底から転覆させかねない危機的な事態であることが明らかになる．経済的・社会的帝国主義であるにせよ，政治的・

---

[28]　小林前掲注5，第2章．

軍事的帝国主義であるにせよ，文化的・宗教的帝国主義であるにせよ，いずれも20世紀後半の国際秩序，さらに近代以来の国際秩序と根本的に衝突する側面を持っている．筆者自身は，現在の「帝国」化を，この3側面からなる「新帝国主義」（アメリカ帝国主義＋世界帝国主義）として把握し，かつそれを文明論的に考察している（文明論的帝国主義）[29]．

　この内，政治的・軍事的帝国主義は，国連のような国際協調の機構と原理的に背反し，端的に言えば「帝国」だけは他国や国際機構に拘束されずに政治的・軍事的な意思決定と実行を単独で行うことを意味する．ブッシュ政権発足当初の単独行動主義はその初めの段階であり，国連安保理新決議なしのイラク戦に至って，それは明確な帝国主義の形を取った．

　ブッシュ・ドクトリン（2002年9月20日公表）は，"相手国が攻撃を行っていなくとも，大量破壊兵器を開発・所持する危険があれば，それだけで先制攻撃ないし予防攻撃を行うことができる"としている．これは，実は父ブッシュ政権下で親イスラエル派のウォルフォウィッツ国防次官（当時）がチェイニー国防長官（当時）の下で起草した草案「国防計画指針」（1992年4月）が原点をなしている．当時は斥けられたこの案が子ブッシュ政権において採用されたので，リンドは「ウォルフォウィッツ-ブッシュ・ドクトリン」と呼んでいる．イスラエルがイラクの原子炉を爆撃した際（1981年6月7日）には，当時のレーガン政権は安保理での国際的なイスラエル非難に加わったのに，今やイスラエルと同様の方針を採用してしまった[30]．ここには，「アメリカのイスラエル化」（まえがき参照）が如実に現れている．

　そして，イラク戦においては，このドクトリンが実行に移され，国連安保理の認定や武力行使決議なしに，このような攻撃をアメリカ一国の判断だけで行った．このような事態が認められてしまえば，アメリカはある国家を「ならず者国家」「大量破壊兵器開発・所有国」と独断で認定し，武力攻撃を行えることになってしまう．これは，アメリカだけが戦争を行う権利を持つような帝国

29　小林前掲注5，第1章4，第9章2．
30　Lind., *op. cit.*, pp. 130-136. リンドはウォルフォウィッツ-ブッシュ・ドクトリンの3本柱として，「①アメリカ単独行動主義，②予防戦争，③アメリカの外交政策をイスラエルのシャロン首相と連携させること」を挙げている．

的秩序に他ならないであろう．つまり，「反テロ」世界戦争によってアメリカが構築しつつある国際秩序はやはり「帝国」であり，そこにおける国際法は「帝国法」とでも呼ぶ他はない代物になるのである．

　これは，20世紀に形成された国際協調の制度を，さらには近代に西欧が形成した権力均衡の政治をも根本的に覆すものである．これまでは，名目的ではあっても主権国家の独立と自治や民族自決が形式的には認められ，対等者としての国際的交渉や条約締結が行われ，それ故に他の国家を批判することも可能だった．これに対して，この「帝国」的秩序においては，アメリカのみが優越的な地位を占め，他の国家は「批判して憎まれればいつ武力攻撃されるかわからないからアメリカに従う」という従属的な状態に置かれよう．極言すれば，唯一の超大国アメリカのみがいわば帝国の帝王ないし主権者となり，他の諸国は臣下の立場に立つのである．

　例えばフランスがイラク戦の前の国連新決議に関して拒否権の行使までも公言して抵抗したのは——利権を考慮したり，全世界の非戦の声に支えられたと共に——このような危険に対して，従来の秩序を守る必要性を感じたからでもあろう．ラムズフェルド国防長官が「古い欧州」と呼んでフランス・ドイツを批判した（2003年2月9日）のは，「新しい」帝国建設を目指す側から，この点を象徴的に表現している．

　そしてさらに，ブッシュ政権の発想では，その「帝王」たるアメリカが善／悪を判断して「悪」を討伐できることになってしまう．これが宗教的帝国主義の側面であり，このような発想の下にアフガニスタン戦・イラク戦と行ってきたから，イスラーム世界の人々は，これを侵略と感じて原理主義者や過激派の「聖戦＝ジハード」の論理に共感せざるを得なくなる．しかも，アズハルなどイスラームの正統派ないし穏健派ですら，イラクの抵抗を聖戦と見做すに至ったのである（終章参照）．このような緊張関係の高まりは，アル＝カーイダなどイスラーム過激派の目的とするところに他ならず，ハンチントンの「文明の衝突」説が警告していたとおり，反米主義の高揚が宗教戦争ないし「文明間戦争」へと展開してしまいかねない．

　近代西洋の国際関係は，宗教戦争の混乱の結果，宗教を政治や国際関係に直接関係させることを否定して成立したものである．従って，このようなイスラ

ーム・アメリカ双方の対称的原理主義がもたらす文明間戦争は，近代的国際関係の終焉をもたらしかねないのである．

6 反戦論と正戦論
―― 二つの理想主義の統合に向けて

　このように国際秩序が激しく動揺しつつある今日，その原因である「戦争」に対して，以上のような諸側面について公共哲学という観点から批判的な考察を行う必要があることは，論を待たない．

　勿論，そこには様々な立場が有り得る．終章で述べるように，特に重要なのは，いわゆる平和主義内部における見解の差であろう．戦後の護憲派や平和主義の中心をなしてきた非武装中立主義ないし絶対的平和主義と，今日の国際政治学における――前者と比較すれば――相対的には現実的な平和主義との間には，無視できない差違が存在するのである．隣接領域であるにも拘らず，憲法や政治思想と国際政治学との間でこれまで十分な対話がなされてきたとは言えない．そこで，法と政治に関して，この双方の間で掘り下げた議論を展開することも，本書の重要な内容をなす．

　この二つの平和主義は，現実性の重視において相違があるとは言え，いずれも理想主義的な要素を持ち，戦争に対しては総じて批判的である．山脇直司の表現を用いれば，「理想主義的理想主義」と「理想主義的現実主義」（ないし「現実主義的理想主義」）との対立と言えようか[31]．

　前者を徹底すれば，究極的には，自衛権も含めてあらゆる戦争を否定する「絶対平和主義」に行き着くのに対し，後者は，自衛戦争など止むを得ない場合には戦争の可能性を認めつつ，現実政治の中で戦争を最低限に抑えて可能な限り「平和」の理念を達成しようとする．言い換えれば，前者はおよそあらゆる「戦争」を批判するのに対して，後者は止むを得ない「戦争」の可能性を容認しつつ，不要な「戦争」，回避可能な「戦争」を批判する．本書収録の諸論稿がこのいずれかに完全に相当するというわけでは必ずしもないが，それら

31　山脇直司「序論　グローカル公共哲学の構想」佐々木毅・金泰昌編『公共哲学10　21世紀公共哲学の地平』東京大学出版会，2002年，18-19頁；山脇直司「『地球的平和の公共哲学』へ向けて」公共哲学ネットワーク前掲注6，3-4頁も参照．

をこのようなスペクトラムの中に位置づけることは可能であろう．

　理想主義的理想主義の立場から戦争を批判するのは，論理的には容易である．およそあらゆる戦争が人命の犠牲を伴う以上，戦争はその点において倫理的に問題を孕んでおり，批判の対象となる．しかし，終章で述べるように，信条倫理（心情倫理）の観点からはこれで十分でも，結果倫理ないし政治倫理の観点からは，これだけでは必ずしも十分ではない．山脇によれば，「理想主義的理想主義」には「観念論」（理想の実現可能性についての無関心ないし無為無策）と「ユートピア主義」（理想の実現可能性について〔超〕楽天主義）という2類型が存在するが，この場合は前者の「観念論」という問題点が当てはまる．

　そこで，筆者自身は，「理想主義的現実主義」（あるいは「現実主義的理想主義」）の立場に立ち，戦争批判においては，「国際政治の現実の中で平和主義的な理想主義をいかに実現するか」という点に注意を払う必要があると考える．そこで，最後にこの可能性を考察しておこう．

　近代の国際関係は，いわば「聖戦」を戦った宗教戦争の惨禍に対する反省によって，三十年戦争終結以後のウェストファリア体制，さらにはフランス革命・ナポレオン帝国以後のウィーン体制によって成立した．この古典的な国際政治観によれば，「国際関係とは，諸国が戦争を政策の手段としつつ，世俗的利益を争う世界であり，そこでは，正しい戦争と誤った戦争の区別は，基本的に存在しない」[32]．つまり，戦争は国際政治の「現実」として認容されているのである．

　この発想は，今日でもいわゆる「現実主義」として受け継がれており，日本でも，平和主義を批判する保守的な論者は殆どこの立場に依拠している．これは，現実としての権力政治だけを強調して一切の理想を無視するという「シニシズム」に陥っている点において，山脇の言う「現実主義的現実主義」である．そして，前述したように，冷戦終結後にはこのような論者は著しく増加し，湾岸戦争以来戦争や紛争が実際に起こっているので，それを見てこの立場に影響を受ける国民も増えている．

　筆者自身も，このような混乱の時代には，観念論的な反戦論だけでは不十分

---

[32] 藤原前掲注1, 72頁.

であり，現実に対応するのは難しいと考える．「理想主義的理想主義」は，思想的には魅力的でも，少なくとも当面は人々への説得力に乏しいであろう．しかし，さらに現実を深く考えてみれば，実は現実の「戦争」は，必ずしも現実主義者が考えているように起こってはいないことがわかる．湾岸戦争にせよ，コソボの人道的介入問題にせよ，「反テロ」世界戦争にせよ，戦争ないし武力行使の目的として「正義」が謳われているからである．

このような「現実」を見ない現実主義は，逆に非現実的になるだろう．例えば，前述のように，「反テロ」世界戦争においては，ブッシュ政権を支配している「正義」の観念を理解しなければ，「現実」のイラク戦などを予想ないし理解できないであろう．だから，戦争の現実を直視することによって逆に，現実主義は否定される．それは，今日の世界の現実においては，端的に誤謬なのであり，私達は何らかの意味における理想主義へと目を向けなければならないのである．

従って，今日の戦争には，ただ現実的な国益だけではなく，道義的・倫理的な側面が存在し，戦争はこの両面から論じられなければならない．理想主義的・倫理的な反戦論と対照的な形で後者の側面を主張するのが，今日における正戦論である．

正戦論は，欧米，特にアメリカで，第一次世界大戦時のウィルソン外交によって明確に登場し，第二次世界大戦後にナチズムへの宥和政策に対する反省として強まった．"ナチズムという現実に存在した「悪」に対しては，人々を救うために戦うことが必要であり，理想を守るために戦うのが「正義」だ"と考えられたからである．これは，ナチズムという「現実」を前提として，それに対して「理想」を実現しようとしている点において，「現実主義的理想主義」である．平和主義の場合は「平和」という理念を中核にしているのに対し，正戦論の場合は「正義」という理念を重視している．前述した現実的な平和主義の場合は，「平和」という理念から出発して現実への実現を考えている点において，「理想主義的現実主義」の性格が強い．これに対して，正戦論は，現実の考察から出発して，より理想的な方法として正義の実現を優先するという点においてむしろ「現実主義的理想主義」の性格が強いかもしれない[33]．

筆者自身は，正戦論の論理を完全には否定しない．確かに，ナチズムが勝利

して，自由や民主主義のない全体主義の世界に住みたくはないからであり，この危険を避け得たことについて，現在生きる人々は第二次世界大戦における連合軍の「正戦」に負っているからである．もし，アメリカが孤立主義を堅持して一切戦争に加わらなければ，ドイツがヨーロッパで勝利した可能性は極めて高い．そこに形成される世界秩序，「第三帝国」が形成する「帝国」の世界秩序は，今日の反戦論者や絶対平和主義者にとっても，おそらく耐え難いものであろう．

あるいは日本との関係についても，戦前の「大日本帝国」が本当に不当な侵略戦争を行ったと考えるならば，論理的には"アメリカがその「悪」を撃破するのも「正義」だ"と考えなければならないであろう．日本人としては，心情的には認めたくはない人が多いだろうし，またこれは，原爆投下を始めとするアメリカ軍の個々の行為を全面的に正当化するものでは決してない．また，日本側にも，アジアの植民地からの解放といった一定の「正義」が存在したことを否定するつもりもない．しかし，日本軍の現実の行為を考えると，アメリカ側の論理も一概には否定できない．

第二次世界大戦における「正義」について，日米関係を離れて全体的に考えるならば，枢軸諸国が勝利した場合に形成された国際秩序と，現在の国際秩序を比較して判断しなければならない．この結果，"連合国が「正戦」を遂行するよりも，連合国が「反戦」に徹して枢軸国が勝利しファシズム的な世界秩序を形成した方がよかった"とは言えない．だから，「正戦」という連合国の論理を「反戦」の論理によって単純に斥けるのは，論理的には不可能なのである．

筆者は，「現実主義的理想主義」の立場に立つならば，ここまでは「正戦論」を認めざるを得ないと考える．しかし，ここまでは認めた上で，こと「反テロ」世界戦争については，「理想主義的理想主義」のみならず，「理想主義的現実主義」や「現実主義的理想主義」の立場からすらも，戦争批判が成り立ち得る．否，戦争批判が果敢に遂行されなければならないのである．

---

33 山脇の用語法によれば，「理想主義的現実主義」とは，平和・正義などの哲学的理念から出発して，「リアルな現実の中で，その理念の実現可能性を冷徹に探る」方法であり，「現実主義的理想主義」は，「リアルな現実社会の考察から出発し，その考察の中から，より理想的な社会の実現可能性を探る」という方法である．筆者自身は，この２つを合わせて「理想主義的現実主義」と呼ぶことが通常は多い．山脇前掲注31，「序論」，18-20頁．

ナチズムや日本軍国主義に対して「正戦」の論理が成立し得たのは，単にこれらの国家において独裁が存在して国内において人権抑圧を行っていたからではなく，それらが侵略戦争を行ったからであった．それに対して連合国が平和主義を堅持して放置すると，枢軸国主導のファシズム的世界秩序が成立してしまうからであった．

　これに対して，現在の「正戦」の論理は，この古典的な論理を遙かに拡張している．まず，人道介入問題では，虐殺といった人道問題がこの根拠とされた．そして，「反テロ」世界戦争においては，まずアフガニスタン戦において「テロ」の防止，イラク戦においては「大量破壊兵器」開発・所持の防止，さらにはフセイン政権自体の独裁や抑圧からの「解放」が，その根拠とされた．しかし，ここで大きな問題となるのは，ターリバーン政権にせよ，フセイン政権にせよ，──湾岸戦争の時とは異なって──いずれも侵略は行っていなかったという単純な事実である．

　単に攻撃の先後という形式的な基準だけから考えれば，先制攻撃を行ったアメリカ・イギリス等の方が「侵略」を行ったことになってしまう．先制攻撃という点だけから考えれば，いつの間にか，立場が逆転してしまっている．第二次世界大戦から「反テロ」世界戦争に至るどこかの地点で，「正戦」の内実が著しく変容したのである．

　アメリカ・イギリス側は「テロ」や「大量破壊兵器」の危険を大義名分にしたが，これらは全く立証されていないから，「現実」とは認められない．これは，いわば空想的な理想主義による攻撃である．まして，フセイン政権の抑圧を根拠に軍事侵攻を行うという発想は，その生み出す犠牲者や中東の全域に拡がる反米感情について考慮を欠いているという点において，現実性が欠如していると言わざるを得ない．既に，「解放軍」としてイラクの住民に歓迎されるという見通しは，空想に過ぎなかったことが明らかになっている．

　勿論，実際にはここには石油利権などの「現実主義」的動機が存在しているものの，武力攻撃の公的な根拠だけに限定して論じれば，反戦論から見れば逆説的な表現ながら，この攻撃は「理想主義的理想主義」にむしろ近いのである．これは，山脇の挙げる「理想主義的理想主義」の二類型の内では，「ユートピア主義」（理想の実現可能性についての〔超〕楽天主義）に陥っている．新保

守主義は、アーヴィング・クリストルのかつての立場である「トロツキー主義」の中から、「ユートピア主義」の思惟様式は継承していると言うことができよう。だからこそ、父ブッシュ政権を支えていた人々の中でも「現実主義」者からは、新保守主義に対して批判が生じるのである。子ブッシュ政権内部では、パウエル国務長官が現実主義的な立場に立つと言えよう。

　藤原帰一が指摘するように、戦争の記憶の相違によって、第二次世界大戦後のアメリカには正戦論が、そして日本には反戦論が強力になり、これらはいずれも何らかの意味で理想主義的である[34]。反戦論が「理想主義的理想主義」になると、「観念論」的な絶対的平和主義になるのに対し、正戦論が「理想主義的理想主義」になると、実現可能性を軽視して「正義」の理想を軍事的に実現しようとする点において「ユートピア主義」的な新保守主義になる、ということができよう。これらは、対極的ながら、双方ともいわば「原理主義的理想主義」に陥っているのである。

　これらが孕む問題は、現実を軽視することによって、人命を危うくすることである。絶対平和主義の問題点は、万一侵略されたときに、それに物理的に抵抗する可能性がなくなり、国民の命を危うくするところにある。逆に、新保守主義は、自ら侵略することにより、対象地域の人々の人命を犠牲にし、世界に混乱を生じさせる。後者の方が明らかに悪質であろうが、思惟様式の問題点には対称的な共通性がある。

　逆に、「理想主義的現実主義」の（新）非戦平和論は、現実の侵略に対しては自衛の必要性を認める。この場合は、「正戦」となる。同様に、「現実主義的理想主義」の正戦論は、現実に侵略などの明確な「悪」が存在しない限り、戦争は行わない。イラク等に対する先制攻撃はこれに背反するから、この場合は「非戦」の立場に立つことになる。

　このように考えると、「理想主義的理想主義」の立場の場合は、反戦論と正戦論は正に矛盾した議論であって、両立は全く不可能である。これに対して、「理想主義的現実主義」ないし「現実主義的理想主義」の立場に立つと、「非戦」と「正戦」とは論理的には両立し得る。いわば、「理想主義的理想主義」にお

34　藤原前掲注1, 第3章.

ける「正戦」と「反戦」との二項対立が,「理想主義的現実主義」ないし「現実主義的理想主義」においては「正戦」と「(新)非戦」の両要素の統合として,いわば止揚されると言えようか.

　従って,「理想主義的現実主義」の平和主義にあっては,「現実主義的理想主義」としての正戦論の論理を考慮してもなお,「反テロ」世界戦争に対して断固として反対を主張できるのである. もとより, これは筆者自身の立場に過ぎず,「反テロ」世界戦争の批判においては, 理想主義的理想主義と理想主義的現実主義, 絶対平和主義と(新)徹底平和主義(終章参照)という二つの平和主義, 二つの平和公共哲学の各々から批判する可能性が存在しよう. 終章で論じるように, 筆者自身は, 丸山眞男以来の平和主義である前者の立場を尊重して侵略戦争や核戦争を否定する「非攻(撃)」の原理を堅持しつつ, 自衛戦争を容認する「墨守平和主義(専守防衛主義)」の立場を取る点においては後者の立場に立っている. もっとも, このいずれの平和主義の立場を取るにしても, アフガニスタン戦やパレスチナ戦において, さらにイラク戦においてはなおさら,「反テロ」世界戦争に対して何らかの「戦争批判の公共哲学」を提示する必要性が存在することには, 疑う余地がないであろう. これこそが, 本書の目指すところなのである.

第一部
イスラーム法:「テロ」は犯罪か戦争か?

第1章　現代イスラーム法解釈における危険性
　　　——スンナ派イスラーム圏の法体系

柳橋博之

1　イスラーム法の理論

　昨今，シャリーアとかジハードとかファトワーといった言葉が誌面をにぎわすことが多くなっている．これらはイスラーム法上の用語であるが，その正確な語義を知っている人はごく少ないであろう．加えて，いずれも本来の古典的な用法と現代における用法との間には多かれ少なかれ相違があることもその理解を困難にしている．そこで本章では，スンナ派（ムスリムの9割がこれに属するとされる最大宗派）におけるイスラーム法の基本的な概念を明らかにしつつ，スンナ派イスラーム圏の法を概観し，また現在イスラーム法が置かれている立場についても簡単な説明を付し，現代イスラーム法とは何かについて，読者に理解を深めてもらいたいと思う．

　イスラームの教義によれば，人類の創造以来，神は多数の預言者を地上に遣わし，シャリーア shariʿa を授けた．アブラハムのシャリーア，ユダヤ教のシャリーア，キリスト教のシャリーア，イスラームのシャリーアがその代表的な例である（ただし以下でたんにシャリーアといえばイスラームのシャリーアを指す）．「水場に至る道」を原義とするシャリーアは，最終的には来世において信徒を天国へと導く行動指針を指し，神と人間の関係を定める（儀礼に関わる）規則と人間同士の関係を律する規則を含む，広汎な行為規範の体系である．シャリーアは，具体的には『クルアーン』とスンナに体現されている．『クルアーン』は神が預言者ムハンマドに対して与えた啓示の記録である．スンナとは，

預言者ムハンマドの言行に体現された行為規範を指し，その言行録の文言自体はハディースと呼ばれる．

しかしシャリーアという言葉は，人定法（人間が定めた法）やフィクフ fiqh（後述する理由によりイスラーム法ないしはイスラーム法学と訳す）との対比で用いられる場合，もう少し別のニュアンスを持っている．まず人定法との対比であるが，現代イスラーム世界においてシャリーアの施行が叫ばれる場合，それは，国家が人定法（具体的には欧米から継受された法）を廃止して，それに代えてシャリーアの中で強制力を伴う規定を施行せよという主張である．この意味ではシャリーアをイスラーム法と訳して差し支えない．

しかしフィクフとの対比では，シャリーアはまた別の意義を有する．ただし，この用法では，シャリーアそのものではなく，「シャリーア上の範疇 al-aḥkām al-sharʿiyya」（「五範疇 al-aḥkām al-khamsa」ともいう）という言葉が用いられる．それによれば，人間の行為は，その規範的な価値に従い，義務的な行為，推奨される行為，許容される行為，忌避される行為，禁止される行為に分類される．たとえば，『クルアーン』によれば，姦通は禁止される行為に含まれ，姦通を犯した者は，鞭打ち百回の刑に処せられる[1]．ハディースによれば，夫による妻の一方的離婚（棄妻）は，許される行為の中でもっとも忌まわしい行為とされていて，忌避される行為に含まれるが，しかし『クルアーン』によれば，それによってその法律効果が妨げられることはない[2]．この二つの例からも分かるように，シャリーア上の範疇は，かならずしも法的な評価と一対一に対応しているわけではない．

神が与えた規範であるシャリーアをどのレベルで遵守するかは，ある程度までは個々の信徒に委ねられているが，およそムスリムである以上はかならず遵守の義務を負う最低の規範が存在する．たとえばムスリムである以上は，一日5回の礼拝が義務付けられている．同様に，周知のとおり，ムスリムである以上，ワインを飲用してはならないとされている．このようにムスリムにとってその遵守が義務とされる規範の体系を導き出すための学問，ないしはそのよう

---

[1] 『クルアーン』第24章第3節参照．ただしフィクフによれば，成年ムスリムで有効な婚姻中で性交を行ったことのある者に関しては，姦通罪は石打ち刑をもって罰せられる．
[2] 『クルアーン』第2章第229節参照．

な規範の体系がフィクフである．もっとも遵守が義務とされるとはいっても，そのすべてが法的な効果を伴っているわけではない．たとえばムスリムは可能な限り，一生の間に一度はメッカ巡礼を行わなければならないとされているが，ある者が成年に達する前にメッカ巡礼を行っても，これは無効な巡礼とみなされる．ではそれに対する法的な効果が定められているかどうかと言えば，学説は対立している．一方の説によれば，その者がそれ以後メッカ巡礼を行うことなく死亡した場合，故人が充分な財産を遺していたならば，その中から他人が代理巡礼を行うための費用が支払われなければならないとされる．この学説によれば，未成年者によるメッカ巡礼を無効とする規定は法的な効果を伴っていることになる．しかし他方の説は，故人が代理巡礼を行うように遺言中で指示していない限りは，代理巡礼は行われない．したがってこの規定は法的な効果を欠いていることになる．

しかし人間同士の関係を律する規範はほとんどすべて法的な効果を伴っているので，フィクフは，場合によってイスラーム法学ともイスラーム法とも訳すことができよう（以下ではイスラーム法と訳す）．シャリーア上の範疇が人間の行為をさきに挙げた，禁止される行為，推奨される行為等々に分類するのに対して，イスラーム法は人間の行為を有効と無効に分類すると言ってもよい．たとえば，棄妻は，シャリーアにおける評価では忌避される行為であるが，イスラーム法における評価では有効な行為である．

棄妻の例ではイスラーム法は『クルアーン』やハディースから容易に導き出されている．しかしそれがつねに容易とは限らない．その理由は幾つかあるが，その1つに解釈の問題がある．『クルアーン』やハディースの字義解釈も問題であるが，とくにその中の文言がある行為を命令したり禁止していたりしても，その命令や禁止を強制すべきか否か，言い換えればその文言に対して法的効力を認めるべきか否かは一義的には定められない場合が多い．たとえば礼拝時刻は比較的厳密に定められているが，ではその間に結ばれた売買契約の効力はどうなるであろうか．かかる売買契約がシャリーア上の範疇としては禁止される行為に含まれることについては異論がないが，ではこれを有効と見るか無効と見るかについては，学説は対立している．また，『クルアーン』やハディースの多くはある特定の事件が起こった際に与えられたものである．そこで，ある

規定がどのような場合に誰に対して適用されるのかという適用の範囲や対象が一義的には定まらないことが多い．それに加えて，最後の預言者ムハンマド亡き後，人類には，神の啓示も預言者による導きも与えられない．他方，『クルアーン』やハディースで規定されていない未知の事案は日々新たに現れるので，法の欠缺が生ずることになる．『クルアーン』やハディースで明示的に規定されていないからといって人間の都合で法規定を勝手に制定することができるという立場をムスリムは取っていないので，この場合には『クルアーン』やハディースを手掛かりとして神の意思を忖度してこれら未知の事案に対する解決を探さなければならない．

このように『クルアーン』やハディースを法的に解釈したり，法の欠缺を埋めたりする作業は，法学者の手に委ねられることになった．その際，『クルアーン』やハディースを根拠としつつ，神の意思を忖度して法体系を構築するために，イジュマー（合意）とキヤース（法的推論）などに関する理論が8世紀以降発展していった．イジュマーは，スンナ派の通説においては，『クルアーン』やハディースに明文の規定が存在しない場合において，ある法律上の論点に関する見解の一致として定義される．イジュマーが成立するためにその見解の一致が必要とされる主体の定義を巡っては論争があるが，スンナ派の通説は，つぎのように唱えている．『クルアーン』やハディースに解釈の余地のない文言が存在せず，またイジュマーも成立していない事項に関して，キヤースの規則に従いつつ独自に法的推論を行うことをイジュティハードという．イジュティハードを行う資格を有する法学者はムジュタヒドと呼ばれるが，一般信徒は特定のムジュタヒドの見解に従う義務を負うことを前提として，ムジュタヒドの見解の一致をもってイジュマーが成立する．

2 イスラーム法の特徴

イスラーム法の特徴として以下の点が挙げられる．第1に，イスラーム法は属人法であり，イスラームを信仰する者に対してのみ適用される．ただしハナフィー派によれば，ムスリムがイスラーム法に拘束されるのは，ムスリムがダール・アル＝イスラーム，すなわちイスラーム法の支配が行われている地域に

居住している場合に限られる．第2に不変性である．いずれの学派も『クルアーン』を第一の法源とし，スンナ派は預言者のスンナを上位の法源とみなすが，これらはいずれも歴史上のある時点で固定されてしまったので，理念的には，イスラーム法はそれ以後，変容を被ることはなく，これら上位の法源にもイジュマーにも規定のない事案に関してのみ後世の法学者のイジュティハードの余地があるとされたのである．第3の特徴は客観主義である．イスラーム法は，行為者の意思を忖度することを嫌い，ある行為の法律効果をその外形に着目して決しようとする．この傾向はハナフィー派とシャーフィイー派において特に顕著である．これは，法学者によれば，人間の意思を忖度することは神にのみ可能な所為だからであるという観念に基づく．しかし歴史的には，イスラーム法が商人の法を基礎として発展したことや，イスラーム初期において法学者が，カーディー（イスラーム法を適用する裁判官）を政治権力の干渉から守るために法規定の客観化を図ったことがその一因と考えられる．

3　前近代におけるイスラーム圏の法体系の発展

　7世紀にアラブ・ムスリムによる中東地域の征服が行われた．以後，アラブの慣習法，古代オリエント以来の法伝統，半ば慣習化したローマ法，ユダヤ法，ササン朝ペルシアの法などが総合されて，8世紀前半には法制度が一応整備されることになった．その主体となったのは，一方では国家であり，他方では市井の法学者であった．イスラーム国家（ウマイヤ朝やアッバース朝）は，旧ビザンツ帝国領や旧ササン朝領の行政規則を踏襲して，とくに税法や国家組織法を発達させた．

　それ以外の法分野，とくに財産法，家族法，刑法，儀礼に関わる規則などは，市井の法学者によって体系が形成された．8世紀の段階まではまだ専門の法学者は少なく，多くの法学者は，本業である商工業に携わるかたわら，法学説を形成していった．とくに，一般信徒は，日々生ずる法律問題を解決するために，地域で名声を有する法学者の許に見解を聞きに行き，法学者は，主として地域の学説・慣習や『クルアーン』の文言を頼りに見解を出した．ただ，『クルアーン』が比較的詳しく規定しているのは相続法と家族法の一部に限られている

ので，実際には地域の学説・慣習や法学者の個人的な意見が大きな比重を占めた．このように法学者が依頼人の求めに応じて発する見解はファトワー fatwā と呼ばれるが，ファトワーが集積され，また淘汰されていく過程で，各地域に固有の学統が生まれることになった．これがイスラーム法（学）成立の過程である．このような学統は数多く存在したであろうが，8世紀前半には，イラクではクーファとバスラ，ヒジャーズ（アラビア半島の北西部）ではメディナとメッカ，シリアではダマスカスの学統が強い影響力を有していたが，さらに8世紀初めにはクーファとメディナの学統の優位が確定した．

　他方，7世紀末以降，伝承家 muḥaddithūn と総称される人々の活動が目立ってくる．伝承家は，教友 ṣaḥāba（生前に一度でも預言者ムハンマドと会ったことのある信徒）や教友と接触のあった人々を訪ねてイスラーム圏各地を旅して，ハディースや教友の見解を収集した．教友は，預言者の薫陶を受けていることから高い権威を与えられたのである．この過程でハディースが創作されることもあったようである．そしていわば自然な成り行きとして，伝承家の中からは，慣習の影響力を排除して，このようにして集められたハディースなどを信徒の行動の指針としようとする勢力が現れた．

　クーファやメディナの学統と伝承家はある時点までは激しく対立したが，9世紀中には両者の立場を折衷する考え方が支配的になっていく．その骨子はつぎのとおりである．第1は，ハディースは，法源として『クルアーン』に匹敵する権威を有するという見方である．その論拠として，預言者ムハンマドは神から「不可謬性 ʿiṣma」を賦与されていると主張された．第2は，イジュマーが成立した見解は『クルアーン』やハディースに次ぐ権威を有するとする見方である．第3は，学統に関する．すなわち，イスラーム草創より2世紀余りが経過し，この間に多数の学識ある法学者の学説が集積された現段階では，独立の学統を創始する資格を有する法学者はもはや現れない．法学者は，過去の権威ある法学者のいずれかの学統を継承し，その細部を磨き上げることに専念しなければならないとされた．

　こうして，10世紀前半には法学派 madhhab が成立するに至る．まず，『クルアーン』やハディースを実質的な法源としつつ，法的推論の方法を確立して新しい学統を創設したシャーフィイー（820年没）の衣鉢を継ぐ者たちによっ

てシャーフィイー派が形成された．これに続いて，クーファの学統はハナフィー派（学祖アブー・ハニーファ（767年没）に因む），メディナの学統はマーリク派（学祖マーリク（795年没）に因む）となった．両派は，具体的な規定にはあまり修正を加えずに，ただその根拠の説明において『クルアーン』やハディースへの依存を深めることによって伝承家からの批判に応えた．その後，『クルアーン』やハディースの徹底的な字義解釈を実践し人間の思考に権威を認めることを否定するもう1つの学統を創始したのがイブン・ハンバル（855年没）であり，その立場に共鳴する者たちによってハンバル派が成立した．その他にも法学派は幾つか成立したが，歴史上のある時点で消滅したため，これら四法学派が正統学派と目されることになった．

スンナ派の支配下にある地域では，これらのいずれかの学派に属するカーディー裁判所は等しい権威を有していた．もっとも現実には特定の地域では特定の法学派が優勢であるという棲み分けが行われる場合が多かったが，マムルーク朝（1250年-1517年）支配下のエジプトやオスマン帝国（1299年-1922年）のように1つの都市に複数の法学派が並存する場合，ある法学派に属するカーディー裁判所が下した判決は，それが当該の法学派の通説に従っている限りは，他の法学派に属するカーディー裁判所がこれを取り消すことはできないとされた．なお，契約（婚姻契約などもこれに含まれる）が結ばれる場合，あらかじめ管轄裁判所が定められることが多かったが，契約当事者は，契約ごとに異なる裁判所を選択することができた．そのような事前の取り決めがない場合に管轄裁判所を原告が決めることができるのか，それとも被告が決めることができるのかについては学説は対立している．

イスラーム法は，建前上はイスラーム国家において最も高い権威を有する法体系であった．しかしイスラーム圏の大部分の地域で，イスラーム法のほかに，国家制定法や慣習法が行われていた．イスラーム法は，家族法の分野で最も忠実に適用され，財産法がこれに続いた．これにたいして，行政法や刑法の大部分は国家制定法であり，その中でもっとも有名なのはオスマン帝国のカーヌーン qānūn である．またイスラーム圏の周縁部では，慣習法の影響力は，とくに相続法の分野で顕著であった．

イスラーム法と国家制定法，イスラーム法と慣習法の間には，ある場合には

排除と被排除，ある場合には競合，ある場合には補完，ある場合には共存の関係が見られた．相続に限って言えば，イスラーム相続法は，均分相続を規定し，また女子に対して相続資格を認めるため，家産の細分化を招き，また父系社会の原則に反していた．そのため，イスラーム相続法の適用を直接回避することなく，家産の細分化や女子の子孫への財産の帰属を防ぐため，家族ワクフの設定が行われる例が多く見られた．ワクフとは，とくに不動産の譲渡を永久に禁止して（所有権は未来永劫，ワクフ設定者たる当該不動産の所有者に属するとする説や，神に属するとする説も唱えられているが，いずれも擬制である），そこから上がる収益（賃料や地代）を，ワクフ設定者が定めた使途に充てる制度である．その使途として，モスクや病院の維持管理や貧者に対する施しのほかに，ワクフ設定者の一部の子孫に対する支払が定められることも多かった．これが家族ワクフと呼ばれるものであるが，この際に，ワクフ設定者の男系卑属を受益者として指定することにより，女子の子孫に家産が流出することと家産の細分化が防がれるわけである．またそもそも私有財産制が確立していなかった地域では，財産の種類に応じて，イスラーム法と慣習法が使い分けられる例も見られた．

4 近現代におけるイスラーム圏の法体制——家族法を中心として

前近代には，行政法・刑法の分野ではすでに法典化が行われていたが，イスラーム法が法典編纂の対象となることはなかった．19世紀に至り西欧列強がイスラーム圏に進出してくると，イスラーム諸国はその圧力の下，近代化の一環として，同世紀後半から法典編纂に着手した．英領インドでは，イングランド法を継受した法典が幾つか制定された．中東においては，民法財産編に関して法典編纂の嚆矢となったのはオスマン帝国の「メジェッレ」（1869年-1876年）である．これはハナフィー派の財産規定の中から当時の社会的経済的状況に適合した学説を取捨選択して条文形式に配列したものである．しかし商法，行政法，刑法，訴訟法などの分野ではフランスの法典に倣った法典編纂が行われた．それに続き，アラブ圏では，フランス民法典をほぼそのまま翻訳したエジプト民法典（1883年）を初めとして，1930年代までに，西欧法，特にフラ

ンス法を継受する立法例が幾つか見られた．その後，マグリブや旧英領植民地では新たな法典編纂の動きはあまりなかったが，マシュリクの多くの国では，新エジプト民法典（1948年）に倣い，イスラーム法にも依拠した法典編纂が行われた．また各国で，法典編纂と同時に近代的な裁判組織が整備されていった．

　他方，家族法の分野における法典編纂の歩みは遅々としており，オスマン帝国末期の1917年にようやく最初の立法例であるオスマン家族権利法が現れた．これは家族法が『クルアーン』に多く依拠していてイスラームという宗教の一部とみなされる傾向が強く，イスラーム諸国の側が西欧列強の容喙を嫌い，また西欧列強の側でも積極的な干渉を控えたためである．このため，カーディー裁判所も温存された．

　イスラーム諸国における家族法典編纂が盛んになるのは，第二次世界大戦後，イスラーム諸国が独立を果たした後のことである．それらの多くの立法例は，各地域で伝統的に支配的だった法学派の学説を基礎としつつ，それに現代社会の要請に応える形で修正を施したものである．多くの国において，法典編纂の過程でカーディー裁判所は一般の裁判所に統合されていった．

　イスラーム国家，ないしは大きなムスリム人口を抱える国家が家族法典を制定しようとする場合，その内容自体とともに，シャリーアとの整合性の有無が，その是非をめぐる論争の主要な論点となってきた．なおここでシャリーアとは，神の許にある理想的な法というほどの意味であり，フィクフはシャリーアを解釈しようとする1つの試みとみなされる．したがってその権威は相対化されてはいるが，それでもフィクフをシャリーアの最良の近似とみなす伝統は根強く残っている．オスマン家族権利法以来，多くの国において，個々の条文の根拠が可能な限りフィクフの学説に求められてきたのはそのためである．

　しかしそれでは対応しきれない場合にはしばしば，シャリーアに抵触しない限りで近代的な改革を目指す立法例が見られた．一例を挙げておこう．ハディースによれば，預言者ムハンマドは9歳のアーイシャを娶ったと伝えられており，これに基づいて，フィクフにおいては，基本的に人間は出生と同時に夫や妻になることができることについては異論がない．しかし現代ではとくに都市部において，幼児婚を好ましくないとする風潮が強い．各国政府は，いわば板

ばさみになっており，立法の上でも苦渋の跡が窺える．エジプトでは，法定年齢に達しない男女の婚姻を登録した官吏に対する罰則規定（1923年）が，続いて裁判所は未登録の婚姻をめぐる訴えを受理することはできないとする規定（1931年）が定められた．これらの措置は，シャリーアによって容認されている未成年者の婚姻に対する司法的な救済を拒むことによって幼児婚を廃止しようとする政策的意図に基づいていたが，理論上は未成年者の婚姻の有効性を追認することにより，立法化に成功した例である．

　もっとも，ほとんどのイスラーム国家においては，さきに示唆したように，家族法以外の分野では欧米の法典がほとんどそのまま継受されており，家族法と著しい対照を見せている．一部の国においてはシャリーアが主要な法源とされていることからすれば，このような立法の状況は羊頭狗肉の感を与える．しかし，少なくとも一部のイスラーム国家において，立法面で古典法の伝統が根強く残っている例がもう1つある．それは身分関係訴訟における準拠法を定める規則である．

　わたしはここまでたんに「家族法」という言葉を用いてきたが，国によってはこの言葉はやや不正確である．というのは，エジプトのように，非ムスリムが無視することのできない少数派を構成している国では，ムスリムに対して適用される家族法と，非ムスリムに対して適用される家族法（通常，イスラーム以外の宗教・宗派が複数存在するのに対応して，複数存在する）が並存している場合があるからである．インドのように，ムスリムが無視することのできない少数派を構成している国においても同様である．

　このような国で，宗教または宗派を異にする当事者間で身分関係をめぐる紛争が起こった場合，その紛争の準拠法を決定する必要が生ずる．いわば国際私法の国内版とも呼ぶべきものである．その決定の方法は，3つのタイプに分類することが可能である．その第1は，レバノンやインドのように，さまざまな宗教に基づく家族法が並存して，その間に優劣の差を設けない立法例である．第2は，エジプトのように，幾つかの家族法典が並存しているが，異なる家族法典の適用を受ける者の間に紛争が生じた場合には，ムスリム家族法を適用するとしている立法例である．第3は，シリアのように，基本的には家族法典は1つしかなく，すべての国民に対する適用が予定されているが，一部の条文に

関しては非ムスリムへの適用が排除されたり，非ムスリムにのみ適用される条文が設けられたりしている立法例である．

　第2・第3の立法例は，ムスリムの主権という観念の現われと見ることができるが，ここではエジプト法を紹介しておこう．ただしその前に，エジプト法が主として依拠している古典的なハナフィー派（他の学派についても大同小異である）の学説を要約しておこう．

　同派によれば，刑事事件をしばらく別とすれば，ムスリム同士，ムスリムとズィンミー dhimmī（イスラーム共同体とズィンマ dhimma と呼ばれる保護契約を結び，貢納等の義務を果たす限りにおいてイスラーム圏での居住，生命・財産の安全，信仰の自由を保障された宗教共同体の構成員）の間，異なる宗教または宗派に属するズィンミー間の紛争の管轄裁判所はムスリム法廷であり，利息の禁止などのイスラームに固有の規定を除いては，イスラーム法が適用される．同じ宗教・同じ宗派に属するズィンミーはその所属する共同体の法廷の管轄に属し，その固有の法の適用を受ける．

　これを言い換えるとつぎのようになる．第1に，イスラーム法による支配が行われている地域（「イスラームの家」）においては，イスラーム法とズィンミーの法の管轄が競合する場合にはつねにイスラーム法が優越する．第2に，ズィンミーの法同士の間には優先劣後の関係はないので，その管轄が競合する場合にはやはりイスラーム法が準拠法となる．

　エジプトでも，伝統的にはムスリム裁判所とズィンミーの裁判所があり，管轄裁判所や準拠法の決定はこの原則に従っていた．この伝統を追認する形で，ヒジュラ暦1315年ズ・ルヒッジャ25日／1897年5月27日付「シャリーア裁判所とその施行規則」その他の立法によってシャリーア裁判所とミッラ（宗派）裁判所が創設された．それぞれ，身分関係の訴訟を管轄する宗教法裁判所である．しかしこれらは，1955年第462号法（2月10日発布）により廃止され，普通法の国民裁判所が身分訴訟も管轄することになった．同第1条は「シャリーア裁判所とミッラ裁判所は1956年1月1日をもって廃止され，これらの裁判所が担当していた訴訟は，1955年12月31日を過ぎた後は，国民裁判所で審理が継続される」と定めるが，裁判所は統合されても，複数の家族法が残存し，また異なる家族法の適用を受ける当事者の間での紛争における準拠法の決

定の方法に関しては古典的な規定が踏襲された．ちなみに，エジプトにおいて非ムスリムに対して適用される家族法にはたとえば以下のものが含まれる．

① 1938年5月9日に発布されたコプト教会法．1955年に増補された．しかし，1977年6月6日破毀院判決は，55年法に効力を与えるには，宗務院の人員が不足しているとして，38年法に対してのみ効力を認めた．

② 1949年2月22日にアンタキアのペテロ12世により発布された東方教会教徒のための身分法．

③ 1976年10月29日に発布されたアルメニア教会信徒のための身分法．

これらがいずれも，エジプト政府によってではなく，それぞれの宗教，宗派の内部において作成されたという点に注意しておきたい．

さて，1955年462号法第6条によれば，宗教または宗派を異にする者の間の身分訴訟に対してはイスラーム法が適用されるが，この規定の適用は，時として奇妙な結果を招く．その極端な例として，1976年11月17日破毀院判決を挙げておこう．同判決はつぎのように述べている（[ ]内は引用者）．

> 被上告人（夫）は最初に訴えが起こされる前にイギリス国教会に入信し，これによって夫婦は異なる宗派に属することになった．この場合，イスラームのシャリーアが適用されることになる．上告人たる妻が[被上告人に合わせるために？]被上告人と同じ宗派に入信した後に被上告人が一方的離婚の宣言を行ったことによってもこの規定には変更はない．というのは，最初に訴えが起こされた時点で夫婦間の宗派が異なっており，この場合には，[イスラームのシャリーアが適用される結果として]夫は妻を一方的に離婚することができるからである．

この趣旨はつぎのとおりである．最初に訴えが起こされた時点では，夫婦は異なる宗派に属する非ムスリムだったので，1955年462号法第6条に従い，両者の間に生ずる身分関係に関わる紛争の準拠法はムスリム家族法（ムスリムに対する適用が予定された家族法典）となる（そこに規定がなければハナフィー派学説となる）．さらに，同第7条の中には，「ある裁判所に係属している当事者の一人がその属する宗教共同体を離脱して別の宗教共同体に移ったとして

も，準拠法に変更はない……ただし，その者がイスラームに移行した場合にはムスリム家族法が準拠法になる」と定められているので，その後で夫婦の宗教が同じになり，ムスリム家族法が準拠法となる．しかるにムスリム家族法は，限定付きではあるが，夫が一方的に妻を離婚する権利を認めているので，ここでも夫は妻を一方的に離婚する権利を与えられることになる．すなわち，現在夫と妻の両方がその適用を受けるイギリス国教会法がかかる権利を夫に対して認めていないにもかかわらず，夫は妻を一方的に離婚する権利を有するわけである．

これを要するに，ムスリム家族法は，いかなる場合でも，他の家族法に優越する地位を認められているのである．このことと，非ムスリムに対して適用される家族法がそれぞれの宗教共同体によって作成されたことは符合している．裁判所において，国家が制定したムスリム家族法と，国家の制定によらない非ムスリムに対して適用される家族法が競合する場合，ムスリム家族法が優先されることは当然とも言えるであろう．これは，私法の分野において，古典的なムスリムの主権概念が現代立法の中に温存されている数少ない例の1つと見ることができる．

5　古典的イスラーム法のゆくえ

以上で，スンナ派におけるイスラーム法の基本的な概念を明らかにし，スンナ派イスラーム圏の法を概観し，また現在のイスラーム圏における立法，特に家族法についてごく概略を述べた．そこで，古典法の研究者の立場から，最後に現代におけるイスラーム法の状況に若干触れておくことにしたい．

すでに述べたように，現在，フィクフ，すなわち古典的なイスラーム法ないしはイスラーム法学は，家族法などきわめて限られた領域においてのみ拘束力を有するに過ぎない．ここで拘束力を有するというのは，家族法の文言に取り入れられているとか，あるいは文言には入っていなくとも家族法に欠缺がある場合にはイスラーム法学説（シリアならばハナフィー派学説，モロッコならばマーリク派学説）が法源となるといった意味である．その他の分野においてイスラーム法が導入されるとか，あるいはイスラーム法の解釈が提唱されるとい

う場合，それは往々にして利害関係人によるイスラーム的規範の読み込みないしは創造である．この点を，少し時代を遡って説明することにしよう．

　すでに述べたように，前近代においては，イスラーム法は，国家制定法や慣習法と並ぶ，複数の有効な法体系の1つであるに過ぎなかった．酒を飲めば鞭打ち何十回という刑罰を受けるという規定はイスラーム法にはあるが，イスラーム法が酒を飲用した者にたいしてつねに適用されていたわけではない．ぎゃくに刑法は多くの場合，国家制定法の支配する領域であり，イスラーム法が適用されることはむしろ少なかった．また，イスラーム法は私有財産制を認め，相続においては均分相続を規定している．しかし，イスラーム圏の一部の地域では，たとえば山林や家畜のように，村落や部族の総有に属し，各構成員はその用益権のみを享受する財産が経済的に重要な意味を有していた．このような地域では，財産の種類に応じてイスラーム相続法と慣習的な相続法が並存することが往々にしてあった．イスラーム法がうまく機能しなければ他の法がこれに代わっていたわけである．さらに言えば，法学者（イスラーム法の専門家）もまた，人々（あるいはその一部）にとって望ましい規定をイスラーム法の枠内で提示する用意があった．利息付消費貸借の禁止規定はイスラームの戒律の目玉の1つと考えられているが，とくにハナフィー派などは，この禁止を潜脱する方法を創案していた．

　わたしのような前近代のイスラーム法を専門とする者が受けるイスラーム圏の法体制のイメージは，役所や会社にたとえるならば，適材適所という考えで人員を配置して，かつ各人員が与えるサービスがきっちり決まっているというところであろうか．ある地域において，ある分野（たとえば相続とか商取引）に対してどの法が適用されるかは慣習上定まっていて，しかもその法は確立されていて改変・修正の余地は少ない，言い換えれば法的安定性を有しているというイメージである（もっとも国家制定法には法的安定性は欠けていたようだが）．たとえば，結婚するに当たって，夫が2人目3人目の妻を娶ることを防ぎたい妻は，婚姻契約書中に，夫が新たに妻を娶る際には妻の同意を要するとする条項を設けておき，かつ婚姻をめぐる訴訟の管轄裁判所としてハンバル派を指定しておけばよい．そうすると後日，夫が妻に無断で新たに妻を娶った場合，妻はこの婚姻の無効を宣告する判決をハンバル派の裁判官に請求すること

ができる．ハンバル派はかかる条項を有効としているので，この婚姻が無効とされる保障を妻は与えられていることになる．もう1つ古典的な例を挙げると，イスラーム法は概して不在者を相手として起こされた訴えを受理するのに消極的である．そこで，たとえば中世の北アフリカでは，商取引から生じた債権を回収するというように比較的軽微で迅速を要する事案に関しては，充分な証拠さえあれば不在者に対する強制履行を認める行政官の法廷に訴えを起こすことが行われていた．

　法的安定性についてもう一言述べておこう．儀礼行為と並んで詳しい規定が存在する私法の領域においては，現実の社会において無数に生じてきた利害の衝突を調節しようとする法学者の営為の積み重ねとして古典的なイスラーム法体系が構築された．同じことは公法についてもある程度は当てはまる．たとえば抵抗権の問題一つ取っても，法学者の議論は，抵抗権を認めるとか認めないといった単純な図式では割り切れない．叛乱を禁止する法学者が，一定の条件（たとえば為政者を悪と断ずる啓示上の根拠を示していること）を備えた叛徒に対しては，通常の犯罪者とは異なる寛大な処置を唱えている場合，この法学者は，叛乱を禁止しているように見えても，その学説は実際には叛乱に対する抑止力を欠いていると評すべきである（そのぎゃくのケースもありうる）．そしてさらに注意すべきは，このような学説は，イスラーム圏で無数に発生した叛乱と，各法学派における学統の間の相互作用の中から形成され，発展していったということである[3]．そしてこのような歴史的経験や知的伝統を欠いたところにはイスラーム法の規定は存在しなかったのである．

　しかし現在のイスラーム法の状況はこのような古典的なあり方とはずいぶん異なっている．さきにも述べたように，古典的なイスラーム法はすでに権威を大幅に喪失し，代わってイジュティハード（ここでは現代社会に即した新たな法解釈というほどの意）が唱えられている．そのこと自体が良いとか悪いとか論評するつもりはないが，問題は，ある規則やある価値観を押し付けたいと考える権力者が，それをイスラーム法の「解釈」として，ということは突き詰め

---

[3] このような観点からイスラーム法における抵抗権や叛乱を扱った優れた研究として，Khaled Abou El Fadl, *Rebellion and violence in Islamic law*, New York et al.: Cambridge University Press, 2001 がある．

れば神の意思として提示する恐れがある点にある．

　その極端な例として，チュニジアの故ブルギバ大統領（1903年-2000年）は，かつてつぎのように唱えた．経済的な後進性を克服することはジハードの中に含まれるので，労働者は一種の戦士とみなされる．しかるにジハードに赴いている兵士はラマダーン月の断食義務を負わないのであるから，チュニジアのように経済的に遅れている国の労働者はラマダーン月の断食義務を免れると．このような解釈が広い支持を得たとは考えられないが，そもそもこのような解釈が提唱されるということ自体が，現代においてイスラーム法の内容が（家族法を例外として）いわば空白になっていて，事実上権力を有する者がこの空白を埋める権利を主張している状況を示している．

　原義は「努力」を意味する「ジハード」は，しばしば大ジハードと小ジハードに分類される．大ジハードは信徒が「神の道」に邁進すること，つまり神の御心にかなうように努力を尽くすことを指す．これには，宗教に関わる学問を修めたり教えたり，非信徒を改宗させたりすることも含まれる[4]．これにたいして小ジハードは，「真の宗教を［受け入れるように］呼び掛けること，またその受容を拒む者と戦うために財産や生命を投げ打つこと」として定義される（［　］は柳橋）[5]．ジハードはしばしば「聖戦」と訳されるが，これは小ジハードに当たる．そして，大ジハードは，小ジハードよりもむしろ重要とされる[6]．

　しかし古典的なイスラーム法の著作においては，ジハードに関わる記述の大部分はいま挙げた小ジハードに関わる．一例を挙げると，ハナフィー派の法学者サマルカンディー（1144年没）の著作においては，最初に聖戦の意味におけるジハードの定義が示された後，ジハードが総体としてのムスリムの連帯義務であること，攻撃を開始することができるための条件，許容される戦術，異教徒の中で誰を殺してもよいかなど，戦闘に関わる記述が現れる．それから戦

---

[4] 小ジハードについては，古賀幸久『イスラム国家の国際法規範』勁草書房，1991年，47-49頁に詳しい．

[5] Samarqandī, ʿAlāʾ al-Dīn al-, *Tuḥfat al-fuqahāʾ*, 3 vols., eds. Muḥammad al-Muntaṣir al-Kattānī & Wahba al-Zuḥaylī, 3 vols., Damascus : Dār al-Fikr, n. d., 3 : 399-400.

[6] 大ジハードと小ジハードについては，以下の文献も参照．眞田芳憲『イスラーム法の精神』改訂増補版，中央大学出版部，2000年，300-301頁，306頁；中田考「『イスラーム世界』とジハード」湯川武編『イスラーム国家の理念と現実』栄光教育文化研究所，1995年，200-201頁．

利品や輜重や捕虜等々に関する記述が現れる[7]．ハンバル派の法学者フジャーウィー（1560年没）は，ジハードは総体としてのムスリムの義務であって，一部のムスリムがこれを果たしている場合には他のムスリムはその履行義務を免れるとして，同様の扱いを受ける行為の例として，飢えている者がいる時にこれに食糧を与えること，農作業，布教，井戸掘りや河川工事，『クルアーン』やスンナの教授などを挙げている[8]．これによれば，さきほどは大ジハードに分類されていた布教や宗教に関わる学問の教授はジハードには含まれないことになる．

もっともこう言ったからといって，後世に言う大ジハードがジハードの定義に含まれていなかったわけではなく，個人の内面的信仰を深める努力を大ジハードと呼ぶ用法は，ムハースィビー（857年没）やフジュウィーリー（1072年没）といった神秘主義思想家の著作に見られる[9]．

もちろん中世のイスラーム圏においていずれの定義ないし用法が，あるいはそのいずれとも異なる定義ないし用法が一般的だったのかは分からない．しかしつぎのような想像は可能である．イスラーム法上のジハードは，総体としてのムスリムの連帯義務である．法学者は，法学者という立場においては，法的に義務とされるジハードのみを記述の対象としたために，内面的な信仰にかかわるジハードには触れなかったのであろう．しかし，ブルギバ流の議論は，古典法学の伝統から離れたところで，ジハードの語義を拡大し，その拡大された部分（経済発展のためのジハード「努力」）に拘束力を与えるというすり替えの例とみなすことができる．

もっとも似たような状況は前近代においても見られた．ムラービト朝（1056年～1147年）やワッハーブ派，近くはターリバーンなど，宗教的情熱に突き動かされ，イスラームの真正な教えに忠実であろうとする人々が，法体制を含む既存の秩序を打ち破り，社会的混乱を招いた例は数多く挙げられる．最近の報道では，ナイジェリア北部ではイスラーム純化運動（と呼んでおく）が推進

7　Samarqandī, *Tuḥfa*, 3 : 399-417.

8　Ḥujāwī, Sharaf al-Dīn Mūsā al-, *al-Iqnāʿ*, ed. ʿAbd al-Laṭīf Muḥammad Mūsā al-Subkī, 4 vols., Beirut : Dār al-Maʿrifa, n. d., 2 : 2.

9　Alfred Morabia, *Le gihad dans l'Islam médiéval*, Paris : Albin Michel, 1993, 297, 499 (28). また中田前掲注6「『イスラーム世界』とジハード」200-201頁．

され，国家制定法に代えてイスラーム法の施行を唱える集団が勢力を拡大しているという．イスラーム法の解釈権を誰が握っているのかという問題はムスリム自身の問題であるが，学統（その弊害はよく語られるが）の蓄積を欠いた理念の創出がもたらす危険は明白だと思われる．

　わたしは，イスラーム純化運動と伝統的なウラマーによって支えられた社会の優劣を論ずるつもりはないし，そのような議論は無意味だとも考えるが，法文化の歴史的な経験から切り離された敬虔主義がもたらす危険が，一見イスラーム法がほぼ死文化している現代イスラーム圏の中で顕在化しつつあるような印象を受ける．

第2章 イスラーム法における「罪と罰」

発題：非対称戦争とイスラーム世界

池内恵

　アメリカとイスラーム主義過激派との間の紛争は，「非対称戦争」の最初の大規模な実例として注目されている．しかしイスラーム主義過激派が一方の当事者となる場合，「非対称戦争」に関するこれまでの考え方ではとらえ切れない部分が生じてくる．重要なのはイスラーム主義過激派がその「戦争」の「目的」「タイムスパン」「許容しうる犠牲」といった点に関して特異な認識を行っていることである．テロリストが合理的な計算に基づいて行動に出るという前提に基づいた対処策は必ずしも有効ではなくなり，アメリカそして日本の対応はいっそう困難になる．対応を誤れば世界観・価値の闘争を伴う宗教紛争の時代が到来しかねない．ここでイスラーム主義過激派の思想と行動様式を，イスラーム教の基本要素に溯って理解し，それが「非対称戦争」に与える影響について分析してみたい．

1 イスラーム教の基本要素

　イスラーム教に関してここで理解しておくべきポイントを2つ挙げよう．1つはイスラーム教が強烈な「終末意識」を核とし，信者に「現世」だけでなく「来世」を常に意識させていること．もう1つはイスラーム教が政治秩序に関して一定の倫理規範を含んでいることである．

　イスラーム教の終末意識は，同系統の「セム的一神教」であるユダヤ教やキリスト教と多くの要素を共有している．近い将来に世界が終焉し，神の裁きによって信仰者と不信仰者が選り分けられ，天国と地獄にそれぞれ分かれていくという観念である．世界の終末に先立ち「ハルマゲドン」すなわち最終戦争が起こり，救世主や偽救世主が出現して「善と悪」の勢力間に最後の闘争が行われるものとされる．

現代のキリスト教において終末意識は信仰の深層に後退し，正統教義では重視されなくなっているが，キリスト教原理主義者のようにこの観念を文字どおり受け止める立場も根強く残る．欧米文化の世界的流布により，終末意識は非キリスト教世界にも伝播されている．例えば「1999年の世界の終末」説は日本でも大流行し，原始仏教に想を得たオウム真理教すらこの教義を導入したのである．しかし少なくとも正統教義のうえでは，終末意識を過度に刺激しないように注意が払われている．（イスラエル建国のための動員にユダヤ教の終末意識が果たした役割については，あまりに微妙な問題になるためここでは触れない）．

　イスラーム教では終末意識が現在も非常に強く維持されている．それはイスラーム教の啓典『コーラン』の特性に根差しているものといえよう．『コーラン』はイスラーム教の開祖である預言者ムハンマドが神から受けた啓示をそのまま書き留めて伝えられたものと信じられている．ユダヤ教やキリスト教の聖書はあくまでも後世の人間が預言者の言行を再構成して記したものという体裁を取っている．「救世主（キリスト）」イエスの布教活動がイエスの生存中には強い終末意識を伴っていたことはいうまでもない．しかし福音書作家によって咀嚼され，解釈されて書き留められた『新約聖書』において終末の切迫感は薄れている．

　イスラーム教の政治に関する倫理規範も終末意識の強さと密接に結びついている．最後の審判において報償を授かり，天国で永遠の至福を味わうためには，政治秩序に関しても一定の倫理規範を保持しなければならないとされる．国内政治に関しては，政治支配者が満たすべき宗教的・倫理的な徳性を要求し，被支配者の支配者への服従あるいは不服従の条件が示される．国際政治に関しては，何よりもイスラーム世界の軍事的・政治的・宗教文化的な優位性を保つことが要求される．

　このように，イスラーム教の含む政治概念とは具体的な政治体制や制度というよりは，政治支配者と被支配者がそれぞれ備えるべき宗教倫理的な要件を列挙したものといえる．これは「稀少資源の有効配分」といった現実的な政治概念ではなく，「正義」や「徳」，そして絶対的な「善」と「悪」の峻別といった倫理的概念を中心としている．西洋近代は，これらの倫理的概念をあえて棚上げすることにより，各国の政治や国際政治の秩序を形成してきた．それを理想を失ったというべきではない．宗教戦争の経験にもとづく，世界観闘争・価値闘争の負の側面を思い知ったうえでの苦渋の選択だっただろう．そのような「神の死」をイスラーム世界は経験していない．政治領域における宗教的倫理規範の規制は今でも強く生きている．

　だが，イスラーム世界の実際の歴史においても政治秩序に関する宗教的倫理

規範が常に現実化されてきたわけではない．イスラーム教が提示するあるべき政治秩序は宗教倫理に基づいた理想的世界像であり，現世の人間世界において現実化することはそもそも難しい．実際には，政治の実効支配を行う者が自らの支配のあり方を「イスラーム的」と断定して，理想社会はすでに実現していると唱え，宗教学者によるお墨付きを得ることでその主張を補強してきた．宗教の再解釈の積み重ねによって，理想と現実の乖離を問題化させないメカニズムが成立した．理想世界像への信仰が，実際には現実を正統化するために利用されたのである．そのメカニズムの要点を端的にいえば，宗教の来世的観念を政治に持ち込むことで，現世における政治支配者の行動に関するアカウンタビリティを棚上げしてしまうところにある．最後の審判における究極の説明責任と来世における賞罰を想定することにより，現世における為政者の責任は等閑に付されてしまう（この問題に関しては池内恵「イスラーム世界における政-教関係の二つの次元」酒井啓子編『民族主義とイスラーム——宗教とナショナリズムの相克と調和』アジア経済研究所，2001年を参照）．

2　イスラーム主義過激派の動員力

ただし，現実の政治秩序と理想的世界像との乖離を問題化する可能性は常に残されている．「イスラーム原理主義」とも呼ばれるイスラーム主義過激派はこれを極端に押し進めた立場を取る．それは理念と乖離した現実を拒絶し，破壊することを神の名のもとに正当化する．拒絶と破壊は最後の審判において報償を受けるための条件と信じられるため，他者の死を省みず，自らの死を厭わない自殺攻撃をも敢行する．

イスラーム主義過激派はこのような宗教的要因により，極めて士気が高くコストの安い実行部隊を動員することができる．この政治的資源を活用し，イラン革命では王政打倒後の諸勢力の角逐を勝ち抜いて「イスラーム共和国」体制を樹立した．スーダンではクーデタによる政権が対抗勢力の弾圧をジハード（聖戦）として正当化している．

一方政権獲得を果たせず国内政治秩序への反逆を続けているのが，エジプトのジハード団やイスラーム団などである．独立闘争・解放闘争という特殊な環境で正統的な政治勢力の一つとして認知されるに至ったのはパレスチナのハマースであり，レバノンのヒズブッラーである．アフガニスタンのターリバーンのように，宗教的規制によって，内戦で崩壊した社会に最低限の秩序を回復する（いわば「起動ディスク」でパソコンを立ち上げるようなものだろうか）役割を担うことによって領域国家の実効支配権を掌握するに至った例もある．

しかし全体としてはイスラーム主義過激派は行き詰まりに直面しているといえよう．現世を超越した宗教的理想を現世の政治秩序に実現しようとするとこ

ろに根本的なジレンマがある．権力を掌握した組織もそうでないものも，理想社会の現実的形態をまだ示し得ていない．

ウサーマ・ビン・ラーディンの一派に代表される国際的テロリズム組織の台頭は，イスラーム世界各国におけるイスラーム主義の行き詰まりを背景としている．エジプトのジハード団やイスラーム団，アルジェリアのイスラーム救国戦線といった組織の一部はそれぞれの国内の闘争で劣勢に立たされ，アフガニスタンやパキスタンを経由してイギリス・オランダや北米に居を移している．これをイスラーム世界の中でも特に強い宗教意識を持つサウジ人の財力が側面から支援する．異教徒であるアメリカ人の支配する国際政治秩序を拒絶しその破壊を図ることに，イスラーム主義過激派は自らの新たな使命と存在意義を見出そうとしている．

3 「非対称性」の増大

イスラーム主義過激派が一方の当事者になることによって，「非対称戦争」の「非対称性」は増大する．ここでは「戦争」の「目的」「タイムスパン」「許容しうる犠牲」の三点について，イスラーム主義過激派とアメリカの間に顕著な「非対称性」があることを指摘したい．

まず，イスラーム主義過激派の戦争目的は，現世を超越した宗教的理想状態の実現である．それに対してアメリカの目的は，自国民と同盟諸国その他の「現世における」安全な生活を守ることに限定されている．

このような現世を超越した目的を持つため，イスラーム主義過激派は目的の実現までの「タイムスパン」を極めて長く取る．現実（現世）の政治においては，少なくとも民主主義国では，当事者の生存可能年数内に達成することが困難と予想される戦争目標を立てることは少ない．ところがイスラーム主義過激派の観点からは，宗教的理想社会実現のための闘争は「世界の終末」に至るまで常にイスラーム教徒が行うべき義務であり，自らの生の期間どころか，終末が到来するまでいかなる期限も設けられないことになる．それに対してアメリカは，無期限の戦争状態には耐えられないだろう．

また，イスラーム主義過激派の信仰に基づいた行動は，極めて大きな犠牲を許容しうる．実行部隊の個々人どころか組織全体が殲滅されることすら，宗教的な観点からは失敗を意味しないからである．自らに神が絶対の真理を告げたと信じる立場からは，必ず別の者が後に続くと信じられる．状況を変え，後続の者を触発するためであれば組織全体の消滅すら選択肢に入ってくる．守る側の合理的予測（現世的な意味での）を超えた作戦すら敢行し，一時的に大きな被害を与えうる．

これが例えば共産ゲリラであれば，報復によって組織が一毛打尽にされてし

第 2 章　イスラーム法における「罪と罰」　55

まうことが予想されるような行動は取り得ないだろう．あくまでも闘争を勝ち抜いて現体制を転覆した後に自らが政権を取ってこそ，目的が達せられると考えるからだ．世間の関心を引くために時に自殺的な作戦を遂行することがあっても，組織そのものの消滅は許容し得ない．一方民主主義国であるアメリカの許容しうる犠牲はいうまでもなく小さい．

　このような極端な「非対称性」により，「戦争」は制御不能に陥りかねない．従来の最低限の「戦争のルール」が無効になるだけでなく，戦場において互いの指揮官が交わすコミュニケーションが不全になることから，予想外のエスカレーションが起こりうる．

4　「非対称世界」の「非対称戦争」

　このような亢進した「非対称性」から来る危険性を考慮に入れ，どのように対処すれば良いのか．必要なのは何よりも，事態の拡大を防ぎ，封じ込めることである．イスラーム主義過激派に同調する者を増やさないために，イスラーム教徒一般の受け止め方を考慮してメッセージを発しておかなければならない．

　イスラーム世界の人々が欧米に抱く期待は大きい．結局のところイスラーム世界が直面する諸困難は，欧米特に超大国アメリカの関与無しに解決し得ないと誰もが認識している．しかしその期待が裏切られることによって，苛立ち以前に，「理解できない」という感情が湧いてきているようである．絶大な力を持つアメリカが，宗教的には絶対的に「善」であるはずのイスラーム世界を支援しない，という事態はイスラーム教徒には承服し難い．これにより，アメリカの覇権を宗教的な悪の勢力の覇権として理解する解釈が 1990 年代以後のイスラーム世界に力を強めている．その兆候はマスメディアに明瞭に現れている．アメリカを世界の終末における「善と悪の闘い」における悪の権化として，しかも「偽りの善」を身に纏って現れる「偽救世主」として描く文献が，1990 年代以来イスラーム世界に広範囲に広がっている（池内恵「前兆・陰謀・オカルト——現代エジプト終末論文献の三要素」末木文美士編『非・西欧の視座』大明堂，2001 年，および，池内恵『現代アラブの社会思想——終末論とイスラーム主義』講談社，2002 年を参照）．

　このようなイスラーム世界の心理状態を勘案すれば，アメリカの報復措置には最新の注意が要請される．世界観闘争・価値闘争の土俵に乗ってしまえば，それは宗教テロリスト側の思うつぼである．「西洋対イスラーム世界の対立」「キリスト教対イスラーム教の対立」という図式になれば，過激派を支持しない一般信徒・穏健派政権は背教者の謗りを受けることになるからである．

　アメリカがこの危険性を認識し，適切な対策を取るか否かが今後の展開の鍵となる．現在のところ対照的なシグナルが並行して発せられている．9 月 14

日にワシントン大聖堂で執り行われた追悼式では，宗教間の対話と歩み寄りを意識した様々な工夫が凝らされていた．式の冒頭で犠牲者への祈りを率いたバクスター司祭は，祈りを「アブラハムの神とムハンマドの神であり，我が主・救世主イエスの父である神」へ向けた．これはキリスト教聖職者として異例の表現である．宗教対立を回避して国民統合を維持するために思い切って譲歩し，三宗教のセム的一神教としての同族性・親和性に注意を喚起した．この表現でも仏教徒やヒンズー教徒は阻害されてしまうが，少なくとも「アメリカはキリスト教国家ではない」という認識を公に示してみせたという点が意味深い．それに加え，北米イスラーム協会の指導者スィッディーキー氏に説教をさせた．彼はイスラーム教徒向けの通常の説教と調子を変えず，敢然としてアラビア語で神を称える章句を冒頭に唱えた．テレビ中継の同時通訳では訳されていなかったので，ここに訳出してみよう．

　　慈悲深く・慈愛 普 き神の御名において
　　神に称えあれ
　　世界の主である神に称えあれ
　　全ての預言者と祈祷者にご加護と平安あれ

　ブッシュ大統領も17日にモスクを訪問し，宗教間の対立を防止する姿勢を示している．しかし大統領の演説や声明では，正反対の効果をもたらし兼ねない危険な語句が多用される．大統領の12日の声明は「善と悪の闘争だ」と宣言し，16日に「これは十字軍だ」と述べた（翌日報道官が真意を説明して表現を撤回）．ここにはアメリカ社会の持つ価値観の根底にあるキリスト教的世界観が表出されている．国民を動員するためには必要なのだろうが，イスラーム世界に対する波及効果という観点からは危険な傾向といえよう．これらの発言はイスラーム世界で，終末的な意味を持った「善と悪の闘争」を宣言しているものとして受け止められる可能性が高い．イスラーム主義過激派はブッシュ大統領のこれらの発言をビデオやパンフレットに引用し，十字軍や世界終末戦争をイメージさせる画像・図像と組み合わせて配布するだろう．愛国歌や演説の末尾で用いられる「アメリカに神のご加護を（God bless America）」というフレーズさえも，イスラーム世界では単なる決まり文句としてではなく文字どおり宗教的に受け止められているほどである．テロリズムに反対する大多数のイスラーム教徒も，「善と悪の闘争」において偽りの善を体現するアメリカが「十字軍」を組織し，真の善であるイスラーム世界を攻撃してくる，という印象を持ってしまいかねない．
　メディア上で著名人・論客が競うように繰り出す宗教的背景を持った好戦的

な言辞が危険な傾向に拍車をかける．元国防長官の W・コーエンは「アメリカの聖戦」と表現し（9月12日，ワシントン・ポスト紙），保守派論客 Ch・クラウトハマーはコラム「法廷でなく戦争へ」と派手に煽っている（同日同紙）．トマス・フリードマンは終末的な意味を持って使われることも多い「第三次世界大戦」を宣言している（9月13日，ニューヨーク・タイムズ紙）．これらの語句は，論者にとってアメリカ人を勇気づけ，奮い立たせるためのレトリックに過ぎないのかもしれない．しかしイスラーム世界では，テロリストにとっては当然のこと，一般のイスラーム教徒にさえ，宗教的な意味で解釈されてしまうだろう．そうなればイスラーム世界においてテロリストの信頼性は増す．直接の攻撃対象が殲滅されたとしても，新たなテロリストの出現を促進することになるだろう．

　報復攻撃の規模についてアメリカの世論は一様ではないが，一人の市民がテレビのインタヴューに答えて用いた「埋め合わせをつけたい（I want to get even）」という表現は印象的である．この感情は理解できるし共感できる．しかし例えばニュースで見るカブールの目抜き通りの惨状は，世界貿易センタービルの崩壊後の状態と似通っていないだろうか．アフガニスタンに住む人々が「埋め合わせをつける」ことのできる日は，少なくとも近い将来にはやってこない．このような状況下で，アメリカ人の率直な感情がそのまま理解されるとは限らない．「非対称的」なのは現代世界そのものである．アメリカは何らかの「埋め合わせをつける」ことができる．世界の多くの地域ではそれができない．アメリカのメディアが流す戦意高揚の文書はイスラーム世界にすぐに伝わる．イスラーム世界の世論はアメリカに容易には伝わらない．「非対称戦争」とは現代世界の「非対称性」を反映したものなのである．

5　世界観闘争・宗教戦争を避けるために

　日本はこのような世界状況を考慮して自らの立場を示していく必要がある．日本に求められるのは精細な「ワード・ポリティクス」の運用である．日本はまずアメリカ及び全世界と，反テロリズムの立場を全面的に共有し協調する．しかしここで慎重に検討するべきなのは，テロリズムを「犯罪」ととらえるか「戦争」ととらえるかという問題である．近年のテロリズム研究では，テロリズムを「戦争」ととらえている．例えば佐渡龍己氏は先駆的労作『テロリズムとは何か』（文藝春秋）でこの視点を明確にしている．佐渡氏は日本政府がテロリズムを単なる犯罪と規定することにより，テロリストの標的となる危険性が増大し，政府と個々人の対応も後手に回っていると批判し，テロリズムを単なる犯罪ではなく新たな種類の「戦争」ととらえ，対策を講じていく必要があると論じている．

筆者にテロリズム対策そのものに関する独自の知見はない．自衛隊 OB である佐渡氏の分析と提言からは多くを学ばせていただいた．日本はアメリカの同盟国としてアメリカの取る「戦争」という認識にある程度歩調を合わせざるをえない．技術的対策の面でも，警察力では対応しきれない事態が生じてくれば，「戦争」と定義して新たな資源を投入することも選択肢の一つである．個々人の心の備えという面からも，テロリズムを一種の「戦争」ととらえて注意を喚起しておくことには一定の意味がある．

　しかし長期的なテロリズム再発の予防，特に日本人がイスラーム主義過激派の標的となる事態を避けるために日本政府が取るべき最良の戦略という観点からは，イスラーム教を背景としたテロリズムを「戦争」と言い切ってしまうことは得策ではない．

　第 1 の問題は，現在のテロリズム対策研究や「非対称戦争」論が，当事者が現世的に合理的な判断に基づいて行動することを前提としているところにある．「非対称的」ながらも根本的な世界観が共有されているものとして対処策を考えているのである．しかしイスラーム主義過激派の場合，この「戦争」の目的や想定するタイムスパン，許容しうる犠牲といった問題に関する判断する基準がそもそも質的に異なっているように思われる．

　第 2 の問題は，外交や長期的なテロリズム予防の上での逆効果である．テロリズムに対して「戦争」並みの備えが要求されるということと，特定のテロリズム組織に対する対策を「戦争」として国際的に宣言するのが適切であるということは別問題である．

　イスラーム主義過激派の行動が憎むべき犯罪であると宣言するのであれば，イスラーム世界の大多数の人間は同意するだろう．しかし報復措置が「十字軍」「善と悪の闘争」と受け止められれば事態は大きく変わる．アメリカが絶対的に「善」を体現しうるという認識を世界中の人間が持っているわけではない．テロリストの望み通りに世界観闘争・価値闘争の土俵に乗ってしまえば，多くのイスラーム教徒はテロリストの側になびいてしまう．

　日本としては，テロリズムがあくまでも「犯罪」であり，「罪と罰」の問題であって，絶対的な価値基準にもとづく「善と悪」の問題に拡大する意図がないというメッセージを，イスラーム世界に対して示しておく必要があるだろう．アメリカとは異なり，日本国民が国内外でテロリズムの犠牲になったとしても，憲法上自らに課した制約と物理的・地政学的制約の双方により，日本が国家として報復攻撃を行う体勢にはない．そうであるならば，このような「ワード・ポリティクス」を駆使し，アメリカの同盟国としての義務を果たしつつも，日本国民が次の標的となる危険を減らすべく努力しなければならないだろう．

（『世界週報』2001 年 10 月 16 日号）

対話：非イスラーム世界と意味を共有する可能性

池内恵・山本登志哉

山本→池内

　池内氏の「非対称戦争とイスラム世界」を拝読させていただいた．
　9・11の同時テロはわたしにとっても大変な衝撃であったが，ほとんど仕事に手が着かない2日間を過ごす中で，わたしなりに到達した結論のひとつは，これは全く新しいタイプの「世界戦争」であるということであり，そしてそこで対立しているのは領域を持つ国家（群）権力と，領域無く世界に拡がるネットワーク的（NGO的）権力である，ということであった．一方では国家という単位を基本にしつつ，それを超えたグローバリズムが進行していると同時に，他方では最初から国家の境を全く問題にしない，緩やかなネットワーキングとしてのグローバリズムが急速に進んでいる．その後者に，ついに民間飛行機という「軍事力」を以て最も強力な国家権力に打撃を与える勢力が生まれたと思ったのである．
　このような権力の世界的規模での二重化現象を象徴的に表していたのが，アメリカ本土が攻撃されたことを喜ぶ一部のアラブの人々と，沈痛な面もちでテロ非難を断言したPLOアラファト議長の印象的な対比であった．イスラム教徒の少なからぬ民衆がアメリカへの怒りをあらわにしながら，その民衆を代表すべきアラブ諸国の政府が，テロ批判を一斉に行ったというねじれの中にある今回のテロは，近代世界システムに組み込まれた国家に吸収されない人々の怒りや憎しみが，国家を見捨てて自らの表現手段を獲得したことを表している．
　今回はその世界規模の新しい権力ネットワーク成立を媒介した中心はイスラーム原理主義であり，当然そのことの意味は大きい．だが問題が世界規模での新しい権力の二重化の成立というところにあるのだとすれば，それはイスラー

ム対キリスト教あるいは西洋近代という枠に収まらない，さらに根深く広い問題であることも明らかだと思える．

このような状況の中で，テロに対して国家権力（群）は，警察権力的な機能しか果たし得ないことも明らかであろう．「敵」は国境の向こう側にいるのではない．今回のテロ実行犯がまさにアメリカ国内で，民間飛行機の操縦訓練という「軍事訓練」を受けていたことに象徴されるように，彼らはわたしたちの中にいるからである．そこで敵対する国家を相手にすることを前提に成立する軍事力という暴力装置で対抗することは，いわば鉈を用いて増殖する蚊を退治しようとするに似ている．

わたしたちが今直面している課題は，一方では警察権力的な形でのテロという暴力への対処法を国際的に展開していくことであろうが，それ以上に重要なことは，恐怖と怒りに満ちたネットワークに対峙する，和解のネットワークを模索し，あらゆる場，あらゆるレベルで創造し続けることに他ならないと思う．この問題を考えているときに池内氏の同論文に出会い，多くの刺激をいただくことになった．

わたし自身はイスラームに関しては全くの素人にすぎないが，池内論文は宗教的世界観の軸を含めて今回の事態の展開がもつ危険性を素人にもわかりやすく提示されており，とてもありがたかった．とりわけ最後の部分で「罪と罰」という観念でテロを捉えたときにはイスラムの一般の人たちとわれわれが観念を共有しうると語られているところは，非常に重要だと感じた．なぜなら，対立する価値観の中を暴力的にではなく，相互に内在的な視点から調整していこうとする場合，これらの観念がどのように共有可能であり，また何が共有不能であるかを相互に理解していくことは不可欠だと考えるからである．

単純な物欲的グローバリゼーションを越えて，異質な価値観を持つもの同士が現時点においても最低限共有可能な規範は何か．その問題が今非常に重要であることが，池内氏の論考で改めて強く意識される．「和解」を模索していくためにも，イスラームの人々にとって今回の事態がどのような意味で「罪」であるのかということを，さらに教えていただけないかと願う．

山本登志哉（2001 年 10 月 20 日）

池内→山本

　9・11事件という形をとった現代の国際テロリズムは，あくまでも犯罪行為として対処する必要がある．それは「善と悪」の雌雄を決する戦い，すなわち世界観闘争の構図に引きずり込まれないために何よりも必要なことである．ビン・ラーディンの主張とブッシュ大統領の主張が奇妙に響き合ってしまう現状を見ても，このことを再確認する必要を痛感する．「善と悪」をめぐっては文化・宗教的背景によって基準が相対立し，妥協の余地が極端に狭められてしまう．それよりはこの問題を，「罪と罰」をめぐる問題ととらえて対処の方途を探っていくほうが，より適当だろう．ここまでを「非対称戦争とイスラーム世界」で述べておいた．

　国際テロリズムを阻止する困難な作業においてイスラーム教徒と手を携えて進むためには，9・11事件を文化・宗教を横断する公正さの地平から「罪」として特定し，それに見合った「罰」を課することによって対処するほかない．

　しかし文化・宗教を横断する地平に到達することは，いうまでもなく容易なことではない．ここであえて「罪と罰」と言い切ってしまっているが，「イスラーム教徒にとって」という次元をひとたび設定してしまえば「今回のテロ事件がどのような意味で罪であり，いかなる罰が想定されるのか」という設問もまた，極めて微妙な部分に触れることになる．そう簡単に「イスラーム教徒の立場から」今回のテロ事件を「罪」と断定できるわけではない．

　イスラーム法の「原則」の立場からは，今回のテロ事件は罪なのだろうか．「今回のテロ事件」のどの部分をどう問題化するかによって，答えは異なってくる．もし「イスラーム教徒の立場から」今回のテロ事件を「ジハード」ととらえるのであれば，これは「無罪」という答えが返ってこざるを得ない．アメリカという，イスラーム教徒による政治的支配とイスラーム法の支配の及ばない世界，すなわち不信仰の「戦争の地」においてジハードを行い異教徒を殺すことは，イスラーム法の理論上，罪にならないばかりか推奨される行為である．しかしこれがジハードであったとしても，「被害者の中にイスラーム教徒が含まれている」という事実から，「イスラーム教徒を殺したことに関して有罪」という判断がなされうる．この場合，遺族による「同害報復」が制裁措置とし

て認められ，遺族が「同害報復」を免じた場合は「賠償請求」を要求できる，というのがイスラーム法の原則に基づく答えとなる．ただし，イスラーム法的には「教唆」を罪に問うことが困難なため，テロの司令を行った者が，単なる唆しではなく直接の身体的な脅迫によって犯行を強要したという事実が証明されない限り，実行犯以外を罪に問えないという問題も生じてくる．

　以上は時代錯誤の法文に基づいた机上の空論などではない．また，「イスラーム教徒＝暴力的という偏見に支配された」ものでもない．「偏見」を批判する立論は日本のメディアでは実際のところ非常に容易に発言の機会を得られる．それは日本のメディアの健全さの現われともいえよう．しかしそれは日本のメディアの抱える別種の問題の現れという側面もある．国際社会において生じてくる様々な問題の多くは，日本で通常得られる情報を基礎にしていては理解が容易でないというだけではなく，これまでの情報の枠組みに満足している読者・視聴者に対してはある種の苦痛を強いるような側面を持っている．そのような側面から日本のメディア産業は恒常的に目をそらし続けるという問題があるのではないか．「偏見」「差別」批判に終始する発言は，往々にして過酷な思想史と社会意識の現状を全く見ていない（あるいは見ても無視している．これはより深刻な現象だろう）．安全な場所から，現実の複雑さに踏み入る労を取ることもなく，決まり文句を繰り返すことに自足した「批判勢力」に現実を良い方向に転じさせる能力があるのだろうか．

　イスラーム法の施行を可能にする制度の発展史の現状という観点からも，問題は山積している．テロリズムに関する「全イスラーム世界」の法曹による解釈の合意や，イスラーム世界全域を管轄領域とする「イスラーム法廷」なるものは存在しない．そもそも近代においてイスラーム法は家族法や財産法，すなわち結婚や相続に関する領域に限定されている．前近代においても程度は異なれど同種の状況であり，家族法・財産法といったイスラーム法の専管領域を除いては，政治支配者によって発出される各種法令が及ぶ領域となっていた．テロリズムという現象をいかなる法的問題としてとらえ，いかなる典拠からどのような判断を導くか，これらの課題全ては，イスラーム法解釈の文脈からは未経験のものである．これから議論を始めてコンセンサスに至るまでには，極めて長い年月を必要とする．

また、「イスラーム法廷」とは各地の政治支配者の版図・行政区分に沿って設置されることでその施行を担保されてきた．もし9・11テロ事件を「イスラーム法的に」裁くのであれば、既存のいずれかの主権国家の政権あるいは特定の地域を実効支配する主体が法廷を設置し、その権限において法学者を選定して法判断を提示させたうえで施行するという手続きとなる．どの地域に設置されるかによってその判決は全く異なるだろう．ターリバーン政権は「イスラーム法廷で裁くこと」を主張したが、ターリバーン的なイスラーム法解釈からはアメリカに対するテロ行為を「ジハード」と認定し、実質上無罪とするような法学者の人選と決定がなされることは容易に想像できる．これについてはアメリカ側が無視したのもやむを得ないと思われる．

　このようなイスラーム法解釈と施行に関する原則論に持ち込んでしまえば、対話の接ぎ穂はなくなってしまう．より入念な問いかけが必要となる．イスラーム法の歴史的な「運用実態」上、今回のテロ事件を罪に問えないのか．

　イスラーム世界の歴史において、イスラーム法の原則を忠実に文字どおり実施に移していた時代と地域は限定される．イスラーム法の「原則」は、『コーラン』がムハンマドに啓示された時代、および初期イスラーム史の征服の時代に範を取って定められたため、周辺世界と異教徒に対する攻撃的な概念も多く含んでいる．イスラーム世界が強大化し、版図が拡大し、外部世界との安定的な関係に入ってからは、初期イスラーム史の事績を典拠として定められた原則は保持されつつも、それに「拡大解釈」を加えて変化する状況への適応を図ってきたといえよう．

　この適応は近代的法体系の移入という現実に対してもなされた．西洋から移入された法もまた「イスラーム的である」と認定しつづけることにより、依然としてイスラーム法が貫徹しているという「擬制」を維持してきたといえる（このような営為の実例に関して、1970年代から1980年代初頭のエジプトを対象にして政治史と思想史の文脈から分析した池内恵「サーダート・ムバーラク政権期のエジプトにおける政・教関係の変容——啓示法（シャリーア）法源規定をめぐる諸施策とその思想的根拠」『現代の中東』第33号、アジア経済研究所、2002年、を参照）．

　今回の事件に対しても、例えばエジプトのアズハル機構の総長がテロを罪と断定しているように、近代国家機構に組み込まれた宗教エスタブリッシュメン

トの立場からは，現代世界の常識的な判断にあえて対抗しようとはしない場合が多い．

　このようなイスラーム法の「運用実態」に照らして考えれば，イスラーム法の判断においても今回のテロ事件は罪としてとらえられると見なせる．しかし，この判断が維持され実効力を持つためには，原則の絶えざる拡大解釈という営為が継承され，非イスラーム世界を起源とする規範や判断をもまたイスラーム法に適合すると解釈されるという「擬制」が維持され，一般世論にも承認されるという条件が必要となる．

　現代のイスラーム主義や，その非寛容な形態としてのイスラーム原理主義の現象は，この前近代・近代を通じて積み重ねられてきた適応の結果としての「擬制」を，「欺瞞」である，あるいはそれどころか「不信仰」である，と問題化する立場と位置づけられよう．9・11事件はこの潮流がアラブ世界・イスラーム世界全体で伸張するだけでなく，グローバルな舞台に活動の場を求めた結果引き起こされたといえよう．

　このような形でイスラーム教の宗教的・思想史が持つ現代的意味を整理するのは，「専門研究者」の業界事情を考えれば異例の試みであることにも注意を促しておきたい．現在の日本のイスラーム研究を主導する立場が今回の事件に対して説明能力を失っているのは，イスラーム法の「拡大解釈」を「欺瞞」と考える運動に期待し，中東の未来を託すという価値判断が埋め込まれた分析枠組みを考案・使用してきたところに原因があるだろう．その分析枠組みを忠実に運用すればテロ行為すらも正当化することが論理的一貫性を維持するためには必要と思われるが，それはさすがに得策ではないという判断からなのだろうか，研究対象であるはずのアラブ世界や中東の現実からは話題を逸らし，アメリカの中東政策への非難や国内のムスリム住民への対応の批判を繰り返すといった形の論評を行うのが通例となっている．

　しかし現代のアラブ世界やイスラーム思想の展開が内的に抱えた問題を日本で指摘できるのはアラブ研究者・イスラーム思想研究者以外にない．真の「対話」とは，相手の抱えている否定的な部分も理解し，時には問いかけてみることだろう．迎合し肩入れしてみせたり，日本での情報不足に寄りかかってバラ色の夢を語ることよりも，対象社会の内的な政治闘争から比較的中立な立場に

いるという利点を生かして客観的な視点を提示してみることのほうが，友好関係にも有益に働くのではないだろうか．

　9・11テロ事件を「罪」と見なす解釈をイスラーム世界の各国でイスラーム法学者が維持するためには，①「今回のテロ事件は善と悪の戦いではなく，巨大な犯罪である」という認識のうえで，②「テロは宗教や文化や歴史的経緯に関係なく犯罪である」という観念が国際社会に共有され，そのコンセンサスがイスラーム世界において広く認知される必要がある．

　この条件を満たした上で，証拠が明示され，実行犯が特定され，計画を立案・司令した者が逮捕された場合，①国際法廷あるいはアメリカ国内法廷で裁き，イスラーム世界の各国のイスラーム法学者がその判決を「イスラーム法の観点からも適切である」と認定する．②イスラーム世界のいずれかの国・地域において今回のテロに関する特別法廷を設置し，イスラーム法学者がイスラーム教の理念はテロを容認しないという見解を出し，その上で世界各地の法を参照して，それがイスラーム法にも則っていると認定した上でイスラーム法学者あるいは世俗法学者が判決を下す．以上のいずれかの手順が想定できる．しかし実現可能性という点では①の方が高い．②が行われるためには，イスラーム世界においてイスラーム法の原則と施行に関する統一見解が存し，統一法廷が認知されなければならない．こういった事態は現状では全く考えられない．例えば，「日本がある意味で儒教文化圏に属す」ことを理由に，中国であれ韓国であれ，どこか他の国に設置された「儒教裁判所」で日本人が裁かれるなどということがそう簡単に認められるだろうか．ある種の政治的・文化的デモンストレーションあるいはイベントとしてしか想定できないだろう．現代の国際テロリズムを「イスラーム法廷で裁く」というのは，これに近い仮想的な議論である．もし「イスラーム法廷で裁く」ということになれば，各国から複数の独自の「判決」が提示される事態が予想され，判決の執行に至ることは不可能になる．外部世界によって課された現実を容認するというのは，イスラーム法学者が歴史上数多く行ってきたことであり，異常事態ではないという視点からも，①の手順がより現実的といえるだろう．

　以上のような各種の可能性を考慮したうえで，結論として「テロ事件は犯罪であり，『罪と罰』の問題としてとらえるべきである」とわたしは提起した．

イスラーム教の理念からは，イスラーム教徒が「不信仰者」に攻撃を行った時に，それを即座に罪と断定する根拠は乏しい．日本のイスラーム論者に色濃い「護教論」の前に，一専門研究者としては例外的な立場であることを認識しつつ，そう指摘せざるを得ない．そのことは「個々のイスラーム教徒が異教徒に敵意を抱いている」などという主張ではないことを，繰り返し断っておきたい．ここで論じているのは，次のようなことである．「イスラーム教の理念」は極めて強くイスラーム世界を規制しており，イスラーム教徒が「イスラーム教の理念」の中に存在する攻撃的な部分に依拠して行われた行為に対して表立って反対することが困難となる社会的圧力が，イスラーム世界に現実に存在している．しかし外部世界が説得的な道理を練り上げ，それを共有しようとする姿勢を示しつづければ，イスラーム世界の側からもその道理を「イスラーム法の一つの解釈として」認め，取り入れることは可能である．そうであれば，「世界が共有する理念」を欧米や日本が示せるか，というところが問題になってくる．イスラーム法の原則とその運用実態を長期的・歴史的視野からみれば，イスラーム教徒が国際テロリズムをどうとらえるかという問題は，外部世界がイスラーム世界にどう働きかけるかというところに大きく依存する．このような事情を勘案して，テロリズムは「罪と罰」の問題であることを明確にイスラーム教徒に対して示し，その適切な対処策を欧米・日本と共に考案する必要を訴えつづけよう，と提案しておきたい．

＊

　ここで「イスラーム」をめぐる各種混在する用語・表記について整理しておきたい．これは単なる技術的な問題と共に，イデオロギー的，あるいは学界政治的問題を孕んでいる根深い問題でもある．アラブ世界や中東，あるいはより広いイスラーム世界に存在する宗教・思想・政治・地理といった様々なカテゴリーに属する対象が，実に多くの場合「イスラーム」とか「イスラムの人々」といった用語で分節化なしに指し示されてしまう．これでは「イスラーム」という，思想と現実が未分化な不可知の実体が存在するかのような印象が生まれてしまい，「不可解な世界」という印象を一般公衆に与えると同時に，ユートピア的な「イスラーム思想＝世界」像が一部で声高に主張されて議論が混乱するという現象が生じている．

　「イスラーム」という用語を用いて理念のレベルと現実のレベルを同一平面で語られるのではなく，「イスラーム教」「イスラーム教徒（ムスリム）」「イスラーム思

想」「イスラーム法」「イスラーム文化」「イスラーム世界」といった分節化を行った用語を用いて思考・表現を行うことを，強くお勧めしたい．わたしの場合，「イスラーム」という用語は，「ヨーロッパ」と同様に，物理的あるいは心象的な地理的概念という側面と，思想・文化史的な意味での連続性・一体性を持った実体という概念を両方含んだ総体的呼称を必要とする場合に限定して用いている．

　日本のイスラーム研究のサークルにおいては「イスラーム」は政治であり宗教であり，全てであるから，「イスラーム」を分節化してはならない，という一種の「申し合わせ」がここ10年の間に効力を強めている．それは純粋に学問的な検討を経て到達したコンセンサスであるというよりは，それ以外の思惑，すなわちこの後発の研究領域を盛り立てるための，過剰ともいえる自己主張の高まりと，そこから端を発する，イスラーム世界をことさらに特殊なものとして論じる傾向が強まる中で生まれてきた，いわば「研究イデオロギー」としての性格を色濃く持つのではないだろうか．

　「宗教」に含まれる領域には諸宗教によって偏差が当然ある．「近代西欧のキリスト教にあてはまるような宗教の領域とは異なる領域をイスラーム教が占める」，ということは「イスラーム『教』と呼んではならない」という主張を正当化しない．それが正当化されるのであれば，例えば「ヒンズー教」などという表現も許されない．また，儒教や仏教といった宗教の内実において全くカテゴリーを異にする実体に対しても同じ「教」の文字を用いることはできなくなってしまう．そもそも「キリスト教」という用語の「教」の文字自体が，日本の文脈に翻訳された過程で解釈によって付加されているという当たり前の事実の持つ意味を考えていただきたい．英語（christianity）であれアラビア語（Masīhīya）であれ，「キリスト教」という言葉にはなんら「宗教」を意味する要素は含まれていない．しかし日本語への翻訳で「教」の文字を付すという判断が専門研究者によって積み重ねられ，その結果として現状の訳語が定着した．専門研究者に求められるのは「イスラーム」という未分化な「カタカナ語」を権威的に流通させることではなく，「イスラーム教」「イスラーム思想」「イスラーム史」といった分節化を行い，それぞれの概念の内実を研究成果を普及させる過程で明確にし，日本語の訳語としてそれぞれの用語を定着させてゆくことだろう．

　政治と宗教が宗教的な理念の上で一つであるということ，あるいは一つでなければならない，というイデオロギーが存在するからといって，分析者がそれを分節化して対象化してはならないということではない．宗教的観点に従った規範的な現実記述を行うのと，そこから距離を置いて対象化し，より客観的な概念を設定するのと，どちらが理解を助けるか，と考えれば答えは自ずから出るだろう．

　なお，「イスラム」か「イスラーム」かという問題についても，一部のイスラーム研究者が強硬に主張して「イスラーム」とする，という方向でコンセンサスを得

ようという動きが同時期に進んでいる．これもまた本質とはかけ離れた問題に過剰な情熱が注がれた例だろう．アラビア語に準拠すれば「イスラーム」という発音となる．しかしそもそもＡの短・長母音を弁別しない言語においてはそもそもこの区別は無意味となる．アラビア語の場合，「イスラム」という言葉はないために混同の危険性も小さい．「イスラーム」でなければならない，という主張は，「アラビア語で下された『コーラン』は神の言葉であり一字一句，一音たりともゆるがせにできない」という信仰の立場を日本語環境にも貫徹させようとする意志を明確にするのでなければ，それほど拘泥すべき問題ではない．わたし自身はアラビア語を習って慣れたため「イスラーム」を使用しているが，個々人が自らの日本語の感覚から使い慣れた方を使って差し支えない問題である．例えば，古典的なイスラーム学体系の研究を総合的に日本に導入する際に中心的な役割を果たした中村廣治郎氏は，同時期に同じ岩波書店から刊行された二冊の本で『**イスラームと近代**』『**イスラム教入門**』と全く正反対の用語を使用している．現代宗教論のシリーズの１冊である『イスラームと近代』に関しては出版社の意向が強く及んだものとみられ，著者自身は「どちらでもかまわない」旨を本文中で明記している．一方新書として刊行された『イスラム教入門』ではより強く著者自身の意向を反映した用語を採用している．

池内恵（2001年10月21日）

山本→池内

　重要な，そして非常に微妙な問題について，わかりやすくお教えいただき，感謝したい．わたし自身は自らの専門である発達心理学において日中比較研究を行ってきたが，日本の戦争責任を巡る日中間の軋轢の持続についても，先日その経験をふまえた小論を心理学関係のある雑誌に書く機会をいただいた（「謝罪の文化論――対話の中のアイデンティティー生成を目指して」日本心理学会編『心理学ワールド』No.15, 2001年）．それは両者の「謝罪」を巡る意識の根本的な差異を論ずる中から，なぜこのような軋轢が持続し続けるのかを理解しようとするもので，「罪」の意味と「贖罪」や「赦し」，そしてそれに現れた対人関係構造の差異といった問題が重要な論点となる．今回の問題でもイスラームにおけるこれらについての理解が重要な意味を持つと考えたため，あえて素人の乱暴な質問をさせていただいたことをご諒解いただきたいと思う．

　以前にも述べたように，アラブのテロリストの思想に対抗する論理を作れるのはアラブの人しかいないのではないかという思いがわたしにはあり，その彼

らとわたしたちがどういう意味でその方向に対話を進められるのか，そのことの手がかりを得たいという願いの中でのことである．

お教えいただいたことをわたしなりに整理すると，以下のような諸点がポイントとしてあげられるかと思う．

まず，イスラーム教にとって「罪」を成り立たせる共同性は原理的なレベルではあくまでムスリム内部に留まっているということは，本当に素人としての大きな驚きであった．わたしはイスラーム教は異教徒に対して相対的には寛容であるという漠然としたイメージを抱いていたのだが，もし上述のわたしの理解があっているのであれば，

① その「寛容」は存在するとしてもあくまでも「劣った存在＝異教徒」への憐れみであり，その「劣った存在」の誰かが「優れた」ムスリムに対し害をなすようなことがあれば，「寛容」は取り消される，
② また，その際の「報復」の対象は，害をなした「誰か」にかぎらず，「誰か」を含む人々全体に対し行われることが正当なこととして観念されている，

と理解できるのだろうか．もしそうならブッシュ大統領とほとんど同じという印象も持つ．

次に，イスラーム法の拡大解釈についての議論にも驚きを持った．あるいは今の日本国憲法にも比すべき部分が多少はあるのかもしれないと思ったりもする．この点で池内氏は以下のように述べている．「今回の事件に対しても，例えばエジプトのアズハル機構の総長がテロを罪と断定しているように，近代国家機構に組み込まれた宗教エスタブリッシュメントの立場からは，現代世界の常識的な判断にあえて対抗しようとはしない場合が多い」．

まさにここがわたしがお尋ねしたかったところになる．その「現代世界の常識的な判断」というものは，彼らのイスラーム法（または思想）に本来内在するものではないということになりそうだが，そう理解してよいかどうかをさらに教えていただきたいと思った．

ここでアズハル機構の総長に象徴されるような判断は，①現在のイスラーム

世界がおかれた劣位の情況を勘案して政治的にそう語らざるを得なかったということなのか，それとも，②理念化されたイスラーム法（または思想）には回収しきれないがごく自然にムスリムの人たちが生活感覚として持っている意識を表現したものなのか，あるいは，③その両者の混合なのか．仮に②の成分がある程度含まれるとした場合，その意識はわたしたちがテロを「ひどい」と思う感覚とどうつながり，どうずれるのだろうか．

このようにお尋ねするのは，前回イスラーム法（または思想）の体系の中での罪という形でお聞きしたことを，さらにプリミティヴな生活感覚のレベルでおたずねすることになる．厳密にはそれをプリミティヴと表現すること自体，議論の余地があるのだが，日中比較をやっていると，この生活感覚の差異を対象化することが現実の異文化間対話にとって極めて重要な意味を持つとわたしは常々感じている．その文化の抽象的な思想体系も，むしろそういう生活感覚との対応においてよりよく理解されることを，たとえば儒教などとの関係で強く感じるからである．

また池内氏は次のように書かれている．

> 以上のような各種の可能性を考慮したうえで，結論として「テロ事件は犯罪であり，『罪と罰』の問題としてとらえるべきである」とわたしは提起した．イスラーム教の理念からは，イスラーム教徒が「不信仰者」に攻撃を行った時に，それを即座に罪と断定する根拠は乏しい．日本のイスラーム論者に色濃い「護教論」の前に，一専門研究者としては例外的な立場であることを認識しつつ，そう指摘せざるを得ない．

ここで書かれている「護教論」と池内氏の緊張関係が具体的にはよく分からないままだが，「罪と罰」をあえて持ち出された意味についてはわたしなりによく理解できたように思う．この議論を前提にすれば，もし彼らがテロを非難するスタンスが主として上述の①に基づくものとすれば，武力攻撃の是非は置くとしても，彼らとの共感関係を模索するより，むしろ世界があくまでも「罪」であることを外在的に強固に主張し続けることがより重要であるということになる．単純化すれば，断固として譲らずに主張し続ければ，これまでの経緯か

らいって，彼らはそれをなんとか理屈を付けてイスラーム法の解釈に取り込んでいくに違いない，と考えられるのだろうか．

　仮にそれがそうだとすれば，彼らのフラストレーションは本質的には　解決しようがない構造が続くようにも思う．イスラーム教に内在しつつ，外部世界と共生するような思想を，彼らの中から生みだす気配はやはりないのだろうか．

　なお池内氏が「真の『対話』とは，相手の抱えている否定的な部分も的確に理解して時には問いかけてみることだろう」と書かれていたことはわたしも全く共感する．真の対話的関係とは常にそのようなものであり，また否定的なものをお互いに何らかの意味で受け入れ合うという契機を含むのだろうと思う．

山本登志哉（2001年10月22日）

池内→山本

　山本氏による再度の反応に答えつつ，補足しておきたい．山本氏は「アラブのテロリストの思想に対抗する論理を作れるのはアラブの人しかいないのではないかという思い」があると記したうえで，その方向に資する形の対話のあり方を模索しておられる．この姿勢は，わたしの議論の根底にある方向性と非常に近いものと感じた．全く専門領域を異にする立場から，現代世界に対する接し方を同じくする人を発見できたことは大きな喜びである．

　アラブ地域に重点を置いてイスラーム世界を研究するわたしには，現代の（あるいは過去の）アラブ世界の思想家がこのような「対話」の糸口になりうる思想を提示しているか否か，あればどのようなものか，ということを探求する任務が課せられているといえよう．

　今現在のアラブ世界の思想状況において，残念ながら「テロリストに対抗する論理」が提示され広汎に受け入れられるために必要となる政治的環境や思想・宗教状況の展開という意味で見通しは明るくない．地域を専門とする研究者の立場からは，まずアラブ世界の思想状況の支配的潮流を特定し，その行き詰まりの現実がもたらす危険性と，その状況に至らしめた内的・外的な経緯を溯って解釈してゆくことになる（池内恵『現代アラブの社会思想』講談社，2002年を参照）．その一方で，政治情勢の中で言説空間が単純な二項的対立構図に支配されてしまう状況下で発言の場を失い，苛烈な社会意識・世論の形成により疎外されて

しまっている思想家・言論人にも絶えず目を向けておきたい．政治的状況に短期的に与えうる影響力は乏しいという現実を直視したうえで，なおかつそのような知識人を発掘し，彼らの訴えようとしているものを受け止めるという作業も有益だろう．以上の2点を押さえた上で，アラブ世界の思想状況が今後たどると見られる内在的な発展経路を展望し，さらに，そこに外在的な要素が及ぼす要素を特定し，その外在的影響を肯定的なものにする方策を考案していく，という面倒だが必要な手順を踏んで，はじめてわれわれとアラブ世界の問題が実践的につながる道筋が開けてくるのではないだろうか．

　わたしはまず，イスラーム原理主義の立場が長らく主張し続けてきた「善と悪」という図式に，国際テロを契機として引きずり込まれることだけは避けるよう主張しておいた．しかしその代わりとなる対処法を思想的に基礎づけることはそれほど容易ではない．あえて「罪と罰」の問題として出発するべきである，と論じておいたが，文化・宗教を横断した場において政治的な対立構図や社会的な不信感が存在している状況下で，はたして「罪と罰」の概念の内実に関して共通理解を得ることができるか否かすら，それほど自明ではないのである．

　この問題に関して，山本氏は「まず，イスラーム教の規範体系において，『罪』を成り立たせる共同性は原理的なレベルではあくまでムスリム内部に留まっている」ことに驚きの念を表明している．しかしここで問題になっているのは宗教が社会において果たす共同性原理としての役割である．共同体のウチの人間に対する犯罪とソトの人間に対する犯罪に関して，律する根拠のカテゴリーが異なってくることは，イスラーム教がその信仰者の社会に提示する共同性原理に限られた現象ではないだろう．

　おそらく世界のほとんどあらゆる宗教は「平和を愛する」ものだろう．それはイスラーム教についても同様である．しかしその平和をいかにしてもたらすか，その平和とはいかなる秩序のもとに達成されるか，この点に至ると問題は単純でなくなる．また，いかなる民族・文化的な価値規範体系においても「人を殺すこと」は禁じられているだろう．これもまた，イスラーム教徒を多く抱える民族と文化単位においても同様である．しかしそれでは自己の共同体に敵対するとみなされる共同体の人間を殺すことをどうとらえるか．これについて

は，イスラーム教に基づいた価値規範体系もまた，他者に対する苛烈な扱いを含む基準を保持している．

イスラーム共同体内外の「他者」すなわち異教徒に対する関係性に関して，近年の日本では，極端に理想化された「イスラーム」像を描くことが主流の議論となっている．しかしこれは政治・社会を対象とする実証史学の観点からも思想史学の観点からも，事実とかけ離れているうえ，現代の日本国内の政治的対立図式から逆算して形成されたイメージであり，むしろ現代の日本思想史の一齣として対象化する必要性すら感じる．

まず，初期イスラーム史の拡張主義的で異教徒に対して攻撃的な時代の経験に基づいた「原則」の存在は，確認しておかなければならない．この「原則」は空文ではなく，それに基づいて現代のイスラーム原理主義による異教徒への攻撃の正当化がなされ，それに反対できない世論が存在する．そのうえで，歴史上の実態としてはある種の「共存」を可能にするシステムが構築されていたことも認識しておく必要がある．この歴史上の実態として現れた共存の制度は，中世という時代的状況において西欧の異端審問・宗教戦争や十字軍といった事態に比してみれば，より平和的で安定的な帰結をもたらしていたと評価できよう．しかしこの歴史上の実態はイスラーム教の規範体系には組み込まれず，正典化・典拠化されることはないという，基本的な事実を確認しておかなければならない．

そしてこの歴史上の共存の制度の内実を冷静に検討してみる必要がある．これに関しては日本語でも，評価の定まった研究書が存在する．「共存」の実現された代表的な例としてオスマン帝国の事例は頻繁に挙げられるが，この時期の「共存」のあり方は，イスラーム教徒側が軍事的・政治的に優位性を確保し，宗教的な価値においても優位性を異教徒に対して承認させたうえで異教徒の生存を認めたものと意味づけされよう．これをオスマン史研究者の鈴木董は端的に「不平等の下の共存」と呼んでいる（池内恵「『イスラーム的共存』の可能性と限界──Y・カラダーウィーの『イスラーム的寛容』論」『現代宗教 2002』東京堂出版，参照）．

山本氏はこの他に，イスラーム共同体内部に加えられた危害に対して，その実行犯だけでなく実行犯の属する共同体全体への報復を正当化する概念をイス

ラーム教の規範が含むと理解できることを指摘している．確かに，この「集合的懲罰」に関しても，初期イスラーム共同体が示した強硬な姿勢とそれを典拠とする宗教的規範体系においても，またオスマン帝国などの帝国的秩序の文脈の中での「共存」の制度においても，この集合的懲罰の発想は色濃いといわざるを得ない．

これは現代のアラブ世界の主流の議論においても継承されている考えであり，例えば開明的とされる在野の人気ウラマーであるユースフ・カラダーウィーすら，「イスラーム的社会においては諸宗教の平等が実現される」ことを論じた書物の中で，イスラーム教徒の共同体とイスラーム教に対して「敵対する場合」に，異教徒の保護は取り消されると明記している．いうまでもなく，この場合何をもって「敵対した」とみなすかはイスラーム共同体の側が判断する事項とされる．こういった議論は取りたてて珍しいものではない．カラダーウィー氏自身もこの規定の妥当性を特に論証する意義を感じていないようである．イスラーム共同体の価値的・軍事的優位性を前提としない議論は，少なくともアラブ世界で見られることはほとんどない．まずこの優位性を確保する必要性が前提とされたうえで，そのために何をなすべきかが論じられる．そして優位性が確保されることによって達成される「異教徒にとってさえも理想的な」ユートピアの姿を描写するというのがイスラーム政治思想の関心を支配する課題となっている（前掲の池内恵「『イスラーム的共存』の可能性と限界」を参照）．

山本氏はこの論理が「ブッシュ大統領とほとんど同じ」ではないかという感想を抱いておられる．これは妥当な想起だろう．ブッシュ大統領の駆使する論理・表現には宗教的原理主義の影響が指摘されており，その秩序構想の帝国的な特徴が議論の的となっていることを勘案すると，これは「正面衝突」を予想させる危険な組み合わせだろう．

以上のような宗教規範上の原則とその運用実態の歴史を念頭に置けば，9・11事件に関する宗教者（ウラマー）の反応も理解がし易くなる．まず，抽象的な「テロそのもの」が是か非か，と問われたのであれば，もちろんウラマーたちの回答は「非」となる．しかし現実にウラマーが判断を迫られる問題設定はこのような純粋なものではなく，政治情勢を踏まえた政治的判断である．9・11事件に関しては，これを「理由のあるテロ」とみなすか否か，そしてその

「理由」を何と特定するかによって，結論は全く異なってくる．それは日本人が9・11事件を判断する際に生じる偏差とある意味では同種のものといえるが，国際的な無差別テロという行為がその「理由」に見合っているか否かという判断に際して，ウラマーには宗教的背景による負荷がかかってくる．「イスラーム世界の軍事的・価値的優位性が確保されていない現状」というものを「理由」として持ち出された場合に，理論的にはウラマーが「非」という判断を公に示すことは難しくなる．様々な迂回的な論理構成を凝らして「非」という判断を示したところで，それは世論に支持されにくくなり，実効性を失うという結果になる．例えばエジプトのアズハル機構のタンターウィー総長は，自国の政治指導者が国際政治上の判断から鮮明にしている「テロ非難」に追随し，宗教的に裏打ちを与える議論を展開したが，9・11事件を「理由のあるテロ」とみなす世論が存在するため，説教の際に一般信者からの突き上げを招いている．

　このような思想的，理論的な前提からもたらされるテロに対する姿勢とは別に，一般のイスラーム教徒が持つ「生活感覚」によるテロの拒否と，その感覚に基づいた他者との関係のあり方はないのか，それに日本のわれわれとのつながりを見出せないか，というのが山本氏の問題関心と思われる．再度繰り返すとすれば，いかなる地域のいかなる宗教の信奉者であれども，大多数は殺人・威嚇としての「テロそのもの」を拒否するだろうし，平和を何よりも求めているだろう．この感情は「生活感覚」の中に根差したものともいえるだろう．問題は規範体系や思想といったものが，この「生活感覚」を透明に反映したものではなく，反映することを目指したものですらない，ということにあるだろうが，「生活感覚」そのものを把握して共感の地平を探ることはそれ自体で重要なことだろう．

　アラブ世界やイスラーム世界を対象とした研究の現状からは，このような「生活感覚」をとらえた成果は見出しにくい．それは欧米や日本の研究が及んでいないことだけでなく，地域内部からの自らの社会の研究が著しく欠如していることにも由来している．イスラーム世界の知識人・研究者が自文化の基層をなす「生活感覚」的なものを対象にすることは極めて希である．例外的な成果を残した社会学者さえもが，その自伝的著作で，学生時代に社会調査の実習のために自らの出身地区にあるスラム街を目指したが，とうとうその日にはた

どり着けなかった，ということを記している（サイイド・オウェイス，長沢栄治訳「わたしが背負った歴史（ひとつの事例研究）」（部分訳）『中東の民族と民族主義——資料と分析視角』アジア経済研究所（所内資料），1995年，70頁）．研究体制の不備は根本的な社会構造と意識に深く根差した問題と見られる．いわば「アラブの柳田国男」が存在せず，資料的に極端な制約を抱えているのが現状である．

*

わたしと「護経論」との緊張関係について山本氏は訝しく感じておられるようである．これは過渡期（冷酷な視点からは「萌芽期」）にある日本のイスラーム研究の特殊な状況の中にいなければ，なかなか共有されない危機感だろう．日本のイスラーム研究のかなりの部分に，あからさまな，あるいは間接的な護教論が影響を及ぼしている，という事実に対する憂慮の念は，指導的立場にいる研究者が最近に行ったひそやかな述懐にも現れているが（加藤博『イスラム世界論』東京大学出版会，2002年），批判と内省の声が表面化しにくい構造が制度的にも確立している．神学者と宗教学者と政治学者が同じ土俵で議論を展開するような状況にあるといってもよいだろう．具体的な批判はここでは差し控えるが（批判と代替的分析枠組みの提示としては池内恵「イスラーム世界における政-教関係の二つの次元」酒井啓子編『民族主義とイスラーム——宗教とナショナリズムの相克と調和』アジア経済研究所，2001年），その根本的な原因として，聖典に関する批判的検討や相対化が，イスラーム教とイスラーム世界の文脈では現在もタブーとなっていることが挙げられよう．キリスト教研究であれば，キリスト教徒自身によってすでに聖書の批判的研究が行われ，歴史化・相対化がなされてきた．しかしイスラーム教研究ではアラブ世界をはじめとする大部分の地域ではそのような相対化が許されていないため，そのような研究を行いなおかつ公刊することは不可能，あるいは生命・身体への危険を覚悟する必要がある．実際にエジプトではカイロ大学助教授ナセル・アブー・ザイド氏によるイスラーム思想史の批判的研究が社会的な非難を受け，「離教者」との宣告をイスラーム主義者から受けたうえに，1993年には「非イスラーム教徒男性とイスラーム教徒女性の結婚は非合法」との観点から夫人との離婚を求める民事訴訟が起されるという事件も起こっている．離婚を命じる判決が96年に確定し，アブー・ザイド夫

妻はオランダに亡命を余儀なくされた（池内恵執筆「アブー・ザイド事件」『岩波イスラーム辞典』2002年を参照）．

　イスラーム世界では，宗教信仰の正しさを論証する「神学」から，価値判断をとりあえず脇において客観認識を目指す「宗教学」が十分に分離しておらず，アラブ世界ではその傾向が著しい．そのため現在まで，「コーラン」などの歴史的・批判的研究は「異教徒」が中心的に行ってきたという経緯がある．日本のイスラーム研究はこの「異教徒」の先行研究に実際は依拠してきたにもかかわらず，同時に「内在的理解」をも，その意味を深く掘り下げることなく主張してきた．そこから，イスラーム世界が宗教に関しては克服していない「客観認識と価値判断の混同」という問題を，問題として指摘することが回避されてきた．

　近年には日本でも，護教論の立場から「先行研究はコーランが神の言葉であること，無謬であることを否定しているがゆえに間違いである」ということを前提にして議論をする研究者が出現している．そのような立場から発表を行うことは「言論の自由」という観点からはまさに自由である．しかしイスラーム研究が客観的な学問として存立するためには，「そのような議論は護教論であり，別種のルールに従う学問研究を構築していく必要がある」ということを明言し，より中立的な分析枠組みを示してみせるような責任ある姿勢が，指導的な地位に立つ研究者によって表明されていてしかるべきだった．

　近年のオリエンタリズム批判の流行は，「異教徒」の良質で緻密な研究まで一律に否定する根拠として流用される事態に至っている．イスラーム教を客観視すること自体が研究者の間でさえ批判の対象になりうるだけでなく，客観分析のルールを逸脱した行為を制止する責任を負う立場が実質上不在となってしまったため，実証的な議論の積み上げではなく，価値観に基づく主張を行うことが問題視されず，制度的にも勢力を伸張させていく状況にある．現代を対象とした「イスラーム研究」の有力な部分は，実際には「極東のイスラーム思想」に近づいてしまっているのではないだろうか．「イスラーム」に理想を託し，「ここではないどこか」の参照点として仮構し，返す刀で「西洋近代」や「日本」を斬ってきた，その思想的営為自体の是非は歴史の判定を待つしかない．しかし「それが現実のイスラーム世界に関する知見をどれだけ増したか」とい

う観点からは，わたしは否定的な評価を下している．

*

　わたしが提示したアラブ世界の思想状況の分析から導かれる実践的な帰結として，山本氏は単刀直入に「彼らとの共感関係を模索するより，むしろ世界があくまでも『罪』であることを外在的に強固に主張し続けることがより重要であるということになる」のではないかと要約し，そのことは「単純化すれば，断固として譲らずに主張し続ければ，これまでの経緯からいって，彼らはそれをなんとか理屈を付けてイスラーム法の解釈に取り込んでいくに違いない，と考えられるのだろうか」と問いかけておられる．

　このような形での約言は誤解や曲解を招きかねない側面もあるが，わたしの議論からこのような帰結を導くことも正当といえるのだろう．「善と悪の戦い」を各種の勢力が主張して実際に実力を行使する事態を回避するためには，国際政治の中で最低限守られるべきルールというものを示し，それにそった解決をあらゆる勢力に求めていくという道筋を辿ることになる．それはイスラーム世界の価値的・軍事的優位性の確保という面に関しても妥協を要請するものであり，そこには山本氏が指摘するようにある種の「フラストレーション」が発生することも想像できる．しかしそれは西欧に端を発する近代的国際政治秩序が内部に恒常的に抱えたものである．そもそも宗教戦争の終結に端を発する近代的国際政治秩序とは，特定の価値体系の貫徹の可能性をある程度放棄することから成り立っており，そこから生じる「フラストレーション」を前提としている．それをどうにかやり過ごすために近代思想は知恵を絞ってきたともいえるのではないか．わたしが「世界観闘争の土俵に乗ってはならない」と論じるに際しては，一定の喪失感を伴うとはいえ，近代的前提と知恵を捨て去ってはならない，というわたしなりの価値判断を前提としている．

　そして，「イスラーム世界との対話」とは，もし儀礼的なものに終わらせないのであれば，「近代世界において守るべき最低限の基準とは何か」という問題についての討議に行き着かざるを得ないのではないだろうか．この問題に「イスラーム的な何か」を解決策として求めようにも，「内部」からは現実的な提案が現状では示されていない．そうであれば，「外部」の「西洋近代」側の

議論をもう一度鍛え直し，叩き台として提示して応答を待つのが現実的な手順ではないだろうか．安全かつ特権的な立場からそのような試みを「西洋中心主義」と断定して頭から否定してみせ，自足する者がいるとすれば，知的に不誠実な態度ではないだろうかと疑う．「イスラーム」を「西洋近代」を「超克」するものとしてあまりにも安易に仮構し，それを振りかざして自らの政治的・学界的地歩を固めようとする各方面の論者は，思想的対話の実現のためにいかなる貢献を果たすか，というより高次の問題に対する真摯な取り組みを回避しているように思える．

＊

このような現状分析を連ねていくうちに，「イスラーム教に内在しつつ外部世界と共生するような思想を，彼らの中から生みだす気配はやはりないのだろうか」という感慨を山本氏に抱かしめてしまったようだ．わたしとしては，まず現代アラブ世界の思想・宗教的な実態と，それに導いた経緯を後づけていくという基礎的任務を果たしている段階である．それなしにいかなる議論も土台を失ってしまうだろう．現代のアラブ世界における思想の分布状況はわたしの見るところ，おおまかに以下のような構成要素からなる．

① 伝統の継承に専念するウラマー＝政治の現実には基本的に従う．
② 初期イスラーム時代を典拠として現代の現実を拒否するイスラーム主義の潮流．
③ ごく少数の西洋化知識人による，相対化の契機を含んだイスラーム思想解釈．

人口の大多数は①か②の立場に近い．①の潮流とは，政治的な関係が正常であれば，儀礼的にではあれ，ある種の「対話」が可能である．それは本質的な問題には互いに触れないようにする「外交的」な対話と共生の関係といってよい．ただしこの程度の対話も，正常な政治的関係が結べる状況にない現状ではそう簡単には行われないだろう．③の系譜は一般庶民への影響力を著しく欠いているうえに，イスラーム主義を突き詰めた原理主義的勢力による物理的暴力

の対象になっており，その劣勢は明らかである．しかし「真の対話」を行うためには③の人たちの影響力が強まる時代を待つしかない．

　全く異なる思想的契機を提供しうる場所を探すとすれば，希望的観測ではあるが，レバノンの展開に注目したい．1975年から1990年まで続いた宗派間の内戦がやっと収束したレバノンは，イスラーム教徒とキリスト教徒の勢力が拮抗した状態にあり，どちらかが一方的に「優位性」を確保した状態での「共存」を解決策として主張し得ないことが自覚されつつある．内戦の苦い経験を経たことにより，異宗教間の共存の達成を求めることを唯一の選択肢とし，その現実に沿った思想発展と理論化が進んだならば，世界規模における共存の思想的裏付けにも何らかの貢献ができるのではないか．

　また，非アラブ世界，特に中東から地理的にも文化的にも離れた地域，例えば東南アジアから，イスラーム教を他文化・宗教とより調和的に解釈する潮流が出てこないものだろうか．シャーマニズムや多神教の世界の中に統合されたイスラーム教解釈には，宗教創立時の原理とは別の原理が導入される可能性があるのではないか．しかし，自らの主張を「イスラーム的」であると論じるために最も効果的な方法は「ムハンマドの時代」に範を求めることである．東南アジアにおいて，メッカやカイロへの留学生が持ち帰るアラブ的な解釈が強まりこそすれ，逆に東南アジア的な理解をアラブに及ぼすような例は見当たらない．イスラーム世界の宗教解釈においてアラブ世界のヘゲモニーは依然として強固であり，東・東南アジア的イスラーム教解釈によって，世界的な政治的・思想的対立関係の止揚を可能にする論理を構築してゆくといった事態は，研究者の夢想の領域にとどまっているようだ．

　以上のような検討を踏まえたうえで，わたしとしては，北米や西欧の「多文化主義」の試みや「共同体主義／自由主義」間の討議の成果といった思想的な蓄積を発展的に継承し，それらをある種の「実験」としてとらえて「国際社会」にも試験的に拡張することで，イスラーム世界の宗教・思想状況をも統合した「文明間対話の公共哲学」の地平を開くことができるのではないか，そのような選択肢を構築してみせるのが，思想研究者の実践的な営為として求められているのではないか，と考えるに至っている（多文化主義や共同体主義／自由主義論争の成果の継承発展の道筋をわたしなりに模索する試みとしては，池内恵「文明間対話

の公共哲学に向けて──イスラームの共同体理念と自由主義の諸原則」『地球的平和の公共哲学──「反テロ」世界戦争に抗して』東京大学出版会，2003 年を参照）．

池内恵（2001 年 10 月 24 日）

山本→池内

　イスラーム世界の理解に関する説明に留まらず，研究者という立場において，今この情況に対して何を考え，何を発言すべきか，その歴史的・社会的役割に関する池内氏の議論に，あらためて自らを問い直しつつ，様々なレベルでの対話を模索することの重要性を感じている．

　イスラーム社会の歴史と現状について池内氏が書かれたことは，一見すると「困った原理主義」としてのイスラーム教の本質を強調され，世俗的権力や一般の人々の生活感覚と宗教的理念・理想との乖離や矛盾の問題に重点を置かれているようにもわたしには見えた．しかし池内氏は同時に，実態としてのイスラーム社会を，そのような世俗か宗教かという単純化を許さない全体性を持つものとしても提示されているように感じる．今後のイスラーム社会との対話を考える上で，これは大きな可能性の提示であり，そのような彼の社会の全体性に，多少なりとも内在的な視点を組み込みつつ迫っていくことが極めて大事だろうと思う．

　その中で欧米社会の政治的・思想的営為を軸として，それをどう批判的に継承するか，あるいはそれとは異なった強調点から問題を考えるべきか，様々な対話をわたしも模索していきたい．

山本登志哉（2001 年 10 月 26 日）

第二部
パレスチナ戦争：根源は宗教か政治か？

第3章　ユダヤ教の戦争観，殉教観

黒川知文

1　ロシア・ユダヤ人のイスラエルへの移住

　近年，ロシア系ユダヤ人のイスラエルへの移住が，相当，増加している．1990年から10年間で100万人のロシア系ユダヤ人がイスラエルに移り住み，イスラエル社会そのものに劇的な変化をもたらすようになっている．人口の約6分の1がロシア系ユダヤ人になったことを背景にして，1996年には「ロシア移民党」が結成された．党首はシャランスキーである．彼はソビエト時代には有力な反体制知識人であった．一方，ロシア国内では，ユダヤ財閥が台頭している．新興ユダヤ財閥人であるグシンスキーが，当局により詐欺容疑で逮捕されて，釈放され，その後スペインに逃れ，スペインで再び逮捕されるというような事件があった．さらにはロシア国内においては，シナゴーグの放火事件が3回以上あった．帝政時代の反ユダヤ的傾向が復活しているといえよう．

　ロシア国内でしだいに帝政時代が復活している．ロシア正教がロシア民族の宗教として再認識されつつある．この状況の中で，パーミャチという，民族主義に立つ党が結成された．この党は2万人ほどのメンバーを有しており，反ユダヤ的な傾向をもった民族主義的な政党であり，「神とツァーリと国家」をスローガンにしている．さらには1999年12月31日に，エリツィンがプーチンを大統領に指名したが，その就任式には，ロシア正教会の総主教アレクシー2世が同席した．帝政時代と同じように，総主教アレクシー2世も同席する．帝政時代のビザンチン・ハーモニーの復活である．

2001年の2月にはシャロンがイスラエルの首相になった．シャロン自身はロシア移民の子であった．またシャロンに限らず，歴代の首相のほとんどは，ロシア系あるいは東欧系のユダヤ人であった．一方，1881年に始まるビールー運動，第一次アリヤー運動，ヒバト・ツィオン，ホベベイ・ツィオン，これらは東欧からイスラエルへの移民運動である．1948年に建国されたイスラエル国は，このような東欧系・ロシア系のユダヤ人が中心となっている．

2　ロシア・ユダヤ人の歴史

移民として流入したロシア系ユダヤ人は，どのような歴史を経てきたのであろうか．第1に，ウクライナにおける1647年から1656年のフメリニツキーによるユダヤ人虐殺，1734年から1736年のハイダマク運動によるユダヤ人襲撃，さらに1871年のオデッサ・ポグロム，それから1881年の第一次ポグロム，1904年から1906年にかけての第二次ポグロム，1911年のベイリス事件（ドレフュス事件に似た，裁判におけるユダヤ人の冤罪事件)，また1919年の第三次ポグロムなど，ウクライナにおいては，民衆をまきこんだ形での，さまざまなユダヤ人に対する迫害が起きていたことがわかる．第2に，ユダヤ人は排他的共同体をロシアにおいて形成していた．これをシュテットルと言う．言語も文化も宗教も違い，しかも非ユダヤ人との接触を避ける，そのような共同体を形成していたのがロシア・ユダヤ人である．第3には，この第2点との関係で，東欧とロシアのユダヤ人は，同化を拒否してユダヤ教を民族を1つにするものとして遵守していた．ユダヤ教の中では，ハシディズムという神秘主義的な運動があるが，これが東欧とロシアに広がり，結果的にユダヤ共同体の結束を非常に強化した[1]．

このような3つのものを背景とする排他的な傾向のあるユダヤ人が，イスラエルに移住してきた．当然，ロシアのユダヤ教の排他的「エートス」が広まって，現状にも影響を与えていると考えられる．

1　黒川知文『ロシア社会とユダヤ人』ヨルダン社，1996年，179-188頁を参照．

3　ユダヤ教の戦争観

　それでは，ユダヤ教は戦争をどう考えているのか，あるいは殉教をどう考えているのかについて考える．モーセの十戒の第六戒に「殺すなかれ」という戒めがある．「殺す」というヘブライ語は，ラッツァーハרצחであり，「兄弟を意図的に殺す」という意味がある．単に異邦人を殺す場合にはカタールקטלというヘブライ語を使う．つまりこの「殺すなかれ」という言葉の真の意味は，同胞を殺してはいけないということである[2]．「同胞ユダヤ人を殺意をもって殺してはいけない」，これがもともとの十戒の意味である．したがって，これは殺意を抱いて殺すことの禁止事項であり，非故意に殺した場合は，刑罰を免れることになる．さらに，非ユダヤ人に対する場合は別だとも解釈されうる．

　この「殺すなかれ」は，戦争とか，死罪にあたる人の処罰を禁じてはいない．戦争ならびに死罪に値するような人の処罰，処刑，死刑，そういったものは禁じていない．ただし，戦争も死刑も，神の命令のもとに行わなければいけない点に真の意味がある．人命の尊重ということがこの戒の基本的な考えである．

　また，戦争というミルハマーמלחמהというヘブライ語が旧約聖書（ユダヤ人にとっては聖書）に，300回以上使用されている．特にその中で「万軍の主」，「戦う神」，「万軍の主」という言葉が200回以上使われている．「戦う神」という旧約聖書の中で出てきた神には2つの意味がある．戦争とは，罪からの贖いと審判という2つの目的をもって神が積極的に関わった，邪悪な人間の活動の一形式だということ，また，戦う神は，罪深い人間に希望を与えるということである[3]．

　ところで，聖書の中には「聖戦」という言葉はなく，「主の戦い」という言葉，その「主」はもちろんエホヴァであるが，それが，第二歴代記に書かれている．この「主の戦い」が「聖戦」と解釈される．しかし，聖書には，「主の戦い」には，イスラエルは「主の戦い」を行うための神の兵士として，神の前で謙虚でなければならず，高慢であれば徹底的に神によって打ち砕かれるとい

---

[2] P・C・クレイギ『聖書と戦争』村田充八訳，すぐ書房，1990年，88-89頁を参照．
[3] クレイギ前掲注2，59-60頁．

う規定がある．さらに，主の戦いの意義は3つある．第一に，神が汚れたこの世において自身の聖と義を示すこと，第二に，罪の文明であるカナン文明を神が裁くこと，そして第三に，神が族長たちと契約した土地をイスラエルにわたすこと，である．神の前ではイスラエルは謙虚でなければいけないとあったが，それ以外にも，例えば，降伏を勧めて相手側が同意すれば，相手側を苦役に服させるだけで許す，しかし同意しなければ男はすべて殺し，女と子供と家畜はすべて戦利品としたことが申命記の中に書かれている．さらには，男はすべて殺す，という規定がある．これはヘレム חרם「聖絶」という思想である．この場合には，異なる民族に対して行われており，その意味は，異教的風習からイスラエルを守るためだと申命記の中に書かれてある（申命記20章18節）．

4　ユダヤ教の殉教観

次にユダヤ教の殉教観として，レビ記22章32節に「あなたたちは聖なるわたしの名を汚してはならない」という言葉がある．この「わたし」というのは神である．神の栄光，神の名を汚さないように，言い換えれば神の栄光を示す行為が，いわゆる殉教であり，キドゥシュ・ハシェム קדוש השם と呼ばれる[4]．キドゥシュ קדוש は「聖とせよ」，ハシェム השם は，英語では 'the name' であり「神の名前」を意味する．「神の名前を聖とせよ，汚してはならない」という殉教観がここには表れている．具体的に，祈りと，倫理的行いと，殉教の死，この3つが神の栄光，神の名を汚さない行為と規定されている．とりわけこの中でも3番目の殉教の死が，A. D. 1世紀から2世紀において確立した．具体的には，偶像崇拝を強要されたときや，異邦人の支配下になったときに，自らの命を絶って，神の栄光を汚さない．姦淫を強要されたときと殺人を強要されたとき自殺をする．これは十戒の中の重要な三戒を違反することを強要された場合に自殺をするという規定である．

異邦人に偶像崇拝を強要されたときには，自殺し，殉教の死を遂げて，神の栄光を表して，神の名前を汚さない．この歴史的現れとして，B. C. 2世紀のア

4　黒川知文『ユダヤ人迫害史』教文館，1997年，94-96頁を参照．

ンティオコス・エピファネスによる迫害のときにキドゥシュ・ハシェム קידוש השם の殉教の死がユダヤ人の間で行われた．それ以外には，2世紀のローマ帝国とのユダヤ戦争，例えばマサダの要塞において960名のユダヤ人女性と子供が死を遂げたこと，また，ラビ・アキバと10人の学者たちがすべて自殺をしたことにもあらわれている．さらには，中世において，十字軍は，イスラーム教徒から聖地エルサレムを奪回する，その途上の町々にユダヤ人がいて，キリストを殺した罪としてユダヤ人を殺していった．このときにユダヤ人の中には，親が子供を殺して自分も死を遂げたものがいた．ここにも殉教の死というものが現れている．さらには14世紀に，黒死病はユダヤ人が井戸に毒を盛ったからだという理由で，ユダヤ人に対する迫害が行われた．この時にも多くのユダヤ人が自殺したという例がある．帝政ロシアにおいて，ツァーリ，ニコライ1世が，強制的にユダヤ人に対して同化政策を行ったとき，ユダヤ人の子弟が自殺して，ロシア正教に改宗するよりも自らの死を選んだということも記録されている．近代ではワルシャワ・ゲットーの蜂起のときに，ユダヤ人は，自殺と同じように，決死の覚悟でドイツ軍と戦った．同じような例は，イスラエル建国のときも，中東戦争のときも見受けられる．

5 宗教紛争をのりこえるために

宗教の観点から現状を分析すると，歴史的な一つの構造として，以下のことが言える（図を参照）．宗教に民族主義が加わったとき，それが政治運動，闘争，そして紛争へと発展していく．そして，そのように発展していった政治運動，闘争，紛争というものは，過度に排他的となって，その宗教そのものが教えている普遍的な愛の教え，あるいは平和を求める教えに反するようなことを行っていく．反宗教的な行為を正当化していく．そこには教典の拡大解釈あり，あるいは意図的な解釈あり，民族的な解釈もある．例えば「目には目を，歯には歯を」は，聖書では，自分が相手に対して，目を傷つけたときには自分の目を差し出さなくてはいけないという，本来は償いの命令である．しかし，これに民族主義が加わると，復讐を自己正当化する理論に変化する．

地球的な平和のためにわたし自身の提言を2点あげておくことにしよう．第

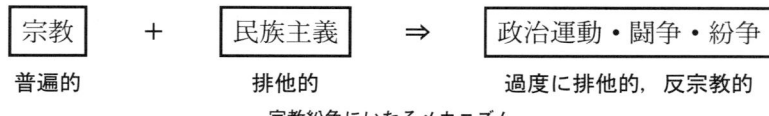

宗教	＋	民族主義	⇒	政治運動・闘争・紛争
普遍的		排他的		過度に排他的，反宗教的

宗教紛争にいたるメカニズム

一に，普遍的な宗教に民族主義が加わり，それが拡大解釈，意図的解釈されて宗教紛争になりうるので，諸宗教界における平和運動が地球的平和に必要だと思われる．その点で，例えばヨハネ・パウロ2世が，2001年5月以来，ユダヤ教，ギリシア正教，イスラームに謝罪を表明していったということは，大いに評価できる．また，近年のロシア正教会による世界平和への努力も大きな意味をもつ．

　第二に，絶対的な中立者による仲裁を提言する．宗教紛争は，互いに排他的な民族紛争として展開していく．この場合，努めて絶対的に中立的な第三者による仲裁がなければならない．第三者には，他宗教の者，あるいは無宗教の者が適切だと考えられる．

　今後の研究課題としては，さらに詳細な宗教紛争が発生するメカニズムを考察することと，宗教紛争に結びつく民族主義を特定することがあげられる．

第4章　シオニズムの問題性
―― パレスチナ／イスラエルの視点から

臼杵 陽

1　パレスチナ／イスラエルという「場」

　本章ではパレスチナ／イスラエルという「場」において展開する紛争を考える．その際，シオニズムに内在する他者排斥の論理とその際の暴力行使を正当化するイデオロギーについてイスラエルにおける民主主義の将来に関連させて考えてみたい．とりわけ，現代社会におけるシオニズムが孕む問題性を，非ユダヤ人である「アラブ」（自称はパレスチナ人）系イスラエル市民の位置づけに注目しつつ検討する．

　シオニズムとは「ユダヤ国家」を建設しようとする思想および運動の総称であるが，来るべき「ユダヤ国家」の内実に関して一致した考え方があったわけではなかった．したがって，どのような「ユダヤ国家」を建設しようとするかによって様々な思想あるいは運動が生まれた．換言すれば，「ユダヤ（Jewish）」という形容詞を「ユダヤ民族的」と理解するか，「ユダヤ教的」と理解するかによって，その立場は大きく隔たることになった．つまり，「ユダヤ人」とは信徒集団なのか，民族集団なのかという古くて新しいアイデンティティ問題がつねに付きまとっているがゆえなのである．

　以上の意味から，シオニズムはユダヤ教との連続性という観点からはアンビバレントな立場をとってきた．というのも，シオニズムはユダヤ教的伝統といったん切れて世俗的な政治運動として出発したにもかかわらず，イスラエル建国後，国家統合，さらには国民統合の過程においてユダヤ教を取り込まざる

をえなくなったからである．

　ユダヤ教に対してシオニズムがアンビバレントな態度をとったのは，シオニスト自身がヨーロッパにおけるユダヤ人迫害に対する解決の代替案としてパレスチナに世俗的なナショナリズムに基づくユダヤ人国家を建国する計画を立案したところにその起源を見出すことができる．何故ユダヤ人国家が「パレスチナ」（シオニストの用語にしたがえば，「エレツ・イスラエル」）でなければならないのかという説明は，窮極のところ，ユダヤ教的な論理でしか説明できなかったからである．実際にシオニズム運動に関わった，「シオニストの父」といわれるテオドール・ヘルツルなどという人物は政治的かつ世俗的な人間であって，決してユダヤ教信仰を軸に生きていた人ではなかったがゆえに，パレスチナに拘っていたわけではなかった．ウガンダでも，アルゼンチンでも，可能性があれば，その芽を自ら摘み取ってしまうほど理想家ではなかった．

　ところが，ヘルツルの現実路線はパレスチナ＝エレツ・イスラエルに拘るシオニストによって否定され，ヘルツルは失意のうちにこの世を去った．運動当初からユダヤ人国家の建設の場所をパレスチナとしなければならないシオニズム運動は世俗的な運動と自己規定したものの，ユダヤ人国家の根拠が「聖書」の記述に基づいている以上，「聖書」の記述を歴史と言いくるめたところで，シオニズムは論理的にはアンビバレントだったと言わざるをえないのである．

　パレスチナあるいはイスラエルと呼ばれる地域の名称について少々説明が必要である．パレスチナあるいはイスラエルという地域イメージがパレスチナとイスラエルに関わる問題の中の基幹にあるからである．さらに極めて近代的なユダヤ教の解釈の下に，つまりナショナリズム的なユダヤ教解釈の下に，エレツ・イスラエルが領土的あるいは領域的に解釈されるという変容が起こってしまった．いわば領土として領有するという領域国家でせめぎあうところ，つまり領土の帰属というところで紛争が起こってしまった．この紛争は近代的な様相をもっており，決して宗教戦争という類の話ではない．宗教の恣意的な解釈，つまり，ナショナリズムというイデオロギー的な解釈の下で紛争自体が起こっている点をやはり意識的に注意して考えていく必要があろう．

　さて，本章ではパレスチナとイスラエルの間にダッシュ引いて「パレスチナ／イスラエル」という表現を使っているわけであるが，この記号を使って境界

の曖昧さを表していると考えている．つまり，パレスチナという地域は第一次世界大戦後に英仏による東アラブ地域の分割の結果，形成された領域であり，それが第二次世界大戦後に勃発した1948年の第一次中東戦争を経てイスラエル国家が建設されるという経過をたどる．ところが，イスラエル建国前には英語で「パレスチナ・ユダヤ人（Palestinian Jews）」という言い方が可能であったが，パレスチナとイスラエルとが相互に排他的な用語として使われるのはあくまでイスラエルが建国されてからであることを銘記する必要がある．つまり，パレスチナ・ユダヤ人とは要するにパレスチナ委任統治領に住んでいるユダヤ教徒あるいはユダヤ人という使い方をされている．それに対応する用語としてパレスチナ・アラブ（Palestinian Arabs）というかたちもあることも確認しておく必要があろう．もちろん，ヘブライ語を使うユダヤ人たちは英語の表現とは違った単語を使っており，イスラエル建国前は「エレツ・イスラエリー」，つまり，「エレツ・イスラエル人」と呼んでいた．

2　シオニズムというイデオロギーの孕む問題性

ベギンとアラファト——テロリストから民族解放の英雄への転換

　パレスチナとイスラエルという呼称が相互に排他的になっていくのは，紛争構造が出来あがった後の話であり，またパレスチナという場所がパレスチナ人にとって故地として確立して行くのはパレスチナ人の民族運動というナショナリズムの結果であって，決して自明のものとして成立したものではない．イスラエルの前首相であるメナヘム・ベギン氏とPLO（パレスチナ解放機構）議長であるヤセル・アラファト氏を並べるのはけしからんと考える人もいるであろうが，少なくとも両者に共通する点としてここで問題としたいのは，敵からはテロリストと呼ばれていた点である．ベギンという人物はかつてイルグン・ツヴァイ・レウミ（ヘブライ語で「民族軍事組織」）という名称をもつ地下武装組織の指導者であったという事実である．つまり，ベギン自身がイスラエル建国前のパレスチナ委任統治時代にはイギリス当局から「テロリスト」と呼ばれていた．ベギン自身が1977年にリクード党の代表として首相になってから

はその評価が180度変わった．

　それ以前，ベギンは「イスラエル建国の父」と呼ばれるダヴィド・ベングリオン初代首相さえからも「不倶戴天の敵」と呼ばれていた．ベングリオン首相は左翼の共産主義者と右翼のベギンとは絶対に手を結ばない，つまり，連立内閣は組まない，と公言していた政治家である．実際，ベングリオンはベギンに対してイスラエル建国直後に，イルグンの武器を積んだ貨物船「アルタレナ号」の撃沈を武装解除すべく命令した．もしこのときにベギンが武装解除を拒絶して内戦になったら，今のイスラエル国家は無かっただろうといわれているほど当時両者は激しい対立関係にあった．もっともベングリオンが修正主義シオニストを目の敵にするのもそれなりの理由がある．というのも，ハイム・アルゾゾロフというベングリオンの右腕が1933年に暗殺されたからである．その犯人はわかっていないが，修正主義シオニストであったといわれている．そのような曰くつきの人物であるベギンが「テロリスト」からイスラエルの首相になったのである．

　もちろん，ベギンという人物がかつてテロリストだと言われていた事実を思い出せば，現イスラエル首相のシャロンという人物にも同じことが言えるわけである．1982年のレバノン戦争のときに国防大臣として起こったサブラー・シャティーラー・パレスチナ難民キャンプ虐殺事件の責任者であったからである．イスラエル軍が西ベイルートを包囲して，キリスト教徒民兵であるファランジストが難民キャンプに入ることを容認したことについては，その結果もたらされる帰結を十分に予見できたはずであり，イスラエル本国においても戦後に調査委員会が設置されて，責任があるとの結論が出た．その時点でシャロンの政治生命は終わったと烙印を押されたはずであるが，その後もしぶとく生き延び，ドブ板政治家として信頼を得て，復活した．イスラエルはこのような人物が首相になることを許す国であるという点は強調しておく必要があろう．

　レバノン戦争のことに関連して重要な点は，イスラエルの戦争目的がヘブライ語で「ビタホーン」つまり，安全保障あるいはセキュリティを確保するという名目で正当化されてきたことである．したがって，戦争そのものは防衛的な性格づけがなされ，イスラエル現代史の中において不正義であったことはなかった．しかし，1982年のレバノン戦争はその目的をめぐって初めて国論が二

分し，侵略戦争と位置づけられた経緯がある．このレバノン戦争を機にイスラエルにおける歴史の読み直しが始まると考えていい．

シオニズム思想における他者認識の問題性

　以下においてシオニズムの孕む問題性を1980年代から1990年代にかけて起こってきた論争に即して考えてゆきたい．すなわち，シオニズムが抱え込んでいる問題はいったい何なのか，である．とりわけ，シオニズムの政治スローガンのように語られている「土地なき民に民なき土地を」，つまり，"土地を持っていないユダヤ人に対して，人が住んでいない場所であるパレスチナに国家を作ってあげる"，に表れる考え方を批判的に検討したい．このスローガンに孕まれるシオニストの認識のあり方に典型的に表されているように，シオニズムが前提していることは，エルツ・イスラエルとユダヤ人が呼んでいるパレスチナの地には人が住んでいない，少なくとも善意に解釈しても，アラブ人が住んでいないパレスチナのどこかの場所にユダヤ人国家を建設する，ということである．

　不在の地としてのパレスチナという認識は非常に強固であり，シオニストにとってはすべての議論の出発点といってもいいほどにまで昇華されていく．もちろん，パレスチナに住んでいる住民は，宗教的にはムスリムでありキリスト教徒であり，居住形態としては，都市民であり，農民であり，ベドウィンであるばかりではなく，エルサレム，ヘブロン，サファド，ティベリアスといったパレスチナの都市にはアラビア語を喋るユダヤ教徒も住んでいた．しかし，シオニストの目からはそのような人々の存在は映らなかった．つまり，「見えざる人々」であって，決して民族的な存在ではないことが前提となっていた．いずれにせよ，そのような人々はシオニストにとってはほとんど問題にならなかった．

　シオニストの他者認識については次のようにいうことができる．すなわち，シオニストの目からは，パレスチナの風景は荒野，荒地であり，"まったく人が住んでいない地にマラリアなどの疫病が蔓延する非常に不健康な土地だ"といったイメージがヨーロッパの植民者の視座から作られていたということなのである．

もう1つの問題として指摘できるのが、"それではパレスチナにユダヤ人国家が出来たときに想定されるユダヤ人国家とはデモグラフィックな観点から、つまり、アラブ人とユダヤ人の人口構成という点からどうなのか"という問題である。ユダヤ人国家である以上、その構成メンバーは「国民国家」としてはユダヤ人の多数派によって構成されなければならない。もちろん、「ユダヤ人とは誰か」という問題は、誰が「ユダヤ人」であるかを決める権限をもっているかをめぐる深刻な政治問題である。しかし、それにしてもシオニズムはアラブ人が現にパレスチナに住んでいることをまったく前提としていなかった。あまりにも自明な事実を何故無視することができるのか、現時点から考えると不思議である。しかし、この問題は良心的なシオニスト（例えば、後述のアハド・ハアムなどの文化的シオニスト）によってシオニズムの中で深刻な問題になるだろうと当初から指摘されていた。それにもかかわらず、シオニズムの主流派における議論としてなかなか表面化しなかった。ナショナリズムである以上、将来できるユダヤ人国家を建設する以上、必然的な話ではあるが、ユダヤ人国家を想定するならば、その領域に住んでいる非ユダヤ人は何らかの方法でその数を少なくすることが必要である。もっと言えば、パレスチナに住むアラブ人を極小にするという考え方が内在していない限り、ユダヤ人国家は成立しない話なのである。つまり、ユダヤ人がマイノリティであるユダヤ人国家は看板倒れであり、シオニスト指導者にとってはとうてい受け入れがたい現実であるので、シオニズム・イデオロギーにおいてはほとんど議論されないままに放置された盲点であり、シオニズム運動の現実の方が先行していった。つまり、できるだけ多くのユダヤ人をパレスチナに移民させるという考え方が前面に出てくることになる。

ヘルツルの同時代のシオニストでこの問題をするどく突いたのが、アハド・ハアム（「民の一人」というヘブライ語のペンネームをもち、本名はアシェル・グリーンベルク）であった。アハド・ハアムは政治的シオニストのヘルツルに対して、文化的シオニストとして知られており、エレツ・イスラエルはユダヤ人の精神的、文化的な中心であるべきだと唱えた。また、ユダヤ人国家案が必然的に現地に住むアラブ側から強い反発を受けるのは時間の問題だとも指摘し、ヘルツルのようなヨーロッパ諸列強の支援によってアラブ住民の意向を無視し

てユダヤ人国家を建設することには強く反対した．

シオニズムにおけるトランスファーのイデオロギー

　以上のような議論を前提とすると，シオニズムはトランスファーの思想を内在化せざるをえない．ユダヤ人国家が成立するということが，そもそもそこに住んでいる「非ユダヤ人」，つまり，宗教的にはムスリムとキリスト教徒を排除することによってしか成立し得ない．仮に「非ユダヤ人」をユダヤ人国家に居住することを認めるにしても，マイノリティーとしての存在しか認めず，アラブなどといった民族自決的な権利は保障されない．だからこそ，シオニズムは非ユダヤ人を追放することが前提となっていたのではないのか，という議論が1920年代以降続いていた．パレスチナ委任統治がバルフォア宣言に基づいて始まって以来ずっとこの点はユダヤ人指導者層の間では議論はされてはきたが，広く一般の人々の間で議論されることはなかった．

　1930年代にパレスチナにおけるシオニズム運動の主流派となったマパイ（エレツ・イスラエル労働党．のちにイスラエル労働党へと発展）は，事実上の宗主国であったイギリス政府に対しては戦略的に「ユダヤ人国家」の建設は一切要求しなかった．もちろん，イギリス政府はバルフォア宣言においても「ナショナル・ホーム（民族的郷土）」の建設に賛同したにすぎないというのが表向きの理由である．

　したがって，シオニスト主流派の労働シオニストがユダヤ人国家ということをいわない以上，ユダヤ人国家として想定される国民とか領土というのは一切明示されない．それがイスラエル建国以降も続いていて，アラブ諸国との関係においても国境のないユダヤ人国家のイメージが強く前面に押し出されることになる．というのも，周辺のアラブ諸国がイスラエル国家の存在を認めない以上，その国境は存在しないも同然であり，あるのは軍事境界線だけだという論理になってしまったからである．もちろん，イスラエルは，エジプトとヨルダンとは国交回復，つまり，外交関係を樹立し，国境が設定されたが，それ以外のシリアやレバノンなどのアラブ国家とは依然国境線をもたない．そういうシオニスト国家としてイスラエルは存在しているというのである．

　乱暴な言い方をすれば，このような労働シオニズムの煮え切らない態度に業

を煮やしたのが，修正主義シオニストである．すなわち，現在のイスラエル与党に連なるリクードの起源となる右派的な大イスラエル主義運動であった．

9・11事件で隠蔽された事件——ゼェヴィー観光相暗殺事件

いささか唐突に思えるかもしれないが，9・11事件後に世界から隠蔽された重要な事件がある．この事件はトランスファーの文脈のなかで解釈したときに重要な意味を帯びる．PFLP（パレスチナ解放人民戦線）のパレスチナ本部であるラーマッラー（ヨルダン川西岸の都市）にダマスカスから戻ってきた指導者であるアブー・アリー・ムスタファーが，2001年8月27日にイスラエル軍のアパッチ・ヘリコプターから発射されたミサイルによって暗殺された．その報復として，9・11事件の約1ヶ月後の10月17日にPFLPはイスラエルの観光大臣であるラフヴァン・ゼェヴィーという極右の政治家を暗殺した．日本ではベタ記事程度であまり取り上げられることもなく，そのまま忘れ去られてしまった．しかし，このゼェヴィーという人物は危険な思想を持っているがゆえに，シオニズムにおけるナショナリスト的な排他主義を考える上で非常に重要な役割を果たしてきた．つまり，ゼェヴィーは確信犯の極右シオニストだからである．シオニズムの思想と行動には非常に幅広いスペクトラムがあり，セェヴィーはそのなかでも極右を代表する考え方を持っている人物であった．シャロンは彼を閣僚として登用していたわけであるが，非ユダヤ人をユダヤ人国家からトランスファーする考え方をイデオロギー化した人物である．

簡単に経歴を述べると，ゼェヴィーは1920年にエルサレムで生まれ，政治家としては別名「ガンディー」と呼ばれたりもした．何故ガンディーと呼ばれたのかは不明ではあるが，アラビア語を巧みに駆使することが出来，委任統治時代にはアラブ人の格好をしてうろうろしていたからガンディーと呼ばれたと言われる．しかし，彼は，平和や非暴力主義のインドのガンディーとは似ても似つかない発想を持っている．

ただ，ゼェヴィーがトランスファーの必要性を説明する仕方はむしろ経済主義的な考え方に基づいている．アラブ人，つまり，現在ではパレスチナ人と呼ばれるようになった人々は，イスラエルの国籍を持っていようと，占領地のパレスチナ人であろうと変わりなく，イスラエル・ユダヤ人の労働の機会を奪う

競争者として位置づけられる．そして，彼はイスラエルの労働市場におけるアラブ人とユダヤ人の競合の現実に基づいて，ユダヤ人を保護するという名目でパレスチナ人のイスラエル市場からの追放を訴えるという議論を展開している．

このような人物が PFLP に暗殺の標的にされたために，この暗殺事件はそれまでとはまったく異なった世俗的な政治メッセージを送ることになった．つまり，ハマースあるいはイスラム・ジハードによる武力闘争か自爆というかたちで展開されている中で，PFLP が左翼勢力としてイスラエル側に非常に明快な政治的メッセージを残したという点で異質な事件として考えることが出来よう．

ウラジミール・ジャボティンスキー以来，シオニスト右派勢力である修正主義シオニストは，ユダヤ人国家を建設する際に，パレスチナに居住するアラブ人が民族主義的な立場から強く反対することは当然のこととして受け止めていた．したがって，ユダヤ人国家建設のための独立闘争は，反アラブ的な立場を鮮明に打ち出すことになる．国家建設のためには一般的には物理的な暴力の行使，つまり，軍事力を使うこともやむをえないという立場を鮮明にした．修正主義シオニズムは，ユダヤ人国家を曖昧にしようとするイギリス委任統治政府およびそれに協力する労働シオニスト指導部との武力対峙をも辞さない構えであった．

「ユダヤ人国家」イスラエルという場のもつ問題性

トランスファーの考え方が現在の政治的課題として浮かび上がった重要な事件が起こった．すなわち，アズミー・ビシャーラというイスラエル国家のアラブ人議員が議員特権を剥奪されかかっているからである．この人物はもともとイスラエルのアラブ都市ナザレで生まれ育ったイスラエル国籍を持っているアラブ人である．つまり，イスラエル市民としてヘブライ語で教育を受け，アラビア語を日常言語としている．イスラエル占領地（現在は自治区になっている）ラーマッラーの近くにあるビール・ゼート大学で教鞭をとっていた．この人物はイスラエル国籍を有しているので，1996 年以来，国会議員としてイスラエル国会で活躍してきた．

ところが，2001 年はじめに彼はシリアに訪問し，ハーフェズ・アサド・シ

リア大統領が亡くなった一周忌に演説を行った．その演説において，レバノンのシーア派民兵組織でイスラエルに対してゲリラ攻撃を続けているヒズブッラー（神の党）を「占領に対する抵抗運動」として賞賛する演説を行った．この発言がイスラエルに戻ってイスラエル国会において問題になった．すなわち，ビシャーラはアラブ人として利敵行為を行ったという理由で議会多数派によって国会議員としての特権を剥奪されたのである．その特権剥奪により最高検察庁は彼を起訴した．当然のことながら国会議員の身分が保証されている限り，裁判にかけられるというようなことはないわけであるが，立法府の議員が多数決で自らの特権を放棄したために，この人物の議員特権も剥奪されたということであり，イスラエルの民主主義にとって危機であった．

　その特権剥奪の動議を提出したのがシャスという宗教政党である．シャスという政党はアラブ世界，とりわけモロッコ系のユダヤ人の支持者から成り立っている．このウルトラオーソドックスの宗教政党が議題として提出し，シャロン率いるリクードなどの与党多数派によって可決された．つまりこの問題点は先ほどから指摘しているユダヤ人国家における非ユダヤ人の位置づけの問題なのである．シャス党の目指すユダヤ人国家は現実主義的な右翼世俗政党としてのリクードなどとは異なり，ユダヤ宗教法（ハラハー）の貫徹したユダヤ教国家あるいは社会の建設にある．シャス党の精神的師といわれるラビ・ヨセフはパレスチナ人のトランスファーを支持しているわけではないが，ビシャーラの属するバラド党の世俗的政策には反対している．すなわち，ビシャーラは，イスラエル国家がユダヤ人国家ではなく，ユダヤ人やアラブ人を問わず，すべての人が対等に生きることのできる民主国家イスラエルになることを主張しているからである．この流れの中でビシャーラ問題も位置づけなければならない．つまりユダヤ人国家における「ユダヤ人」の内実と民主主義の問題という観点からビシャーラ問題を捉えることができる．

3 「犠牲者」による「犠牲者」の創出という悪循環

誰がホロコーストの犠牲者を弔うのか？

　中東イスラーム世界出身の超正統派ユダヤ教宗教政党シャスに触れたが，宗教とシオニズムの問題を考える際にこの政党は焦点の1つでもある．中東イスラーム世界出身のユダヤ人はチュニジアなど直接ナチ支配を受けた地域以外はホロコーストを経験していない．そこで，通常，ミズラヒーム（オリエント系ユダヤ人）と呼ばれている人々にはホロコーストの悲劇は歴史的経験として共有されていない．ところが，最近の議論では世俗的な社会主義シオニストよりも「弔い」という観点からはホロコーストの犠牲者に対して正統派ユダヤ教徒の共感が強いといわれている．

　最近のイスラエルにおいて「ポスト・シオニズム論争」と呼ばれる議論が盛り上がっているが，そのテーマはイスラエル人にとっての他者の問題で，その中で中心的な柱になっているのが，1948年の第一次中東戦争で生まれたパレスチナ難民をイスラエル人としてどのように捉えるのかという点であった．というのも，それまでイスラエルの公的な言説において，パレスチナ難民は語ってはならない問題としてタブーとして扱われてきた経緯があるからである．イスラエル人はパレスチナ人に対して無罪なのかという倫理性を帯びた問いであり，加害者としてのイスラエルのありようを問い直すものであった．

　1980年代以降起こった新たな流れは，先述の1982年のレバノン戦争を契機として起こった．というのも，国防・外交に関する資料を含む公文書が30年経過すれば公開される法律がイスラエルでも制定されたからである．公文書の公開をきっかけにして研究者たちはイギリスとイスラエルの公文書を使った歴史の読み直し，あるいは歴史叙述の再検討を始めた．そのときに，1948年，とりわけ4月から5月にかけてどのようにパレスチナ難民が発生したかが議論の焦点になったのである．イスラエルが誕生する瞬間が実は加害者としてのイスラエルを産み出したという認識が出発点となった．つまり，それまで知られざるイスラエルの過去が，パンドラの箱を開けたように，外に開かれてしまっ

たのである．

　だれがホロコーストの犠牲者を弔うのか，という問いが発せられたと本節の冒頭に記した．パレスチナのユダヤ人社会には1943年前後にホロコーストでユダヤ人が犠牲になっているというニュースが伝わってきた．そのとき，シオニズム運動の主流派を形成していたマルクス主義シオニスト，つまり，後にイスラエル労働党につながる人達がどのようにホロコーストを捉えていたのかということがポスト・シオニズム論争では問題になった．というのも，北アフリカに上陸したドイツ軍がリビアからエジプトに向かって進軍しており，ドイツ軍はパレスチナまで一気に攻め込んできて，当時のパレスチナのユダヤ人社会は，ナチスの支配下に入るのではないかという危機の中にあったからである．このような状態でホロコーストのニュースが伝わってきたために，社会主義シオニストの指導者は，パレスチナの防衛が第一であって，ホロコーストはとりあえず二次的な問題に過ぎないと認識して「祖国」の防衛を優先したといわれている．

　さらに，シオニズムのイデオロギーに根幹に関わる部分として「離散の否定」という考え方がある．シオニズムの考え方にしたがえば，世界に離散するユダヤ人はパレスチナに帰還してユダヤ人国家の建設に励むということがユダヤ民族主義として定式化されている．このような言説の帰結は，離散したままで「祖国」に帰還しないユダヤ人はシオニズムの大義を信じていない人々だという，非難をもこめた発想へと容易に展開していく．極論すれば，シオニズムを信じていなかったからこそ，ユダヤ人を物理的に抹殺しようとする反ユダヤ主義が蔓延したナチズムのような狂気の社会の中で生きなければならなかったという地点にまで至る．ある意味では，ホスト社会であるヨーロッパ・キリスト教社会への同化あるいはそこでのユダヤ人解放を信じて留まったわけであるから，ホロコーストによる犠牲は必然的であった，という理屈になってしまう．

　以上の論理は，ワルシャワ・ゲットーにおけるユダヤ人の抵抗運動にも関わってくる．すなわち，イスラエルが建国後，ホロコースト記念日を設定したときに，実はユダヤ教暦を使ってワルシャワ・ゲットーのユダヤ人蜂起の日をホロコースト記念日にしている．と同時に，記念日自体の正式名称も「ホロコーストおよび英雄たちを顕彰する記念日」としている．つまり，この正式名称が

何を意味するかというとホロコーストで亡くなった人々を悼むためだけの記念日ではなく，ホロコーストというナチスの蛮行に対して勇敢に立ち向かった英雄的な行為とその人々を顕彰するための日であったということである．ホロコーストという悲劇を記念する日はイスラエル史の文脈においてはまったく違う意味づけをもたされたわけである．つまり，ホロコーストで運命をそのまま享受し，受動的に死を受け入れるようなユダヤ教徒ではなく，積極的に戦うことによって死んでいくユダヤ民族の英雄像がイスラエル国家には必要だったということを意味している．

　このような英雄像はまさにイスラエルにおけるある種の戦争観を表している．すなわち，イスラエル国家のために「殉教」するようなナショナリストが顕彰されることになるからである．その典型的な例が，日露戦争のときに日本軍の捕虜になったヨゼフ・トゥルペルドールという人物である．彼は捕虜になって大阪の南の泉南捕虜収容所に収監された．その後，パレスチナに移民して，ゴラン高原を臨むテル・ハイという場所に入植し，1920年にアラブ・ゲリラに襲われて死亡した．いまわの際にトゥルペルドールは「気にするな．我らの祖国のために死ぬことはすばらしいことだ（Ein davar, Tov lemut be'ad aretzenu）」と遺言を残したと伝えられている．このような死にざまのためにイスラエル史における祖国防衛のシンボルになっていく．教育の中でもトゥルペルドールという人はまさに英雄として描かれ，ホロコーストにおける抵抗の象徴であったワルシャワ・ゲットーの蜂起した者たちを顕彰するのと同じ文脈の中で語り続けられていったのである．

　社会主義シオニストたちは祖国防衛に忙しく，ホロコーストの犠牲者を悼む余裕もなかった．そんなときにホロコーストの犠牲となったユダヤ教徒を同じ信仰をもつユダヤ教徒同胞として弔ったのはウルトラオーソドックスの人々だけだった．つまり，シオニスト主流派のユダヤ人は切迫した現実からも，また，「離散の否定」のイデオロギーの観点からもホロコーストの犠牲者あるいはその生存者をほとんど省みることがなかった，とポスト・シオニストの研究者たちは主張している．そのような文脈のなかで前述のパレスチナ難民の問題が，むしろ加害者としてのイスラエルという側面から語られ始めることになるのである．

イスラエル極右としての人種主義的シオニズム——ラビ・カハネ

　前節までにおいてシオニズムのトランスファーの問題性に関して議論してきたが，もう1点考えなくてはならないのがイメール・カルネ（1932年-1990年）という人物である．この人は湾岸戦争の最中にアメリカで暗殺されたが，もともとはニューヨークのブルックリンで生まれたユダヤ教ラビであった．アメリカで教育を受け，アメリカではロシアから移民してきたユダヤ人を救うための「ユダヤ防衛連盟（Jewish Defense League：JDL）を設立したが，アメリカ政府から追放されるのも同然にイスラエルに1970年代に入って移民した．そしてイスラエル版JDLとも言うべき「カハ党」という極右政党を結成した．「カハ」というのは「かくの如し」という意味のヘブライ語ですが，「かくの如く力強くあれ」という願いを込めたもので，1930年代の修正主義シオニストの戦闘性をその理想としていた．時として「イスラエルのファシスト」とも呼ばれる所以でもある．

　しかし，カハが1980年代にイスラエル国会に議席を持つことになった．この極右政党はその綱領のなかで堂々とイスラエルからのアラブ人追放を訴えた．さすがにイスラエル選挙委員会はこのようなカハの綱領を「人種主義的」だという理由で政党として国会選挙に出馬することを禁止した．当時のイスラエルの選挙制度は全国を1つの選挙区とする比例代表制をとっていた．選挙委員会はイスラエル国会においてカハ党の選挙リストとしての選挙登録資格を抹消するという措置を取ったので，次の選挙のときには彼は選挙に立候補できなくなってしまった．この措置に関してはイスラエルの民主主義的選挙制度の問題を惹起することになってしまった．この措置が果たして合法的であったのか否かという法律論議を引き起こしてしまったからである．1980年代に起こったカハ党をめぐる事件と同種の問題が21世紀に入ってから同じように起こってしまった．前述のとおり，アラブ系市民で左派政党であるビシャーラのバラド党とアメリカ出身のユダヤ系市民で極右政党のカハネ師のカハ党という具合にレベルが異なるが，

シャロン政権と極右との連続性

　シャロン政権に絶えずまとわりつくシオニズムの問題性を，国内の問題，とりわけ，ユダヤ人国家におけるマイノリティと民主主義との関係性の中で議論してきた．アメリカによるアフガニスタン空爆という対テロ戦争の論理は，9・11事件の犯行を指令したのがオサーマ・ビン・ラーディンというテロリストで，そのテロリストを匿うアフガニスタンのタリバーン政権もテロ支援国家であり，それがゆえに，対テロ戦争の対象となるという理屈であった．同時に，今回のアメリカのアフガニスタン空爆によって自らの軍事行動の正当性を獲得し，アメリカから保証が与えられたのはイスラエルのシャロンであった．シャロンの戦略が「対テロ戦争」の名の下に行われている国家テロであるという見方は，パレスチナ人ならずとも多くの人々が共有するところである．

　シャロンの理屈は非常に単純である．すなわち，アラファトはタリバーンであり，ハマースはビンラディンであるというアナロジーにおいて，"イスラエルによる対テロ戦争が遂行される．アラファトがハマースなどのテロを抑えることが出来ないのならば，テロ支援と同じであり，アラファトの責任である"ということで，アメリカがアフガニスタンの空爆を行なったのとまったく同じ理由でアラファトを攻撃することが出来るとする．このような論理がイスラエル国民に広く受け入れられた事実は重い．その背景にあるパレスチナ人に対するある種の「脅威」の意識が，前述したアラブ出身のイスラエル国会の議員であるアズミー・ビシャーラの議員特権剥奪に現れている問題だと考えられる．

　最近のイスラエル国内の動きを非常に否定的に捉えてきたが，しかしながら，少なくともこれまでイスラエルにおける「良識の府」といわれてきた最高裁判所がある．選挙管理員会は 2003 年 1 月 28 日に予定されていたイスラエル総選挙にビシャーラのバラド党を選挙リストとして登録する資格を欠くと決定した．バラド党はこの選挙管理委員会の決定を不服として最高裁に上告した．その結果，最高裁は選挙管理委員会の決定をくつがえして，バラド党の登録を認めた．バラド党はイスラエル国会で 1 議席から 3 議席へと躍進したのである．しかし，イスラエル社会は今や大変に危ない方向に動き始めている．

　ポスト・シオニズム論争はまさに 1993 年 9 月に締結されたオスロ合意以降

の和平ムードの中で，イスラエルが初めて自らの過去を読み直して行うという作業であった．1980年代終わり以降，イスラエル自身の自己点検作業が行われてきた．しかし，少なくとも1990年9月28日のアル・アクサー・インティファーダ以降は，ポスト・シオニズム論争を通じてイスラエル人が他者と向かい合い，その最大の他者であるパレスチナ人とダイアローグを行なうという気運が消えつつある．そのような状態が今，パレスチナとイスラエルの双方の社会に蔓延しているのではないか．

参考文献（本章と関連する拙稿をあげておく）

臼杵陽「イスラエルとホロコーストの〈記憶〉――「民族」と「国民」の相克」『現代思想』第24巻第9号，青土社，1996年，213-223頁．

臼杵陽「パレスチナ／イスラエル地域研究への序章――イスラエル政治社会研究における〈他者〉の表象の諸問題」『地域研究論集』第1巻第1号，国立民族学博物館地域研究企画交流センター，1997年，67-91頁．

臼杵陽『見えざるユダヤ人――イスラエルの〈東洋〉』平凡社，1998年．

臼杵陽「イスラエル現代史における『修正主義』――『新しい歴史家』にとっての戦争，イスラエル建国，そしてパレスチナ人」歴史学研究会編『現代史における「修正主義」』青木書店，1999年，55-81頁．

臼杵陽『思考のフロンティア 原理主義』岩波書店，1999年．

臼杵陽「犠牲者としてのユダヤ人／パレスチナ人を超えて――ホロコースト，イスラエル，そしてパレスチナ人」『思想』第907号，岩波書店，2000年，125-144頁．

臼杵陽「宙吊りにされた人々――イスラエルのアラブ」稲賀繁美編『異文化理解の倫理にむけて』名古屋大学出版会，2000年，41-58頁．

臼杵陽「イスラエルのアイヒマン裁判――イスラエル現代史における意味」内海愛子・高橋哲哉編『戦犯裁判と性暴力』緑風出版，2000年，154-175頁．

臼杵陽「ユダヤ教と原理主義の未来――蘇るメイール・カハネの『亡霊』」『現代宗教』創刊号，国際宗教研究所／東京堂出版，2001年，81-98頁．

臼杵陽「パレスチナ／イスラエルにおける戦争の記憶」『歴史学研究』第768号増刊号，歴史学研究会，2002年，195-202頁．

第三部
国際政治：「テロ」と戦争の悪循環は超えられないか？

第5章　正戦と聖戦

木村正俊

「『神聖な』あるいは『正義の』戦い，つまり信仰のために神の命令の遂行を目標として行う戦争——これはつねに何らかの意味における宗教戦争である．」（マックス・ヴェーバー）[1]
「精神的・心理的帝国主義が真の危険である．」（クトゥブ）[2]
「革命戦争とは正義の戦争である．」（岡本公三）[3]
「私は，9・11のように一般大衆を攻撃対象にすることについては断固反対です．ただし，そういったテロが生まれる根拠に対する対策を一切取らないで，『テロと戦争します』というのは更に反対です．」（足立正生）[4]

1　本章の課題

　通常，日本では「9月11日同時多発テロ」と呼ばれるアメリカ合衆国（以下，アメリカ）の，したがってある意味では世界の，もしくは帝国主義本国の経済的・軍事的中心（の象徴）へのテロ・武力攻撃は，アメリカを諸悪の根源とみなすムスリムによる聖戦とされている．その後アメリカはまず，アフガニスタンに対して「対テロ」戦争を行い，次に，テロリストおよびこれを支援す

---

[1] マックス・ヴェーバー「中間考察」『宗教社会学論選』大塚久雄・生松敬三訳，みすず書房，1972年．
[2] Richard P. Mitchell, *The Society of the Muslim Brothers, With a Foreword by John O. Voll*, Oxford University Press, 1993, p. 230 より引用．
[3] 徳岡孝夫『銃口は死を超えて　岡本公三裁判・全記録』新人物往来社，1973年，199頁．
[4] 足立正生「パレスチナ・中東アジアは燃え続けるだろう」『文藝別冊　だれでもわかるイスラーム』河出書房新社，2001年，165頁．

る国家の殲滅を目指している.

　本章は,まず,戦争や紛争を善悪の戦いとすることを避けることで成立した国際政治の世界が20世紀に入って変容し,「9・11」およびその後のアメリカの対応も20世紀に生じたこの変容の下にあることを明らかにし,その上で,イスラーム世界と非イスラーム世界の共存について考察を加えることを目指している.

　戦争に関する議論は西洋世界においてもイスラーム世界においてもなされてきた.まず,ヨーロッパにおける戦争を限定する努力の結晶である「正戦論」と,ジハード論を検討したうえで,20世紀における戦争の特徴について触れ,二つの世界の共存について論じたい.

2　伝統的な正戦観念

　「『ヨーロッパの根源は戦争という鉄床の上でたたき出された』ものだとは最近のある中世史家のことばである」[5]とマイケル・ハワードが言うように,ヨーロッパ世界が誕生する中世の時代は暴力が充満した時代であった.しかし,否,だからこそ戦争や暴力の行使や発生を制限する知的営みがなされてきた.10世紀後半以降ヨーロッパでは,ヨーロッパ世界の二つの主要な知的柱であるオリエント世界に由来するキリスト教とローマ帝国の知的遺産を用いながら,戦ってもよい戦争と戦ってはいけない戦争を区別し,さらに戦ってよい戦争において許される戦い方の議論が行われるようになった.

　その際,神の命じた戦争の遂行は義務であるとするユダヤ教に由来する旧約的聖戦観念[6]と,ストア派とローマ法に由来する穏健で必要最小限度の暴力行使という原則を結合させて議論を展開したアウグスティヌスの議論が大きな影響力をもった.結果的に,14世紀までにはこうした議論に関して一定のコンセンサスが生じ,キリスト教の正戦論が成立することになる[7].

---

[5]　マイケル・ハワード『ヨーロッパ史と戦争』奥村房夫・奥村大作訳,学陽書房,1981年,11頁.

[6]　ユダヤ教とキリスト教における聖戦観念については,木村正俊「宗教と戦争」遠藤誠治・吉岡知哉編『「戦争」を考える』東京大学出版会,2003年近刊予定を参照.

[7]　以下の議論は特に断りのない限り,木村正俊「正戦と全体戦争」『立教法学』54号,2000年を参照.

ヨーロッパ世界に成立した「正戦論」は，キリスト教神学と教会法という宗教的要素と（復活した）ローマ法と騎士の戦闘における慣習的ルールという世俗的要素が絡み合う形で形成された．戦っても良い戦争の条件は「戦争のための法（jus ad bellum）」で定められ，交戦時における容認される戦い方は，「戦争における法（jus in bello）」で定められた．つまり，ヨーロッパ・キリスト教世界の「正戦論」は「戦争のための法」と「戦争における法」の二つから構成されているのである．

　「戦争のための法」は，戦争が正しい戦争となるための条件として次の5つをあげている．すなわち，①正しい理由の存在，②正統な政治的権威による戦争の発動，③正当な意図や目的の存在，④最後の手段としての軍事力の行使，⑤達成すべき目的や除去すべき悪との釣り合い，である．

　①の「正しい理由」には，攻撃に対する防衛，攻撃者に対する処罰，攻撃者によって不正に奪われた財産の回復という，ローマ法に由来する3つの正当な理由が含まれていた．法王に戦争発動権があると主張するものたちが聖戦とみなした十字軍は，ムスリムの攻撃に対するキリスト教徒の防衛，ムスリムによって不正に奪われた聖地の奪還，攻撃者ムスリムに対する処罰という「正しい理由」の3つの条件を満たした正戦であるという合意が存在した．さらに，正しい宗教も「正当な理由」のひとつと考えられた．つまり，キリスト教ヨーロッパ世界では，「聖戦論」はそれ自体として発展したのではなく，「正戦論」の一環として議論されてきたのである．

　「戦争における法」は，戦争が正しく行われるための条件を次のように定めている．すなわち，①戦闘員と非戦闘員との区別（差別原則），②戦争手段と目標との釣り合い（釣り合い原則），つまり不必要な暴力の禁止，である．しかし，この「戦争における法」の遵守は十字軍兵士に求められなかった．

　なぜなら，ヨーロッパの「正戦論」はキリスト教世界内部における戦争の限界を定めたルールであり，このルールは異教徒との戦争においては遵守する義務がないからである．したがってヨーロッパ世界内部で異端とされた集団への制裁や，異教徒世界に対する戦争は「聖戦」となり，特に「戦争における法」が無視される残虐な戦いが容認された．

　「正戦」を「戦うことが許される条件とその戦い方の条件を満たす戦争」だ

と考えると,「正戦論」はできるだけ戦争を限定することによって戦争のもたらす害悪を少なくしようとする理論だと考えられる.そこで目指されるのは限定戦であった.それでは「聖戦」の特徴とは何であろうか.

ジョンソンによれば聖戦あるいは宗教戦争には次の四つの特徴がある[8].第一に,聖戦は,神が直接的にあるいは特別の人間や制度を通して間接的に命令して行われる戦争である.第二に,聖戦は宗教の防衛や拡大,あるいは,宗教上の要求を満たす社会秩序の確立など,宗教を目的とする戦争である.第三に,聖戦は,宗教共同体とその共同体に所属しない人々の間の戦争である.第四に,聖戦は,戦うことが義務となっている戦争である.第一,第二の点は「正戦論」における戦争発動に関する正当な権利と正当な理由に相当するが,第三,第四の点は,聖戦独自のものである.この二つの独自性により集団の献身と資源の動員が容易になるために,聖戦は非限定戦争になる可能性が高くなる.しかし,常にそうなるわけではない[9].

宗教が自己正当的に現実を無視して追求されたり,政治的,経済的,社会的な他の要因と絡み合ったり,あるいは,他の目的の追求を正当化するために用いられたりなどするときに,宗教戦争は非限定戦争に転化しやすい.非限定的で抑制なき聖戦すなわち宗教戦争においては,戦争は善と悪の戦いとなって,妥協が困難になり,善の追求は無制限となる.また,「戦争における法」が無視されて敵の絶滅を目指す殱滅戦という残虐な戦闘が展開されるであろう.なぜなら,「支配者がこのような絶対的価値にコミットしているのなら,妥協は不可能であり,まして交渉におけるバーゲニングは不可能である」[10]からである.

正戦論は戦争の限定を目指すものであるのに対して,聖戦は,神の命令により戦うことが義務となる戦争である.聖戦において掲げられる宗教の信者は戦うことが義務になる.したがって人々は戦争に積極的に貢献することが求められるだけでなく,喜んで戦いに命をささげるようになる.なぜなら(少なくと

8　James Turner Johnson, *The Holy War Idea in Western and Islamic Traditions*, The Pennsylvania State University Press, 1997, pp. 45-46.

9　*Ibid.*, p. 102.

10　ヘンリー・A・キッシンジャー『外交 上』岡崎久彦監訳,日本経済新聞社,1996年,67頁.

も，ユダヤ教や，キリスト教，そしてイスラームにおいては），聖戦で死んだ人間は殉教者として現世における罪にかかわりなく天国に行けるからである．こうしたことがあるので，政治権力者は，本当に宗教のために戦う場合でも他に目的がある場合でも，宗教を掲げて戦うことで人々の動員を容易にし，自己の権力を正当化するのである．

　正戦論により無限定戦争を回避する議論が成立していたヨーロッパ世界では，16世紀の宗教改革以降，世俗君主だけでなく，君主権力の拡大に抵抗するさまざまな諸侯が正しいキリスト教を掲げて争う宗教戦争＝聖戦が勃発するようになる．ヨーロッパの宗教戦争は，17世紀後半の三十年戦争とピューリタン革命というヨーロッパの内戦でそのピークに達する．

　「ドイツは人口のほぼ三分の一を失った」[11] 30年戦争は「人類の歴史上最も残酷で破壊的な戦争の一つ」[12]であった．西ヨーロッパではこうした宗教戦争がもたらした荒廃への反省から聖戦は否定されることになる．それは，特定の理念や思想に基づく正しい世界秩序の追究の否定を意味した．そして，主権国家から構成される西欧国際政治の世界が登場する．

　西欧国際政治の世界では主権国家のみが戦争の正当な担い手とみなされ，次第に主権国家がおこなう戦争の「正しさ」を問うことに意味がなくなってくる．こうして，「正戦論」における「戦争のための法」が省みられなくなり，「無差別戦争観」が支配的となる時代となる．

　ところが，限定戦を志向する中世的正戦論が崩れた17世紀後半以降の時代にむしろ，限定戦が展開されるようになる．というのも，君主は「戦争のための法」に縛られることなく自己の判断で戦争に訴えることができた．しかも，宗教的な情念や民族的情念，政治的イデオロギーに縛られることがなかったため，殲滅戦のようなものとは無縁の戦いが可能であった．

　さらに，国際政治の世界は諸主権国家に分裂していたが，「世界が『国家』という権力集団に分割された状態を事実として認めよう」[13]という共有された

11　キッシンジャー前掲注10，65頁．
12　キッシンジャー前掲注10，64頁．
13　藤原帰一「主権国家と国民国家——「アメリカの平和」への視点」『岩波講座社会科学の方法Ⅹ　グローバルネットワーク』岩波書店，1994年，48頁．

認識が存在していただけでなく，経済的結びつきに加えて，君主制という政治体制，キリスト教，道徳の基準，国際法，文字などの共通性という国境を越えた結びつきが存在していた．

サン・ピエールは，このような社会経済的相互依存や文化的同質性が18世紀の勢力均衡による国際政治の秩序を支えたと考えた[14]．キッシンジャーは，ウィーン体制が安定した「最も重要な理由は，大陸の諸国が同じ価値観を持つという点でお互いに結び付けられていたことである」と考えた[15]．共通の価値観は正統な国際秩序の合意を容易にして国際秩序を安定化させる．共通の価値観は国内秩序にも反映されるので，「各国の国内政治体制が共存できるものであることは平和を促進する」[16]のである．

また，国家形成が十分でないために，国内の資源を総動員して戦うことができなかった．ナショナリズムが人々の心を捉える以前においては，絶対君主といえども人々に国家のために喜んで死ぬようにさせることは困難であった．

こうして，17世紀後半以降，共通の価値や規範を共有しつつ，「制限された目的のために制限された兵力をもって行われる戦争」[17]が登場することになる．しかし，この限定戦争は「戦争における法」の「差別原則」を考慮せずに展開された．18世紀の戦争においては，戦闘地域以外の住民は戦争から大した被害を受けなかったが，戦闘地域の住民は大きな被害を受けた．

第一次世界大戦が勃発するまでの国際政治およびそこにおける戦争の特徴は以上のようであった．例外は「人類の歴史上最も残酷で破壊的な戦争の一つ」であるフランス革命直後の戦争であった．特定のイデオロギーを掲げる戦争の下で，価値・政治体制の共通性が崩壊し，共和国の防衛のために喜んで命を捧げる，あるいはそう求められる人間から構成される国民軍が登場する．革命は国家形成を推し進め，フランスに対抗して他国も国家の近代化を促進する．結果として，「国家は，自由とか民族性とか革命とかいうような抽象的概念にささげられる，強力な力の具になった．これらの抽象的概念によって，国民の多

14　Michael W. Doyle, *Ways of War and Peace,* Norton, 1997, p. 143.
15　キッシンジャー前掲注10，96頁．
16　キッシンジャー前掲注10，96頁．
17　ハワード前掲注5，135頁．

数は，国家の中に，そのためにはいかなる代価も高すぎずいかなる犠牲を払っても惜しくはない，絶対善の具体化を見ることができるようになった」[18]．ウィーン体制とは，意識的に共通的価値を構築させることによって「抽象的概念」を巡る戦いを避ける試みと考えることができよう．

この試みが成功し，国家が掲げる「絶対善」を巡る戦争は第一次世界大戦まで封印された．20世紀の戦争の考察に入る前に，イスラームにおけるジハード論をヨーロッパの正戦論と比較しながら論じることにする．

3 伝統的なジハード概念

イブン・ハルドゥーンは著書『歴史序説』において戦争を4つのタイプに分類している．「戦争の第一は，通常隣接部族や対立氏族のあいだで起こる」．「第二は他に対する侵害によって起こる戦争」である．「第三は，イスラーム法が『聖戦』と呼ぶものである」．「第四の戦争は，離反者に対し，また服従を拒否する者に対する王朝の戦争である」．その上で彼は，これらの戦争を正しいものと正しくないものに分類する．「これらの戦争のうち，前二者は邪悪で不法な戦いで，後の二者は神聖で正しい戦いである」[19]．

ハッドゥーリーは，「神聖で正しい戦い方」という記述などを根拠に，ヨーロッパの「正戦論」と同様にジハード（jihād）を論じることができるとみなしてイスラーム法学におけるジハード論を展開している[20]．イブン・ハルドゥーンの表現を正戦と非正戦を法的に区別するものとみなすのは困難であるが，正戦の枠組みでジハードを考察することは不当ではないであろう[21]．ここではヨーロッパで形成された正戦論との比較に留意しながらジハード論を簡単に考察してみたい．

ジハードは宗教戦争と等値ではない．「伝統的イスラーム学は，「ジハード」を「戦闘」を意味する「小ジハード」と，「克己」，「修身」を意味する「大ジ

18　ハワード前掲注5，110頁．
19　以上の引用は，イブン・ハルドゥーン『歴史序説（二）』岩波書店，2001年，212-213頁．
20　Majid Khadduri, *War and Peace in the Law of Islam*, Johns Hopkins University Press, 1955, pp. 57-62, pp. 70-71.
21　Rudolph Peters, *Jihad in Classical and Modern Islam*, Marcus Weiner, 1996, p. 119.

ハード」に分け，後者を前者の上においてきたのである」[22]．あるいは，ジハードの義務の遂行には「大ジハード（al-jihād al-akbal)」，「小ジハード（al-jihād al-aṣghar）」に加えて「善行を命じ悪行を禁じる義務」も考えられていた[23]．"「ジハード」をもっぱら自分たちの土地から敵を排除することに限定し人々に「善行を命じ悪行を禁ずる」ものではないとみなすユダヤ教よりもイスラームの方が優れている"とイブン・タイミーヤは主張している[24]．したがってジハードを聖戦と訳すのは厳密には正しくない．しかし，ここでは議論を「小ジハード」に限定し，「小ジハード」を「ジハード」と呼ぶことにする．したがって，場合によっては「聖戦」と呼ぶこともある[25]．

　まず言及しなければならないのは，ヨーロッパの「正戦論」がキリスト教徒間の戦争を対象としていたのに対して，「小ジハード」に関する議論は，ムスリムと非ムスリムの間の戦争を対象にしていたことである．すなわち，ヨーロッパでは「正戦論」の対象ではない異教徒との戦争に関して，相手がイスラーム法を守らないにもかかわらずムスリムの側が法的に自己規制をしようとしたのが「ジハード論」である．つまり，本来，ジハードにおいては神の命令のための戦いを一定のルールに基づいておこなわなければならないのである．

　まず，「正戦論」の「戦争のための法」の観点からジハードを考察する．ジハード論においては「正しい戦争の目的＝正当因」はイスラームあるいは宗教に限定される．「正戦論」は戦争を限定するために展開され，宗教戦争が非限定戦争という殺戮を生み出したヨーロッパの経験からすると奇妙なことであるが，イスラームのみを目的とすることにより，イスラームの観点から正当化できない部族間の戦争，単なる略奪のための戦争などが排除されるのである．すなわち「正戦」はジハードに限定され，他の戦争はハルブ（harb）と呼ばれ

22　中田考「『イスラーム世界』とジハード」板垣雄三監修『講座イスラーム世界5』，湯川武編『イスラーム国家の理念と現実』栄光教育文化研究所（悠思社発売），1995年，200-201頁．
23　Khadduri, *War and Peace in the Law of Islam*, pp. 56-57.
24　Michael Cook, *Commanding Right and Forbidding Wrong in Islamic Thought*, Cambridge University Press, 2000, p. 152. n. 56.
25　以下の議論は特に断りのない限り，中田前掲注22；Reuven Firestone, *jihad : The Origins of Holy War in Islam*, Oxford University Press, 1999；John Kelsay, *Islam and War : A Study in Comparative Ethics*, John Knox, 1993；Khadduri, *War and Peace in the Law of Islam* を参照．

るのが普通であった.

　ジハードの正当な発動権者を考えるには「小ジハード」を二つに分ける必要がある. ひとつはイスラーム世界の拡大を目指すジハードであり, もうひとつはイスラーム世界の防衛のためのジハードである. 前者を「攻撃的ジハード」, 後者を「防衛的ジハード」と呼ぶことにする.

　「攻撃的ジハード」の発動権者はイスラーム共同体のリーダーであるイマーム（カリフ）である. このことは,「攻撃的ジハード」が, すべてのムスリムが参加する必要のない, 共同体全体としての「集団的義務（farḍ kifāya）」であることと関連する. イマームの指導の下で共同体の成員の一定部分がイスラーム世界の拡大のために戦うのであれば, ジハードの義務は果たされることになる.

　それに対して,「防衛的ジハード」は「個人的義務（farḍ 'ayn）」である.「防衛的ジハード」は, イマームの指導によって集団的に行われてもよいが, すべての個々のムスリムの義務であるので,「イマームの呼びかけや授権なしに」[26] おこなうことができる. したがって, 論理的には,「防衛的ジハード」の場合には, 信者個人の判断で発動することが可能である. これは, 個人による暴力行使に対して正当性を与える可能性を開くことになる[27]. 問題は「防衛的ジハード」が必要となる事態とはいかなるものかということであるが, この点については次節で検討する.

　正当な意図に関しては, イスラームに基づく倫理的義務が, イスラームのためという表向きの目的とは異なる真の（だが, 不正の）目的の追求を許さないということを保障する, とされている.

　軍事力の行使は最後の手段でなければならないという点はイスラームでも重視されている. ジハード論においては, いきなり武力行使をすることは禁じられている. 異教徒に対してはまず, イスラームへの改宗の呼びかけ（da'wa）が義務付けられている. さらに, この呼びかけが拒否されたとしても, 経典の民であれば,「ジズヤ（jizya）＝人頭税」を支払えば軍事力行使の対象とされず, 不平等ではあるけれども, イスラーム世界における存在が許された. 経典

26　Khadduri, *War and Peace in the Law of Islam*, p. 94.
27　Cook, *Commanding Right and Forbidding Wrong in Islamic Thought*, p. 582.

の民は，クルアーンにおいては，ユダヤ教徒，キリスト教徒，サービア教徒であるが，後に他の宗教信者も含むようになる．改宗の呼びかけもジズヤの支払いも拒否されて初めて武力行使が正当化される．したがって，「クルアーンか剣か」ではなく，「クルアーンかジズヤか剣か」がイスラームの立場である．

そして，ジハードの目的はイスラームの防衛と拡大という義務の遂行であるので，この目的に関係のない破壊や財の獲得や単なる勝利の獲得のための軍事力の行使は許されない．つまり，宗教的義務につりあう暴力の行使のみが許されるのである．

イスラームにおいては，ヨーロッパの「正戦論」における「戦争における法」と同様の条件が存在している．細かな点に関しては相違はあるが[28]，イスラーム法学者は不必要な破壊を禁じることに関して合意している．勝利に必要な最小限度の力のみが許された．あるいは，相手と同等の力で排除することを原則としていた[29]．

さらに，実際に戦闘に参加しない「女性，子供，修道士・隠遁者，老人，盲人，精神障害者」[30]は攻撃対象としてはならないとされている．ただし，間接的に戦闘を支援した場合には，攻撃対象とすることが許された．

しかし，正当な攻撃対象への攻撃の過程で，意図はしていないが不可避的に非戦闘員に打撃が加えられることは容認されていた[31]．つまり，ヨーロッパの「正戦論」においても論じられていた「二重の効果（double effect）」の観念[32]がイスラームのジハード論にも存在しているのである．その際の非戦闘員の被害の責任はムスリム側にあるのではなく，イスラームに敵対する選択をした非イスラーム側にあるとされた．

以上，異教徒に対するジハードをヨーロッパの「正戦論」と対応させながら紹介した．このような法的ジハード論は，宗教目的に掲げているけれども，一定のルールに基づいて異教徒と戦うことを目指していた．それに対して，ヨーロッパの「正戦論」はキリスト教徒間の戦いのルールであるがゆえに，異教徒

---

28 Khadduri, *War and Peace in the Law of Islam*, p. 103.
29 Kelsay, *Islam and War: A Study in Comparative Ethics*, p. 63.
30 Khadduri, *War and Peace in the Law of Islam*, p. 104.
31 Kelsay, *Islam and War: A Study in Comparative Ethics*, p. 63.
32 Michael Walzer, *Just and Unjust Wars*, 2 nd ed., Basic Books, 1992, pp. 151-159.

との戦いは限定されない残酷な戦いになる可能性があった．なお，「ジハード論」においてはムスリムの反乱者，背教者など対するジハードの規定が存在するが，ここでは割愛する．

また，ここで紹介した「ジハード論」はスンニー派のものである．シーア派の「ジハード論」に関しては一二イマーム派に関してだけ簡単に言及する．一二イマーム派においてはイマームが西暦742年に「お隠れ（ghayba）」になってしまい，攻撃的ジハードが不可能な状態が現在まで続いているのである．

イスラームの「ジハード論」は異教徒との永続的戦争状態を想定し，イスラームが地球全体を覆いつくすことが目指されていた．もちろん，前述のように，常に戦闘状態が想定されていたわけではなかった．非暴力的にイスラーム世界＝「イスラームの家（Dār al-Islām）」が拡大することが期待されていたのである．しかし，現実は，非暴力的な拡大だけでなく，軍事的な拡大も困難にし，非イスラーム世界＝「戦争の家（Dār al-Ḥarb）」との共存を求めるようになる．そこでイスラーム法学者は宗教的義務である「攻撃的ジハード」を事実上棚上げする議論を展開するようになる．つまり，一定期間という限度をもった講和条約の締結があれば，非イスラーム世界に対するジハードの義務は免除されることになったのである．期間の長さは法学派によって相違はあるが，講和条約の更新という形で非イスラーム世界との平和的共存が正当化された．

以上，（小）ジハードについて簡単に紹介した．本来「ジハード論」は，ヨーロッパの「正戦論」同様，法的に戦争を限定する試みである．しかし，一定の条件が加わると，個人による異教徒への無差別的な攻撃を正当化することを可能にする．この点について，さらに検討する．

4　現代における正戦とジハード

前述のように，ヨーロッパにおいては，伝統的な正戦論の規範力が大きくないにもかかわらず，大規模な戦争は，ナポレオン戦争以後，第一次世界大戦まで生じなかった．しかし，戦争の規模，破壊性が大きくなる条件が次第に生じてきた．工業化は，兵器生産と技術の結合を生み出し，兵器の殺傷能力を高めるようになる．中央集権的な官僚制の整備を核とする国家能力の向上は国家の

社会への浸透と国内資源の動員を容易にする．

　ひとたび戦争になれば，甚大な被害が生じるのではないかという懸念が高まり，戦争を意識的に限定していく試みがなされるようになってきた．その結果，1899年と1907年にハーグで開催された国際会議で，伝統的正戦論の「戦争における法」が実質的に戦争法規として法典化されることになる．さらに，第一次世界大戦後には，戦争の発動を制限する試みが行われるようになる．国際連盟規約，不戦条約，国際連合憲章，その後の様々な国際条約，国連の決議などによって，侵略戦争の違法化が国際的規範となった．

　こうした展開は伝統的な正戦論の復活とみなすことができよう．現代における法的な正戦論はなによりも人道を重視する[33]．人道への配慮が，勝利に不必要な被害を敵兵力に与えることを禁じると同時に，戦闘員と非戦闘員の区別を要請するのである．

　こうして，20世紀になると伝統的な正戦論の重要な柱が国際法に取り込まれ，人道は誰もが否定できない守るべき原則となった．しかしながら，20世紀における戦争は，人道的に許容されたものにはならなかった．だからこそ，国際法的議論と並行して政治思想家や神学者などが正戦に関する議論をおこなうようになるのである[34]．ここでは，こうした現代における正戦論を論じるのではなく，なぜ人道が掲げられるようになった時代に戦争の非人道的性格が強くなったかを考えてみたい．

　ホブズボームは「地方的か地域的か世界的かは問わず，20世紀の戦争は，全体としてそれ以前に経験されたどの戦争よりも大きな規模のものになった．」[35]と述べている．そして，「一九一四年が大量殺戮の時代の開幕をつげたのであった」[36]．彼は，1914年に勃発した第一次世界大戦を全体戦争（Total War）と特徴づけている．

---

[33] William V. O'Brien, "The International Law of War as Related to the Western Just War Tradition," In *Just War and Jihad*, edited by John Kelsay and James Turner Johnson, Greenwood, 1991, pp. 163-165.

[34] 現代の正戦論の代表的著作については参照，Jean Bethke Elshtain eds., *Just War Theory*, New York University Press, 1992.

[35] エリック・ホブズボーム『20世紀の歴史　上』河合秀和訳，三省堂，1996年，35頁．

[36] ホブズボーム前掲注35.

「全体戦争」（Total War）の特徴とは何であろうか．すでにフランス革命直後の戦争は，「自由とか民族性とか革命とかいうような抽象的概念」[37] のために「全面的勝利を求めて国家のエネルギーの総力をもって行われる戦争」[38] である「絶対戦争」（クラウゼヴィッツ）であった．このような「絶対戦争」が「全体戦争」であると考えられる．「抽象的概念」すなわちイデオロギーを掲げた戦争は，宗教戦争のように残酷な戦いをもたらしたのである．

ジョンソンによれば「全体戦争」には次のような四つの特徴が見られる[39]．第一に，戦争の正当な理由として，国民や社会，集団などのもっとも基本的な抽象的価値を守ることが掲げられること．第二に，戦争に対して集団のメンバーが全面的支援をおこなうこと．第三に，人的・物的資源を最大限動員すること．Total War は，しばしば，総力戦と訳されるが，ここでは総力戦は全体戦争の特徴の一つと考える．最後に，戦闘における慣習的，法的，道義的抑制が無視されるということ．

守ることが義務となる根本的価値は抽象的であるが故に，分割して敵と妥協することを許さない．さらに何をどこまで守れば基本的価値の防衛になるのかが不明確であるがゆえに敵の完全なる屈服を求める傾向が生まれる．さらに自己の価値は善で相手の掲げる価値は悪という善悪二元論に陥りやすくなる．こうして，相手を悪と見なして妥協を拒否し，集団のメンバーの全面的支援を得ながら，総力を挙げて人道を無視してでも敵と見なした集団の全面的な屈服，殲滅を目指す戦いが生じることになる．宗教戦争を否定して生まれた国際政治の世界に再び善悪を巡る戦いが繰り広げられるようになった．われわれは再び「宗教戦争の世紀」[40] に入ったのである．

国家の能力の向上が国内資源の総動員を可能にした．人々の全面的支援を得るには戦争の際に掲げられる基本的価値に人々がコミットしていなければならない．したがって，民族主義，宗教，政治的な様々な主義が掲げられて，人々の支持を競うことになる．

37　ハワード前掲注5，111頁．
38　ハワード前掲注5，135頁．
39　James Turner Johnson, *Just War Tradition and the Restraint of War*, Princeton University Press, 1981, pp. 229-277.
40　ホブズボーム前掲注35，9頁．

こうして，国際政治にイデオロギーが導入されるという，本来，三十年戦争によって否定されたはずの事態が生じることになった．国際政治のイデオロギー化に大きな影響を与えたのが，アメリカの国際政治への登場であった[41]．「世界をデモクラシーにとって安全にするために戦うというウィルソンの理念は，国家理性よりも高次な価値によって正当化される大義という理念を力強く再導入したのである」[42]．

しかし，国際政治のイデオロギー化が可能になったかは，アメリカの国際政治の登場だけでは説明できないであろう．イデオロギー化を要請するような社会が形成されたことが重要であると思われる．国家の社会への浸透に典型的な国家形成の進展や資本主義の発展，すなわち近代化は，それ以前の社会のあり方を大きく変貌させた．19世紀から20世紀への転換期には都市化とともに大衆社会が形成されてくる．こうした生活環境の大変化は人々の「文化的環境の崩壊」[43]を生み出し，人々はそれまでの確実なものを失い，不安にさらされる．「近代とは確実性の終焉，いやそればかりか，善悪の判断の確実性の終焉を意味するものではないか」[44]．

こうした先行き不透明な状況を解決すると称する様々な思想が「それぞれ自己の排他的な支配の確立を求めて争うイデオロギー闘争」[45]が展開されるようになる．多くの人々が，急進的な主張に引きつけられるようになる．このような状況が国内外の政治のイデオロギー化を促したのである．枢軸国に見られるように，一定のイデオロギーに基づく国内秩序の再編は，国際秩序の再編を同

41　藤原前掲注13参照．

42　James Turner Johnson, *Ideology, Reason, and the Limitation of War: Religious and Secular Concepts, 1200-1740*, Princeton University Press, 1975, p. 261. ウィルソンと彼の外交およびその後のアメリカ外交への影響については，西崎文子「アメリカ『国際主義』の系譜——ウィルソン外交の遺産」『思想』第945号，2003年1月；Frank Ninkovich, *The Wilsonian Century: U. S. Foreign Policy since 1900*, The University of Chicago Press, 1999; Tony Smith, *America's Mission: The United States and the Worldwide Struggle for Democracy in the Twentieth Century*, Princeton University Press, 1994; David Steigerwald, *Wilsonian Idealism in America*, Cornell University Press, 1994を参照．

43　カール・ポラニー『大転換』吉沢英成ほか訳，東洋経済新聞社，1975年，214頁．

44　デートレフ・ポイカート『ウェーバー　近代への診断』雀部幸隆訳，名古屋大学出版会，1994年，121頁．

45　ポイカート前掲注44，128頁．

時に目指した.

　したがって,第二次世界大戦は,先進国の勢力分割競争,日中戦争のような帝国支配のための戦争という側面に加えて,いかなる価値に基づいて内外の秩序を形成すべきかを巡るイデオロギーを賭けた全体戦争であった.冷戦は自由主義と共産主義のイデオロギー戦争の側面を持っていた.米ソ冷戦の終結は,ソ連によって封じ込められていたアメリカに,デモクラシーの拡大によって自国の安全保障を高めるという理想を実現する環境を生み出したのである.

　第一次世界大戦,第二次世界大戦,冷戦を経て,先進国では,正しい価値として「自由とデモクラシー」が掲げられることに合意が生じたといえる.アメリカの圧倒的軍事力だけでなく,いやむしろ,正統な国際秩序に関する合意とデモクラシーという同一の政治体制の同質性が先進国間の戦争の可能性を限りなく小さくしていると考えられる.

　対照的に,国内の体制が非民主的であることが多く,さらに異質な文化をもつ第三世界諸国との関係をいかに形成するかが大きな課題になっている.その中で,イスラーム世界が大きな関心をもたれている.

　世界を「イスラームの家」と「戦争の家」に二分する世界秩序観をもつイスラーム世界もヨーロッパ国際政治の体系に編入されるようになる[46].クリミア戦後の1856年,オスマン帝国が,「ヨーロッパの協調(Concert of Europe)」,「諸国民の協調(Concert of Nations)」と呼ばれたヨーロッパ国際政治体系に正式に参加することが許されたことによって,伝統的な世界秩序観が実質的に放棄されることになる.同時に,「改革勅令」によってムスリムと非ムスリムの法的平等が謳われるなど,イスラーム国家が次第に変容し始めることになる」[47].

　世界秩序観の変化は,イスラーム世界と非イスラーム世界の関係は平和的であるという主張を生み出す.さらに,ジハードの防衛的性格が強調されるようになる.1924年にカリフ制が廃止されたため攻撃的ジハードは不可能になった.さらに,非暴力的なジハードが強調されるようになる[48].こうしたジハー

---

[46] H. Bull and A. Watson. *The Expansion of International Society,* Clarendon Press, 1994.
[47] 新井正美『トルコ近現代史』みすず書房,2001年,52-56頁.
[48] Peters, *Jihad in Classical and Modern Islam,* Chap. 8.

ド論の変容の背後には，イスラームの価値観と西洋近代の価値観には相違点が存在するが，この相違は政治的紛争を導くものではないという考えが存在すると思われる．このような考えの典型は，アズハルに組織されたウラマーに見られる．彼らは，エジプトの政治指導者の外交路線を基本的に容認しつつ，国内の社会や文化においてイスラーム法に基づくイスラーム的なるものを維持・拡大を目指している[49]．しかし，政治指導者は，イスラーム法を軽視しているとみなされれば，批判にさらされることになる．

それに対して，「イスラームの理念と西洋近代の理念には共通性がある」と，より積極的に主張することによって二つの世界の共存可能性を説く，いわゆる「イスラーム近代主義」が存在する[50]．この立場では，時代に変化に対応してイスラームの理念，イスラーム法を柔軟に解釈することが謳われる．

近代化はイスラーム世界を大きく変貌させ，様々な問題をもたらした．第一次世界大戦後に中東諸国にも，大衆社会の登場にともなう政治的，経済的，社会的，文化的問題が顕著になってくる．こうした問題に対してイスラームが解答を与えることができるという思想，運動がイスラーム世界に生まれる．こうした政治的イデオロギーとしてのイスラーム，すなわち，「政治的イスラーム」[51]では，イスラームの理念に基づいた「イスラーム的秩序」の建設，「イスラーム国家」の建設が目標となる．したがって，社会問題の解決のための努力としてのジハードが提唱されるとともに[52]，「真のイスラーム国家」樹立のための「革命のジハード」が目指されることになる[53]．同時に，イスラームの理念が貫徹する純粋なイスラーム社会を妨げる西洋の思想は排除して，「文化的

49　Steven Barraclough. "Al-Azhar: Between the Government and Islamists." *The Middle East Journal*, Volume 52, Number 2, Spring 1998; Malika Zeghal. "Religion and Politics in Egypt: The Ulema of al-Azhar, Radical Islam, and the State, 1952-94." *International Journal of Middle East Studies*, Volume 31, Number 3, August 1999.

50　19世紀以降の「イスラーム近代主義」，「イスラーム近代主義者」については，Muḥammad Saʿīd al-ʿAshmāwī. *Al-Islām al-siyāsī*, sīnā, 1987; Albert Hourani, *Arabic Thought in the Liberal Age, 1798-1939*, Cambridge University Press, 1962, pp. 103-160; Fazlur Rahman, *Islam and Modernity: Transformation of an Intellectual Tradition*, The University of Chicago Press, 1982 を参照．

51　Olivier Roy, *The Failure of Political Islam*, Harvard University Press, 1994.

52　Mitchell, *The Society of the Muslim Brothers*, p. 219.

53　中田前掲注22．

環境」の再建が図られる.

　こうして，基本的価値を巡る善悪二元論的な世界観が一般的になる「政治的イスラーム」の立場では，イスラーム世界の諸国は，政治的，経済的に帝国主義勢力に従属しているだけではなく，文化的に侵略を受けているという認識が一般的になる．代表的な政治的イスラーム主義者クトゥブの言葉を借りれば，「十字軍は，武器が触れ合う音に限定されていたのではなく，なによりも，知的な対立であった」[54]．むしろ，文化帝国主義の方が，イスラーム社会を根本から混乱させるという点で危険であった．したがって，イスラーム世界防衛の対象も変化してくる．

　先程，現代においては，「防衛的ジハード」が強調されていると述べたが，防衛の対象は何であろうか．「現代を代表するイスラーム法学者の一人」[55] が「異教徒の軍隊がムスリムの土地を侵入した場合，その土地のムスリム住民にはその土地を防衛する義務が生じる」[56] と述べているように，物理的侵略に対する防衛がその対象であることは明らかである．

　しかし，「政治的イスラーム主義」的観点からは，非イスラーム的思想のイデオロギー的侵略の方が危険である．クトゥブと同様に[57]，イスラエルの占領に対する防衛的ジハードをおこなっているハマースは，その憲章15条において，「イデオロギー的侵略」がアレンビー将軍による「十字軍」を可能にしたと述べている[58]．したがって，防衛の対象は，イスラームの理念それ自体である．こうして，「政治的イスラーム」は，「西洋のイデオロギー的攻撃に対してイスラームを防衛すること」[59] をジハードの主要課題ととらえるのである．

　パレスチナを占領するイスラエルだけでなく，イスラームを軽視すると政治的イスラーム主義者にみなされる（しかも，非民主的な）イスラーム諸国の体制を支えるアメリカは，単に直接・間接的にイスラーム世界の土地を物理的に

54　Cited in Mitchell, *The Society of the Muslim Brothers*, p. 230.
55　中田前掲注22, 208頁.
56　中田前掲注22, 209頁より引用.
57　Mitchell, *The Society of the Muslim Brothers*, p. 230.
58　Khaled Hroub, *Hamas : Political Thought and Practice*, Institute for Palestine Studies, 2000, Appendix, The Hamas Charter.
59　Peters, *Jihad in Classical and Modern Islam*, p. 108.

侵略・占領しているだけでなく，イスラームに敵対する理念を体現する国であるのでジハードの対象になる．これに対して，アメリカが基本的価値の両立は不可能であるとして臨めば，対立の解消は難しくなるであろう．

　以上のように，20世紀になると，非イスラーム世界，イスラーム世界とも，自己の掲げる価値を正義とみなして行われる戦争，暴力行使が見られるようになった．そして，本来は限定された戦争であったはずの「正戦」は正義のために戦わなければならない戦争と考えられるようになる．こうして，正義のためには戦わなければならいという意味の「正戦観」が「現代の正戦」の一般的意味になる．同様に，宗教を目的とするが一定のルールに基づく戦いを目指した伝統的ジハードも，政治的イスラーム主義者においてはイスラームを掲げたイデオロギー戦争の色彩が強くなる．このジハードは，武力革命・武力闘争を掲げた左翼の「革命戦争」と同様に，「現代の正戦」のひとつであると考えられる．次節では，このような状況において異なる価値を掲げる世界の共存の可能性について論じてみたい．

5　「宗教戦争」時代の共生

　先に述べたように，20世紀以降の紛争の特徴は，抽象的な理念・価値を巡る対立を伴うということである．もちろん，真の目的は別にありながら，人々を動員したり，人々から支持を獲得するためにその社会・集団の正義が掲げられることもあろう．しかし，建前であっても，抽象的理念が掲げられることが現代の紛争の重要な特徴である．その結果，戦いのルール，特に「戦争における法」が無視されるような戦いが是認されることになる．

　アメリカに敵対する勢力は「自由と民主主義」という基本的価値に対する敵とみなされる．しかし，冷戦時代は，ソ連がアメリカに封じ込められていたのと同じように，アメリカはソ連に封じ込められていたので「自由と民主主義」のための戦いをおこなうのにはリスクがあった．冷戦終結はアメリカのイデオロギー戦争実行の枷をはずす．

　「9・11テロ」は「自由と民主主義」への挑戦というイデオロギー的意味が付与される．アメリカ主導の「対アフガン戦争」は「自由と民主主義」のため

の戦争なのである．したがって，「真珠湾奇襲でアメリカは決意を固め，自由の擁護者になった．この使命はこの瞬間に至るまで続いており，今もアメリカ軍の兵士がアフガニスタンで戦っている」とアメリカ大統領ブッシュ氏は述べるのである（2001年12月7日真珠湾攻撃60周年式典演説より．朝日新聞2001年12月8日付）．自分たちは復讐──「それは悪にたいして悪をもってむくいることである」[60]──をしているのだ，というさめた見方を許さないのである．

　「テロ」を仕掛けたとされる集団は「正しい価値」に敵対する悪であるので殲滅しなければならない．そして，「善なる我々」には「テロ」が起きたことに関して何の責任もないとみなされるのである．アメリカのミュージシャン，ルー・リードの「僕たちは今，自分たちの指導者が石油の名の下にしてきたことの代償を払っているんだ」[61]．「これは突然起こったことでも，何の理由もなく起こったことでもない」[62]と言うような冷静な見方は少数にとどまるのである．善悪の戦いという色彩を帯びるイデオロギー化した正戦観念に対しては，「黙示論的テロリズムに対するアフガニスタンにおける戦争は，私の理解では，第二次世界大戦以後初めての真の正戦としての資格がある」[63]と主張するリチャード・フォークの，伝統的正戦同様の，法的な正戦論は，戦争を限定する効果を持ち得ないであろう．その結果，民間人・非戦闘員の殺戮を不可避的に伴う空爆をおこなうことに躊躇がなくなるのである．

　「テロ」を実行したとされるアル・カーイダのムスリムたちは「無差別テロ」をおこなったと非難される．しかし，イスラームの価値を防衛する防衛的ジハードをおこなったとするのであれば一定の正当化は可能であろう．民間人を殺戮対象とした点は，「民間人へのテロをおこなっているのはアメリカのほうであり，同じことをわれわれがやってなぜ悪い」[64]という「開き直りの論理」で正当化するであろう．さらに，逆説的ながらウォルツァーが主張するように，基本的な価値への脅威が切迫している「極度の緊急性（Supreme Emergency）」

60　トマス・ホッブズ『リヴァイアサン（一）』岩波書店，1954年，240頁．
61　『ロッキング・オン』2001年12月号，85頁．
62　『ミュージック・マガジン』2001年12月号，34頁．
63　Richard Falk. "Defending a Just War." *Nation* (October 29, 2001)〈http://www.thenation.com〉．
64　保坂修司『正体　オサマ・ビンラディンの半生と聖戦』朝日新聞社，2001年，205頁．

の場合には差別原則からの逸脱が許されるとするのであれば[65]，アル・カーイダにあるとされる「テロ」は切迫性を根拠に正当化ができるかもしれない．1990年代以後のアラブ世界で終末論が流行していることは[66]，こうした切迫感と関係しているであろう．しかし，伝統的なジハード論からは逸脱したものと言えるかもしれない．「神の道のために，おまえたちに敵する者と戦え．しかし，度を越して挑んではならない．神は度を越すものを愛したまわない」（『クルアーン』2：190）．これをジハードの大原則とみなすのであれば，9・11などは「やり過ぎ」とみなしうるのではないか．

　イスラームを原則とする社会と自由民主主義社会には何らかの相違があるのは当然であるが，この相違は必ずしも対立，しかも暴力的対立につながるものではないであろう．前節で簡単に触れたように，イスラームのあり方は多様である．「イスラームとムスリム世界に関する報道の中には，どこかに一枚岩的なイスラームなるものが存在し，ムスリムは皆同じで，一体となって思考し行動すると結論づけるものがあまりにも多い」[67]．しかも，現在のイスラーム社会は，ウラマーだけでなくウラマーでない人間もそれぞれの解釈する本当のイスラームを掲げながら，「社会秩序に対する人々の理解と願望を巡る闘争」[68]，すなわち，「本当のイスラーム」を巡る文化的ヘゲモニー闘争をおこなっている状態にある．非イスラーム世界と平和的な関係を目指すイスラームが優位を占めるかは，ムスリムがいかなるイスラームを目指すかにかかっている．

　いかなるイスラームが「本当のイスラーム」になるかに大きくかかわるのが，イスラーム諸国に対する先進諸国，特にアメリカの対応であろう．イスラーム諸国の人々に，少なくとも公正な存在とみなされるような行動が必要であろう．しかしながら，アメリカは，中東や周辺諸国では，たとえば，次のようなことをおこなってきた．アフガニスタンでムジャーヒディーンを動員し，その後，見捨てた．イラン革命以前はシャーを強化し，革命後はイラクのフセインを支援するなど，権威主義体制を支えてきた．イラクがクウェートに侵攻するまで

65　Walzer, *Just and Unjust Wars*, pp. 251-268.
66　池内恵『現代アラブの社会思想』講談社，2002年．
67　ジョン・L・エスポズィート『イスラームの脅威　神話か現実か』内藤正義・宇佐美久美子監訳，明石書店，1997年，360頁．
68　D. F. Eickelman and J. Piscatori, *Muslim Politics*, Princeton University Press, 1996, p. 4.

は，化学兵器の使用を黙認した．侵攻後，実際の理由は浪費で特徴付けられるアメリカ的生活様式の防衛が本当の理由にもかかわらず，石油の国際的流通の確保を名目に米軍の中東における駐留を正当化している．パレスチナ紛争においてイスラエルを優遇している[69]．したがって，アメリカは，中東およびその周辺地域の国々のムスリムを中心とする多くの人々からは公正とはみなされない．

アメリカは「デモクラシーと人権と豊かさ」[70]の国であるが，NATO加盟のヨーロッパ諸国の軍事費を合計してもアメリカの軍事費のほぼ半分であるような，世界一の軍事大国でもある．この軍事大国が「労働者と手に負えない第三世界のナショナリズムを厳しく監視し懲罰を与えるための強制力(ディシプリン)」[71]として市場の原理を世界に強制し，先進国と第三世界の格差拡大だけでなく，第三世界諸国内部の格差拡大と社会の崩壊，「文化的環境の崩壊」をもたらして，人々の反米意識を強めている．

アメリカの支配層が掲げる「自由」は，新自由主義的経済政策を通してアメリカ国内においても，ミュージシャン，トム・モレロが述べるように「財布の紐を握っていない人たちの第三世界化」[72]をもたらしているだけでなく，自由のための聖戦遂行の過程でアメリカ国内の自由の価値を損なっていないであろうか．冷戦時代にそうした事態が生じた．「『共産主義に対する戦争』は，圧制

---

69 Rosemary Hawlis, "Mukāfaḥa〈Irhāb〉fi`al-Sharq al-Awsaṭ." *Al-Mustaqbal al-`Arabī*, 274 (December 2001), pp. 8-9.
70 *Ibid.*, p. 8.
71 スティーヴン・ギル『地球政治の再構築』遠藤誠治訳，朝日新聞社，1996年，142頁．
72 『ロッキング・オン』2000年6月号，44頁より引用．トム・モレロはアメリカの音楽グループ，レイジ・アゲンスト・ザ・マシーンのギタリストである．彼らのメキシコ公演のビデオ『ザ・バトル・オブ・メキシコ・シティ』(SRVM 1550)にはメキシコのサパティスタ運動や2000年末の「シアトルの戦い」以降の新自由主義的グローバル化に対する抵抗運動の映像が収録されている．DVD (SME SRBS1423)には当時のボーカル担当のザック・デ・ラ・ロッチャによるノーム・チョムスキーへのインタビューが収録されている．なお，レイジ・アゲンスト・ザ・マシーンは2001年9月11日以降，放送禁止のリストに載った．レイジに関する文献としては，崎山正毅「連帯を触発する音楽／連帯に触発された音楽　レイジ・アゲンスト・ザ・マシーン，マヌー・チャオとサパティスタ民族解放軍をめぐって」DeMusik Inter.編『音の力　ストリートをとりもどせ』インパクト出版局，2002年，がある．なお，レイジ解散後，オーディオスレイヴを結成したトム・モレロは，ブッシュに対抗して「正義の枢軸（Axis of Justice）」というネットワークを設立して社会運動家や反戦活動家の支援をおこなっている．

と陰謀にみちた雰囲気を生み出した．個性を尊ぶ国民的伝統は変質し，『アメリカ的流儀』に組み込まれるものだけを期待する一層画一的な風潮があらわれていた」[73]．こうした「多様な生き方」を否定するような風潮に対抗する文学運動として1950年代にビート・ジェネレーションが生じた．

　ビート・ジェネレーションを代表する作家ウィリアム・バロウズが「私たちが原点だ（We are the source）」[74]と述べているように，「本当の自由」を求めたビートの作家たちの精神は，その後のカウンター・カルチャーに受け継がれ，現在では，自由と個人の尊厳を脅かす新自由主義的グローバル化に対する対抗運動に継承されている[75]．9・11事件以降，新自由主義的グローバル化を批判する運動は「反米運動」とみなされ，運動側も一時的に活動を自粛する傾向にある[76]．しかし，こうした運動がアメリカ国内における支配的な自由のあり方を変えるとともに，イスラームなどの非西洋的な価値に寛容な自由のあり方をもたらし，グローバル化のあり方，アメリカの対外政策に影響をあたえることによって，イスラーム世界におけるイスラームのあり方を左右することがあるかもしれない．

　カストリアディスが「イスラム教，キリスト教，ユダヤ教には自由な個人である私に深い嫌悪感をもよおさせる何かがある」[77]と述べるように，イスラームと自由主義・個人主義には相違がある．しかし，イスラームと同様に，「自由」のあり方・内容も多様である．「嫌悪感」が常に対立・紛争をもたらすわけではない．日本も含む自由主義世界がいかなる「自由」を掲げるかが，イスラーム世界との関係をかなりの程度規定するであろう．

---

[73]　ジョン・タイテル『ビート世代の人生と文学　裸の天使達』大橋健三郎・村山淳彦訳，紀伊國屋書店，1978年，15頁．

[74]　『BEAT NOTES BOOK』日本コロンビア，2001年，3頁．

[75]　英米で，「自由と個人の尊厳」を求める「非同調主義的」運動のバイブルとされるのが，Naomi Klein, *No Logo*, Harper Collins, 2000 である．「シアトルの戦い」などは，グローバル化一般に反対する運動ではなく，新自由主義的，企業中心主義的なものとは異なるグローバル化を求める運動であるという解釈に関しては，Mary Kaldor, "'Civilising' Globalisation? The Implications of the 'Battle in Seattle'," *Millennium* Volume 29, Number 1, 2000 を参照．

[76]　Gareth Dale, "Merging Rivulets of Oppositions': Perspectives of the Anti-Capitalist Movement," *Millennium*, Volume 30, Number 2, 2001, pp. 377-379.

[77]　リュック・フェリー／アラン・ルノー『68年―86年　個人の道程』小野潮訳，法政大学出版局，2000年，45頁より引用．

アメリカの文化・価値がグローバル化するのではなく，グローバルな文化・価値が生まれ，その下で様々な文化・価値が存在し，経済的格差が許容できる範囲内であるようなグローバルな社会が生じるのであれば，多様な文化が共存する本当の意味での国際秩序は多くの人々に公正とみなされ，安定するであろう．

　中東世界，イスラーム世界の人々の公正観に訴えるには，まずパレスチナ問題を解決することが必要である．1999年の「シアトルの戦い」や，2001年のジェノバ・サミットにおける新自由主義的グローバル化に反対するデモに参加したイタリア人歯科医は，パレスチナ和平に向けても行動している．グローバル化，パレスチナ問題の両方にかかわるのはなぜか．「どちらも人間の尊厳の問題だからだ．米国がすべてを決める世界じゃなく，自分たちで多様な生き方ができる世界にかえていくのだ」(朝日新聞2002年4月10日付)．「本当のアメリカの価値」とは「多様な生き方」の尊重ではないであろうか．「私は，合衆国の憲法が好きである．しかし，アメリカ帝国主義は非常に嫌いである．私には，なぜあした合衆国に，立派な憲法があるか理解できないのである」[78]と岡本公三は述べているが，憲法に体現されるような「本当のアメリカ的価値」に相応しい行動をアメリカがするように国際的圧力をかけることが必要であろう．

78　徳岡前掲注3，203頁．

第6章　二つの恐怖の谷間で
——冷戦後世界における暴力とアメリカ

藤原帰一

1　二つの恐怖

　9月11日事件後の世界は，2つの恐怖によって揺り動かされてきた．
　第一の恐怖は，一般市民を対象とした暴力がよびおこす恐怖である．19世紀後半のヨーロッパに広がったテロは，皇帝，国王をはじめとする政治権力者などに対象を限定しており，一般市民の殺戮は目的ではなかった．だが現在のテロリズムは，無差別殺人と同じ意味になってしまった．直接権力を担っているわけではない人々であっても，ある民族に属し，ある国籍を持っているだけで，もう殺しの標的にされてしまう．それどころか，ある民族がたくさん住んでいる街角や，大企業のオフィスが並ぶビルにたまたまいただけで，ディスコやレストランにいあわせただけで，「殺されても仕方のない連中」に加えられるのである．
　性別，人種，政治的信条，あるいは宗教を問わず，その場にいるものは，平等に殺してしまう．これほど不条理で，実存主義的な暴力を考えることはできないだろう．そして，世界貿易センタービルで働いている人々すべて，あるいはバリ島のディスコで踊り，働く人々すべてが「殺されても仕方のないやつら」だと考えるほど荒廃した世界観の持ち主でない限り，このような暴力が恐怖と憎悪を生み出すのは，ほとんど自然のなりゆきである．無差別殺戮の対象に加えられかねない人々の多くにとって，テロリズムとは絶対的な暴力と絶対的な悪を体現した現象にほかならなかった．

第二の恐怖は，国際関係における正義と秩序を維持するという名の下で，アメリカ政府が行使する暴力に対する恐怖である．冷戦期における権力の競合はすでに終わり，アメリカは世界のどの国と比べても，突出した兵力を擁することになった．現代世界において，アメリカ軍に対抗できる兵力はどこにも存在しない．アメリカは，対抗措置や報復を恐れることなく軍事行動を展開でき，さらに同盟国の兵力に頼ることなく単独で戦争を遂行する力を手にしている．

　アメリカ軍によって秩序の安定が期待できるのなら，アメリカがいくら強くても，特にそれを不安に思う理由はない．アメリカ軍はアメリカの法によって縛られた存在だけに，アメリカの住民がアメリカ軍の行動を恐れる理由も少ない．アメリカの住人にとって，FBIによる国内犯罪の取り締まりと，アメリカ軍による「悪漢国家」の排斥との間には，基本的な違いがない．

　だが，そのアメリカ軍によって自分たちの存在が脅かされる側からすれば，反撃が不可能なほど強力な軍隊は，恐怖しか呼び起こさない．テロリストの爆弾とはまた異なる意味で，空中から投下される爆弾は，人種，階級，性別，政治的信条が何であろうと，その下にいるものを殺戮する．これも実存主義的な暴力である．「ピンポイント爆撃」とか，あるいは「アフガニスタン解放の戦争」とか「イラク解放の戦争」などといいくるめたところで，空から落ちてくる爆弾を感謝する群衆が出現する保証など，どこにもない．そして，パナマのノリエガ将軍がアメリカに連行され，アメリカの裁判所で裁かれたように，アメリカ政府は，何度となく国際法よりもアメリカの国内法を優先してきた．アメリカの外に住む人々にとって，アメリカ軍とは，自分たちの力でコントロールすることのできない暴力に過ぎない．

　テロリズムに訴える人々がいかに聖戦をとなえても，その「聖なるもの」を世界秩序の構想として考える人はごく限られているだろう．アメリカ政府がどれほど「悪漢国家」に対する正戦を主張したところで，そのアメリカ政府が世界の人々に授権され，世界の人々のつくった法によって行動を制されることがないのなら，それが生み出すのは世界秩序ではなく帝国の出現に過ぎない．テロリズムとアメリカの向かい合う世界では，正義の名の下で，国際秩序における法や制度が壊されてしまうのである．

2 二つの世界——イギリス・インドネシア・日本

　テロの暴力とアメリカの暴力のどちらをより恐れるか，地域や国によって大きく異なることになった．テロの犠牲者となる可能性が高いか，それともアメリカ軍による戦闘の犠牲者となる可能性のほうが高いのか，その違いによってどちらの恐怖が強いかが左右されたからだ．
　9・11事件が起こった時，イギリス各紙は「アメリカ」が犠牲とされた事件としてでなく，「アメリカとイギリスを含む世界」が犠牲とされた事件として報道を行った．もちろんそこには，多くのイギリス人が世界貿易センターで働いており，実際に被害者となったという事情がある．だがそればかりではない．「アメリカ」と「イギリス」が同じ「われわれ」に属しているという，ほとんど肉体的な感覚が，そこにはあった．
　ブレア首相がアメリカ議会で行った演説は，「世界」に加えられた暴力に対して「世界」の団結を呼びかけ，議場が総立ちとなる歓迎を受けた．そこでいう「世界」とは，つまるところ自分たちのことだったが，それが世界に住む人全てなのか，欧米世界という意味なのか，それともアメリカ人とイギリス人の「特別な関係」を指したものなのか，そんな議論はなかった．ブッシュ大統領のいうように，「われわれの味方でないなら，テロリストの味方」だったからだ．
　その「世界」感覚のために，少なくとも9・11事件から1年の間，イギリス世論はアメリカの暴力には不安を示していない．ブレア首相はいち早くブッシュ大統領と協力して軍事行動に参加する準備があることを表明したが，イギリス国内からは異論といえるような異論はあがらなかった．テロの暴力は「自分たち」に向けられても，アメリカの暴力によってイギリスがねらわれることを考えなくて良いのだから，当然の反応なのかもしれない．
　だがイスラム教徒が多数派を占める社会においては，そうではない．9・11事件の実行犯がイスラム教徒と目されるのなら，実行犯ではない自分たちも「テロリストのような連中」に加えられてしまうかもしれない．ヨーロッパの指導者は「テロリスト」と「イスラム」は全く別だと繰り返して言明したが，

同じ趣旨の声明こそ行うものの，ブッシュ大統領がほんとうにそう考えているのか，自分たちの行動を「十字軍」と呼んで憚らない感受性を見ても怪しかった．アメリカ国内では，たとえば伝道師パット・ロバートソンのように，イスラムによるキリスト教徒への暴力こそが問題だと公言する人もいたからである．

イスラム世界の中に9・11事件を歓迎した人々がどれほどいたのか，わたしは知らない．そんな人々の数を過大視することが，すでに偏見の始まりかもしれない．だが，アメリカの「反撃」が自分たちに向けられるのではないかと恐れたイスラム世界の人々が数多くいたこと，これは確実である．中東ばかりではない．インドネシアを例にとれば，9・11事件は悲惨な暴力事件として伝えられていたが，報道の中心は，その事件に対してアメリカがどのような行動をとるかという予測に置かれ，アメリカの加える報復に自分たちが巻き込まれることへの恐怖が表明された．

インドネシア国内では，イスラームと政治の関係は深刻な政治の争点となっていた．世俗主義に立脚するメガワティ大統領が，イスラム団体ナフダトゥール・ウラマの指導者アブドラーマン・ワヒドを大統領の地位から追いやったこともあり，政治化したイスラムと政府との間には緊張も続いていた．スハルト追放後に生まれた政情不安などもあり，9・11以前から爆弾テロなどの事件も続いていた．それだけを見れば，それまでに培われたテロへの恐怖が事件によってさらに増えても不思議ではない．ところが，テロへの憂慮と平行して，あるいはそれを上回るかのように，アメリカの暴力への憂慮が広がったのである．

イスラム教徒を敵に回す戦争なら，ジャカルタやデンパサールに住む自分たちも，いずれ標的にされかねないではないか．そんな懸念が高まるなかだけに，インドネシアでは，9・11事件はアメリカ政府の仕組んだ工作だったなどという陰謀説を支持する人も，少なくなかった．イスラム組織を基盤としていないからこそ，メガワティ大統領は，そのようなイスラム教との懸念を取り除くために努力を強いられることになった．

その背景には，イスラム世界の人々を「自分たち」として捉える視線がある．パレスチナの受難やアフガニスタンの受難は，「自分たち」の受難でもあった．そのパレスチナ問題についてイスラエルへの支援を明確としたアメリカは，「自分たち」よりは，その向こうにいる存在だった．アフガニスタンにおける

第 6 章　二つの恐怖の谷間で

アメリカ軍の軍事行動は，戦地から遠く離れたインドネシア人から見ても，「アルカイダ」や「タリバン」などに対象を限定した作戦とは映らなかった．同じ宗教を信仰するだけに，空中から投下される爆弾の犠牲者を「他者」として追いやることはできなかった．

　イギリスではアメリカ軍が自分たちの安全を守る警察力のように捉えられ，インドネシアではそのアメリカ軍が自分たちの安全を脅かす存在として捉えられていた．テロの暴力とアメリカの暴力と，そのどちらへの恐怖が強いかによって，世界が二つに割れたのである．

　それでは，日本はどこにいたのだろう．アフガニスタンにおけるアメリカ軍の行動に対して，日本の世論は，どちらかといえば消極的な賛成を示した，ということができるだろう．現代の日本は，地理的にはアジアに属するとはいいながら，政治的にも経済的にも，カブールやメッカより，はるかにニューヨークに近いところに位置している．日本経済も，日本社会も，資本市場の客体ではなく主体に，資源を掘る側ではなく使う側に，バナナをつくる側ではなく食べる側に，そして世界貿易センターを壊す側よりはビルとともに壊される側に存在するといって良い．

　また，アフガニスタンにおけるアメリカ軍の武力行使によって，日本にいる人たちの安全・治安が脅かされるのではないか，という恐怖も乏しかった．アメリカと軍事同盟を結んでいるだけに，アメリカ軍との協力が憲法上根拠があるのかという声こそあがることはあっても，アメリカ軍によって日本が侵略される可能性を心配する人はごくまれだった．もちろん第二次世界大戦の記憶のために，日本社会の中には戦争に対する根深い嫌悪があることは否定できない．だが，アフガン戦争は日本が核戦争の戦場になるというような問題ではない．自分たちが被害者とならない限り，積極的な行動を起こす理由もなかった．

　それどころか，「世界の危ないところ」がアメリカ軍の行動によって掃討されるのは，決して損な相談ではない．日本が戦争をするのには反対でも，アメリカ軍にダーティワークをしてもらうのは悪くはないかもしれない．それに加えて，日米関係の堅持ということもあった．軍事的にも経済的にもアメリカに多くを頼る現実のなかで，対米関係が悪化することは何としても避けなければならない．アメリカが戦争以外の選択を考えていないのなら，戦争をするアメ

リカとの友好関係を模索する他はない．日米関係という「国益」のためには，戦争反対などという「きれいごと」はじゃまにしかならなかった．

だが，イギリスのように，アメリカと「世界」を共有しているという感覚は，日本では乏しかった．アメリカの力に頼るほかはないという現実主義はあっても，その力が正義だという信念や偏見を持つひとは少なかった．むしろそこにあるのは，強い力に従うほかには選択がないという，自らの主体的な判断や価値観を断念したニヒリズムではなかっただろうか．日本は，アメリカ軍によって殺される側にはいない．だが，小泉首相の度重なる声明にもかかわらず，アメリカ軍とともに戦う戦争の正義を信じるところにも，まだいないのだろう．こうして日本は，テロの恐怖とアメリカへの恐怖という，二つの恐怖に突き動かされ続けることになった．

3　正義の帝国

わたしは，無差別殺戮を正当化することのできる倫理があるとは考えない．どのような社会的不公正がその背後にあろうとも，武装なき民衆を殺す行動について弁護の余地があるとは考えない．その限りでは，バスク，北アイルランド，あるいは9・11事件の区別を問わず，テロを犯罪と呼び，その犯罪に対して強制力を行使することに，何の問題もあるとは考えない．

だが，問題はその先にある．犯罪に対する強制力の行使を支えるのは，ただ警察が強いという暴力の強度ばかりではなく，その警察が法によって縛られ，法によって許された範囲においてのみ強制力を行使することであり，さらに犯罪に対する処罰が事前に定められた法と手続によって行われることだろう．「悪いヤツ」を相手にする時には手段を選ばないとすれば，ヤクザと警察の区別は失われ，警察庁は桜田組に変わってしまう．

そしてアメリカは，アメリカ憲法の立脚する原則やアメリカの唱える実体的「正義」には従っても，国際関係のなかでつくられてきた制度や法による拘束は拒絶している．アメリカ軍の行動もアメリカの国内法によってのみ拘束されることになるから，国内ではとても採用できないような手段を国外でとることも可能となる．アメリカの外にいる人から見れば，自分たちの力や自分たちの

観念によっては制御することのできない巨大な権力，帝国の出現にほかならない．

　アメリカがいつもこのように正義と力を独占する立場にあったわけではない．核抑止による安定を基礎とした冷戦期の国際関係においては，どれほどソ連が「悪の帝国」であったとしても，「正義」を貫いてソ連を「解放」するためには核戦争を覚悟しなければならなかった．力の均衡によって各地の安定が支えられる限りにおいて，世界各地の「同盟国」との政治的な妥協を避けることはできなかったし，フランコ政権のスペインやフセイン政権のイラクを含め，戦略的利益のために「民主主義」と縁遠い政権を支援した例も多い．冷戦期のアメリカは世界最大の軍事大国であるとはいえ，軍事力を独占する状況にはなく，正義を常に掲げることのできるような優位も持たなかった．

　冷戦終結が，その状況を一変することとなった．アメリカに正面から挑戦できる軍隊は世界から消滅した．戦争のエスカレートを恐れることなしに，世界各地に派兵を行うことも可能となった．そして，同盟国との協議や派兵に頼ることなく，単独で戦争に勝つ能力も手にすることになった．

　この軍事力の分布の変化が，アメリカのとることのできる選択を全て塗り替えてしまった．第一に，それまでの軍事的圧力と抑止に頼る戦略に代わって，実戦に訴えて目的を達成することが可能となる．第二に，同盟国との協議によって行動を決めるのではなく，一方的に行動を定めて，後は賛成する国には参加の道を開いておくというフリーハンドを獲得できる．第三に，兵力がお互いに脅しあうことで均衡状態を保つ「力の均衡」ではなく，規範を破り，秩序を乱すような「悪漢国家」は戦争によって打倒するという選択も可能となる．そして第四に，アメリカと民主主義を共有する諸国との間で世界秩序をつくり，保つことも可能となる以上，独裁政権なども含んだ「国連」という枠組は時代遅れのものとなる．

　この状況は，中世末期のヨーロッパにおいて，国家権力によって暴力が独占されていった過程と似たところがある．かつて独自の権力を誇った貴族，領主，都市，寺院などはその特権を失い，国家の庇護を求めるほかはなくなってしまう．「国家」が規範的に正当な存在であるかどうか以前に，その「国家」のパワーが，その卓越した地位を保証するのである．違いがあるとすれば，ヨーロ

ッパの絶対王政は共和主義者たちによって倒される運命にあったが，アメリカという正義の帝国にはその恐れが今のところはないことだろう．

　正義と力を独占するアメリカが対外的に権力を行使するとき，どこでアメリカが終わり，どこで世界が始まるのかははっきりしない．9・11事件の後のブッシュ政権は，アメリカ本土を襲うような兵力は持たないタリバン政権の打倒を自衛権の行使として正当化した．生物化学兵器を保持する疑いが大きいとはいえ，直接アメリカ本土を脅かすとはいえないイラクに対して軍事介入を行うときにも，アメリカ政府がアメリカ人の生命を守る権利を引き合いに出している．このような主張を，他の国が行い，各国の賛同が得られるかどうかを考えれば，アメリカがすでに他の主権国家とはまったく質の異なるパワーとなったことがわかるだろう．アメリカが世界に広がることは世界への福音となるが，アメリカの外の影響がアメリカに及ぶことは脅威とされるのである．

4　デモクラシーとその周辺

　9・11事件直後のスピーチにおいて，ブッシュ大統領は，「世界は邪悪な力の働きを目撃した」という，ほとんど日曜学校のような聖書的世界観によってこの事件を形容し，ついで，われわれの味方でなければ，われわれの敵だと述べた．とるべき行動についても，世界各国が行動しなければ，アメリカが行動するまでだと言い放っている．正邪の二分法，「われわれ」と「やつら」の二分法，さらに単独行動を辞さない，という3つの特徴が，ブッシュ政権の対外政策を彩っているのである．

　国際政治を現実主義の立場から見る人々から見れば，このような宗教規範さえ交えたような国際政治認識は，ごく単純にいって，愚かなものに過ぎない．国際政治とは自国のパワーと相手のパワーを冷静に認識し，自国のパワーを最大とするような選択をとる場所だからだ．その空間において価値とか正邪とかをいうことは，目くらましの技術に過ぎない．だが，国際関係から悪や暴力が除かれることは望ましいのではないか，という声もあがるだろう．世界から独裁政権を取り除き，民主主義を広げることの何が悪いのか．

　そしてわたしも，国際関係においてモラルが無意味だとは考えない．そもそ

も，デモクラシーとか人権などといった理念が国際関係で高く掲げられ，国際政治における倫理化ともいうべき現象が起こっているのは，アメリカ政府の権力や工作の結果ばかりとはいえない．民主化，つまり南欧に始まった独裁政権の崩壊がラテンアメリカや東南アジア，さらに旧ソ連東欧諸国に及んでいった過程は，各地の人々が選んだ結果であって，ワシントンによって押し付けられたものではない．冷戦期において地政学的な配慮が人権やデモクラシーよりも優越していたとすれば，冷戦の終結によって人権や民主主義を守るための権力行使も可能な状況が生まれた．これを帝国の暴政として一蹴するのは不当だろう．

　だが，民主主義国は増えたかも知れないが，世界秩序は決して民主的に構成されているとはいえない．もし民主主義が政治権力に対する制約を伴うものであるとすれば，アメリカ政府の行動がアメリカの外に住む人から制約されていない以上，世界の人々に責任を負った政府が生まれたことにはならないからだ．そこにある安全とはアメリカのために世界を安全にするという選択であり，その目的を実現するためにアメリカの外でどれほどの犠牲が必要となるのかは問題とはされないのである．

　また，アメリカ政府の掲げる普遍的理念やモラルは，実はごく狭い，国家の戦略的利益によって彩られている．核兵器の開発も途上にあると目されるイラクが，どうして特に邪悪な脅威として選ばれ，ウラン濃縮を進めつつあると考えられるイランや，核不拡散体制から明確に離脱した北朝鮮が問題とはならないのか．1960年代にアメリカの行った査察を逃げおおせたイスラエルの核保有は，どうして黙認されるのか．このような不均衡を一般的なモラルや理念から解き明かすことは難しい．理念やモラルが適用される場合と適用されない場合が生まれ，ダブル・スタンダードに伴うジレンマを避けることができないからだ．

　そして，狭い意味におけるアメリカの地政学的利益にかなわない地域では，そこで発生した殺戮や破壊がどれほど規模が大きくても，放置されることが多かった．ルワンダ内戦やコンゴ内戦における数百万を越える死者に対して，諸外国による救出活動は乏しく，とりわけアメリカの関与は乏しかった．人権や民主主義の適用は，アメリカの安全という大原則のなかで行われるものに過ぎ

ない，などといった理念に基づくとみえる行動は，実は特定の狭い利害によって支えられているものに過ぎない．

それはまた，アメリカの国内政治における変化が国際関係を揺るがしてしまうという結果をもたらしてしまう．そもそもイラクに対する軍事行動とは，現在新たな安全保障上の脅威が現れたために求められたものではない．前回の湾岸戦争において，戦争には勝ちながらもイラクを壊滅させず，フセイン政権の延命を許したことは外交と戦略の誤りだった，そんな議論は戦争直後からアメリカのなかで行われてきた．今回の戦争は，9・11事件をうけた決定というよりは，政権交代の結果として，共和党保守派の年来の主張を実現する機会が生まれた戦争というべきだろう．これは普遍主義とかモラルというよりは，アメリカ内政の，それも一部のイデオロギーを反映したものに過ぎない．

その背後には，アメリカ国内の政党政治の変化がある．1994年に下院の多数派を手にしてから国内政治において大きな影響力を発揮してきた共和党は，かつての東部エスタブリッシュメントの政党ではなく，中西部からさらに南部にかけての保守勢力を結集した右派の政党となっていた．ブッシュ大統領を選出した2000年の大統領選挙において特徴的なのは，南部の票が民主党から共和党に傾き，南部諸州が挙げて共和党支持に傾いたということである．このアメリカ政治における地域バランスの変化がアメリカ国内の排外的なナショナリズムを国際関係に投影する結果をもたらし，アメリカ外交における国際主義の後退，延いては国際関係における国際機関の相対的な位置の後退という結果まで招いてしまった．大国国内の政治の変化が，世界全体の秩序を左右したといえるだろう．帝国は，やはり世界政府の代行とはなり得ない．

5　帝国と平和

イラクへの軍事行動は，アメリカが他国の意思をうち破って始められた，まさにアメリカのための戦争となった．アメリカが脅して世界が安全になるのなら，それでいいじゃないか，という人がいるかもしれない．その掲げる正義はアメリカ国内専用につくられていても，軍事的脅威を取り除くためにアメリカが行動することは損じゃない，そんな声もあるだろう．しかし，帝国に頼る平

和は，決して安定したものにはなりそうもない．

　まず，軍事的に見れば，紛争への過大介入，つまり軍事力への過度の依存と紛争規模の拡大という問題がある．軍事行動にモラルの裏付けが得られるということは，逆にいえばモラルの目的，道義的な目的のためには軍事行動をする責任が生まれるということにもなる．これに軍事力が集中した結果として作戦への制約が薄れたという面も加えてみれば，道義的目標と力の集中との結果，軍隊で押さえつけ，取り除くべき災厄は限りなく拡がってしまう．

　ところが，現実に軍事行動に訴えることができる対象は，決して多いものではない．先制攻撃が可能となり，相手の政府を取り除くような作戦を採ることもできるようになったとはいえ，そんな戦争を起こすために必要な経費も犠牲も決して小さくはない．イラクへの作戦をイランや北朝鮮に広げることができるという経済的根拠がない以上，過大な約束をしながら過小にしか実現できない外交政策という，公約と実際との大きな乖離が生まれてしまうことは避けられない．ごく手短にいって，この帝国の平和は見かけ倒しに過ぎない可能性が高いのである．

　国連の場合，それぞれの紛争に動員できる兵力は限られ，破壊力もアメリカ軍の目ではない，基本的には傭兵の集まりのような混成部隊とならざるを得ない．だが，軍事目標を高く掲げない分，その他面では，長期にわたるねばり強い平和構築にあたることも可能となる．だが，アメリカはいかに強力でもひとつの政府であって，大規模な介入を複数同時に抱えることは難しく，また長期的なコミットメントを支える政治的枠組も持ってはいない．強気で脅す力があったからとって，平和維持に有効であるとは限らない．それはまた対外政策における振幅の大きさも生み出すこととなる．9・11事件後のアメリカの対外政策においては，安定よりも不安定を生み出すような，連続性の乏しい外交政策を避けることができない．

　そして，帝国が世界政府を代行する時，国際機関の役割は大きく後退する．もとより，国際機関とは大国が単独の行動ではなく各国協調の枠の中で行動するという決定をとったときにのみ意味を持つものだといってよい．それは，かつて第二次世界大戦の後における国際政治とアメリカ，あるいはヨーロッパ国際政治におけるドイツの地位などをみればわかるだろう．そして国際刑事裁判

所や京都議定書，さらに核不拡散条約など一連の国際体制においてアメリカが単独行動をとった結果として，それらの各国から構成される国際機構の実効的な機能も大きく後退してしまった．

　イラク介入の過程でもっとも顕著なのは，アメリカが国連で支持を得られなかったことではなく，安保理で一致どころか多数派さえ得られなかったアメリカも戦争を行うことだけはできた，ということである．アメリカという牙と国連という制度的正義がスッパリと別れてしまった．このような国際主義の後退は最終的にはアメリカの外交に大きな影響力を及ぼすことになるだろう．というのは，アメリカの影響力が単独で大きいのは何よりも軍事的な領域においてであり，ほかの領域においてはそこまでの優位はないからだ．だが，その現実に向かい合ってアメリカが国際主義に戻るまでの間，国際機関の役割が急速に収縮することは避けられそうもない．

＊

　9・11事件の直後，OECDに加盟しているような工業国のなかでは，テロへの恐怖がアメリカへの恐怖を上回っていたといえるかもしれない．だが，9・11事件は多くの犠牲を生み出したばかりでなく，明確に帝国へと踏み切ったアメリカをもつくりだした．イラク攻撃を前にした数ヶ月の間，テロへの恐怖よりも，このアメリカへの恐怖の方に大きくバランスは傾いたかに見える．だが，猫に鈴をつけ，アメリカを国際主義に引き戻す展望は，まだ開かれてはいない．

第四部
法：正当な戦争か？

第7章　国際テロリズムに対する一方的武力行使の違法性

松井芳郎

1　問題提起

　2001年9月11日の対米テロ事件は，時としていわれるように「世界を変えた」かどうかは別として，国際社会に対して多様かつ深刻な影響を与えたことは疑いない．したがって，この事件の全体像やその個別的な諸側面について，国際関係論，政治学，社会学，歴史学などさまざまな視角から多くの分析と討論が行われてきたことは当然だといえる．ところが，とりわけ事件当初から2001年10月7日に開始されたアメリカ，イギリスなどによる対アフガニスタン武力行使のしばらく後までは，欧米のメディアでは法への言及がほとんどなかったとされている[1]．もちろん，日本でも状況は同じであった．

　国際テロが大きな犠牲を生み，これに対して国境を越えて武力行使が行われたとき，国際法が沈黙の傍観者の役割を強いられたのは，思えば不思議なことだった．あるいは，このような議論に参加した論者たちの間には，国際法に対する抜きがたい不信の念が伏在していたのかもしれない．たとえばこの武力攻撃を厳しく批判した日本のある著名な国際政治学者は，この攻撃は国連憲章51条の要件を満たさないから国際法違反だという見解を，それは在来型の国

---

[1] Perre-Marie Dupuy, "The Law after the Destruction of the Towers", in, *European Journal of International Law* (hereafter, cited as *EJIL*), Discussion Forum, "The Attack on the World Trade Center : Legal Responses", http://www.ejil.org/forum_WTC/index.html, visited on 28 December 2001.

家間紛争については正しいが「今回のような大規模なテロ攻撃は，国連憲章が予想しなかった，別種の事態なのだ」と批判し，さらには，このような議論は9月12日の安保理決議を踏まえたアナン事務総長の攻撃容認発言によって「事実上処理されて」しまい，「国際法的な議論は，事実として意味を持たなくなってしまった」と語った[2]．

しかし，筆者はそのようには考えない．主権国家が対峙するアナーキーな国際社会に最低限の秩序をもたらすために，国際法はささやかではあるが一定の役割を果たしてきた．このような世界秩序は，多くの場合国際社会において支配的な大国・強国によって形成され，これら諸国の利益に奉仕するものであったことは明らかだが，他方では，このような力の支配に抵抗する諸勢力が国際法の発展に影響を与えてきたことも否定できない．したがって，国であれ非国家行為体（non-State actors）であれ，国際社会における諸行為体の営為を国際法の立場から評価することは，けっして無意味なことではない．つまり，国際法学も上記のような討論に積極的に参加しなければならないのである．そして実際，まだ初歩的なものではあるが，日本でも欧米諸国でもこのような議論が開始されている．

しかし国際法学に限っても，この事件は実に多様な問題を提起する．国際テロリズムへの対処を目的とする条約体制とその実効性，このようなテロ行為に対する国連の集団安全保障体制の役割と限界，国際テロリズムに対する国の一方的な対応の許容性とその条件，そのような武力行使への武力紛争法の適用，被疑者の身柄を確保し彼らを裁判に付するための方法など，この事件の国際法的分析は国際法学のほとんど全分野に及ぶことになろう．これらの諸問題の中で本章が取り上げるのは，対米テロを理由とするアメリカ，イギリスなどによる対アフガニスタン武力行使が，自衛権の行使といった根拠によって正当化されるかどうかという問題に限られる．この問題はそれ自体として重要であるだけでなく，これに対する解答は世界秩序の将来にとって重大な影響を及ぼすと考えられるからである[3]．

2　坂本義和「テロと『文明』の政治学——人間としてどう応えるか」藤原帰一編『テロ後』岩波書店，2002年，9-10頁（強調は原文）．

2　国際テロリズムは「戦争」か

　これまで国連とその専門機関は，国際テロリズムの防止および処罰を目的とする国際協力を組織するために，合計 13 の条約を作成してきた．これらの諸条約は，対象犯罪の特殊性を反映した個別的な規定を別として，ほぼ共通の規定を有している．すなわちこれらの諸条約は対象犯罪の構成要件を定めて，当該犯罪を国内法上処罰される犯罪とし，これに対する裁判権を設定するとともに，被疑者の身柄を確保している国は引渡しを行わないなら訴追のために事件を権限ある当局に付託する，などの義務を締約国に負わせている．つまりこれらの条約が規定する国際テロリズムは，条約締約国が国内法を適用して国内裁判所で裁判する，国内法上の犯罪なのである[4]．

　そして，2001 年 9 月 11 日の対米テロ攻撃を構成した行為のすべてとはいわなくとも多くのものは，これらの諸条約のいくつかが規定する犯罪行為であった．したがってアメリカは，自国の領域内であれば，あるいは公海や公海上空においても追跡権の行使として，このようなテロ攻撃に対して警察行動として武力の使用を含む対応をすることが認められただろうと思われる．しかし，アメリカは──少なくとも基本的には──そのように対応しなかった．

　今回の対米テロ攻撃を，ブッシュ大統領は「新しい形の戦争」と性格付け，そのように対応したのである．そして周知のように，この性格付けをめぐってはしばしば議論が行われてきた．この点について，フランスのデュピュイ（Pierre-Marie Dupuy）は，「この危機の性格付けに関する限り，すべての国際法学者は一点において一致する．すなわち，これは戦争ではない！」と強調した[5]．もっとも，アメリカに眼を移せば事情は同じではない．たとえばフォー

---

[3]　筆者はこれまでにこの事件に関して，「アメリカの武力行使は正当なのか」『世界』2001 年 12 月号および『テロ，戦争，自衛──アメリカ等のアフガニスタン攻撃を考える』東信堂，2002 年という 2 つの論稿を発表したが，これらは一般向けのものであり整理も論証も十分なものではなかった．そこで本稿では，国による一方的な武力行使の許容性という問題に絞ってこれらの論稿を補足したが，基本的な考え方はこれらと変わっていないことをお断りしておきたい．

[4]　この点については，松井前掲注 3，5-12 頁を，これらの反テロ諸条約については，西井正弘「大規模国際テロと国際法」『国際問題』2002 年 4 月号，6-9 頁を参照．

ク (Richard A. Falk) は,「黙示録的テロリズムに対するアフガニスタンにおける戦争は,わたしの理解では第2次世界大戦後最初の真の正戦と性格付けられる」と語り[6],リースマン (Michael Reisman) は,9月11日の攻撃はたんなる犯罪ではなく世界の公秩序の破壊を目指す「侵略」であって,アメリカだけでなく自由と人権とを尊重するすべての人民が「自衛の戦争」を余儀なくされている,という[7].

とりわけアメリカにおいて,事態の重大さとこれに対処する決意の強固さを示すためのレトリックとして,「戦争」という言葉が使われることは理解に難くない.しかし,テロは国際法上の「戦争」ではない.「戦争」とは国家間において宣戦布告などの形で戦意が表明されることによって生じる状態だとする,伝統的国際法における定義はもはや時代遅れであるが,現代国際法においても,何らかの意味で国際法主体性を認められる行為体が関与する武力紛争だけが国際法の規律の対象となる.たとえば現代国際法では,従属人民が植民地支配などの外国支配と戦う民族解放戦争は国際法の全面的な適用を受ける国際的武力紛争だとみなされ,また,従来は国内問題だとされていた内戦にも,一定の場合には国際法の規律が及ぶ.しかし,本件テロ攻撃に責任ありとされているオサマ・ビンラディンとアルカイダは民族解放団体ではなくアメリカにおける内戦の当事者でもなく,どのような意味でも国際法上の地位を認められてはいない.

つまり,国際法上の地位を認められないテロ集団の行為に,戦争であれ武力紛争であれ国際法上の位置づけを認めることはできないのである.少なくとも日本とヨーロッパに関する限り,今回の事件についてコメントした国際法学者の間では,テロが「戦争」ではないという点については完全な一致があるといってよい[8].

しかも,テロを「戦争」と呼ぶことはたんに誤称というのに留まらず,この言葉が与える印象によって事態の危険な展開に道を開く.今回の事件のはるか

5　Dupuy, *op. cit.*, supra note 1.
6　Richard Falk, "Defining a Just War", *The Nation*, October 29, 2001, http://www.thenation.com/doc.mhtml?i=20011029&s=falk, visited on 15 November 2001.
7　Michael Reisman, "In Defence of World Public Order", *American Journal of International Law* (hereafter, cited as *AJIL*), Vol. 95, 2001, p. 833.

以前にシャクター（Oscar Schachter）は，このように呼ぶことは「テロリストに対抗する干渉を，非友好的な政府を打倒するための全面戦争へとエスカレートさせる危険を伴う」と警告していた[9]．そしてこの危険は，今回の事件において現実化したように見受けられる．今回の事件におけるアメリカの指導者による「戦争」の言説の操作を目の当たりにしたメグレ（Frédéric Mégret）は，それはシュミット（Carl Schmitt）のいう「例外状態」を解き放つことによって，国際法による規制を免れた武力の無制約の使用へと道を開くことになると指摘した[10]．実際，国連憲章が意識的に放棄した「戦争」という用語の使用は対応の「超憲章的性格」を暗示するものであり，これに「新しい形の」という修飾語を被せることは既存の法制度では事態に対処できないという心象を拡散させる効果を有するであろう[11]．

3 自衛を根拠とする武力行使

国連憲章に具現される現代国際法のもとでは，国際関係における武力の行使と武力による威嚇は禁止され（2条4），自衛権の行使の場合（51条）と安保理事会が決定する軍事的強制措置の場合（42条）だけがその例外である[12]．アメリカ・イギリスなどによる対アフガニスタン武力攻撃の合法性を主張する論

---

8 たとえば，以下を参照．田中則夫「同時多発テロと国際法の立場——国際テロの防止と処罰，武力の行使を考える」『前衛』2001年12月号，23頁；最上敏樹「衝撃の法的位相」藤原編前掲注2，208頁；The American Society of International Law, *ASIL Insights : Terrorist Attacks on the World Trade Center and the Pentagon*, by Frederic L. Kirgis, http://www.asil.org/insights/insigh77.htm, visited on 22 December 2001 ; Addendum by Jordan Paust, in, *ibid.;* Comment by John Cerone, in, *ibid.;* Alain Pellet, "No, This is not War!", in, *EJIL* Discussion Forum, *op. cit.,* supra note 1 ; Antonio Cassese, "Terrorism is also Disrupting Some Crucial Legal Categories of International Law", *EJIL,* Vol. 12, 2001, p. 993.

9 Oscar Schachter, *International Law in Theory and Practice,* Martinus Nijhoff, 1991, p. 169.

10 Frédéric Mégret, "'War'? Legal Semantics and the Move to Violence", in, *EJIL* Discussion Forum, *op. cit.,* supra note 1.

11 *Ibid.,* p. 4 ; 阿部浩己「『文明全体の戦い』の意味するもの——国際法学からのメッセージ」『現代思想』2001年10月臨時増刊号，160頁．

12 See, e. g., Legality of the Threat or Use of Nuclear Weapons, advisory opinion of 8 July 1996, *Reports of Judgements, Advisory Opinions and Orders* (hereafter, cited as *ICJ Reports*), 1996, p. 244, para. 38.

者も，これらの例外の一方または双方に依拠するが，後者の論拠はそれ自体として薄弱であるだけでなく，問題はほとんどもっぱら安保理事会の関連決議の解釈に関わる[13]ので，本章では自衛権の行使を中心として国による一方的な武力行使が一定の場合に合法的であるとする議論だけを取り上げることとしたい．

非国家行為体に対する自衛の主張

アメリカとイギリスは，2001年10月7日に安保理事会の議長に宛てて送った書簡において，両国の武力行動は「個別的および集団的自衛の固有の権利の行使」だと説明した[14]．それでは，対アフガニスタン攻撃の検討は後におこなうとして，非国家行為体であるアルカイダ自体に対して，彼らが行ったと主張されるテロ攻撃を理由に自衛権を発動することが認められるのであろうか？

それが可能だとする学説が，ないわけではない．たとえばフランク（Thomas M. Franck）は，安保理事会は決議1368（2001）で平和に対する脅威の存在を認定したが，これは憲章第Ⅶ章にしたがって強制措置をとる決定であり，実際このような措置は決議1373（2001）によってとられたのであって，「理事会がアルカイダに対して行動できるなら，攻撃された国もそうできる」と主張し，憲章51条は「固有の」自衛権の対象を他国による攻撃に限定していないと説明する[15]．しかし，本章では留保した安保理決議の解釈を別にしても，彼は51条の自衛権——それは厳しく限定されている——と，第Ⅶ章のもとでの強制措置——これについては安保理事会の広範な裁量権が認められる——とを混同している．また51条についていえば，フランクのような解釈をかつてシャクターは，それは国の領域主権が指導原則である世界においてあまりに単純化された結論だと批判していた[16]．

---

[13] 本件に関して安保理事会が憲章42条の軍事的強制措置を決定した事実はないから，アメリカ・イギリスなどによる武力行使の合法性を主張する論者は，理事会が決議1368（2001）および／または1373（2001）によって加盟国に武力行使を許可したものと解釈する．両決議の解釈については差し当たり，松井前掲注3，54-60頁を，また，この点に関する理事会の権限については，松井芳郎『湾岸戦争と国際連合』日本評論社，1993年，84-89頁を参照．

[14] UN Doc., S/2001/946, 7 October 2001 ; S/2001/947, 7 October 2001.

[15] Thomas M. Franck, "Terrorism and the Right of Self-Defence", *AJIL*, Vol. 95, 2001, p. 840. なお，同趣旨の指摘として，西井前掲注4，15-16頁を参照．

シャクターのいう領域主権の原則に加えて，このような議論はもう1つ，現代国際法における自衛権の存在理由をも無視しているといわねばならない．今回の事件のようなテロ攻撃は，規模としては国家間の武力攻撃に匹敵するということができるかもしれない．武力攻撃とみなすことができるための被害の程度については，国際法上の基準は存在しないのである[17]．しかし忘れてはならないのは，現代国際法では国際関係における武力行使が禁止されており，この禁止に違反する違法な武力攻撃に対抗するためにだけ自衛権の行使が合法とされる，ということである．つまり自衛権は違法性阻却事由であるから，そもそも前述のように国際法主体ではない，言い換えれば国際義務の違反を犯しようがないテロ集団の攻撃に対して，自衛権を持ち出すのは場違いなのである[18]．たとえば国際法委員会が，国家責任法の法典化の過程で違法性阻却事由としての自衛を，一貫して国による攻撃に対してのみ援用可能なものとして規定してきたことが想起される[19]．

もっとも，だからといって国はテロ集団の攻撃を甘受しなければならないというわけではない．前述のように，被害国はこれに対して武力の使用を含む警察行動をとることができるであろう．しかし，これは国内法上の犯罪に対する国内法上の対応であり，これを国際法上の自衛権によって正当化する必要はない．また当然のことながら，領域主権の結果として，このような警察行動は領域国の要請または許可がない限り，当該の国の領域において行うことはできない．国際社会は過去において，武力の使用を含まない場合においてさえ，他国

16　Schachter, *op. cit.,* supra note (9), p. 164. Cf., Ian Brownlie, *International Law and the Use of Force by States,* Clarendon Press, 1963, pp. 374-375.

17　藤田久一「国際法から観たテロ，アフガン武力紛争」『軍縮問題資料』2002年1月号，9頁．

18　たとえば以下を参照．Mégret, *op. cit.,* supra note (10), pp. 19-20；松田竹男「テロ攻撃と自衛権の行使」『ジュリスト』第1213号（2001年12月1日），19頁；本間浩「国際法と国連・NATOの対応」『法学セミナー』2002年2月号，38頁；浅田正彦「同時多発テロ事件と国際法上の自衛権」『法学セミナー』2002年3月号，36頁．

19　たとえば，最初の特別報告者アゴー（Roberto Ago）による第8報告書の34条とコメンタリー（*Yearbook of the International Law Commission,* 1980, Vol. II, Part 1, pp. 51-70），委員会が1980年に第一読採択した条文草案34条とコメンタリー（*ibid,* 1980, Vol. II, Part 2, pp. 52-61），および，2001年に採択された最終草案21条とコメンタリー（Report of the International Law Commission, Fifty-third session, *GAOR,* Fifty-sixth session, Supplement No. 10, A/56/10, pp. 177-183）を参照．

の領域における国の公権力の行使を，厳しく批判してきたのである[20]．

　もっとも，非国家行為体によるテロ活動に対して自衛権の行使が主張された例がないわけではない．たとえばイスラエルが1985年にチュニジアに所在するパレスチナ解放機構（PLO）の本部を爆撃したさいに，同国代表は安保理事会においてこれを「自衛の正統な行為」だとして，次のように説明した．すなわち，PLO本部はイスラエルに対する数百のテロ攻撃を計画し組織し実行してきたのであって，自国の行動は彼らに向けたもので領域国に向けたものではないが，チュニジアもまた自国領域から行われるテロ攻撃を阻止する責任を果たさなかった点で自らその結果を引き受けるリスクを負う，と[21]．しかしこの行動は安保理事会では圧倒的な非難を受け，理事会は10月4日にこれを「国際連合憲章，国際法および行為規範にはなはだしく違反する武力侵略の行為」として非難する決議573（1985）を14対0，棄権1（アメリカ）で採択した．アメリカは，決議案がテロ攻撃を同様に非難していないことを理由に棄権したが，継続的なテロ攻撃に対しては自衛権をもって対抗できるという「原則」には支持を表明していた[22]ことが注目される．

　そのアメリカは1998年8月に，ケニアとタンザニアの同国大使館が爆弾テロにおそわれた事件にさいして，この事件にオサマ・ビンラディンが関与したと主張し，その拠点があるとするスーダンとアフガニスタンに対してミサイル攻撃を行った．アメリカはこれを，アメリカ大使館とアメリカ国民に対する「一連の武力攻撃」に対応するとともに，「その継続を阻止し抑止するための」自衛権の行使だと説明した[23]．これに対して，当のスーダンはもちろんアラブ連盟，非同盟運動などは，アメリカの行動をスーダンの主権と領土保全を侵害する侵略行為だと強く非難する書簡を安保理事会に寄せる[24]．スーダンは，攻

20　たとえば，アイヒマン事件に関する1960年の安保理事会決議138（1960），およびノリエガ将軍の逮捕を一つの理由として行われたアメリカ軍のパナマ侵攻に関する1989年の総会決議44/240．なお，国の命令によらない個人・団体による武力攻撃に対しては，被害国は警察権と司法権を行使して取り締まる権利があるが，これは自衛権とは別の権利であるとする指摘は，田岡良一『国際法上の自衛権』（補訂版）勁草書房，1981年，205-206頁．
21　SCOR, 2611 th meeting, 2 October 1985, S/PV. 2611, paras. 57-75.
22　SCOR, 2615 th meeting, 4 October 1985, S/PV. 2615, paras. 248-256. この事件に関する安保理事会の議事については，Yearbook of the United Nations, 1985, pp. 285-290, 参照．
23　UN Doc., S/1998/780, 20 Augst 1998.

撃された化学工場がオサマ・ビンラディンが所有するもので化学兵器を製造していたというアメリカの主張を検証するために，安保理事会が事実調査団を送るように招請したがアメリカはこれを拒否し，理事会は何の行動もとらなかった．

　このように，非国家行為体によるテロ攻撃に対して自衛権を行使できるという主張は，これまでは国際社会の支持をほとんど受けることができなかった．そして注目されるのは，上記のイスラエル代表の発言が示すように，自衛権の行使を理由としてテロ集団に対して向けられた武力行使は，ほとんど必然的にテロ集団が所在する領域国への攻撃をも伴うという事実である[25]．カッセーゼ(Antonio Cassese)はかつて，テロ行為が「孤立的または散発的な攻撃ではなく，暴力的なテロ行為の一貫した形態の一部を構成する」ときには，これに対して自衛権の行使が可能であると説いたことがある．このカッセーゼの発言は，ときとして彼がテロ集団に対する自衛権の行使を認めたものとして引用されることがあるが，しかし，彼はここでは当該のテロ行為が何らかの形で領域国に帰属する場合のことを語っているのであって，そうでない限りは「武力による対応の問題は生じ得ない」と彼はいう[26]．つまり，非国家行為体によるテロ攻撃に対して自衛権の行使が認められるかどうかという問題は，実際には当該のテロ集団が所在する領域国に対する自衛権の行使が認められるかどうかという問題と，切り離して論じることは事実上できないのである．

テロ組織を「かくまう」国に対する自衛

　先に引用したアメリカ・イギリスの安保理事会議長宛の書簡は，両国の攻撃はアルカイダとタリバーン政権に向けられたもので，アフガニスタン住民に対

24　See, UN Doc., S/1998/789, 21 Augst 1998；S/1998/800, 24 Augst 1998；S/1998/879, 22 September 1998；S/1998/894, 28 September 1998. なお，この事件については，*Yearbook of the United Nations*, 1998, pp. 185, 1218-1220；宮内靖彦「国際テロ行為に対する報復爆撃の問題提起――国際法強制システム形成への胎動？」『國學院法学』第38巻1号（2000年），参照．

25　See, Mégret, *op. cit.*, supra note (10), p. 19.

26　Antonio Cassese, "The International Community's "Legal" Response to Terrorism", *International and Conparative Law Quartery*, Vol. 38, 1989, pp. 596-597. 本文に触れたような趣旨でのカッセーゼのこの論文の引用については，西井前掲注4，16頁および同18頁注6を参照．

して向けられたものではないと主張していた．しかしこの時点では，タリバーン政権は国際社会の承認をほとんど受けていなかったとはいえアフガニスタンの大部分に対して実効的支配を及ぼしていたから，このような攻撃はアフガニスタン国家に対して向けられたものと見なければならず，ここに国際法の規律の対象となる国際的武力紛争が生じたことになる．それでは，どのような場合にテロリストを「かくまう（harbor）」国に対して自衛権の行使が認められるのか？

① **テロ活動への領域国による実質的関与がある場合**　第 1 に，正規軍のような国の機関ではない武装集団であっても，それが正規軍による武力攻撃に匹敵するような重大性を有する武力行為を他国に対して行う場合に，国がそのような武装集団を他国に派遣しあるいはこれに対して実質的関与（substantial involvement）を行っていれば，このような行為は自衛権の発動を正当化する武力攻撃とみなされる．つまりこの場合には，「派遣」ないしは「実質的関与」という国の行為が，直接に武力攻撃をなすものとみなされるのである．国連総会が 1974 年に採択した決議「侵略の定義」（決議 3314（XXIX））は，このような行為も「侵略行為」に当たると規定した（3 条（g））[27]．

同決議は「実質的関与」の内容を具体的に規定しておらず，国際司法裁判所もニカラグア事件判決において，この規定を「慣習国際法を反映していると理解できよう」と述べたものの，同様に「実質的関与」の内容を明らかにしなかった．しかし注目されるのは，同判決がこのような「派遣」や「実質的関与」と対比して，兵器または兵站もしくはその他の支援の供与は武力による威嚇または武力の行使もしくは他国への干渉に当たるかもしれないが，「武力攻撃」には該当しないと認定したことである．判決によれば，前者のような武力攻撃を構成する「武力行使のもっとも重大な形態」に対しては自衛権の行使が認められるが，後者のような「その他のより重大でない形態」についてはそうではない[28]．

ちなみに，裁判所がいう「実質的関与」はさまざまな価値指向的評価を許す

---

[27] ただし，「侵略行為」（憲章 39 条）と「武力攻撃」（同 51 条）の関係の問題は別途検討する必要があろう．See, Albrecht Randelzhofer, "Article 51", Bruno Simma, ed., *The Charter of the United Nations : A Comentary*, C. H. Beck, 1995, p. 668.

ものであるから,「武力攻撃」をあいまいにしてしまわないためには，限定的に解釈されねばならないと指摘されている[29]．この観点からは,「侵略の定義」3条（g）は自衛権の援用を認める憲章規定に新しい状況を付け加えるものではなく，国が他国の領域から行われる破壊活動やテロ行為に対して武力を行使すれば，その行為は本定義と憲章51条に違反するものであるという解釈[30]には，留意する必要があると思われる．

② **非国家行為体の行動が領域国に帰属する場合**　第2に，一定の状況において非国家行為体の行為が国に帰属する，つまり国の行為とみなされるという可能性が考えられる．国家責任法をめぐる近年の議論に照らせば，テロ行為に関してはそのような状況として次の2つがあり得ると思われる．

その1つは，非国家行為体がテロ行為を行うに際して，事実において当該の国の指示に基づき，あるいはその命令・支配のもとに行動した場合である．この問題については，国際司法裁判所のニカラグア事件判決が重要な判断を行っている．すなわち裁判所は，アメリカのCIAが亡命者などを雇ってその集団に指揮・命令を与えて行ったニカラグアに対する武力の使用については，これをアメリカに帰属するものと認めたが，他方ではニカラグアの反政府組織コントラについては，アメリカの広範な支援にもかかわらずそれがアメリカに代わって行動しているといえるほどの支配をアメリカが行使しているという証拠はないと判断した[31]．つまり裁判所は，非国家行為体の行為が国に帰属するかどうかについて，当該の行為に関して国が指揮・命令を行っているかどうかということを基準にして判断したのである．

この考え方は，国際法委員会が2001年に採択した国家責任に関する条文の最終草案においても採用されている．すなわち，同草案の8条は「人又は人の集団の行為は，当該の者又は集団がその行為を遂行する際に事実上その国の指

28　Case concerning Military and Paramilitary Activities in and against Nicaragua (Nicaragua v. United States of America), Merits, judgement of 27 June 1986, *ICJ Reports,* 1986, pp. 101-104, paras. 191-195.

29　Randelzhofer, *op. cit.,* supra note (27), pp. 673-674.

30　Ahmed M. Rifaat, *International Aggression,* Almqvist & Wiksell International/Humanities Press, 1979, pp. 273-274.

31　Supra note (28), pp. 45-51, 53-63, 146-147, paras. 75-86, 93-112, 292.

示に基づき又はその国の命令若しくは支配の下に行動している場合には，国際法上国の行為とみなす」と規定した．この条文はニカラグア事件判決の直接の影響のもとに起草されたものであるが，委員会は裁判所の立場を「従属および指示の一般的な状況は，当該行為の国への帰属を正当化するには不十分」とするものだと理解している[32]．

非国家行為体の行為が国に帰属するもう1つの状況は，そのような行為を後に国が認知し自らのものとして採用する場合である．これは，やはり国際司法裁判所がテヘラン事件の判決でとった考え方であって，裁判所はこの事件におけるイランの責任を2段階に分けて判断した．つまり，アメリカ大使館占拠の当初は過激派学生はイランの国家機関ではないからその行動はイラン国家には帰属しない（ただし，イランは大使館などを保護する国際法上の義務には違反した）が，ホメイニ師をはじめイランの政府当局者が占拠と人質行為を是認する態度をとった時点からは，これらの行為は国の行為となったというのである[33]．

この考え方も，国家責任条文草案において採用された．すなわち，同草案の11条は「前条までの規定に基づいて国に帰属しない行為も，その国が当該の行為を国自身のものとして認知し及び採用する場合にはその限度において，国際法上その国の行為とみなす」と規定する．国際法委員会によれば，「認知および採用」は明示されず国の行動から推論されることもありうるが，たんなる事実状況の一般的認知では足らず国が当該の行動を確認し自らの行動とすることを要する，とされる[34]．

③ **事実の証明** 以上のように，アルカイダが行ったとされるテロ行為に対してアフガニスタン国家が「実質的関与」を行っておれば，あるいは同国がそのテロ行為に対して指示・命令を与えもしくは後にこれを認知し採用しておれば，アフガニスタンに対して自衛権を行使することが可能であると論じることがで

32　A/56/10, supra note (19), pp. 103-109.
33　Case concerning United States Diplomatic and Consular Staff in Tehran (United States of America v. Iran), judgement of 24 May 1980, *ICJ Reports*, 1980, pp. 28-35, paras. 56-75.
34　A/56/10, supra note (19), pp. 118-122. テロ行為の国への帰属については，Cassese, *op. cit.*, supra note (26), pp. 597-600 ; Giorgio Gaja, "In What Sense was There an "Armed Attack"?", in, *EJIL* Discussion Forum, *op. cit.*, supra note (1), 参照.

第7章　国際テロリズムに対する一方的武力行使の違法性　159

きる．それでは，このような前提条件は，今回の対アフガニスタン攻撃において満たされているのであろうか？　このような前提条件の存在を証明する責任は，いうまでもなく自衛を理由として武力を行使したアメリカやイギリスにある[35]．なお，挙証責任は手続上の責任ではあるが[36]，証明されるべき事実の存在は自衛権行使の実体的要件であることを忘れてはならない．

　まず何よりも，9月11日のテロ攻撃がビンラディンとアルカイダによるものだということ自体が，証明されているわけではない．安保理事会決議1368と1373は，テロ攻撃の被疑者としてこれらの名前に言及せず，彼らとアフガニスタンのタリバーン政権の関係についても何も触れていない[37]．前引のアメリカの書簡は，この点について「明確かつ決定的な情報を得た」と主張したがこの「情報」の中身は示さず，他方，イギリス政府が10月4日に議会に提出した報告書はより詳細であるが，この報告書が9月11日のテロ攻撃とビンラディンらの直接のつながりについて述べていることもすべて状況証拠や推測に留まり，ここでも具体的な証拠は「高度に機密であるので公表できない」とされている[38]．

　それでは，ビンラディンとアルカイダが9月11日のテロ攻撃の犯人だと仮定して，彼らを「かくまう」タリバーン支配下のアフガニスタン国家についてはどうか．この点については，ビンラディンとアルカイダの組織がアフガニスタンの領域内に存在したこと，そしてタリバーン政権がビンラディンの引渡しを拒否しアルカイダ組織の追放にも効果的な手を打たなかったことは，確認された事実だということができる．しかしこれらの事実だけでは，ビンラディンとアルカイダによるとされるテロ行為を理由に，アフガニスタン国家に対して自衛権の発動が可能だと解することは不可能である．

---

[35] See, Schachter, *op. cit.*, supra note (9), p. 168; Mégret, *op. cit.*, supra note (10), pp. 20-21; Jonathan I. Charney, "The Use of Force Against Terrorism and International Law", *AJIL*, Vol. 95, 2001, p. 836.

[36] See, Franck, *op. cit.*, supra note (15), p. 842.

[37] See, Carsten Stahn, "Security Council Resolutions 1368 (2001) and 1373 (2001): What They Say and What They Do Not Say", in, *EJIL* Discussion Forum, *op. cit.*, supra note (1).

[38] "Responsibility for the Terrorist Atrocities in the United States, 11 September 2001", 4 October 2001: http://www.pm.gov.uk/news.asp?NewsId=2686.『世界』2001年12月号に要約紹介されている．この文書の評価については，Charney, *op. cit.*, supra note (35), p. 837, note (5) を参照．

ビンラディンの引渡し拒否は安保理決議 1267（1999）に違反するが，これに対する対処は個別国家ではなく理事会の任務であり[39]，この引渡し拒否はこれ以外の形で同国の国際義務の違反を構成するわけではない．また，自国領域内で外国に向けられたテロ活動が行われないように「相当の注意」を払うことは領域国の国際的義務であり，その違反は国家責任を生じさせるが，それは自衛権の行使を正当化する武力攻撃に当たるものではない（後述，本章の 4 を参照）．

それではさらに，タリバーン政権がビンラディンとアルカイダによるとされるテロ行為に対して実質的関与を行ったとか，その実行に関して命令・支配を行っていたとか，これを自らの行為として認知したとかいうことを示す証拠はあるのだろうか？

この点について先のイギリス政府の報告書は，ビンラディンが与えたさまざまな支援の見返りに，タリバーン政権はアルカイダにテロ活動の計画，訓練，準備などを自由に行う安全な避難場所を提供し，また，麻薬取引を共同で行ってきた，と主張している．しかし，これらの事実はたとえ立証されたとしても，アルカイダによるとされる 9 月 11 日のテロ攻撃をタリバーン政権支配下のアフガニスタン国家に帰属させるものと見ることはできない．上記①と②で見たように，「実質的関与」，「命令・支配」および「認知・採用」の敷居はそれ自体として相当高いだけでなく，このような関係はテロ組織と領域国との間に一般的に存在するだけでは足らず，当該のテロ行為について直接かつ具体的に存在しなければならないのである[40]．

つまり，対米テロ攻撃を理由にタリバーン支配下のアフガニスタン国家に対して自衛権を発動するための前提条件がそもそも欠けていると思われるが，た

---

[39] 先に本文で述べた 1998 年 8 月のアメリカ大使館テロ攻撃事件に関して，ビンラディンと彼の協力者が被疑者としてアメリカで起訴されたことを受けて，安保理は決議 1267（1999）によって，タリバーン政権がこれより先の決議 1214（1998）の要求に応えてテロリストとの協力を止めないことが平和への脅威を構成すると認定し，タリバーン政権に対してビンラディンを遅滞なく引渡すように要求，一定の期日までに引渡しが行われなければ，すべての国がタリバーン政権の航空機の離着陸を禁止しその在外資産を凍結するようにと決定した．この非軍事的強制措置は，決議 1333（2000）によってさらに強化される．

[40] 本件テロ行為のアフガニスタン国家への帰属を否定しあるいは疑問視する見解としては，たとえば以下を参照：Mégret, *op. cit.,* supra note (10), pp. 21-24；阿部前掲注 11，163 頁；浅田前掲注 18，37-38 頁．

第7章　国際テロリズムに対する一方的武力行使の違法性　161

とえこれらの条件が満たされたとしても，アメリカ・イギリスなどの武力行使はさらに，彼等自身も援用する国連憲章51条が定める自衛権行使の要件を満たしている必要がある．この点を次に検討することにしよう．

自衛の要件

① **必要性の要件：攻撃のタイミングの問題**　国連の集団安全保障体制のもとでは，「国際の平和及び安全を維持すること，そのために，平和に対する脅威の防止及び除去と侵略行為その他の平和の破壊の鎮圧とのため有効な集団的措置をとること」が目的とされ（憲章1条1．強調は追加），51条のもとで自衛権の行使が認められるのは，安保理事会が「国際の平和及び安全の維持に必要な措置をとるまでの間」ということにされている．言い換えれば，違法な武力攻撃に対処するのは集団的措置によるのが原則であり，自衛権はそうした集団的措置がとられるまで例外的に認められる暫定的なものにすぎない．また，憲章が規定する紛争の平和的解決義務（2条3，33条）と武力行使禁止原則（2条4）からして，代替的な平和的手段が利用可能である場合には，武力による自衛権行使は認められないといわねばならない．

　9月11日に行われたテロ攻撃がアフガニスタン国家による武力攻撃に該当するものと解するなら，テロ攻撃が進行中であればアメリカは個別的自衛権を，イギリスなどその他の国の場合であれば集団的自衛権を行使して，武力でこれに対抗することができただろうと思われる．ところが，実際にアメリカ・イギリスなどの武力行動が起こされたのは4週間後の10月7日であり，果たしてこの時点で自衛権の行使を理由に武力行使を行うことができたのであろうか？以下のような理由によって，そのことは不可能ではないかと考えられる．

　この4週間の間に，安保理事会はこの問題に関連して2つの決議を採択したが，これ以外にアメリカ・イギリス両国は，安保理事会を通じて集団的な措置でテロに対処するためのイニシアティブは何もとっていない．このこと自体，集団安全保障の精神の驚くべき無視だといわなければならないが，この点は後に本章の5で検討するとして，当時の圧倒的な反テロの国際世論にかんがみれば，この間に安保理事会を通じて何らかの措置を決定することは十分に可能だったと考えられる．

安保理事会はすでに今回のテロ攻撃以前に，憲章第Ⅶ章のもとで採択された二つの決議で，タリバーン政権に対してビンラディンの引渡しを求め，これに応じない同政権に対して一定の非軍事的強制措置（憲章41条）をとっていた（注39を参照）．これらの決議は効果がなかったではないかという反論が予想されるが，しかし，これらの決議が決定した措置は，タリバーン航空機の離着陸の禁止，タリバーンの在外資産の凍結，タリバーン政権に対する軍事援助の禁止など，まだ部分的なものに留まっており，これを全面的な非軍事的強制措置にまで強化する道は残されていた．現状では安保理事会が42条の軍事的強制措置を決定することはあり得ないだろうし，加盟国に武力行使を許可する決議——このような決議の憲章適合性の問題はおくとしても——も，採択できたかどうかは定かではない．しかし，今回のようなテロ攻撃に対して，武力行使が唯一の効果的な対応だということは，決して証明されたことではないのである[41]．

　このこととも関連して，9月11日に生じたテロ攻撃に対して10月7日に開始された武力行動は，そのタイミングとの関係で2つの問題を提起する．1つの問題は，最初の攻撃からあまりに立ち後れた反撃は，自衛権をもっては正当化できないのではないかという問題である．たとえばカッセーゼは，51条は武力侵略に対する対応が即時のものであることを要求すると述べ，具体的な状況がこの条件の検証を不可能とする場合があることを認めながらも，通常は正当防衛の行動は違法な攻撃が継続中かその終了直後に行われなければならないという[42]．

　1964年3月に英軍がイエメンに対して武力行使を行った際に，イギリスはこれを自国が条約上防衛義務を負っている南アラビア連邦に対するイエメンの侵略への「防衛的対応」であり，報復ではなくて憲章で認められた自衛であると説明した．しかし安保理事会では，同国の行動は憲章51条が規定する緊急事態における暫定措置としての自衛ではなく，意図的・計画的な報復だと非難

41　See, Pellet, *op. cit.*, supra note (8); Charney, *op. cit.*, supra note (35), pp. 836-838.
42　Antonio Cassese, "Article 51", Jean-Pierre Cot et Alain Pellet, ed., *La Charte des Nations Unies: Commentaire article par article*, 2e ed., Economica, 1991, p. 775, 中原喜一郎・斎藤恵彦監訳『コマンテール国際連合憲章・上』東京書籍，1993年，942頁．

され，理事会は「復仇は国際連合の目的および原則と両立しない」とするとともに，イギリスの軍事行動を遺憾とする決議 188（1964）を採択した[43]．つまり，理事会はイギリスの行動は「防衛的対応」ではなくて「報復 (retortion)」ないしは「復仇 (reprisals)」であると性格付けたのである．コンバコ（Jean Combacau）は，この事例や類似の事例に関する安保理事会の議事のキー・ワードは「計画的 (premeditated)」ということで，この言葉は攻撃に対して即時に対応するだけではなくて後の報復を準備するなら，それは自衛の限界を越えて国連の役割である抑止の役割を引き受けることになるという，理事会の確信を表明するものだと述べる[44]．

このような自衛と復仇との違いは，国家責任法に関する国際法委員会の討論でも早くから意識されていた．たとえばアゴー（Roberuto Ago）の第 8 報告は，「自衛」と「制裁 (sanction)」とは，時点においてだけでなく論理においても異なる対応だという．すなわち，「自衛」は攻撃的な武力行使が進行し継続しその目的を達成することを阻止するために行われる防衛的な武力行使であるのに対して，「制裁」は国際違法行為を行った国に対するその法的効果の事後における適用である．「自衛」は通常軍事力の使用を伴うのに対して，「制裁」については現在では軍事力の使用は認められないとも，アゴーはいう[45]．

つまり，最初の攻撃から立ち後れて行われる対応は自衛によって正当化することはできず，このような対応は結局は復仇＝対抗措置に行き着くのである．このような時間的遅れを理由として，本件のアメリカ・イギリスなどによる武力行使は自衛では正当化できず対抗措置となっていると指摘する論者は少なくない[46]．なお対抗措置との関係については，本章の 4 で検討する．

---

43 イギリスの説明は，SCOR, 1106 th meeting, 2 April 1964, S/PV. 1106, para.51 ; *ibid.*, 1109 th meeting, 7 April 1964, S/PV. 1109, paras. 26-30．これに対する批判はたとえば，*ibid.*, 1107 th meeting, 3 April 1964, S/PV. 1107, paras. 14-15 (Iraq) ; *ibid.*, para. 48（UAR）．本件に関する安保理事会の議事については，Yearbook of the United Nations, 1964, pp. 181-186，を参照．

44 Jean Combacau, "The Exeption of Self-Defence in U. N. Practice", A. Cassese, ed., *The Current Legal Regulation of the Use of Force*, Martinus Nijhoff, 1986, pp. 27-29.

45 *Yearbook of the International Law Commission*, 1980, Vol. II, Part 1, pp. 54-56．「復仇」に代えて，現在では一般的には「対抗措置」という用語が用いられる．また，アゴーが用いた「制裁」という用語は国際法委員会では採用されず，同委員会では対抗措置から制裁ないしは処罰の意味合いを排除することが合意された．後述，注71，参照．

対応のタイミングに関してはもう1つ，前述の問題とは逆にアメリカ・イギリスなどの武力行使はテロ攻撃の再発のおそれに対する先制的自衛としては正当化できないだろうかという問題がある．安保理事会議長宛の両国の書簡は，対アフガニスタン武力行使の目的は「これ以上の攻撃を防止し抑止する」こと（アメリカ），あるいは「継続的な攻撃の脅威を避ける」こと（イギリス）だと述べており，これらの主張は先制的自衛の権利を援用しているように読むことができる．また，この武力行使を支持する論者の間にも，そのように明言はしないがこれを先制的自衛と理解しているように読める指摘が見受けられる[47]．

しかし憲章51条は一般に，先制的自衛を認めるものではないと理解されている．51条は明文で国連加盟国に対して「武力攻撃が発生した場合（if an armed attack occurs）」と規定しており，この文章を字義通りに読めば先制的自衛は認められないという結論になる．「条約は，文脈によりかつその趣旨及び目的に照らして与えられる用語の通常の意味に従い，誠実に解釈するものとする」（条約法に関するウィーン条約31条1）とする，いわゆる文言解釈は判例や学説で広く認められた条約解釈の第一歩である．違法な武力攻撃に対しては集団的措置をもって対応するという，前述のような国連憲章の「趣旨及び目的」に照らしても，51条の自衛権は2条4が規定する武力行使禁止原則の例外であるというその「文脈」からしても，このような解釈が正当化されるであろう．

政策的にいっても，客観的な認定が可能な武力攻撃——事実認定はしばしば困難であろうが，武力攻撃の存否は客観的な認定が可能なはずである——に対して，その恐れというのは主観的な判断であるから，当然のことながらそのような基準を導入すれば乱用の危険が大きくなると考えなければならない．こうして，憲章51条は先制的自衛を排除しているという解釈は，これまで圧倒的多数の学者がとるところだったといってよい[48]．

---

46 たとえば，以下を参照．Mégret, *op. cit.*, supra note (10), p. 16；阿部前掲注11，163頁；松田前掲注18，22頁；Stahn, *op. cit.*, supra note (37).

47 Falk, *op. cit.*, supra note (6)；Franck, *op. cit.*, supra note (15), p. 840.

48 See, e. g., Brownlie, *op. cit.*, supta note (16), pp. 275-278；Randelzhofer, *op. cit.*, supra note (27), pp. 675-676；Cassese, *op. cit.*, supra note (42), pp. 776-780，邦訳943-947頁；田畑茂二郎「国連憲章五一条と自衛権」『安保体制と自衛権』有信堂，1960年．

これまでも先制的自衛の主張が行われたことはあるが，この主張が国際社会で一般的に認められた例は存在しない．たとえば，1975年12月にイスラエルはレバノン所在のパレスチナ人キャンプを爆撃し，これを予防的行動ないしは警告だと説明した．しかし，安保理事会では同国の行動は一致した非難を受けた．とりわけフランス代表は「復仇も，とりわけ予防も国際関係において認められた概念ではない」と述べ，イギリス代表は以前の攻撃は今回のイスラエルによる空襲を正当化せず，「いずれかの政府がこのような形で法を自らの手に取り込む権利を有するということは受け入れられない」という[49]．イスラエルを非難する非同盟諸国の決議案は13対1（アメリカ），棄権1で不採択に終わったが，アメリカの反対理由はすべての武力を非難する自国の修正案が受け入れられなかったということで，同国もイスラエル非難には同調していた[50]．また，1981年にイスラエルはイラクが核兵器を開発しているとして同国の核施設を爆撃，破壊し，これを先制的自衛と説明したが，この説明は安保理事会では西側諸国も含めて一切支持を受けることができず，理事会はこれを「国際連合憲章の明確な違反」と非難する決議487（1981）を全会一致で採択した[51]．

　国連の慣行はあいまいで51条の意味を必ずしも明らかにしていないと考えるコンバコも，この点では慣行はより明確で先制的自衛否定説を支持するものだという[52]．もっとも，自衛権は第二撃の権利ではないから，武力攻撃が実際に発生しなくてもその恐れが客観的に証明されれば自衛権の発動が可能であるという解釈は可能かもしれない．しかしこの解釈をとる場合であっても，武力攻撃の主観的なおそれだけでは不十分であって，自国に向けた武力攻撃の差し迫った危険性が客観的に証明されなければならない[53]．ところが本件についていえば，すでにテロ攻撃が行われたという事実は一般的には再度の攻撃の危険

49　SCOR, 1861st meeting, 8 December 1975, S/PV. 1861, para. 31 (France); SCOR, 1862nd meeting, 8 December 1975, S/PV. 1862, para. 139 (UK).

50　Ibid., paras. 133-135 (USA). なお本事件に関する安保理事会の議事については，Yearbook of the United Nations, 1975, pp. 226-230, 参照.

51　本事件に関する安保理事会の議事については，Yearbook of the United Nations, 1981, pp. 275-283, 参照.

52　Combacau, op. cit., supra note (44), pp. 23-25.

53　Schachter, op. cit., supra note (9), pp. 150-152；田岡前掲注20, 213-239頁.

性を予測させるものではあるが，アメリカ・イギリスの書簡も，より詳細なイギリス政府の報告書も，9月11日のようなテロ攻撃が再び行われるという差し迫った危険を客観的に証明しているとは到底いえないのである．

② **均衡性の要件：攻撃の目的の問題** 合法的な自衛権の行使にとって，必要性の要件とともに均衡性の要件が不可欠であることは，普遍的に認められているといってよい[54]．もっとも，均衡性の要件については2つの理解がある．1つは目的との均衡性，つまり自衛のために認められる武力は，違法な攻撃を排除して被害国の領土保全と政治的独立を維持し回復するために必要な限度に限られるという意味であり，もう1つは自衛のために用いられる武力は，相手方の違法な武力と程度において均衡したものでなければならないという意味である．

ここでは，このどちらの解釈が均衡性の原則の正しい理解であるのかを検討することはできない．また，今回の対アフガニスタン攻撃が後者の意味での均衡性の要件を満たしていないのではないかという危惧が広範に表明されている[55]ことは承知しているが，この攻撃とそれがもたらした被害の実状について十分な資料を手にしていない筆者は，この点について評価を行う立場にはない．そこで本章では，前者の意味での均衡性の要件の観点から，本件攻撃を検討することに留めたい[56]．

この観点からするなら，今回の対アフガニスタン攻撃は明らかに均衡性の要件を踏み越え，したがって自衛の範囲を越えるものだったといわねばならない．このことは，ほかならぬブッシュ大統領自身が認めたことであった．すなわち彼は，2001年9月20日の両院合同会議において，次のように演説した．「われわれのテロに対する戦争はアルカイダに始まるが，そこでは終わらない．こ

---

54 See, Legality of the Threat or Use of Nuclear Weapons, supra, note (12), p. 245, para. 41 ; Case concerning Military and Paramilitary Activities in and against Nicaragua, supra note (28), p. 94, para. 176.

55 たとえば，藤田前掲注17，10頁；本間前掲注18，39頁．フォークも後にこのことを認めて，それを1つの理由に先に主張した「正戦」論を撤回したように見受けられる ("Falk replies", http://www.thenation.com/doc.mhtml?i=200011126&s=letter, visited on 15 November 2001).

56 このような均衡性の要件の理解については，たとえば以下を参照．Randelzhofer, *op. cit.,* supra note (27), p. 677 ; アゴーの第8報告書，前掲注19, *Yearbook of the International Law Commission,* 1980, Vol. II, Part 1, p. 69 ; D. W. Greig, "Self-Defence and the Security Council : What Does Article 51 Require?", *International and Comparative Law Quartery,* Vol. 40, 1991, 392-398.

の戦争は，世界に手を広げるすべてのテロ集団が発見され，阻止され，そしてうち負かされるまで続くであろう．……われわれは，テロリズムに援助または避難場所を与える諸国を追及するであろう．あらゆる地域のすべての国は，今や決定を行わなければならない．われわれとともにあるか，それともテロリストとともにあるか．今日これ以後は，テロリズムをかくまいまたは支持し続けるいかなる国も，合衆国によって敵対勢力とみなされるであろう」[57]．

　同様の論理は，アメリカの立場を支持する学者の間にも見受けられる．たとえばリースマンはこの攻撃を「自衛戦争」として描きながらも，「勝利か敗北か，この可能な出口戦略のいずれかを選ばなければならない」という[58]．他方フォークは，正統性を確保するためには過剰な武力の使用は避けるべきだと主張しながらも，武力的対応の目的は「再攻撃の脅威を減少させ，処罰を行い，そして内外の安全感を回復すること」だと述べる[59]．

　武力行使のこのような目的設定——テロ組織の処罰と撲滅，テロリストを「かくまう」国の抑止，そして世界的な安全感の回復——は，武力攻撃または証明されたその差し迫った危険から自国の領土保全と政治的独立を護るという，自衛の正当な目的を大きく踏み越え，したがって均衡性の要件を満たさないものであることはいうまでもない．こうして，法は国の行動を枠付けるものではなく，それに対して正統性を付与する道具としての役割を割り当てられる．武力による報復を求める圧倒的な国内世論を受け入れることを決定したアメリカ政府は，このような報復を明らかに禁止する国際法を前にして，正当化事由として自衛を選ぶしか道がなかったのだと理解される[60]．

　いずれにせよ，アメリカの目的が現存のテロ攻撃から国と国民を護ることを

57　President George W. Bush, Adress to a Joint Session of Congress and the American People, September 20, 2001, http://www.whitehouse.gov./news/releases/2001/09/print/20010920-8.html, visited on 29 April 2002.
58　Reisman, *op. cit.*, supra note (7), p. 835.
59　Falk, *op.cit.*, supra note (6).
60　See, Mégret, *op. cit.*, supra note (10), p. 11. もう1つ，安保理事会の許可を求める道が残されていたが，客観的に考えてこの方法がアメリカにとって決して不利ではなかった (see, Charney, *op. cit.*, supra note (35), pp. 837-838) にもかかわらずこの方法が選択されなかったのは，アメリカがそれによって課されるかもしれない行動への制約と，将来への先例となることをおそれたためだと思われる．

越えて，テロリズムの脅威から広く国際の平和と安全を守ることに踏み込むのなら，これはあきらかに国連体制のもとでは安保理事会の任務に属するはずのものであった．スターン（Carsten Stahn）は，アフガニスタンにおけるテロリズムと戦う問題は同国における内戦への国際的対処と切り離すことはできず，それは自衛とは関係がなく，明らかに安保理事会の任務である国際の平和および安全の維持の領域に属するという[61]．このような安保理事会の任務を，自衛を理由として個別国家が取り込むことの世界秩序に与える影響については，本章の5において検討することにしよう．

③　**慣習法上の自衛権**　それでは，アメリカ・イギリスなどによる対アフガニスタン攻撃は憲章51条が規定する自衛権によっては正当化できないとしても，それよりも広い範囲で自衛権を認めるとされる慣習国際法によっては正当化できないであろうか？　憲章51条と慣習法上の自衛権の関係については，次のように説明される．

すなわち，51条は「個別的又は集団的自衛の固有の権利（inherent right of individual or collective self-defence）」（仏文では droit naturel de légitime défense, individuelle ou collective）と規定している．つまり「固有の権利」ないしは「自然権」という言葉は慣習法上の自衛権を意味し，それを「害するものではない」というのだから，51条は慣習法上の自衛権をそのまま認めた規定なのだという説明である．この説明はまた，51条の起草過程をも根拠にしており，憲章の原案だったダンバートン・オークス提案には存在しなかった51条がサンフランシスコ会議で挿入された理由は，集団的自衛権を明文で認めるためであって，慣習法上の自衛権を制約することが意図されていたのではない，とされる[62]．

そして，慣習法上の自衛権の内容を示す先例としてしばしば引用されるのが，カロライン号事件（1837年〜1842年）である．もっとも，近年では十分に明

---

[61] Stahn, *op. cit.*, supra note (37). See also, Dupuy, *op. cit.*, supra note (1).

[62] 代表的な見解として，以下を参照．D. W. Bowett, *Self-Defence in International Law*, Manchester University Press, 1958, pp. 182-199 ; Julius Stone, *Legal Control of International Conflict*, revised ed., Maitland Publications, 1959, pp. 243-246 ; Myres S. McDougal and Florentino P. Feliciano, *Law and Minimum World Public Order : The Legal Regulation of International Coercion*, Yale University Press, 1961, pp. 232-241.

らかにされているように、この事件を自衛権の先例として援用するのは適当ではない[63]。事件が発生し外交交渉が行われた時期の国際法は国が戦争に訴えることを禁止しておらず、武力行使を正当化するために自衛のほか自己保存や緊急状態といった概念が明確に定義されることなくしばしば互換的に用いられていたし、何よりも本件で英軍の攻撃の対象となったカロライン号が所在したアメリカは国際違法行為を犯していなかったから、本件を先例として引用するのなら自衛よりもむしろ緊急状態のそれとしてのほうがふさわしいのである．

しかし他方では、この事件をめぐる外交交渉において当時のアメリカ国務長官ウェブスターが述べた"その行為が自衛のためとして正当化されるためには、差し迫った圧倒的な自衛の必要性が存在し、手段を選択する余地がなく、熟慮の時間もないことが必要であり、かつ自衛のための行動はその必要性によって限定され、その限界内に明確に留まる必要がある"という言葉[64]をよりどころに、伝統的な自衛権の要件が組み立てられてきたことも否定できない．ここから、差し迫った圧倒的な自衛の必要性――「急迫不正の侵害」の存在として定式化されることが多い――、必要性、均衡性といった要件が組み立てられてきたのである．ここでは「急迫不正の侵害」の存在が要件とされており、これは一見したところ「武力攻撃が発生した場合」という憲章51条の要件よりも緩やかであるから、自衛権を根拠に武力行使の可能性を幅広く認めることを望む立場からは好都合な要件である．たとえば慣習法上は、自衛権は武力攻撃以外の形による権利侵害に対しても認められ、あるいは武力攻撃のおそれに対する先制的自衛も認められると主張されてきた．

---

63 田岡前掲注20, 32-47頁；小川芳彦「カロライン号事件」田畑茂二郎・太寿堂鼎編『ケースブック国際法（新版）』有信堂，1987年，81-83頁；Cassese, *op. cit.*, supra note (42), p. 772, 邦訳938頁．国際法委員会も、この事件を一貫して緊急状態の先例として扱ってきた．アゴーの第8報告書（*Yearbook of the International Law Commission*, 1980, Vol. II, Part 1, pp. 61-62），第一読草案33条へのコメンタリー（*ibid.*, 1980, Vol. II, Part 2, p. 44），および最終草案25条へのコメンタリー（Report of the International Law Commission, Fifty-third session, *GAOR*, Fifty-sixth session, Supplement No. 10, A/56/10, pp. 196-197）を参照．

64 このウェブスターの言葉を含めて、本事件の外交文書は以下に収録されている．*British and Foreign State Papers*, Vol. 29, 1840-1841, pp. 1126-1142；*ibid.*, Vol. 30, 1841-1842, pp. 193-202；John Bassett Moore, ed., *A Digest of International Law*, Vol. II, reprint ed., AMS Press, 1970, pp. 409-414；*ibid.*, Vol. VII, pp. 919-920.

しかし，現時点においてこのような慣習法上の自衛権の解釈をとることは困難である．たとえ憲章51条が慣習法上の自衛権をそのまま認めたものだと解するとしても，慣習法上の自衛権がウェブスターの時期から不変のものだったわけではない．とくに1928年に不戦条約が結ばれて侵略戦争が禁止されて以来，自衛権は侵略戦争禁止の例外として重要な意味をもつようになり，この頃から法概念として整備されてきた．そして，国連憲章が採択された時点ですでに，慣習法上の自衛権は武力攻撃に対してだけ認められる限定的なものになっていたという指摘も存在する[65]．

憲章採択の当時がどうであれ，憲章の成立後は，国連加盟国はあるいは加盟国でない国も含めて，自衛権は武力攻撃が発生した場合にのみ認められるという憲章51条の考え方をほとんど一貫して支持してきたということができる．たとえば，先制的自衛に関する国連とその加盟国の慣行の一端については上記②で検討したが，こうした慣行を基礎として慣習法上の自衛権も発展してきたと見なければならない．したがって，憲章が成立してから既に60年近く経つ現在では，武力攻撃がなくても自衛権の発動を認める慣習法上の自衛権がなお生き残っているという議論は，説得力を持たないと思われる．

この点で興味深い議論を展開したのは，何度か引用してきた国際司法裁判所のニカラグア事件判決である．この判決で裁判所は，憲章51条は慣習法上の自衛権――それは「武力攻撃の場合に適用される」ものだという――の存在を前提とし，また慣習法上の自衛権は憲章によって確認され影響を受けてきたが，憲章は慣習法の内容をすべて扱っているわけではなく，たとえば「その存在が証明されれば"固有の"自衛権の行使が認められる"武力攻撃"」の定義を与えていないと述べる．裁判所はまた，「個別的自衛の場合には，この権利の行使は当該の国が武力攻撃の犠牲者であることを条件とする．集団的自衛の援用は，もちろんこの必要性を排除するものではない」ともいう．以上の引用から明らかなように，裁判所は51条の自衛権も慣習法上の自衛権も，ともに武力攻撃の存在を前提とすることをはっきりと認めているのである[66]．

---

65 See, e. g., Brownlie, *op. cit.*, supra note (16), pp. 272-275; *Yearbook of the International Law Commission*, 1980, Vol. II, Part 1, pp. 61, 63.

4 自衛以外の違法性阻却事由

　以上のように，今回のアメリカ・イギリスなどによる対アフガニスタン武力行使を自衛によって正当化することはできないが，それでは，それ以外に違法性阻却事由はないだろうか？　アメリカ・イギリスなどは自衛以外の正当化事由を援用していないが，彼らの主張とその論理はこれ以外の違法性阻却事由を示唆するように思われる．たとえば，テロ攻撃から4週間を経た後の反応は自衛の枠を越えるとしても，対抗措置として正当化できるかもしれない．また，テロ攻撃へのアフガニスタン国家の「実質的関与」が存在せず，この攻撃が何らかの形で同国に帰属することもないとしても，なお緊急状態の援用が可能かもしれない．そして実際，結論として肯定しないまでも，これらの違法性阻却事由の適用可能性を指摘する論者も存在する．そこで以下では，これら2つの可能性について簡単に検討しよう．

対抗措置

　国がテロ行為に「実質的関与」を行っておらず，あるいは「命令・支配」や「認知・採用」を通じてその行為が国に帰属しないとしても，なお，国はその領域内で非国家行為体が他国ないしは他国民に対する犯罪行為を準備し実行することを，防止し処罰する義務を負っている．自国の領域を他国と他国民の権利・利益を損なうために使用させてはならないという義務は領域使用の管理責任と呼ばれ，これが国際法上確立した国の義務であることは疑われていない[67]．テロ行為についていえば，1970年の国連総会決議「友好関係宣言」（決議2625 (XXV)）は，「すべての国家は，他の国家において内戦行為又はテロ行為を組

66　Case concerning Military and Paramilitary Activities in and against Nicaragua, supra note (28), p. 94, para. 176; pp. 103-104, para. 195. なお判決は，武力攻撃の差し迫った脅威に対する対応の問題は争点になっていないので，これについては意見を述べない（p. 103, para. 194）としているので，この点については不明確さが残ることは否定できない．

67　See, e. g., Island of Palmas Case (Netherlands/U. S. A.), arbitral award of 4 April 1928, *United Nations Reports of International Arbitral Awards,* Vol. 2, p. 839; Affaire du détroit de Corfou, (fond), arret du 9 avril 1949, *ICJ Reports,* 1949, p. 22.

織し，教唆し，援助を与え若しくはそれらに参加すること，又はかかる行為の実行に向けられた自国領域内における組織的活動を黙認することを，上記の諸行為が武力による威嚇又は武力の行使を含む場合には慎む義務を有する」と規定した．

ただしこの義務は，そのような行為を防止し処罰するために「相当の注意」を払う義務に留まるのであって，テロ行為の発生自体を防止する「結果の義務」ではない．言い換えれば，「相当の注意」を払っていたが結果として自国を根拠地とするテロ行為を防げなかったとしても，国は責任を負わなくてもよい．もっとも，「相当の注意」を払わなければ国際法上の違法行為となるが，もちろんそのことが武力攻撃と同一視されて自衛権の発動が可能となるわけではなく，被害国は別の形で救済を求めることになる．

このための制度が，かつて「復仇」と呼ばれ，現在では一般に「対抗措置 (countermeasures)」と呼ばれる制度である[68]．すなわち，国際違法行為が行われた場合に，被害国はその違法行為の中止，それに対する賠償，あるいはその再発防止を求めて，加害国に対して国際法上本来は禁止されているような行為を行っても，その行為の違法性は阻却される．この対抗措置は，領域使用の管理責任における「相当の注意」義務の違反にも適用されることはいうまでもない．

対抗措置は法執行の仕組みが整っていない国際社会ではやむをえない制度であるが，違法行為の認定も対抗措置の発動も自称「被害国」が一方的に行う点で，とりわけ大国・強国による濫用の危険がつきまとう．そこで国際法は対抗措置の実施に厳しい条件を課す方向で発展してきたが，このような条件の中でももっとも重要なものの1つが武力による対抗措置の禁止である．「友好関係宣言」は，「国家は，武力行使をともなう復仇行為を慎む義務を有する」と定め，同様の規定は多くの国際文書に存在する．国際法委員会の国家責任条文最終草案でも，対抗措置は「国際連合憲章に具現された武力による威嚇又は武力の行使を慎む義務」に影響を与えてはならない，と規定されている（50条1 (a))．

---

[68] 国際法委員会の国家責任条文最終草案22条，49-54条（A/56/10, supra note (19), pp. 180-183, 324-355）参照．

本草案の起草過程では、禁止される対抗措置に政治的・経済的圧力を含めるかどうかについては対立があったが、武力を用いた対抗措置が禁止されるという点ではまったく異論がなく、この点では国際社会の意見は完全に一致しているといえる[69]。国際司法裁判所も、武力による対抗措置は違法であることを確認してきた[70]。なお、国際法委員会の最終草案でもう一点注目されるのは、対抗措置の目的の限定が、加害国に対して義務違反の停止、賠償、再発防止などの義務に従うように「促すためにのみ（only......in order to induce）」という形で明記されたことである（49条1）。国際法委員会によれば、対抗措置は違法行為に対する処罰の形態であることを意図されておらず、責任を負う国に回復できない損害を与えることは処罰または制裁に当たり得るのであって対抗措置には含まれない[71]。

つまり、領域国がテロを防止するために「相当の注意」を払わなかったからといって、これに対する対抗措置として武力を用いることは明確に禁止されている。また、アメリカにおいて時にいわれるような、テロリストまたはこれを「かくまう」国に対する処罰も、対抗措置としては正当化されないのである。

緊急状態

テロ攻撃に関してもう1つ援用可能な違法性阻却事由は、「緊急状態（(state of) necessity）」である。たとえばシャクターは、緊急状態を規定する国際法委員会の国家責任条文第一読草案33条とそのコメンタリーにおもに依拠して、「『緊急状態』は、テロリズムに対する領域外における武力の問題の核心に位置する」と主張した[72]。松田竹男も、結論的にはこれを否定するが、本件における緊急状態の適用可能性を認めている[73]。

国家責任条文最終草案25条によれば、重大かつ急迫した危険に対して不可

---

69 第二読草案採択以前の討論については、Yoshiro Matsui, "Countermeasures in the International Legal Order", *Japanese Annual of International Law*, No. 37, 1994, pp. 13-17 を参照。

70 Affaire du détroit de Corfou, (fond), supra note (67), p. 35; Case concerning Military and Paramilitary Activities in and against Nicaragua, supra note (28), p. 127, para. 249.

71 A/56/10, supra note (19), pp. 328-333.

72 Schachter, *op. cit.*, supra note (9), pp. 169-173.

73 松田前掲注18、19頁。

欠の利益（この利益には，国際社会全体の利益も含まれる）を保護するための唯一の手段であり，かつ相手国または国際社会全体の不可欠の利益に対する重大な侵害にならない場合を除いて，緊急状態を違法性阻却事由として援用することができない．また，当該の義務が緊急状態の援用を排除している場合と，国が緊急状態に寄与している場合には，これを援用することはできない[74]．さらに26条によれば，一般国際法の強行規範から生じる義務と一致しない行為には，違法性阻却事由は適用されない．

　緊急状態は，自衛や対抗措置と違って相手国のこれに先行する行為の性格付けには依存しない，つまり，相手国に国際違法行為が存在しない場合であっても援用することができる．また，先例が示すように緊急状態は，自国の不可欠の利益への侵害が非国家行為体の行為を原因とする場合でも，援用可能である．さらに，このような利益の侵害は現実に生じている必要はなく，その「重大でかつ急迫した危険（grave and imminent peril）」をもって足りる．このように見るならば，緊急状態はシャクターもいうように，非国家行為体によるテロ攻撃に対する有力な法的武器となり得るように思われる．

　しかしこのことは，裏返せばこの概念の濫用の可能性にも道を開く．そこで国際法委員会は，その例外性を強調するために「次の場合を除き……援用することはできない」という消極的なフォーミュレーションを選択した．利益が「不可欠」のものであるかどうかは状況に依存するからあらかじめ定めることはできないが，しかし「危険」はその可能性が懸念されるだけでは足らず，「客観的に証明されなければならない」とされた．

　この点は，国際司法裁判所のガブチコボ・ナジマロシュ計画事件判決の判断に依拠している．この判決で裁判所は，国際法委員会第一読草案33条が規定する緊急状態援用の条件は「慣習国際法を反映する」と判断し，また，自然環境が「不可欠の利益」に含まれることを認めた．しかし裁判所によれば，「危険」は可能性が懸念されるだけでは足らず，当該の時点において適切に証明されねばならない．とりわけ，緊急状態を構成する「危険」は「急迫した」ものでなければならないが，「急迫した」とは即時性または直近性と同義語であっ

---

[74] A/56/10, supra note (19), pp. 194-206.

て，「可能性」の概念をはるかに越える[75].

　このような基準を適用するとするなら，今回の対アフガニスタン攻撃は少なくとも次の二つの理由によって，緊急状態では正当化できないものと思われる．第1に，松田も指摘したように，アルカイダの拠点だけを対象にするならともかく，タリバーン政権の打倒まで目指して全面的な武力攻撃を行うことは，不可欠の利益を保護するための唯一の手段とはいえず，相手国の不可欠の利益に対する重大な侵害にならないともいえない．第2に，先にも触れたようにテロ攻撃の再発の「危険」も，決して客観的に証明されてはいないのである．なお，ここでは強行規範から生じる義務への違法性阻却事由の不適用を規定する，26条の適用可能性も問題となろう．国際法委員会は，侵略の禁止──武力行使禁止原則全体ではない──が強行規範であることを認めた[76]から，今回の対アフガニスタン攻撃が侵略行為に該当するとすれば，緊急状態を含めてすべての違法性阻却事由が援用できないことになる．しかし本章では，この視角から当該武力行使の性格付けを行う余裕はないので，この問題に関する回答は留保せざるを得ない．

5　一方的武力行使は世界秩序の将来に何をもたらすか

　今回のアメリカ・イギリスなどによる対アフガニスタン武力行使については，それに対して圧倒的な国際的支持が寄せられたことが注目される．よく知られているように，事件直後の9月12日にNATO理事会は声明を発表して，「この攻撃は，もしも外部から合衆国に向けられたものと証明されれば，（個別的・集団的自衛権を規定する）ワシントン条約5条の対象となる行為であるとみなす」と述べ，引き続き10月4日にはこの5条のもとでとる措置について決定を下した[77]．また，地域的機構では米州機構（OAS）が10月16日に，「アメリカ合衆国その他の諸国が個別的および集団的自衛の固有の権利を行使してと

---

[75] Case concerning the Gabcikovo-Nagymaros Project (Hungary/Slovakia), judgement of 25 September 1997, *ICJ Reports,* 1997, pp. 39-46, paras. 49-58.

[76] See, Commentary to Article 40, A/56/10, supra note (19), pp. 282-284. See also, Schachter, *op. cit.,* supra note (9), p. 171.

った……措置」に対する完全な支持を表明したという[78].

　国連に眼を移すと，やはりアメリカ・イギリスなどの攻撃は広範な支持を受けており，文民への被害などの個別的な問題やアフガニスタンの人道的状況の悪化は別にして，この武力攻撃自体が公然と批判されたという記録は見あたらない．たとえば，攻撃開始直後の 10 月 8 日に安保理事会の非公式協議が開催されたが，その結果を報告する議長の新聞発表では，既引の議長宛書簡に基づいて行われたアメリカ・イギリス両国代表による説明に対して理事会メンバーは「謝意を表した」とされており，ここで批判的な発言が行われたことは伺われない[79].

　以上のような決定や態度表明は，政府代表が政治的な機関において行ったものであり，法的判断ではなくて政治的判断に基づいているから，こうした支持の態度表明が圧倒的だからといって，アメリカ・イギリスなどの行動が合法だという結論にはならない．違法か合法かは，多数決で決まるわけではないのである．また，こうしたことによって自衛権や武力行使禁止に関する既存の国際法が直ちに変化することも，もちろんあり得ない．

　しかし，このような諸国の態度が今後も繰り返されるなら，今回の事例が武力行使や自衛権に関する国際法を変化させる先例となる可能性は，否定できないであろう．国際司法裁判所はニカラグア事件判決で，ある国が確立した原則への先例がない例外に依拠し，そして他の諸国が原則として同様の態度をとるならば，この事実は慣習法の修正に導くかもしれないと述べた[80]．たしかに近年では，確立した武力行使禁止原則に対する先例のない例外の主張が目に付く．たとえばコソボ危機を契機とするユーゴ空爆では，NATO 諸国は人道的干渉を主張した[81]．そして今回のアフガニスタン攻撃では，今までの自衛権理解と

77　"Statement by the North Atlantic Council", 12 September 2001, Press Release (2001) 124, http://www.nato.int/docu/pr/2001/p01-124e.htm ; "Statement to the Press", 4 October 2001, http://www.nato.int/docu/speech/2001/s011004b.htm, visited on 5 October 2001.

78　Cited in, Addendum, "Inter-American Regional Security Against Terrorism : A Shield and a Sword" by Montserrat Gorina-Ysern, in, ASIL Insights, *op. cit.*, supra note (8).

79　Press Statement on Terrorist Threat by Security Council President, Press Release AFG/152-SC/7167, 8 October 2001.

80　Case concerning Military and Paramilitary Activities in and against Nicaragua, supra note (28), pp. 98-99, para. 207.

は違った新しい理解のもとに広範な自衛権の行使が主張された．しかも今回は，コソボの場合にもはるかに増して，多くの諸国がこのような主張を支持し容認している．何らかの理由をつけて一部の大国・強国やその同盟が一方的に武力を使うという状況が繰り返され，そしてそれが他の諸国の支持・容認を受けるなら，確立した武力行使禁止原則が掘り崩されるのではないか，このような強い危惧を抱かざるをえないのである．

このような武力行使禁止原則の弛緩は，本件ではいうまでもなく自衛権概念の拡大によってもたらされる．たとえばペレ（Alain Pellet）は，安保理決議1368が自衛権に言及したことを指して，それは憲章51条の文言とはほとんど一致し得ない「極端に広い解釈」だと評した[82]．それではどこが「極端に広い」のか？

この点を簡潔に展開したのは，カッセーゼであった．このような理解では，確立した自衛権行使の条件がすべて「ファジーになる」というのである．伝統的な自衛では対象は侵略国と決まっていたのに，新しい理解ではテロ組織とそれを「かくまう」国が対象で，とりわけ後者はどこまで広がるか分からない．古典的な自衛は侵略に対する即時の対応だったのに，今回の事件では出遅れた対応が認められているように見える．また，伝統的自衛の期間は侵略の終了までに限定されていたのに，今回はこの期間はいつまでとも定めがたく「戦争」は数年を要するといわれている．さらに，古典的自衛では用いられる手段は国際人道法によって制限されその対象は軍事目標に限られていたのに，今回は若干の国は超法規的な暗殺も含めてあらゆる暴力手段が許容されると見ているように思える．「これは，国際社会にとってきわめて重大な先例となるパンドラの箱を開けるものかもしれない」とカッセーゼは警告するのである[83]．

付け加えるなら，これらすべての「ファジーな」点についてアメリカは一方的な決定の権利を主張しているように見える．たしかに自衛権の発動を決定するのは第一次的には当該の国であるが，国際法が法である限りはこの判断は国

81　この事件とそこにおける人道的干渉の主張については，松井芳郎「NATOによるユーゴ空爆と国際法」『国際問題』2001年4月号，松井芳郎「現代国際法における人道的干渉」藤田久一・松井芳郎・坂元茂樹編『人権法と人道法の新世紀』東信堂，2001年を参照．

82　Pellet, *op. cit.,* supra note (8).

83　Cassese, *op. cit.,* supra note (8), pp. 995-998.

際社会のコントロールに服さなければならない[84]．しかし，国連憲章上このコントロールの権限を有するのは安保理事会であるから，常任理事国であるアメリカは拒否権をもっていつでもこれを阻止することができる．アメリカ大統領の理解によれば，憲章51条はアメリカが好むことを好むときに行う白紙委任状を意味するのではないか，とデュピュイは皮肉っている[85]．国際社会のコントロールに服さない自衛権行使の恐るべき帰結を，問わず語りに認めたのはフランクだった．自衛権の行使が違法であれば，相手方は自衛権の行使をもってこれに応えればよいと彼はいう[86]．これはまさに「万人の万人に対する戦い」というホッブス的世界の再来であり，メグレの言葉を借りれば「カオスをもってアナーキーに置き換える」ものに他ならない[87]．

さて，今回の対アフガニスタン武力攻撃に際して自衛権行使の対象と主張されたのは，テロ活動を行うとされる非国家行為体とそれを「かくまう」とされる国だったが，本章の3でも見たように，確立した理解によればこれらは自衛権行使の対象となりうるものではなく，このような行為体の行動が国際の平和と安全を脅かす場合には，これに対処するのは集団安全保障，具体的にいえば安保理事会の任務に属することのはずであった[88]．とりわけ，アメリカ・イギリスなどの軍事行動はアフガニスタンの内戦において事実上北部同盟の側を支持し，タリバーン政権を打倒するに至ったが，一方の当事者を支持して内戦に

---

84 See, e. g., Schachter, *op. cit.*, supra note (9), pp. 135-138.
85 Dupuy, *op. cit.*, supra note (1).
86 Franck, *op. cit.*, supra note (15), pp. 842-843. 彼は，自衛権は「自己保存の"固有の"権能」だともいう．
87 Mégret, *op. cit.*, supra note (10), p. 31.
88 See, e. g., Dupuy, *op. cit.*, supra note (1); Pellet, *op. cit.*, supra note (8); Mégret, *op. cit.*, supra note (10), pp. 33-37; Charney, *op. cit.*, supra note (35), pp. 835-838. 本事件では頑固な自衛権論者に変身したフランクも，かつては個別国家の自衛権に対する国連の「集団的警察行動」の優越を主張していた (Thomas M. Franck and Faiza Patel, "UN Police Action in Lieu of War : "The Old Order Changeth"", *AJIL*, Vol. 85, 1991, p. 63 et seq.). なお，西井正弘は本文のような筆者の考え（松井前掲注3, 87頁における同趣旨の指摘）を，安保理事会は決議1368と1373の前文で個別国家に自衛権を認めているではないかと批判した（西井前掲注4, 15頁）．安保理決議の解釈の問題はさておき，筆者がいいたいのは集団安全保障の趣旨からいえば平和への脅威に対処するのは安保理の任務だということで，憲章が定めるこの趣旨は安保理が個々の決議によって変えられる性格のものではない．西井は，集団安全保障の趣旨と筆者の考えの一方または双方を理解していないように思われる．

介入することは不干渉原則に違反するものであり，個々の加盟国はもちろん国連にとってさえ強制措置の一環である場合を除いて禁止されている（憲章2条7）ことを忘れてはならない．

もちろん，非国家行為体によるテロ攻撃に対処する安保理事会の能力については，議論の余地があり得る[89]．しかし今回の事例では，テロ攻撃から武力攻撃開始までの4週間の間に，アメリカ・イギリスなどは安保理事会を通じた集団的措置を追及する何の努力も行わなかったのである．もしもこのような状況において，自衛権の名のもとに一方的な武力行使が認められるなら，それは一部の大国とその同盟による国連の集団安全保障体制のハイジャックを意味するといわねばなるまい．そして安保理事会は，常任理事国によるこのような一方的武力行使を止めさせる手だては何も持たないことはいうまでもない．

それだけではない．安保理事会は，タリバーン後の暫定行政府設置から将来の憲法制定を目指す，反タリバーン各派によるいわゆるボン合意を是認し（決議1383（2001）），さらには任務遂行のために「すべての必要な措置」を許可された国際治安支援部隊のカブール周辺への派遣を決定した（決議1386（2001））．こうして安保理事会は，アメリカ・イギリスなどによる一方的武力行使の後始末の役割をも強いられているのである．

今回の事件を論評した国際法学者の間では，対アフガニスタン攻撃の評価の如何を問わず，国際テロリズムに対処する既存の国際法の欠陥を指摘する点では完全な一致があった．筆者もまた，既存の国際法の不十分な仕組みでさえ十分に活用されたとは言い難いと考えるが，こうした欠陥の指摘には同意するものである．しかし忘れてはならないのは，今回の事件は反テロの国際法の欠陥と同時に，おそらくはそれにも増して，自衛権の行使を口実に行われる大国・強国による一方的武力行使を規制する上で，現存の国際法が決定的ともいえる欠陥を有している事実を無惨に暴露したということである．こうして，今回の事件が国際法に与える教訓は，国際テロリズムに対処する仕組みの改善だけでなく，国による一方的な武力行使を規制する仕組みの強化でもあることを，肝

---

[89] たとえばフォークは国連はテロに対処する能力も権威も意思も欠いていると述べる（Falk, *op. cit.*, supra note (6))が，チャーニーは国連システムがこのような脅威に対応できないと結論する根拠はないという（Charney, *op. cit.*, supra note (35), p. 838）.

に銘じなければならない．

　本章ではもっぱら国際テロリズムに対処するための国による武力行使を検討したが，最後に強調しておきたいのは，筆者は武力の行使が，とりわけ今回の対アフガニスタン攻撃のようなそれが，国際テロリズムに対処するための唯一の道でも最善の方法でもないと考えていることである．この点では，ペレの次のような指摘に筆者は全面的に同意する．

> テロリズムに対してテロで対応するものではない．合衆国が反射的に復讐に傾くことは理解できる．しかし，理解することと是認することとは違う．われわれの価値の名のもとに，卑劣な敵が用いたのとまさに同じ方法を用いることは，破滅的であろう．……すでにタリバーンの犠牲者である数千名の命を犠牲にしてカブールやカンダハルを爆撃すること，あるいは正当な手続なしに正確に目標を定めて被疑者――その証明は約束されている（がまだなされていない）――を殺しさえすることは，憎悪の連鎖反応をもたらすことによってより多くの"殉教者"を生みだし，その過程でわれわれ自身をおとしめるであろう[90]．

　今回の対アフガニスタン攻撃を批判する論者の間にも，武力による対応自体は必要であることを認める者が少なくない[91]．先にも述べたように，筆者もテロ活動に対しては警察行動として武力の使用が認められると考えるし，これが進行中の場合には一定の状況においては自衛権の発動も不可能ではないと考える．しかし，これは短期的に見てやむを得ない対応であっても，中・長期的に考えればペレもいうように国際テロリズムに対する有効な対処にはなり得ないと思われる．国際テロリズムの問題について以前から積極的な発言を行ってきたカッセーゼも，武力の使用は短期的には即効的な対応に見えるが，それは暴力は一層の暴力を生み出すだけだという事実と不可分であり，中期的には「引渡すか処罰するか」の体制の強化を含む平和的対処が必要であって，さらに長

90　Pellet, *op. cit.,* supra note (8).
91　See, e. g., Cassese, *op. cit.,* supra note (8), pp. 998-999 ; Charney, *op. cit.,* supra note (35), p. 835.

期的には「積極的平和」つまり構造的暴力ないしは社会的不正義が除去された状態をもたらすことが不可欠だと論じていた[92]. つまりこのような意味でも，今回のテロ事件は国際社会の構造の根本的な変革の必要性を示唆するものだということを，最後に確認しておきたい[*].

92　Cassese, *op. cit.*, supra note (26), pp. 606-607.

*　2002 年 5 月 6 日脱稿.

第8章　歴史的岐路に立つ平和憲法
　　──テロ対策特措法と有事法案に関連して

山内　敏弘

1　憲法研究者の対応について

　2001年11月14日，全国憲法研究会（以下，全国憲と略称）の有志（232名）は，「テロ対策特別措置法及び自衛隊法改正を憂慮する憲法研究者の声明」を出した（声明の全文は，全国憲法研究会編『憲法問題』13号参照）．2001年のテロ対策特別措置法や自衛隊法の改定が日本国憲法の観点からすれば黙過することができない問題点を含むと考えたからである．

　ここで，ごく簡単に全国憲のことを紹介すれば，全国憲は，内閣に設置された憲法調査会が中間報告を出した翌年の1965年に改憲の機運が盛り上がることに危機感を募らせた小林直樹教授や芦部信喜教授など，当時はまだ中堅の憲法研究者112名が集まって護憲を旗印として作った学会である．学会の規約には，「平和・民主・人権を基本原理とする日本国憲法を擁護する立場」に立って研究活動などを行う旨が書かれたが，それは現在でも変わっていない．当時は，もう一世代上の憲法学者は，承知のように，憲法問題研究会といういろんな専門分野の研究者や文化人が専門横断的に集まった研究会があって，宮沢俊義教授や清宮四郎教授などはそちらに入っていて，政府の憲法調査会の活動に対して批判的な啓蒙活動を行っていた．全国憲は，それよりも一世代若い憲法研究者によってつくられた学会であった．当時は，人数もそれほど多くはなかったが，現在では，430人を超える規模の学会となり，通常の春秋の学会活動と並んで，5月3日には憲法記念講演会を開いたり，また時々の時事的問題に

ついても，憲法研究者の立場からしばしば公開シンポジウムを開いたり，声明を出したりしてきている．

このような全国憲の性格からすれば，上述したようにテロ対策特別措置法の制定や自衛隊法の改定に際して，それを憂慮する声明を出したことは，特に不思議なことでもなかった．とりわけテロ対策特別措置法の制定は，憲法の観点からすれば，多くの疑義があったからである．たとえば，同法の制定過程において，小泉首相の憲法軽視の発言は目に余るものがあった．きちんとした憲法論議をしようとすると，そのような「神学論争」はやめようじゃないかといったり，「憲法前文と9条との間にはすき間がある」ということを公然と言ったりして，きちんとした憲法論議をすることなく，テロ対策特別措置法を短期間の間に強行成立させてしまったのである．

2 テロ対策特別措置法と自衛隊法改定について

テロ対策特別措置法の内容について少しばかり具体的な検討を行えば，まず第1に，この法律の最大の問題点は，この法律を正当化する憲法上の根拠がどこに見出され得るかというと，どこにも見出し得ないということである．この点については，結局のところ，政府当局者からもきちんとした説明はなされなかったといってよい．全国憲の声明の冒頭でも書いているが，アメリカは，アフガニスタンへの武力攻撃を自衛権の名によって正当化したことは承知の通りである．このこと自体，国際法上は非常に疑問があるところであるが，その点をしばらく措くとして，日本についていえば，アメリカの武力攻撃が自衛権の行使ということであれば，それを助ける自衛隊の行動は，集団的自衛権の行使とならざるを得ないであろう．しかし，従来の政府解釈からしても，日本は集団的自衛権の行使は憲法上認められていない．したがって，政府としても，テロ対策特別措置法を集団的自衛権によって根拠付けることはできないことになる．

また，アメリカは，アフガニスタンに対する武力攻撃の根拠を国連憲章第7章に求めているかと言えば，そうではない．そもそも，国連安保理事会は，アメリカにアフガニスタンに対する武力攻撃をなんら授権していないのである．

たしかに，テロ対策特別措置法の第 1 条の目的のところをみると，いろんな国連安保理決議を並べ立てている．たとえば，9 月 12 日に採択された安保理決議 1368 号なども引用されているが，しかし，この決議は，多くの国際法学者が認めるようになんらアメリカに武力行使を授権したものではない．これらの決議をテロ対策特別措置法の第 1 条に掲げたとしても，それは単なるレトリック以上の意味を法的には持ち得ないのである．そうであるとすれば，日本がかってに国連憲章第 7 章にテロ対策特別措置法の根拠を見出すことも出来なくなるのである．

それでは，日米安保条約に根拠を見出すことができるのかといえば，もちろん，それもできない．たしかに，テロ対策特別措置法は，実質的には日米の軍事同盟関係がその背景にあることはまちがいがないが，しかし，それを日米安保条約に条約的に根拠づけることができるかといえば，それはできない．なぜならば，日米安保条約の下で自衛隊が行うことができるのは日本の領域内における対米軍事協力であって，日本の領域外での軍事協力はできないことになっているからである．そういうわけで，結局のところ，政府は，テロ対策特別措置法の根拠を，憲法前文とか国際協調主義に求めざるを得なくなる．しかし，憲法前文のどこをみても，自衛隊がはるかインド洋まで出かけていってよいとは書いていないし，憲法の国際協調主義も，そのような軍事的な協調を規定していると読むことはできない．そうなると，もはや，どこにも，憲法上の根拠を見出すことはできなくなる．憲法上の根拠のないままに，テロ対策特別措置法は制定されたし，また自衛隊はインド洋に出動したのである．この点に，テロ対策特別措置法の憲法無視あるいは立憲主義無視が象徴されているといってよいであろう．

第 2 に，テロ対策特別措置法は，たしかに，第 2 条 2 項で，「対応措置の実施は，武力による威嚇又は武力の行使に当たるものであってはならない」と規定している．あるいは，同条 3 項では，対応措置の実施は，「現に戦闘行為が行われておらず，かつそこで実施される活動の期間を通じて戦闘行為が行われることがないと認められる地域」においてなされると規定している．政府は，このような規定を根拠にして，テロ対策特別措置法に基づく自衛隊の対応措置は武力行使にはあたらず，したがってまた集団的自衛権の行使にも当たらない

と主張している．しかし，それでは，どうして，この法律の第12条には「武器の使用」の規定がわざわざ置かれているのか，ということである．この点，政府は，第12条が規定している「武器の使用」は，あくまでも自然権的な自己保存の権利であって，憲法が禁止している武力行使ではないと説明しているが，しかし，このような説明は成り立たないと思われる．

なぜならば，第12条の「武器の使用」は，同条2項に規定されているように「現場に上官が在るときは，その命令によらなければならない」とされており，決して個々人の自己保存権的なものとはされておらず，むしろ組織的な武器使用とされているのである．しかも，武器使用が可能なのは，単に自己の生命身体の防護のためのみならず，「自己と共に現場に所在する他の自衛官若しくはその職務を行うに伴い自己の管理下に入った者」の生命身体の防護のためにも武器使用が可能とされている．このような組織的な武器使用を自己保存的な権利と説明することはできないであろう．しかも，それは，日本自身の防衛のためというよりは，むしろ，アメリカなど他国の軍事行動のための協力活動の一環として行われるのである．これはどう考えても，政府も従来違憲としてきた集団的自衛権の行使に踏み込まざるを得ないであろうというのが，全国憲の有志声明が述べていることでもあるし，またわたしの考えでもある．

しかも，この点に関連して付け加えておけば，自衛隊は，このような「対応措置」を公海上で行うことができるのみならず，「外国の領域（当該対応措置が行われることについて当該外国の同意がある場合に限る）」でも行うことが可能とされている（第2条3項2号）ということである．当該外国政府の同意があるとしても，このような対応措置は，外国の武力内紛に巻き込まれる危険性を伴い，不可避的に自衛隊の武力行使につながるものといえよう．たしかに，テロ対策特別措置法は，前引したように対応措置の実施は「戦闘行為が行われておらず，そこで実施される活動の期間を通じて戦闘行為が行われることがないと認められる地域」と規定している．しかし，かりに自衛隊の方では，そのように心がけるとしても，いざ武力紛争となったときには，戦闘地域と非戦闘地域とがしかく明確に線引きがなされるわけではないことは，軍事専門家の指摘を待つまでもなく，常識に属する事柄であろう．このような規定は，したがって，テロ対策特別措置法が違憲ではないという外見を装うための，いわば国

民を欺く規定でしかないというべきであろう．結局のところ，自衛隊は，海外において，日本の防衛には直接には関係のない武力紛争に参加して，武力行使を行うことになるのである．このような事態は到底憲法の許容しないものというべきであろう．

 ちなみに，この点にも関連して指摘しておくべきは，全国憲の声明で「憲法前文と9条を前提とすれば，武力行使に対して否定的または抑制的な国際社会の形成に積極的に取り組む外交姿勢が求められるのではないであろうか」と述べていることである．その趣旨は，この声明に参加した会員の中には，非武装平和主義の立場を堅持したいという，いわば憲法ファンダメンタリストの人たちと，抑制的な武力行使は一定程度容認するという観点から憲法の平和主義を支持し，その観点からテロ対策特別措置法に反対する会員がいるということである．わたし自身は，憲法ファンダメンタリストの立場をとっているが，しかし，そのことは，必ずしも抑制的な武力行使を容認する人たちを全面的に排除するものではない．そのことは，このような声明に自ら署名し，またその世話役をしているということでも示されていると思う．双方の立場の会員が加わっている点にこの声明の大きな意味があるともいえよう．

 テロ対策特別措置法に話を戻せば，第3に，このような自衛隊の行動に対して，テロ対策特別措置法がどのような議会統制を規定しているかも問題といえよう．結論的には，この点に関しても，この法律は憲法的な配慮を欠いたものになっている．テロ対策特別措置法第5条によれば，内閣総理大臣は「対応措置を開始した日から20日以内に国会に付議して，これらの対応措置の実施につき国会の承認を求めなければならない」としている．つまり，国会には，事後承認を求める規定となっているのである．たしかに，同条2項によれば，この場合において，国会で不承認の議決があったときにはすみやかに対応措置を終了させなければならないと規定している．しかし，自衛隊が出動して活動を開始している状況の中で国会に付議されても，それに不承認の議決をするのはよっぽどの場合に限られるであろう．国会としては，結局は，既成事実を認めざるを得ないであろう．このような規定は，たとえば，自衛隊法が防衛出動命令を内閣総理大臣が発する場合には，原則として国会の事前承認を必要と規定している（第76条）ことと対比しても，明らかに均衡を失した規定となって

いる．政府の気持ちとしては，テロ対策ということで，アメリカに軍事協力をするためには，国会で事前に不承認されては困るということであろう．国権の最高機関である国会よりもアメリカの意向をより重視することになる，このような規定は，およそ軍事に対する議会の民主的統制の発想からはほど遠いものと言わざるを得ないであろう（なお，山内敏弘「平和憲法の理念とテロ対策特別措置法」も参照）．

第4に，今回のテロ事件を契機として，テロ対策特別措置法が制定されただけではなく，自衛隊法の改定，海上保安庁法の改定，さらにはPKO法の改定もなされて，自衛隊や海上保安庁の権限拡大がなされたことも，見過ごせない点である．自衛隊法改定に関して言えば，基地などの警護のための自衛隊の権限が強化されただけではなく，「防衛」秘密を刑罰をもって保護する規定が導入されたことは，テロ事件とは直接的には関係のない規定が，テロ事件をいわば利用して導入されたともいうことができ，少なからず問題というべきであろう．改定自衛隊法（第96条の2等）によれば，対象者は自衛隊員のみならず，民間人も含まれ，しかも，「防衛」秘密の範囲は別表第四に掲げられているが，これをみれば，およそ防衛庁に関係する情報は，すべて「防衛」秘密とすることができるようになっている．しかも，その具体的な指定は，防衛庁長官に全面的に委ねられているのである．国民の知る権利や情報公開法の趣旨をないがしろにするものというべきであろう．

3　有事関連法案について

ところで，さらに見過ごせないのは，これらの法律改定について，2002年4月には，いわゆる有事関連法案が政府によって提案されたことである．武力攻撃事態法案，安全保障会議設置法改定案，そして自衛隊法等改定案の3法案であるが，これら法案は，「武力攻撃事態」の意味内容がきわめて曖昧であること，「国民保護の法制」が先送りされていて内容が不明であること，戦争不協力者に対して罰則が付されていることなど，多くの憲法上の問題点が指摘されて，第154国会においては継続審議になり，続く第155国会でも継続審議になった．しかし，政府は，2003年の第156国会では，野党の反対を押し切って

でも，成立させたいとしているので，事態は，容易ならない段階にさしかかっているといわなければならないであろう．そこで，これら有事関連法案についても簡単に検討することにしよう．

まず，小泉首相はこれら法案の必要性を「備えあれば，憂いなし」と説明しているが，しかし，このような「備え」を一体何のために行うかということである．政府当局者自身が当面日本に対する武力攻撃の危険性はないと認めているような状況の下で，このような戦争への「備え」を急いでするとすれば，それは日本がアメリカの行う戦争に軍事的に協力するため以外には考えられないであろう．そのことを裏付けているのが，2000年に出されたのアメリカのアーミテージ報告である．同報告は，日本に対して集団的自衛権の行使と並んで，「有事法制の制定を含む日米新ガイドラインの勤勉な履行」を求めてきたのである．

たしかに，1999年の周辺事態法は，このようなアメリカ側の要請に応えるための法律としての意味合いをもって制定されたものである．ただ，この法律は，アメリカ側にとっては必ずしも満足のいくものではなかった．同法は，「対応措置の実施は，武力による威嚇又は武力の行使に当たるものであってはならない」（第2条2項）と規定していたからである（なお詳しくは，山内敏弘編『日米新ガイドラインと周辺事態法』を参照）．テロ対策特別措置法も，上述したように同種の規定を含んでいたし，この法律は，なによりも「テロ対策」という限定があった．アメリカ側は，より包括的な，しかも明示的に武力行使を伴う軍事協力を日本側に求めてきたのである．政府による有事関連法案の提案は，このようなアメリカ側の要請に応える意味合いをもっていたのである．

そのことは，武力攻撃事態法案の中身を見ても明らかになる．まず武力攻撃事態法案は，周辺事態法などとは異なって，明確に武力行使を認めている（第3条3項）．しかも，武力行使の体制を整えるのは，「武力攻撃事態」においてである．問題はこの「武力攻撃事態」とは何を意味するかであるが，政府は，「武力攻撃事態」が周辺事態法にいうところの「周辺事態」と「状況によっては併存することがありうる」ことを認めている．ここにおいて「周辺事態」とは，「そのまま放置すれば我が国に対する直接の武力攻撃に至るおそれのある事態等我が国周辺の地域における我が国の平和及び安全に重要な影響を与える

事態」（周辺事態法第1条）を指し，日本自身が武力攻撃を受けた事態ではないのである．たしかに，政府は，武力行使のためには，自衛権行使の3要件が必要であると一応は述べているが，しかし，アメリカが「先制的攻撃」を公然と容認するような状況において政府が3要件を厳格に守る可能性は決して多くはないと思われる．「周辺事態」ということで，対米協力のために出動した自衛隊に対して相手国が何らかの対抗措置を講じた場合には，自衛隊の側ではそれを自衛権の発動要件が充たされた「武力攻撃事態」と判断して武力行使に訴えるという事態は容易に想定できるのである．「武力攻撃事態」が曖昧なのも，決して偶然ではなく，このようにアメリカの行う戦争のために武力行使を行うことを可能とするためなのである．このような武力行使が日本国憲法に照らして認められないことは明白であろう．

　有事関連法案の問題点は，以上に尽きるものではない．たとえば武力攻撃事態法案は，「武力攻撃事態」の発生とともに，地方公共団体や指定公共機関に対して「対処措置」を指示し，さらに地方公共団体がこれに従わない場合には直接執行・代執行を行うことを規定している（第15条）．これは，一種の総動員体制の実施であり，またそのような体制の下での地方自治の否定である．

　さらに，自衛隊法改定案によれば，防衛出動時における施設などの管理，物資の収用などのためになされる立ち入り検査を拒んだり，妨げたりした者には20万円以下の罰金を科し（第124条），また取扱物資の保管命令に違反して当該物資を隠匿，毀棄，搬出した者には六ヶ月以下の懲役などを科することを規定している（第125条）．従来の自衛隊法では，自衛官に対する罰則規定はあったが，国民に対するこの種の罰則規定は存在していなかった．戦争放棄を規定した憲法の下で戦争に非協力の行動をとった国民を処罰することは明らかに憲法違反であると考えられたからである．ところが，この度の自衛隊法改定案は，このように従来はできなかった国民に対する罰則規定をあえて盛り込んでいるのである．「公共の福祉」を理由としてであるが，しかし，憲法第9条の下でこのような軍事的強制を「公共の福祉」で正当化することは憲法的な背理以外のなにものでもないであろう．

　たしかに，この度の自衛隊法改定案では，自衛隊法第103条が規定する業務従事命令に従わない者に対する罰則規定は見送られた．しかし，今回の法案が

成立し，物資の保管命令などに対する罰則が一旦認知された場合には，業務従事命令拒否者に対する罰則規定の導入を拒む法的論拠はなくなるであろう．しかも，そうなれば，政府が従来とってきた徴兵制違憲論も少なくとも憲法解釈論としては修正される危険性をはらむことになるのである（詳しくは，全国憲法研究会編『法律時報臨時増刊・憲法と有事法制』および山内敏弘編『有事法制を検証する』参照）．

そして，これらの延長線上には，当然のことながら，憲法第9条の改定の問題が射程に入ってきている．国会に設置されている憲法調査会は，2002年秋に中間報告を提出したが，これは，憲法第9条の改憲色を濃厚に打ち出したものであった（この点については，山内敏弘「衆議院憲法調査会中間報告書を批判する」参照）．憲法第9条は，今日，文字通り歴史的な岐路に立たされていると言わざるを得ないのである．

4 平和憲法の今日的な意義

このような状況を踏まえた上で，わたしが言いたいのは，こういう状況であるだけになおさらのこと，平和憲法の基本原理あるいは基本精神を擁護し，それを国際社会に向かっても発信していくことが重要なのではないかということである．わたしの立場からすれば，日本が国際社会に向かって発しうるメッセージは確実にある．また，国際的な秩序形成のために提言できることもある．そのメッセージを発するとともに，そのメッセージに見合った行動を日本自身がとることが重要であると考える．

そのメッセージの中身は，いうまでもなく，平和憲法の基本精神を踏まえたものとなるが，この点に関連して第1に問題となるのは，テロそのものをどう評価するのかという点である．テロの背景要因についてはさまざまな分析がなされており，そのような歴史的な背景要因に基づいて行われたテロ行為はある意味では不可避的なものであり，やむを得なかったのではないかというニュアンスの見解も見られるようである．しかし，わたしは，日本国憲法の非武装・非暴力の立場からすれば，テロを容認することはやはり出来ないと考える．少なくとも，9・11のテロ行為は多数の無辜の市民を殺戮したのであり，これを

正当化する理由を見出すことは不可能と考える．しかし，それと同時に強調しなければならないのは，テロに対する報復としてなされたアメリカのアフガニスタン攻撃も，正当化することは絶対にできないということである．アメリカは，これを前述したように自衛権の行使として正当化しているが，しかし，国連憲章の自衛権行使の要件を満たしているとは到底いえないだけではなく，アフガニスタンの同様に多数の無辜の市民を殺戮したという点では，ニューヨークのツインタワーへのテロ行為と本質的に異なるところがないといってよい．これを，正義とか文明の名において正当化することはできないのである．そういうことを，平和憲法を踏まえて，国際社会に発信していくことが重要と思われる．

　第2に，新たな国際秩序の形成を考える場合にも，平和憲法の基本理念を踏まえた秩序形成をできるだけ追求していくことが重要と思われる．憲法第9条1項は改めて指摘するまでもなく，「国権の発動たる戦争と，武力による威嚇又は武力の行使は，国際紛争を解決する手段としては，永久にこれを放棄する」と規定している．しかも，承知のように，この戦争放棄条項は，1999年のハーグ平和市民会議で採択された最終文書で，各国議会が採択すべきであるとまで言われたものである．この点からすれば，NGOレベルではあるが，憲法第9条は国際的な認知を受けているということもできよう．このような武力行使の原則的な禁止を今後の国際秩序の形成の際にもはっきりと主張していくことが重要と思われる．

　そのこととも関連して検討しておくべきは，9・11のようなテロ行為に対してどのような制裁を科することが適切なのかという問題である．この問題は，国際法上の問題とも関わってくるので，専門的なことは言えないが（松井芳郎『テロ・戦争・自衛』参照），基本的には，通常のテロ事件と同様にアメリカの国内法で裁くということが考えられるであろう．そのためには，まず誰がテロ行為の首謀者であるかを明確にしなければならず，その上で首謀者がいると思われる国に対して首謀者の引き渡しを要求するという手続きをとることが必要となってくるであろう．アメリカ政府は，オサマ・ビンラデインを首謀者としてアフガニスタン政府に対してその引き渡しを要求し，その要求が容れられないということで，アフガニスタンに対して武力攻撃を行ったが，しかし，このよ

うなアメリカの対応については2つの疑義があったと思われる．第1には，オサマ・ビンラディンが首謀者であるとする証拠が明確な形では結局示されなかったということであり，またかりに彼が首謀者であったとしても，アフガニスタンがその引き渡しを拒んでいるということで，直ちにアフガニスタンを武力攻撃することは従来の国際法の考え方からしても正当化することはできないということである．その場合には，国連に問題を持ち込むという手続きをきちんと踏むべきであったと思われる．ちなみに，アメリカの国内裁判所で裁くという場合にも，通常の裁判所で裁くのか，それとも軍事法廷で裁くのかという問題があるが，テロ行為は刑法上の犯罪行為であって，戦闘行為ではないということからすれば，あくまでも通常の裁判所で裁判すべきであって，軍事法廷で裁判すべきではないと思われる．ところが，アメリカ政府は，今回のアフガニスタン攻撃で逮捕したアルカイダのメンバーについても，軍事法廷で裁判しようとしている（それでいて，捕虜としての取り扱いはしていない）．デュープロセスを無視した取り扱いというべきであろう．

　また，今回のテロ行為については，国際刑事裁判所で裁くということも考えられるだろう．今回のテロ行為は「人道に反する罪」に該当すると捉えることが必ずしも不可能ではないからである．ところが，この点にも関連して問題というべきは，承知のように，1998年に締結された国際刑事裁判所規程の発効に一番反対しているのがアメリカであるということである．このことは，アメリカの現在の国際社会に対する対応の仕方，つまりは「帝国」的なユニラテラリズムを象徴しているように思われる．日本は，国際刑事裁判所規程をまとめる際には，それなりの協力はしたけれども，現在でもこれを批准しようとしていないのは，アメリカに対する配慮があるからであろうが，これでは，本当の意味での「公正で民主的な世界秩序の形成」はできないであろう．日本としても，早急にこれを批准して，国際社会における「法の支配」の確立に協力すべきであると思われる．

　なお，「公正で民主的な世界秩序の形成」ということに関連して言えば，国連はあまり期待できないので，アジアにおける秩序形成をむしろ考えるべきであるという意見もある．しかし，わたしは，アジアにおける秩序形成ももちろん重要であるが，それと同時にやはりグローバルなレベルでの「公正で民主的

な秩序形成」も重要であると考える．そして，この点では，やはり，現在の国連の改革を本腰を入れて検討していくことが必要であると考える．国連は，発足以来半世紀以上が経過した現在，発足当時とは加盟国の数も大幅に増えて，規模も性格も非常に変わってきているのであり，旧態然たる制度では到底「公正」さや「民主性」を確保することはできないと思われる．その場合，最大の問題は，いうまでもなく，安保常任理事国制度であり，また常任理事国の拒否権制度であろう．この拒否権制度は，言ってみれば，常任理事国が決めたことは他国を拘束するが，しかし，常任理事国が気に入らないことには常任理事国は従う必要がないという制度である．これを国家レベルに移し替えて見た場合には，近代国家では「国家の自己拘束」ということが言われ，そのことによって近代的な法治国家が成立したのであるが，これに対して，中世の絶対主義国家では「君主の自己拘束」ということは言われなかった．現在の国連の安保理常任理事国制度は，その意味では中世の絶対王政の時とあまり変わらない制度であるといってよいようにも思われる．このような国連の制度を，近代的な国家のそれと同じように「常任理事国の自己拘束」が行われ，「法の支配」が妥当するものにしていかなければならないであろう．

　わたしは，21世紀の国際社会の大きな課題は，強大な力をもったアメリカをどのようにしたら国際法の枠組みの中に組み込むことができるのかということであると考える．その課題を達成するためには，たしかに，ある種の力も必要であるかもしれないが，しかし，力だけでは問題は解決しないという国際世論を形成していくことが是非とも必要であろう．「力の支配」から「法の支配」へと国際社会を変えていかない限りテロもなくならないであろう．日本国憲法が採用している，武力に依らざる国際紛争の解決の考え方は，その意味でも，これからの国際的な秩序形成なり，国際社会における法の支配の確立のために積極的な役割を果たすものと思われる．

5　学際的共同研究の意義

　最後にひと言，付け加えておきたい．わたしの見るところ，どうも近年の政治学者は，日本国憲法の平和主義に対してあまり愛想が良くないようにみえる．

一昔前のことを振り返って見れば，前述の憲法問題研究会の有力なメンバーの一人は丸山真男であったわけで，丸山真男は，内閣の憲法調査会が1964年に最終報告書を出した時点で「憲法第9条をめぐる若干の考察」という論文を発表して，憲法第9条がもつ本質的な意義と同時に，改憲論がもっている危険性についても的確な警鐘を鳴らしていた．ただ，それ以来，あまり政治学者が憲法の平和主義に積極的にコミットすることは少なくなったのではないかと危惧している．もちろん，丸山真男の思想を受け継いだ石田雄教授，加藤節教授，そして千葉眞教授といった政治学者が，近年憲法問題についても発言しているのは，大変心強いことであるが，その数は必ずしも多くはないようである．

いずれにしても，「たこつぼ」的な学界状況にある日本においては，「文明間の対話」もさることながら，もっと学際的な対話が必要なのではないかと思われる．憲法研究者の側でも，非武装平和主義を単に解釈論的に唱えるだけではすまなくなっている．学際的な共同研究の成果を積極的に吸収することが必要になってきているといえよう．本論文も，そのような学際的な共同研究のためのささやかな一助となれば，幸いである．

参考文献

山内敏弘編『日米新ガイドラインと周辺事態法』法律文化社，1999年．
全国憲法研究会編『憲法問題』第13号，三省堂，2002年．
全国憲法研究会編『法律時報臨時増刊・憲法と有事法制』日本評論社，2002年．
山内敏弘「平和憲法の理念とテロ対策特別措置法」『軍縮問題資料』256，2002年．
山内敏弘編『有事法制を検証する』法律文化社，2002年．
松井芳郎『テロ・戦争・自衛』東信堂，2002年．
山内敏弘「衆議院憲法調査会中間報告書を批判する」『法律時報』2003年1月号．

第五部
政治：ファシズムか平和主義か？

第9章　戦後日本の社会契約は破棄されたのか
―― 政治思想史からの徹底平和主義

千　葉　　眞

　　「いわゆる平和主義は，もはや幻想でもユートピアでもない．平和主義は，
　　世界の壊滅に脅かされている現代の黙示録的時代において，われわれに残さ
　　れたただ一つの現実主義にほかならない．」（J・モルトマン）

1　戦後初の海外派兵と憲法平和主義の危機

　日本政府は，2001年11月に，太平洋戦争以来，戦後初めて海外派兵を行い，インド洋，アラビア海域に自衛隊を派遣した．そしてその一年後には同じ海域にイージス艦を派遣し，懸念されるアメリカ政府によるイラク攻撃の後方支援体制を強めつつあるようにみえる．本章は，戦後日本の平和主義の原理が，こうした一連の日本政府の行為によって踏みにじられたという前提から出発している．本章は，学術論文というよりも，政治学の視点からの実践的な問題提起を目指すものであり，アクチュアルな問題をアクチュアルに論じてみたいと思う．

　1947年に発布された日本国憲法は，周知のごとく，主権在民，基本的人権，平和主義の3つの基本原理に依拠する近代憲法である．これらの3大基本原理は，半世紀以上にもわたり，戦後政治の実際の推移とかなりの緊張関係をはらみながらも，しかし戦後日本の公共哲学の理念として，まがりなりにも機能してきたといえよう．しかも日本国憲法の平和主義は，後に説明するように，単なる「戦争反対主義」（anti-war-ism）や「反戦主義」というだけの広義の漠然とした平和主義――たとえば，J・タイヒマン（Jenny Teichman, *Pacifism and*

Just War）——ではなく，むしろ後にみるように，戦争の惨禍にかかわる深刻な体験と反省に基づく徹底平和主義である．「戦争反対主義」ないし「反戦主義」としての平和主義は，タイヒマンの議論が典型的に示しているように，「侵略戦争」や「無差別戦争」への反対を意味するものであり，必ずしも「自衛戦争」ないし「正義の戦争」の概念とは対立するものではない．ところが，日本国憲法の平和主義の原理は，周知のように，すべての戦争の違法化を要求する徹底平和主義の理念を示すものである．というのも，この憲法平和主義の基本原理は，国際法史上，「戦争の違法化」を謳った「国際連盟規約」（1919年），「不戦条約」（1928年），「国連憲章」（1945年）に連なるものであり，この「戦争の違法化」の理念をさらに一歩進め，国際紛争の武力的解決を原則として拒否し，戦力の不保持を志向するものと理解されるべきものだからである．ここには，いわゆる「戦争反対主義」ないし「反戦主義」としての漠然とした平和主義ではなく，それとは質的に異なる徹底平和主義の主張を確認することができる．

けれども，この憲法平和主義の原理は，日本政府の言動に即していえば，冷戦の開始に伴い，アメリカの極東政策の転換，ならびにそれと呼応する戦後日本の保守政権の基本政策によって，実際上は1949年頃から一貫して脅威に曝されてきた．しかしながら，上述の2001年11月の自衛隊の海外派兵は，日本政府の戦後初めての明白な参戦行為であり，国際紛争の武力による解決を原理的に拒否した日本国憲法第9条の1項に抵触する違憲行為であったとわたくしは考える．戦後の徹底平和主義の国是がこれほどまでに明白に蹂躙されたのは，それまでなかったといえるのではないか．

戦後日本の政治は，とりわけ徹底平和主義の原理という観点からみた場合，ここにきて一種の決定的な転換点にさしかかったことは疑い得ないところであろう．2001年9月11日のニューヨーク，ワシントンDCを中心に起こった同時多発テロ事件，それに対する米英軍を中心とするアフガニスタン空爆，そしてそれを後方支援するために同年11月に行われた日本政府による自衛隊の海外派兵．今次の自衛隊の海外派兵は，日本国憲法の徹底平和主義の原理からみた場合，国政の正統性が正面から問われるような事件であった．それは同時に，日本国憲法の制定——それ自体，戦後の日本国民の社会契約という一面を有し

ていた——を通じて戦後日本の国是とされた徹底平和主義の原理を根本から廃棄する結果になったのではなかろうか．

　日本政府は，これまで主張してきた「専守防衛」，「個別的自衛権」の行使といった制限枠を自ら破棄しつつ，憲法前文と第9条で言われてきた徹底平和主義の基本原理を蹂躙する行為に出たとしか解釈できない事態を作り上げている．ここにきて日本国憲法体制と日米安全保障体制とのあいだの従来の亀裂は，単なる亀裂に終わらず，明らかに分裂へと転化したのである．その結果として，近代立憲主義国家であれば当然優位に立つべき憲法の根本規範が，下位の条約の要請によって実際に反故にされたという事実のみがわれわれのもとに残ることになった．しかし不可解なことに，現代日本の法支配体系におけるこの二元主義的分裂の事態は，今日，最大の法的政治的問題であるにもかかわらず，国会においても，法学や政治学などの学界においても，ジャーナリズム一般においても，不問に付されたままである．

　ここにおいて，戦後一貫してみられた日本国憲法の徹底平和主義の原理にまつわる恒常的危機が，一種の決定的なターニング・ポイントを迎えたといえよう．その結果，われわれは，事実上，戦後日本の平和主義の社会契約が破棄される事態——ロバート・N・ベラーのことばを借りると「契約破棄」（ブロークン・コヴェナント）に立ちいたったと捉える以外に理解することのできない現実に直面している（Robert N. Bellah, *The Broken Covenent*）．というのも，後に詳しく見るように，およそいかなる憲法制定行為も，国民のあいだの，また国民と政府とのあいだの一定の社会契約と見なすことが可能だからである．ここでいう「契約破棄」とは，憲法制定行為にみられた，戦後日本の国民のあいだで，また国民と政府のあいだで取りかわされたはずの暗黙の平和主義の社会契約を，反故にする事態を言い表すものである．

2　湾岸戦争以後——戦後平和主義にとっての「失われた十年」

　1991年1月の湾岸戦争以来，この十年余りの日本政府による戦争と平和に関する政策の展開は，戦後日本の政治の国是として広く国民に共有されていた平和主義の路線の恒常的危機を示すものであった．このことは，有事法制関連

法案が国会の議題に上るようになった 2002 年夏以降の時点からみると，今や自明の理である．湾岸戦争以後のポスト冷戦の十年は，国際政治においてもアメリカ合衆国のグローバル金融資本主義の世界制覇，単独行動主義，「新帝国主義」（T・ネグリと M・ハート）の展開がみられた．このポスト冷戦の十年は，日本にとっても，「戦後」の終りとポスト「戦後」の始まりを画する十年でもあった．湾岸戦争以後，ガイドライン関連法の制定，国歌国旗関連法の制定，アフガニスタン報復戦争への戦後日本の初めての参戦，有事法制関連法案の国会提出と続いてきた一連の日本政府の動きは，徹底平和主義を１つの基本原理とする戦後日本の公共哲学の理念を転換しようとする動きを示している．それにもかかわらず，国会内においても，政党政治においても，ジャーナリズム，メディア，国民世論においても，反対の声は小さく，反対勢力の結集は遅々として進まないまま今日にいたっている．こうした多くの政治家や市民やジャーナリズムの無関心ないし変節，無作為ないし諦念それ自体が，今日的危機として認識される必要があろう．30 年前，いや 20 年前の国民世論の状況と比べて，隔世の感を覚えざるを得ない．世代間の転換が進み，敗戦の記憶とその苦難の体験が時代的に遠のいていく中で，戦後平和主義の風化は著しく進み，来るべきところまで来たという印象を禁じ得ない．

　こうした「失われた十年」の日本政治の変容は，それ自体，戦後の日本国憲法体制の危機を示している．もちろん，日本国憲法下で長年にわたり行われてきた，実際の憲法改正なき大幅な路線変更（解釈改憲）という戦後日本の虚偽と欺瞞の政治は，周知のように，この十年のうちに始まったというわけではなく，冷戦下でのアメリカ合衆国の極東政策の転換を受けて，警察予備隊が創設された 1950 年代初頭にまでさかのぼる．こうした解釈改憲を骨子とした漸次的な戦後政治の転換は，それ自体，明示的な革命行為なしに戦後日本の政治構造（コンスティテューション）を変更していく実質的変容であった．否，それはむしろ，長年にわたる静かな政治革命であったと言う方が適切であるかもしれない．

　わたくしはこれまで戦後民主主義体制の諸種の問題点について批判的に議論してきたのであり，戦後平和主義を含めて戦後民主主義体制を手放しで肯定する者ではない．もちろん，戦後民主主義とワンセットになった戦後平和主義に

関しても，いくつかの決定的問題点や構造的欠陥が伏在していたことは否めない．たとえば，今日にいたるまでの政府による実質的な戦争責任の不履行の問題，天皇制の存続および沖縄の要塞化との引き替えとしての国家の非武装化，アメリカ追随主義，日米安保条約に基づくアメリカの核の傘下の一国平和主義，一国繁栄主義，第二次世界大戦中に帝国日本軍の侵略を被ったアジア諸国の視点の継続的軽視などである．

しかし，戦後民主主義体制の個々の決定的問題点，歴史的制約，イデオロギー性に関して厳密に認識するということは，そのまま戦後民主主義の理念のもつ歴史的意義，基本的重要性，将来にむけての潜在的可能性を否定することを意味するものではない．なかんずく戦後政治の平和主義の理念は，既述した諸種の問題点や矛盾点にもかかわらず，それらの不備を克服した暁には，21世紀の日本および世界の政治に希望の光を灯す可能性すら帯びた，理念としての実践的潜在力を有していると思われる．おそらく日本国憲法の前文と第9条に示された徹底平和主義の基本原理に対して，日本の政府と民衆が，今後どのような態度決定をするのかという問題以上に，今日の日本政治にとって実践的に重要な政治問題は存在しないと言うべきであろう．

3　国家創設行為としての憲法制定——社会契約としての日本国憲法の制定

戦後日本の平和主義に関して1つの重要な前提は，それが戦争直後の日本国民の緩やかな合意に基づいた一種の「体験的平和主義」（小田実）であり，日本国憲法の制定は，その結果と考えるべきであり，その原因と見るべきではないということであろう（小田実『平和憲法』をもつ日本と地球市民の連帯」）．その「体験的平和主義」は，日本国憲法前文においては「平和的生存権」と呼ばれる能動的な世界平和主義の表明に行き着いている．平和の概念はここでは，戦争の不在といった消極的な概念にとどまらず，「専制と隷従」からの解放を意味し，さらに「圧迫と偏狭」からの離脱をも含意し，注目すべきことに，最終的には「恐怖と欠乏」からの自由をも含む「平和のうちに生存する権利」として理解されていることである．これは明白に積極的平和の理念であると言うことが可能である．この「体験的平和主義」はまた，憲法第9条において，戦争

放棄ならびに戦力と交戦権の否認として明確かつ具体的内実を備えた仕方で表現されている．周知のように，いわゆる「解釈改憲」が戦後一貫して政府与党によってなされてきたが，憲法論争は1つには，第9条2項をめぐって，「前項の目的を達するため」という文言の意味づけに関してなされてきた．すなわち，一切の戦争否定なのか，あるいは自衛戦争のみは例外的に許容されるのか，という問題である．本章では第9条をめぐる憲法学上の論争に立ち入る紙数上の余裕はないが，侵略や報復や戦争の連鎖を断ち切ること，ここにこそ，戦争直後の平和主義の理念の要諦があり，戦後日本の世界における責任ある任務として受けとめられていた経緯があると考える．この意味で積極的な世界平和主義の精神が，戦後日本の公共哲学の理念として宣言されたと理解できるのではなかろうか．

帝国日本が侵略戦争に深くのめり込み，一説によれば，3000万ともいわれるアジア，太平洋，欧米の人々を殺戮し，そして本土では原爆によって広島と長崎は壊滅状態になり，国土は焦土と化した．戦後平和主義の背景には，戦争に関するこの悲惨な国民的体験があった．したがってそれは，高邁な宗教的理念や哲学的理想で固められたある種の観念的平和主義ではなく，それはむしろ「体験的平和主義」と呼ばれるべき内実を有していた．その「体験的平和主義」に憲法上の表現を与えたものが，日本国憲法であり，なかんずくその前文と第9条である．ここで確認したいのは，戦後平和主義は，既述したように，日本国憲法の結果として生まれたのではないという事実である．事実はむしろ逆であって，戦後平和主義は時間的にも先にあって，それによって日本国憲法の平和主義の基本原理が受け入れられる素地ができたと理解すべきであろう．日米合作という性質を有する日本国憲法は，そうした「体験的平和主義」の生み出した歴史的ドキュメントであった．日本国憲法は，「戦争の惨禍」を深く省みて悔い改め，二度とこのような戦争は起こしてはならないとの思いを抱いた大多数の国民の意向および国民のあいだに見られたゆるやかな合意において受け入れたものにほかならない．

こうした見解は，1998年に刊行されたアメリカの歴史家J・W・ダワーの『敗北を抱きしめて』においても支持されているように思われる（John Dower, *Embracing Defeat*）．この書物は，敗戦直後の民衆の生活史，社会史，意識の変

遷史を扱ったものだが，その1つの論点は，敗戦後の「奇蹟」の数年間（1945年-1948年），日本の民衆は敗北の悲惨さを経験し，その一部は餓死の危険に直面しつつも，ある種の理想主義が人々の精神と生き方を鼓舞したという議論である．つまり，敗戦後，日本人は「敗北を抱きしめて」，新たな生き方を求め始めたというのである．ダワーは，戦後の「日本人が直面した苦難や課題」を克明に描写するのが自分の課題であるとし，「敗戦に対して日本人が見せた多様で，エネルギッシュで，矛盾に満ちた，すばらしい反応」を描こうとしたと記している．たしかに敗北の悲惨，怨念，混迷，餓死の恐怖は，リアルなものであった．しかし，敗北の経験，敗者の構想，希望，回復力，こうしたものが，不思議にもある種の理想主義の意識を生み，戦争直後の社会にあって民主主義や平和主義の礎えになったと指摘されている．敗戦の惨めさと辛酸をなめた日本の民衆は，旧来の価値観が粉々に粉砕されたいわば世界観の瓦礫の下で，また文字通り都市や建物の瓦礫の下で，「よい社会」とはどんなものかを考え直し，もう一度やり直すきっかけを得たと指摘される．こうして敗戦直後の日本人の多くは，老いも若きも，男も女も，自由，平等，平和，民主主義というものを，心の飢え渇きをもって切実に追い求めたのである．

　さて，平和主義は主権在民や基本的人権の尊重とならんで，戦後日本の社会契約として受け止めることが可能であるとのテーゼを検討してみよう．一般的に憲法制定行為の政治的意味は，国民的合意の下に国家の公共哲学の基本原理に関して，社会契約をきり結ぶ行為として理解することができる．およそいかなる憲法制定も，基本的に国家創設の行為にほかならないが，明示的であれ黙示的であれ，憲法制定行為には社会契約の締結が前提とされている．H・アーレントが『革命について』（1963年）で指摘したように，いかなる憲法制定も，原初契約の部分と統治契約の部分に分けて考えることができる（Hannah Arendt, *On Revolution*）．第1段階の原初契約とは，人々が一定の公共哲学の基本原理に賛成して社会の形成を行う，いわば権力の創出を可能とする「水平型の社会契約」である．そして第2段階の統治契約とは，共通の社会を形成することに賛同した人々が，今度は一定の政治構成体としての国家を創設する，いわば権力の確立を可能にする「垂直型の社会契約」にほかならない．これらの2つの社会契約のプロセスが，憲法制定行為には前提とされているといえよう．

そのような意味で社会契約の理念は，二重の契約のプロセスが明示されていない場合があるにせよ，S・プーフェンドルフ，H・グロティウス，T・ホッブズ，J・ロック，J-J・ルソー，I・カントといった近代社会契約説の立場に依拠した思想家たちの理論において前提とされていただけでなく，実はすべての政治構成体の創設にかかわる憲法制定行為の中に含意されているといえよう．それは日本国憲法を含む世界の多くの憲法に共通している．

たとえば，アメリカ合衆国の国家創設の事例を取り上げてみよう．すべての憲法制定行為は「人権宣言」の部分と「政治構成体の創設」の部分の2つの部分から成り立っている．アメリカの場合，末尾に「相互に共に……誓う」という文言を擁する「独立宣言」（1776年）は，公共哲学の基本原理を謳う「人権宣言」の部分にあたっており，それに署名することで諸邦は，いわば「水平型の社会契約」をきり結び，アメリカという政治社会の形成を可能なものとし，その政治社会を基礎づける共通権力の創出を可能にしたのである．さらに第2段階の「政治構成体の創設」の部分は，アメリカ諸邦の最初の憲法であった「連合規約」（1776年）ならびに最終的には「連邦憲法」（1887年）によって成し遂げられた．この第2段階においては「垂直型の社会契約」としての統治契約がきり結ばれ，「独立宣言」によって創出された共通権力がここに確立されたのである．アメリカ合衆国の事例は，「独立宣言」と「連邦憲法」の11年に及ぶ時間的隔たりがあるために，二重の社会契約のプロセスを見るのに好都合の歴史的素材である．しかし，同一のことが数多くの憲法制定行為において見られると言うべきであろう．その意味では日本国憲法を含めた数多くの近代憲法の場合もまったくその通りであり，通常，その前文が「人権宣言」の部分に当たり，第1条以下の本文が「政治構成体の創設」の部分にあたると理解できるのである．

こうした憲法制定行為の政治的意味を考えてみると，日本国憲法の場合，その前文は「人権宣言」ないしは「世界平和宣言」（小田実）の意味合いを帯びており，そこにおいて戦後日本の公共哲学の3大基本原理としての主権在民（民主主義），基本的人権の尊重，平和主義が，宣言されていると想定すべきであろう．そして後の本文において，「政治構成体の創設」として，それらの基本原理の具体化と運用規程の提示がなされていると認識できるであろう．日本

国憲法の平和主義は，前文において平和的生存権の宣言という能動的かつ創造的平和主義の原理を提示し，本文第9条においては具体的に戦争放棄の原則と戦力不保持の原則を闡明している．

このように考えるならば，平和主義の原理は，民主主義の原理や基本的人権尊重の原理と並んで，戦後日本の社会契約であり，今次の一連の自衛隊派兵はどうみても前文と第9条で示された徹底平和主義の原理に対する明白な侵犯ないし違背であると見なさざるを得ないのではなかろうか．もちろんこの場合，一部の論者のあいだでは，日本国憲法の制定は，連合国側，とりわけアメリカによる「押し付け憲法」であると論難されてきた．しかし，日米合作説に立脚するにせよ，たとえ一歩譲ってGHQの「押し付け憲法」説を受け入れるにせよ，そこに当時の日本民衆のゆるやかな国民的合意ないし承認があったと想定しないわけにはいかないであろう．それは当時の各新聞社による世論調査が示している通りである．日本国憲法の前文や第9条にみられる徹底平和主義の原理は，国民の大半によって喜んで迎い入れられたのである．J・W・ダワーの印象的な表現を用いるならば，戦後日本の国民が民主主義と平和主義を受け入れた背景には，歴史的にも稀有なほどの凄惨な敗戦に打ちひしがれた国民の多くの敗者の構想，希望，平和への渇求があったと言うべきであろう．憲法制定が一種の社会契約を含意し，国民と支配権力を信託された為政者とのあいだの国政の基本原理についての約束事であるとの一般的認識は，日本国憲法の場合にも妥当する．

4 戦後平和主義の危機と憲法平和主義の解釈

戦後平和主義の問題点や構造的欠陥については，既述したように，多様な議論が可能である．ここではこの問題に深入りせずに，ただ平和主義の基本原理に関して再考を促すような内外の社会的および政治的な情勢変化について概括的な素描を行なっておきたい．というのも，近年の内外のさまざまな動向は，日本国憲法の掲げる徹底平和主義の基本原理について幾多の疑問や疑念を生じさせることになったからである．

国外の政治情勢と好戦的な雰囲気に関しては，第1に，すでに触れた2001

年9月11日のニューヨークやワシントンDCで起きた同時多発テロ事件の衝撃を軽視するわけにはいかないであろう．全世界に瞬時に映像を通じて伝えられたこの事件は，その後の世界の政治的道徳的風景を大幅に変更させかねない出来事であった．平和や安全保障を実現し維持するためには，武力をもってでも「国際テロ集団」や「ならず者国家」を掃討する用意があるとのブッシュ政権が世界にむけて発信したメッセージが，世界各国の政府首脳やジャーナリズムやメディアや世論に大きな影響を与えることとなった．第2に，こうした国際テロリズムとの対決姿勢を強めたアメリカ合衆国を中心に，世界各地において武力行使の正当化論が幅をきかせるようになった．すなわち，湾岸戦争（1991年），ユーゴ空爆（1999年），同時多発テロ事件（2001年）などとの関連では，政治思想や国際政治論のレヴェルで「正戦論」や「人道的介入論」がさまざまな形で提起され，いわゆる「平和主義」（pacifism）への疑念が各分野で提起されることに繋がっていった（Michael Walzer, *Just and Unjust Wars*; Peter Brock and Nigel Young, *Pacifism in the Twentieth Century*; 最上敏樹『人道的介入』; 古関彰一『「平和国家」日本の再検討』など参照）．その意味で一昨年の同時多発テロ事件は，一面，湾岸戦争やNATO多国籍軍のユーゴ空爆の延長線上で，結果的に国際テロリズムに対応する軍事力行使の正当化を幅広く是認させるような雰囲気を醸成してしまった．

　第3点として，S・ハンティントンのいわゆる「文明の衝突論」が，発案者の思惑をはるかに越える仕方で，とくに9・11同時多発テロ事件以降，イデオロギー的機能を果たすようになった．ポスト冷戦の世界の難題はイスラム文明とキリスト教文明の衝突であるという議論が，一部で信憑性のある言説としてまことしやかに語られるようになったのである．現在，パレスチナ問題が悪化の一途をたどっているのは，「文明の衝突論」のイデオロギー的機能とまったく無縁ではない．

　日本国内の状況に関していえば，第1に，とりわけ国政レヴェル（政党政治と官僚機構）において，戦後平和主義を担ってきた旧社会党（現，社会民主党）の衰退ならびに方針転換にも関連して，国是としての戦後平和主義が著しく後退したことを挙げることができる．同時にまた，第2点として，アフガニスタン空爆への自衛隊派兵を是認した現今の新聞やメディアの一般的傾向に典型的

な形で示されたように，今日のジャーナリズムおよび国民世論のレヴェルにおいても，平和主義堅持の意識が大幅に後退していることは否めない．国民の意向に関しても，各種世論調査の示すところによれば，2001年11月の自衛隊派兵に賛成したのは男性で約60％，女性で約40％であった．国民意識のレヴェルでも平和主義の衰退は明らかである．敗戦後，半世紀以上を経て，悲惨な戦争体験ならびに二度と同じ過誤は起こすまじとの平和への国民的決意が次第に風化していったことは否めない．国政レヴェルでも，メディアやジャーナリズムにおいても，おおかた戦争を知らない世代が中枢の役割を担うようになったが，ここにおいて平和主義の国是に対する日本社会の姿勢が大きく変容したことが理解できる．これは，たとえば，かなり以前から，主権国家だから交戦権と軍備を保持するのは当然であるとする，自由党党首小沢一郎の「普通の国論」が台頭し，若い世代を中心に多くの賛同者を見いだしてきた事実にも示されている．さらには，社会諸科学のレヴェルにおいても，ジャーナリズムにおいても，戦後の憲法体制の批判的考察と検討がさまざまな形でなされるようになった．このことそれ自体は，歓迎すべきことではある．先に指摘したように，天皇制の存続，沖縄の軍事化との引き替えとして，平和主義の基本原理が制定されたという歴史的制約やイデオロギー性など，戦後の憲法体制には種々の問題点がはらまれていたからである．いずれにもせよ，こうした社会的通念の変容の背景には戦争体験世代の代替わり，それに相即する戦争を知らない世代の台頭という，世代交代が一役演じている．戦後平和主義を支持するエートスが，戦争の惨禍と悲惨にかかわる直接的な国民的体験によって支えられていただけに，戦争体験世代の減少化と高齢化は，どうしても平和主義の衰退をもたらす必然の理を秘めていたのである．

　こうした戦後平和主義を取りまく内外の情勢の変化に鑑みて，われわれは日本国憲法の平和主義をどのような仕方で理解し，将来にむけてその積極的意義をどのように主張していったらよいだろうか．

　憲法平和主義は，いわゆる「護憲」派においては基本的には2つの解釈の方向づけによって理解されてきたと思われる．第1の立場は，歴史的にはメノナイト派や再洗礼派の一部やL・トルストイの思想にみられたように，「無抵抗主義」という意味での「絶対平和主義」の立場である．第2は，クェーカー派，

M・ガンディー，M・L・キング牧師などに見られた「非暴力抵抗主義」に基づく「徹底平和主義」の立場である．第一の「絶対平和主義」の立場は，第9条が一切の戦争放棄にとどまらず一切の戦力放棄を主張すると見なす立場であり，主権国家の自衛権をも否定する立場である．日本政府はみずから，戦後の最初期においては明らかにこの厳密な意味での「絶対平和主義」の立場に立った．憲法学の領域では，戦争直後は，宮沢俊義，田畑忍など，影響力のある学者がこの立場をとっていたこともあり，この「無抵抗主義」としての「絶対平和主義」を堅持する憲法学者が多数派を形成していた．けれども，憲法学の議論ではなく，政治学的視点からみた場合，第1の「絶対平和主義」の立場の難点は，とりわけ個人倫理ではなく国家倫理として，自己犠牲や殉教の死を初めから前提とする高邁な「無抵抗主義」の倫理をすべての市民に要求できるのかというアポリアであった．さらに「絶対平和主義」の立場は，最初から「無抵抗主義」という回答を決断的に先取りすることを要求する「決疑論」（casuistry）に立脚している．こうした「絶対平和主義」の決疑論的傾向ないし一種の律法主義は，政治倫理としては，根本的な問題点ないし欠陥をかかえているといえよう．というのも，「絶対平和主義」の場合，戦争と平和の問題のように，具体的かつ適切な状況的判断を要求されるきわめて実践的問題については，はたして過度に一義的かつ固定的にすぎないかという懸念が残るからである．

　その意味でわたくしは，憲法平和主義の将来構想を考えた場合，なかんずく平和の問題がきわめて複雑化している今日的状況を勘案した場合，第2の「徹底平和主義」の立場が有意性を増し加えてきていると考える．たしかに，戦後日本の憲法平和主義を解釈する立場として，「非暴力主義」としての「徹底平和主義」を唱道した主たる理論家や解釈者や憲法学者が存在したかと問われるならば，そうした代表的な理論家はなかなか念頭には浮かばない．しかしながら，「非暴力主義」としての「徹底平和主義」は，憲法平和主義の一つの解釈として可能かつ妥当な立場である，とわたくしは考えている．というのも，日本国憲法前文の平和的生存権の理念は，諸個人の基本的人権にとどまらず，自衛権を含む主権国家の平和的生存権をも含意すると拡充して解釈することは可能だからである．それだけにとどまらず，第9条の二つの項目は，戦争放棄と

戦力不保持を主張するものと理解しつつ，しかし同時に主権国家の自己保存権としての自衛権——自衛戦争権ではない——および平和的生存権はこれを否定していないと理解することが可能である．もし「徹底平和主義」の立場からのこのような前文や第9条の解釈が妥当であるとしたならば，日本政府は侵略国に対して無抵抗である必要はなく，むしろたとえば，近年のG・シャープなどの「社会的防衛」や「市民的防衛」の理念に基づく，国民の「非武装防衛」や「非暴力自衛」を容認する道筋が開けると言ってよい (Gene Sharp, *Civilian-based Defense*)．

さらにもう一点つけ加えるならば，それは，「徹底平和主義」の理念が，ガンディーやキング牧師にみられたような「非暴力主義」の原理に立脚するものと理解する限りにおいて，既述した「絶対平和主義」の決疑論を克服する可能性にも開かれているという点である．というのも，ガンディーの論点，キング牧師の論点，またナチズムに対して殉教の死を遂げた神学者D・ボンヘファーの論点に立った場合，極限状況ないし緊急事態における武力行使——今日の憲法状況および社会状況においては極限状況での一時的な自衛隊戦力の行使——の可能性は，完全に排除されるわけではないからである．政治倫理としての「徹底平和主義」は，「絶対平和主義」にみられる決疑論の前提を共有せず，むしろ歴史における人間実存を自由の概念によって規定する限り，決疑論的律法主義の呪縛から解放されている面を有している．

日本の憲法平和主義の将来構想に関しては，C・M・オヴァービーや「憲法九条の会」，また近年では國弘正雄，小田実など幾人かの論者が主張しているように，「良心的参戦拒否国家」の可能性に関する議論は，十分な考慮と検討に値するものと思われる．21世紀において日本は，憲法平和主義を基軸として，非暴力的な紛争解決と戦争防止の面で世界平和に積極的に寄与する可能性を保持している．こうした平和国家の道筋は，明治以降の「小国主義」，「小日本主義」，「非戦論」の思想的水脈において，とりわけ中江兆民，植木枝盛，幸徳秋水，内村鑑三，三浦銕太郎，石橋湛山，矢内原忠雄，田畑忍などの理念と実践において，すでに準備されてきた歴史的経緯があるように思われてならない．

5　徹底平和主義の将来構想

　晩年のI・カントの珠玉のような論考『永遠の平和のために』（1795年）は，世界平和の実現にむけての将来展望と制度構想において，今なお熟慮と検討に値する理念と論点を数多く有している．その1つは，平和主義の制度構想としての連邦主義ないし連邦制への高い評価である．周知のごとく，ヨーロッパ連合（EU）は今，まさに「国家連合」（confederation）としての内実を深めていく歴史的渦中にあるが，こうしたEUの歩みは，世界各地のリージョンにおける国家連合や連邦国家の形成，もしくはその前段階としての集団的安全保障体制の構築を可能性として示唆するものであり，21世紀の世界平和の将来展望ないし制度構想として有意味である．この関連では，平和主義の制度構想としての連邦主義や連邦制について，深い省察を書き遺してくれたカントやP-J・プルードンは，一面，21世紀の政治状況を予見し先取りした思想家であったと言うこともできよう．

　最後に，かれらの先例に倣って，論争的であり多分に無防備な主張ではあるが，あえて憲法平和主義の立場から，21世紀日本の世界平和のための制度構想を述べておきたい．最初に長期的展望であるが，一応，今世紀の終わり頃までの展望として，国連警察と国連軍の設置を要請したい．これは，核兵器の開発や集団殺戮を企てるような犯罪的国家や国際テロ組織への対抗措置として不可欠である．しかし，これらの制度を中央集権化させることなく分権化し世界各地に分散化させる必要がある．さらに国連警察と国連軍の設置と併せて，世界のすべての国家の同時的武装解除を成し遂げる必要がある．この長期的展望は，「徹底平和主義」の目指すべき「方向と線」でもある．

　この長期的目標への過渡的な措置として中期的展望が要請される．それは2020年から2030年頃までの展望であるが，過渡的措置として東アジア安全保障体制の確立が目指される．これは既述したEUの展開に相即する東アジア諸国の国家連合にむけての第一歩と理解されてもよいであろう．東アジア安全保障体制の構想の主要な担い手は統一化された朝鮮半島，台湾，日本であるが，やがては中国の加入をも何とかして実現する必要があろう．日本は，憲法平和

主義の持ち味を生かす仕方で，東アジア安全保障体制における応分の役割と任務を担うべきである．さらに同時に，日米安全保障条約の段階的解消，ならびに肥大化した自衛隊の大部分を災害救助隊へと段階的に改組していく課題なども，追求される必要がある．

世界平和と各国各人の平和的生存権の保障のために積極的に尽力していく任務が，世界最初の被爆国であり，憲法平和主義を掲げるに至った戦後日本の政府と国民には与えられているように思う．この任務は，凄惨な戦争の惨禍に関する国民的体験に基礎づけられているがゆえに，ほろ苦い任務であるが，しかしそれにもかかわらず将来の平和な世界の構築のための喜ばしき任務でもあるはずである．

この関連ではアーレントの『革命について』第5章から文章を一つ引用しておきたい．

> 始まりの行為がその恣意性から救い出されるのは，その始まりの行為がそれ自身の中に，それ自身の原理を保持しているからである．すなわち，より精確にいえば，始まりと原理，つまり principium（始まり）と principle（原理）とは，相互に関連しているだけでなく，共時的（coeval）なものだからである．

このことが示唆しているのは，国家の始まりにかかわる憲法制定行為，なかんずくその社会契約が，それ自身の中に，それ自身の原理を内在化させているがゆえに，国家が無軌道に突き進む恣意性から救い出される可能性が残されているということである．すなわち，その含意は，国家の始まりにかかわる社会契約は，それ自身の原理を折りに触れて再確認し，歴史的状況に即して具現化させるために，繰り返し結び直され，また再履行されるべき種類のものであるということであろう．もしそうであれば，憲法平和主義がターニング・ポイント（行き詰まりのゆえの転換点）にさしかかっているという今日のポピュラーな言説は，憲法平和主義の原理を再確認し具現化するために，その同じ社会契約をもう一度結び直し，再履行するためのターニング・ポイント（好機としての転換点）にさしかかっている，と解釈し直される必要があることになろう．

現今の改憲論の主流の議論は，こうした戦後日本の平和主義の社会契約を否定しようとする限りにおいて，「憲法改正」論と見なすことはできない．むしろ，それが戦後日本の公共哲学としての平和主義の基本原理の実質的変更を迫るものであり，その限りでは「憲法改正」の制限枠を越えて，新憲法制定論に限りなく近づくものといえよう．もちろん，わたくしのこうした見方は，憲法が歴史的状況の変化に応じて，その基本原理をさらに展開させ深化させていく可能性を否定するものではない．先に触れたアーレントも，憲法はそれ自体，本性的に「拡充し増大していく」（augment）歴史的ドキュメントであることを指摘している．すなわち，憲法は，アメリカの「連邦憲法」の「修正諸箇条」（Amendments）に示されているように，歴史的推移に応じて，その基本原理のさらなる具現化が追求されるべきものといえよう．しかし，その「拡充」なり「増大」が，言葉の正しい意味で「憲法改正」であるためには，憲法の基本原理の実質的変更ではなく，基本原理の創造的展開ないし深化でなければならないであろう．

　最後に本章を閉じるにあたって，1つの問いを立ててみよう．戦後日本の平和主義の社会契約の破棄という事態に遭遇した今日的状況にあって，生活者として市民としては，具体的にどのような選択肢を保持しているであろうか．2つの可能性を考えてみたい．第1は憲法第81条の裁判所の違憲審査権に訴えていく可能性である．自衛隊派兵を可能にした「テロ対策特措法」や「自衛隊法改正」，さらには今後立法化がもくろまれている有事法制関連法案が，違憲である可能性はきわめて高いが，一般の市民は，多種多様方面でアピールをしながら，司法部（裁判所）にこれらの法律や法案の違憲審査を行うように働きかけていくことが必要であろう．たしかに最高裁を頂点とするわが国の司法部は，憲法により違憲審査権を委託され，「憲法の番人」としての「憲法規範の保障」ならびに「人権の砦」としての「国民の基本的人権の保障」という2つの機能を果たすことが期待されている．しかし，周知のごとく，司法部は，戦後一貫してその期待される役割を履行してこなかった．それゆえに市民の側が政府の自衛隊派遣行為そのものの違憲性を問うとしても，実際には高度に政治的な事柄に関する「憲法判断回避原則」が適用されるのがおちであろう．かつて社会党が警察予備隊の違憲性を提起した時の司法部の対応も，具体的な人

権侵害などがない状況において「憲法判断回避原則」が貫かれたのである．しかし，市民の側からの持続的な違憲審査の要求は，将来にむけて違憲審査権の積極的運用を促していく可能性を留保し強めていくという意味では重要であろう．この司法的欠陥をまさに改めることなしに，上述の平和主義の社会契約を繰り返し再履行していこうとの提言は，かけ声だけに終わってしまい，実質的意味を失ってしまうからである．

　第2の可能性は，アメリカの単独行動主義の危険ならびにイラク攻撃の可能性に対して，一般民衆によるさまざまな反対運動が全世界的に沸き起こりつつある事実に関連している．わが国においても各地で非戦平和やイラク攻撃反対の集会やデモが繰り広げられ始めた．わが国には戦後一貫して平和主義や非戦を骨子とした市民団体やネットワークが数多くあり，地道な活動をしてきた経緯がある．さらに地球規模の戦争の危険に照らして，最近，多くの新たな非戦平和ネットワークが結成されているだけでなく，インターネット時代の利点を生かして，それらの団体の横の結びつきが容易になってきている．わたくしの身近なところでも，2002年の年末に首都圏で「地球平和公共ネットワーク」の立ち上げがなされた．学生，サラリーマン，主婦，各種の専門家，メディア関係者，研究者らが参加して，多種多様な人々が交わりと協力関係を築いていく非戦平和ネットワークが，形成され展開され始めている．今，日本に必要なのは，これらの平和を希求する生活者市民のナマの声を地方自治体の政治および国政に反映できる政党の結成であろう．憲法平和主義の基本原理に依って立つ政党が皆無に近い現状にあって，今なお日本各地に非戦平和の市民運動やネットワークがこれだけの拡がりを有し，将来の日本と世界にむけての潜在力を示していることは，注目すべき現実である．今，日本に必要とされるのは，全国に散在しているこれらの非戦平和のネットワークが協力関係を結び，横の連帯をさらに拡げて，永田町の旧態依然とした職業政党とは全く体質を異にする新しい政党，普通の生活者の感覚で運営される市民政党，素人政党，たとえば「平和党」(仮称)を立ち上げることであろう．憲法平和主義の社会契約の持続的な再履行のためには，このような生活者市民の，生活者市民による，生活者市民のための政党の存在が不可欠であろう．

参考文献

丸山真男「憲法第九条をめるぐ若干の考察」『後衛の位置から』未来社，1982 年．
深瀬忠一『戦争放棄と平和的生存権』岩波書店，1987 年．
杉原康雄ほか編『平和と国際協調の憲法学』勁草書房，1990 年．
山内敏弘『平和憲法の理論』日本評論社，1992 年．
奥平康弘『憲法裁判の可能性』岩波書店，1995 年．
千葉眞『アーレントと現代』岩波書店，1996 年．
寺島俊穂「非暴力防衛の思想」『平和研究』第 22 号，1997 年 11 月．
山内敏弘・大田一男『憲法と平和主義』法律文化社，1998 年．
横坂健治『平等権と違憲審査』北樹出版，1998 年．
寺島俊穂「憲法第九条と非暴力防衛 (1) (2)」大阪府立大学紀要『人文・社会科学』第 48 巻，2000 年，第 49 巻，2001 年．
最上敏樹『人道的介入』岩波書店，2001 年．
水島朝穂『武力なき平和——日本国憲法の構想力』岩波書店，2001 年．
古関彰一『「平和国家」日本の再検討』岩波書店，2002 年．
藤原帰一編『テロ後　世界はどう変わったか』岩波書店，2002 年．
飯島昇蔵・川岸令和編『憲法と政治思想の対話』新評論，2002 年．
小田実「『平和憲法』をもつ日本と地球市民の連帯」上智大学社会正義研究所・国際基督教大学社会科学研究所編『地球市民社会と大学教育の生かし方』現代人文社，2002 年．
『思想』特集——帝国・戦争・平和，第 945 号，2003 年 1 月．
関谷昇『近代社会契約説の原理』東京大学出版会，2003 年．
小林正弥『非戦の哲学』筑摩書房，2003 年．
Hannah Arendt, *On Revolution,* New York : The Viking Press, 1963. 志水速雄訳『革命について』筑摩書房，1995 年．
Hannah Arendt, *Crises of the Republic,* New York : Harcourt Brace Jovanovich, Publishers, 1972.
Robert N. Bellah, *The Broken Covenent : American Civil Religion,* New York : The Seabury Press, 1975. 松本滋・中川徹子訳『破られた契約——アメリカ宗教思想の伝統と試練』未来社，1983 年．
Jenny Teichman, *Pacifism and the Just War : A Study in Applied Philosophy,* Oxford : Basil Blackwell, 1986.
Gene Sharp, *Civilian-based Defense : A Post-military Weapons System,* Princeton : Princeton University Press, 1990.
Michael Walzer, *Just and Unjust Wars,* 2 nd ed., New York : Basic Books, 1992.
Charles M. Overby, *A Call for Peace : The Implications of Japan's War-Renouncing Constitution*／『地球憲法第九条』，Tokyo : Kodansha International, 1997／日英両語著書，國弘正雄訳．
John Dower, *Embracing Defeat : Japan in the Wake of World War II,* New York : W. W.

Norton & Company, Inc., 1998. 三浦陽一ほか訳『敗北を抱きしめて（上）（下）』岩波書店，2001年．

Peter Brock and Nigel Young, *Pacifism in the Twentieth Century,* Syracuse: Syracuse University Press, 1999.

（付記） 2002年2月8日本章の脱稿後，筆者はイラク攻撃に際し，「破られた契約――憲法平和主義の危機とその復権に向けて」というエッセイを発表した．そのエッセイでは本章の内容が大幅に短縮されて用いられていることをお断りし，読者の皆さまのご了承をお願い申し上げたい．『世界』第714号，2003年6月号，201-209頁参照．

第10章　今なおファシズムの世紀なのか？
——21世紀の超国家主義批判

小林正弥

1　極右の世界的抬頭

　2002年4月21日のフランス大統領選挙第1回投票の結果は，多くの人に最大級の衝撃を与えた．極右・国民戦線のルペン候補（約17％）が左翼のジョスパン候補（約16％）を上回って第2位になったからである[1]．

　しかも，これは必ずしもフランスだけの現象ではなく，イタリアでも2001年6月10日に右翼のベルルスコーニ政権が成立していて，その性格が一部では危惧されている．オーストリアでは，極右のハイダーが率いていた自由党が勢力を拡大し，1997年には27％の得票率を達成し，その後政権に加わった（勢力は後退）．また，日本でも，小泉政権の失速と共に，何故かメディアは石原都知事を大きく取り上げ，石原待望論を煽っているようにすら見える．石原政権でも成立すれば，日本で極右政権が成立することになりかねない[2]．

　これらは，社会的にも既に極右の抬頭として警戒されているが，イタリアを除けばその多くはまだ政権を獲得するところまでは至っていない．しかし，以下で主張するように，筆者は「反テロ」世界戦争におけるアメリカやイスラエ

1　シラク大統領は約20％．決選投票（5月5日）では，国民の危機感が反映してシラク大統領が圧勝した（2550万票，82％）ものの，ルペン候補も550万票（18％）を獲得して第1回投票より72万票増加した．同時期に，オランダでは，ピム・フォルタイン党首が暗殺されたために，同情票が集まって下院総選挙で同党は第2党になった（2002年5月15日，26議席）．また，ロシアでもネオ・ナチが抬頭して，有色人種を暴行・殺害していることが伝えられた（朝日新聞2002年5月21日付）．

ルの右派政権には，これと似た問題性を感じるのである．これらは，第二次世界大戦時の真性「ファシズム」そのものではないものの，そこに至る危険な兆候を共有している．そこで，本章では「ネオ・ファシズム（化）」という概念を提起することによって，この共通の問題性を指摘してみたい．

「今なおファシズムの世紀なのか？」という題名は，政治学でネオ・コーポラティズム論の火付け役になった「今なおコーポラティズムの世紀なのか？ (Still the Century of Corporatism?)」というフィリップ・シュミッターの論文（1974年）[3]に準えたものである．1980年代にそれを読んで筆者は，「コーポラティズムが形を変えて再生したのならば，ファシズムや軍国主義が再生する可能性もあるのではないか」と思い，「そのような時が来たら上のような題の論文を書いてみようか」と漠然と考えた．しかし，それが本当の危惧になってしまった事態を迎えて慄然とせざるを得ない．

2　ネオ・ファシズムの概念

当時から筆者は丸山眞男の学問に魅せられ，その問題意識を現時点において展開するように努めてきた．しかし，1980年代の日本の政治学界では，アメリカから実証主義的政治科学の方法論や公共選択論が日本に改めて導入されて席捲し始めており，「既に日本は多元化ないし民主化が進んでいるのだから，今更ファシズム論など時代遅れで，そのような心配を言い立てることは狼少年

2　オーストラリア在住の作家，森巣博は「日本の新聞はルペン，ハイダー，フォルタイン氏らの政党を極右政党と呼ぶのに，何故石原新党の報道に『極右』という形容詞を冠さないのか」という趣旨の問いを提起し，「マスコミによる言論誘導か．この素朴な疑問に，関係者各位は応答責任があると考える．ぜひ理由を教えていただきたいものだ」と結んだ（朝日新聞「私の視点」2002年6月2日付，同旨，姜尚中・森巣博『ナショナリズムの克服』集英社，2002年，24-25頁参照）．筆者も，この箇所で石原政権を極右政権と書いた際（あとがき参照）に，全く同じ疑問を感じていたので，ちょうどその時に読んだこの文章は印象的だった．

3　Philippe C. Schmitter, "Still the Century of Corporatism?" in P. C. Schmitter and G. Lehmbruch, eds., *Trends Toward Corporatist Intermediation*, London, 1979. シュミッター・レームブルッフ編『現代コーポラティズム I』山口定監訳，木鐸社，1984年．ネオ・コーポラティズムについては，西川知一編『比較政治の分析枠組』ミネルヴァ書房，1986年，第9章「ネオ・コーポラティズム」（阪野智一執筆）；篠原一「団体の新しい政治機能」『岩波講座基本法学2　団体』岩波書店，1983年など．

のエピソードのようなものだ」というような雰囲気が漂っていた[4].

それに対し,筆者は「日本のような政治文化においては,恩顧主義（親分-子分関係）に基づく政治腐敗が蔓延して,民主政に対する信頼が低下した時に,戦前と同じように再び強権化が現れるのではないか」と考えた.そこで,「民主政→政治腐敗→強権化」というような循環が,戦前と同様に戦後にも現れる可能性を意識して,戦前循環と戦後循環というモデルを1993年にごく簡単に提起した[5].

その後,恩顧主義的な利益誘導政治の限界はますます明らかになり,政治腐敗も暴露されて,政治改革・行政改革が課題となった.その中で「構造改革」を旗印にする小泉政権が成立し,改革自体は停滞しながらも,テロ特措法などのタカ派的政策の実行だけが顕著である.さらに,石原人気を考えると,残念ながら,当時のモデルの方向に日本政治は進んでおり,強権化・軍事化という戦前と類似した道を辿る懸念は,去るどころかますます増大していると言わざるを得ない.

日本のみならず,世界的に見ても,右派ないし極右の勢力増大という現象は広く見られる.つまり世界的にも一種の戦後循環と言えるような現象が現れ,強権化・軍事化が再び進行する危険が存在する.そこで,「ネオ・コーポラティズム」という表現に倣って考えれば,現在起こりつつある現象を「ネオ・ファシズム（化）」と捉えることができるのではないだろうか？　ネオ・コーポラティズムの場合と同様に,ネオ・ファシズムはかつてのファシズムとは全く同一ではないものの,そこには共通性が存在するからである.

今のところ,ヨーロッパの極右政党は,移民排除やEU統合反対を中心的な主張としており,選挙制度のような形式的民主制を廃棄することまでは主張していないようである.そして,例えばアメリカやイスラエルの場合には——フロリダの選挙を考えればブッシュ政権の場合には疑わしい要素があるけれども

---

[4] 丸山眞男についての筆者の見解は,小林正弥編『丸山眞男論——主体的作為,ファシズム,市民社会』公共哲学叢書第2巻,東京大学出版会,2003年,序章・終章.

[5] 小林正弥「現代政党理論再考——ダウンズ＝サルトーリモデルの限界」村嶋英治・萩原宜之・岩崎育夫編『ASASN諸国の政党政治』アジア経済研究所,1993年,第6章,208-210頁及び213頁注（44）.また小林正弥「恩顧主義的政党と選挙制度改革——日本政治『成功』の要件」『千葉大学法学論集』第18巻第1号,2003年も参照.

——民主的選挙が行われているから，政権は形式的には「民主的」政権である．さらには，アメリカはアフガニスタン戦を「自由」を守るための戦争と称し，イラク戦に至っては「イラクの自由」作戦と呼んで「独裁者からのイラク国民の解放」，さらには「中東の民主化」を戦争目的として謳っている．「自由」や「民主主義」を戦争の旗印に掲げているのである．

そこで，少なくとも現在の時点では，右派や極右は民主制の廃棄を揚言している訳では必ずしもなく，逆に自由や民主主義を掲げる場合すらある．この点に着目すれば，山口定が述べるように，これらの右派ないし極右は，かつてのファシズムの復活・再来・継承という意味における「ネオ・ファシズム」「ネオ・ナチズム」ではない．世代の変化と共に，指導層も思想も支持基盤も変化しているのである．そこで，山口は，これらの用語を避け，西欧で言うところの「右翼極端主義（extreme right）」ないし「右翼過激主義（radical right）」を「新右翼」と呼ぶことを提唱している[6]．

しかし，そこに，人種主義や極端な国家主義，外国人ないし移民排除，強権化・軍事化ないし軍国主義，思想統制や弾圧などが存在すれば，かつてのファシズムとも共通する要素が存在すると言えよう．山口自身も，留保付きながら，新右翼が「①ナショナリズム，②権威主義，③反多元主義，④不平等のイデオロギー」という特色を持つことを一定程度認めている[7]．形式的には民主制度が存在しても，実質的な民主主義や自由がなく，これらの要素が顕著ならば，その点ではファシズム的であると言えるだろう．

これらは，形式的民主制と共存する点で，第二次世界大戦前のファシズムやナチズムとは異なった側面を持つ．そこで，かつてのファシズム（やその直接の再現としての「ネオ・ファシズム」）とは異なるという点において，「新しいファシズム」，即ち「ネオ・ファシズム」と呼ぶことにしよう．かつてのファシズムをそのまま再生しようと図る運動を「ネオ・ファシズム」と呼べば，これはいわば「ネオ・ネオ・ファシズム（新々ファシズム）」ということになる．ただ，「ネオ・コーポラティズム」という表現との対応関係を重視して，以下ではこの「新しいファシズム」を単純に「ネオ・ファシズム」と呼ぶことにす

6　山口定・高橋進編『ヨーロッパ新右翼』朝日新聞社，1998年，序章．
7　山口ほか前掲注6，26-29頁．

る．また，これと対比する必要がある場合には，ナチズムやイタリア・ファシズムなどを「古典的ファシズム」と呼ぶ．

ネオ・コーポラティズム論者は，戦前のような強権的コーポラティズムと戦後に現れたネオ・コーポラティズムを「国家コーポラティズム／社会コーポラティズム」（シュミッター），「権威主義的コーポラティズム／リベラル・コーポラティズム」（レームブルッフ）というように区分した[8]．同様に，「古典的ファシズム／ネオ・ファシズム」の対比についても，戦前の「全体主義的ファシズム」に対して，「民主制ファシズム」という概念を考えることができるかもしれない．

ファシズム自体の中に，民衆の支持と歓呼によって政権に接近する側面があるのだから，制度としての民主制を転覆しなければ，このような新しい「ファシズム」が考えられるだろう．「ネオ・ファシズム＝民主制ファシズム」は，民主制が自明の前提になった時代に生まれたファシズムだから，純粋な古典的ファシズムとは異なって，いわば「形式的民主制」と「ファシズム」との複合である．

そもそも，ワイマール期ドイツの，鋭利な公法学者にして政治理論家であるカール・シュミットは，議会制民主主義を批判しつつ，当初は『独裁』（1921年）や『大統領の独裁』（1924年）において，ワイマール憲法の枠内で第48条（非常事態における大統領の権限規定）を利用し，1930年頃までに議会抜きの大統領内閣論を構築した[9]．これは，例外状態における時限的な条件の下で共和国を救うための「委任独裁」であり，全ての人権を制限・停止できるとして

8　Schmitter, *op. cit.*; Lehmbruch. "Liberal Corporatism and Party Government," in Schmitter and Lehmbruch, eds., *op. cit.* 山口監訳前掲注3．

9　以下，シュミットについての記述は，田中浩『カール・シュミット——魔性の政治学』未来社，1992年，第3章による．なお，田中は，同171頁において，湾岸戦争におけるアメリカを念頭に，「これをいま『独裁の国際化』と名づけるならば，この問題をめぐる国際的独裁の問題は，『緊急事態』と『決断の必要』という名目の下に国際社会における『平和の破壊』と『戦争の危険』にまで結びついている，ということは，最近の湾岸戦争における大国の行動にみられたことである．／そして，このような『国際的な独裁化』の傾向こそ，現代独裁の新しい特徴であり，『国際・国内』民主主義の発展を阻害する『最大の敵』であると言わなければならない」と書いている．湾岸戦争で国際的独裁化が見られるならば，「反テロ」世界戦争ではそれは遙かに明瞭であろう．そして，今回は，「国際的な独裁化」と「国内の独裁化」との双方が進行したように思われる．

いたが，正常事態に戻れば通常の議会制に復帰するとされている点では憲法を否定しようとするものではなかった．その意味では形式的民主制を一時停止して独裁を時限付きで認めるものだったが，立憲制は維持されており，1930年‒1932年に民主制を全面的に廃棄するわけではなかった．これに近い政治形態が，実際に「大統領内閣」（ヒンデンブルク大統領の非常大権による3つの内閣）という形で実現している．

しかし，『政治的なるものの概念』（1927年）では，敵と味方を識別できるのが主権者であり，大統領であるとし，さらに『合法性と正当性』（1932年）では，"国民投票によって選出される大統領の権限にこそ正当性があり，議会の合法性よりも上位にある"として，大統領の絶対権の行使を恒常化し，ワイマール憲法に死亡宣告を行う．ここでは，"大統領と国民を直結させる，「歓呼」と「喝采」による「見える政治」こそが「真の民主政治」である"としている．これは1930年代の大統領統治に対応し，シュミットは1933年のナチ政権成立後にすぐナチ党に入党するに至る．ここにおいて，シュミットは議会制や立憲制・民主制の廃絶を肯定して，いわば「主権独裁」を正当化したのである．

だから，シュミットの独裁理論においてすら，議会制ないし民主制を完全に否定して独裁を正当化するのは，以上の内の後期であり，前期には議会制と一応制度的に両立する独裁を理論化していた．従って，古典的ファシズムにおいても，彼はその前期には民主制・議会制及び立憲主義と形式的には矛盾しない形式を追求していたのである．

もっとも，この場合でも，非常事態においては委任独裁によって時限付きながら議会は停止され，人権が制限されているから，これは前述のような「ネオ・ファシズム」とは異なる．ネオ・ファシズムにおいては，確かに強権化は進むが，議会は停止されはせず，むしろ大統領など行政のいわば翼賛をすることになるからである．

しかし，ネオ・ファシズムにおいて，例外状態の下で，議会が大統領を殆ど全面的に支持し，国民が大統領に拍手喝采し，大統領は敵と味方を決定して，人権が制限されるとしよう．議会や民主制が存在していても，このような状態はシュミットの言う委任独裁とさほど実質的には変わりないと思われる．

そして，これは単なる仮定の話ではない．9・11という事件の衝撃によって，

アメリカは危機的な「例外状態」に陥り，大統領の「決断」に頼るようになった．議会は大統領の開戦の決定を殆ど全面的に支持した．アフガニスタン戦の際には，反対した議員はカリフォルニア州の下院議員バーバラ・リーただ一人だったのである[10]．そして，大統領は「テロ」との戦いにおける「敵／見方」を単純に区別し，国内だけではなく，国際的にも諸国に「敵か味方か」態度決定をするように求めた．アフガニスタンやイラクはおろか，国内でも，「反テロ愛国法」（後述）などを定めて，アラブ系の人々を中心に人権を大幅に狭めて人権抑圧を行った．しかし，アメリカ国民は，そのような強い決断力と強権を発揮した大統領に対して，歓呼し喝采したのである．

アメリカでは戦時にこのような大統領支持や愛国心の高揚がしばしば見られる．しかし，それ以上の危険もここには存在するのではないだろうか？　議会や言論の自由は形式的には存在しているが，ここには，既に見紛うことなきファシズムの予兆が現れているように思われるのである．幸いまだ現在では，これは「ネオ・ファシズム」とは言っても，戦前の本格的なファシズムに比べれば，その前史のような萌芽的な段階に留まっているだろう．しかし，フランスの大統領選挙の結果や「反テロ」世界戦争におけるアメリカは，このような兆候が無視できない危険を帯びてきていることを私達に警告していると思われる．

そこで，以下では，この危険性に焦点を当てるために，本格的なネオ・ファシズムにはまだ至っていないもののその兆候が現れ始めている場合を「前期的（前）ネオ・ファシズム」[11]，それが進行中の場合を「ネオ・ファシズム化ないしネオ・ファシズム的（現象）」と呼ぶことにする．ただ，叙述の便宜上，例えば「アメリカのネオ・ファシズム」と表現する場合も存在するが，正確には「アメリカに存在するネオ・ファシズムの前期的兆候」「アメリカに存在するネオ・ファシズム的な傾向」という意味なので，この点にはご留意頂きたい．

---

10 「たった一人の反対者　バーバラ・リー」坂本龍一監修『非戦』幻冬舎，2002年，14-17頁．
11 丸山眞男『増補版　現代政治の思想と行動』未来社，1964年には，「ファシズムの前期的段階」（297頁），「前ファシズム的」（539頁）などの用語が見出される．また，山口定は，"第1次大戦直後のヨーロッパで，厳密な意味のファシズムには入らないが，ファシズムの諸特徴の幾つかを萌芽的に示している運動体"について，「前ファシズム」運動と呼んでいる．山口定『ファシズム』有斐閣，1979年，II-1.

3 「民主制のファシズム」という逆説

　賛否は別にして，フランスなどの極右にネオ・ファシズムの概念を適用する理由は容易に理解できるであろうが，「反テロ」世界戦争におけるアメリカやイスラエルに対してこの概念を用いるのは，唐突に感じられるかもしれない．特にアメリカは自由と民主主義を旗印にしており，ファシズムとは最も遠い国家だと考えられやすいからである．

　「反テロ」世界戦争におけるアメリカの対外政策ないし戦争政策を見て，筆者も含め多くの論者がアメリカに「帝国」の概念を使用し始めた．藤原帰一の言う「デモクラシーの帝国」とは，国内では「民主主義」，国際的には「帝国」という特徴を表している．しかし，それでも「デモクラシー」と「帝国」との間には大きな緊張関係ないし矛盾が存在する．それならば，「デモクラシーのファシズム＝ネオ・ファシズム」という逆説的概念も考えられるのではないだろうか？

　これまで筆者は「超国家主義（ultra nationalism）」という概念を——丸山眞男に従って——戦前の日本についてのみ使用してきた．しかし，イスラエルによるジェニンの虐殺などのパレスチナ侵攻・殺人（2002年3月-4月）をはじめ，非理性的な「反テロ」世界戦争におけるさまざまな残酷な事件を見て，この概念をアメリカ・ブッシュ政権やイスラエルのシャロン政権にも適用できるのではないか，と考え始めた．

　かつて丸山眞男は，戦前日本の超国家主義を厳しく反省する論理を提示したとともに，冷戦と共に始まったアメリカのマッカーシズム（やソ連のスターリニズム）にも厳しい批判を行った．「戦後ファシズム」の代表例として，マッカーシズムの吹き荒れるアメリカには，「ファッショ化」が始まっており，冷戦下においては「むしろアメリカがファシズムの現段階において果たす主要な役割は，国際的な反革命の総本山たることにある」として批判した[12]．「反革命のための強制的同質化というファシズムの機能が戦後自由民主主義の仮面の下に」現れているとして，「現在のアメリカの支配形態を完全なファシズム体制だとは毫も思いませんが，……あらゆる兆候から見て，そこには歴然とした

ファシズムの傾向が現れており，しかもそれはますます増大している」と述べたのである[13]．

ここには，普遍的原理に基づいた批判的知性の輝きが存在する．保守派の国家主義者は，しばしば丸山を「西洋贔屓」とか「西欧かぶれ」と見做して，彼がヨーロッパやアメリカを賛美する反面，日本を自虐的に批判したかのように描き出す．しかし，丸山は決して，現実に存在するアメリカやヨーロッパを無条件に賛美する「西洋贔屓」ではなかった．彼は，確かに西洋的な「自由の理念」を擁護したが，それは普遍的な理念であるが故に，その理念によって，現実の西洋に対してもその問題点には厳しい批判を行った．「自由」の原理によって戦前日本の軍国主義を批判するが故に，翻って「自由」を圧殺しているアメリカのマッカーシズムを批判しなければならなかったのである．

この精神を想起すれば，私達は，日本の国家主義や官僚主義を批判するだけではなく，現在のアメリカやイスラエルにおける過度な「国家主義」をも厳しく批判しなければならないだろう．それらにおいては，「健全なナショナリズム」や「健全な愛国心」ではなく，通常の域を超えた「極端なナショナリズム」が支配し，自国の自由を抑圧して他国の民を犠牲にしているように見えるからである．

丸山は，戦前日本の「超国家主義」が通常の「国家主義」と異なる所以を，天皇制国家が公私未分化で「倫理的実体として価値内容の独占的決定者」であったという質的特質に求めた[14]．この意味では，現在のアメリカもまだ戦前の日本のような「超国家主義」にまでは至っていないだろう．しかしながら，自国の利益や価値観を独善的に「正義」と見做してそれを絶対視しその「正義」の名の下に他国民を犠牲にするという点では，現在のアメリカ-イスラエルも，

12　丸山眞男「ファシズムの諸問題」(1952年) 前掲注11『増補版　現代政治の思想と行動』所収，265頁．
13　丸山眞男「ファシズムの現代的状況」(1953年)『丸山眞男集』第5巻，岩波書店，1996年，301-312頁．なお，丸山は「全体主義」の用語について部分的有効性を認めながらも，これでは「『自由世界』におけるファッショ化の問題が見落される傾向」を指摘した．そこで，本章では，全体主義よりもファシズムの概念を主として用いている．丸山前掲注11，539頁．
14　丸山眞男「超国家主義の論理と心理」前掲注11『増補版　現代政治の思想と行動』所収，11-28頁．

戦前の日本とは別形態ながら，やはり「超国家主義」と呼んでもよいのではないだろうか？

そこで，一般的に，国内の抑圧や他国民の犠牲を伴わない「健全な国民主義（ナショナリズム）ないし愛国心（patriotism）」と区別し，「国民主義・民族主義・愛国主義が排外的・独善的・攻撃的になり，国家主義が強力になって自国民の自由を抑圧し，他国民を犠牲にするようになった極端なナショナリズム（extreme nationalism）」を「超国家主義」と定義してみよう[15]．この場合，戦前の日本は「日本型超国家主義」であったのに対して，現在のアメリカやイスラエルは「アメリカ型・イスラエル型の超国家主義」と言うことができるであろう．

丸山に即してこの点を確認してみよう．彼はファシズムのイデオロギーについて，次の3要素を挙げている．

（ⅰ）「異質なものの排除をつうじての強制的セメント化（ナチのいわゆるGleichshaltung）」ないし「国民の強制的同質化」に対する「系統的」奉仕．

（ⅱ）その「精神様式と発想様式」として

「a 自国あるいは自民族至上主義，

b 『自然的』優越者の支配という観念，

c 大衆の潜在的な創造力や理性的思考力にたいする深い不信感，

d 婦人の社会的活動能力への疑惑，

e 知性と論理よりも本能・意思・直観・肉体的エネルギーの重視，

f 一般に進歩の観念にたいするシニカルな否定，

g 戦争の賛美と恒久平和にたいする嘲笑」．

（ⅲ）「現代の社会的矛盾にたいして反革命と戦争をもってしか答えるすべをしらない」ことにより，最後には反共・反ユダヤといった「否定的消極的な要素」に行きあたる「ニヒリズム的性格」[16]．

まず，同時多発テロ事件以後のアメリカにおける，反戦の言論に対する弾圧

---

15 安部博純は，「ネーションの統一・独立」を志向する自由主義的「ナショナリズム」（リベラル）と「世界再分割闘争に対する『持たざる国』のナショナリズム」である「膨脹主義的ナショナリズム」（エキスパンシング）とを区別し，ファシズムのウルトラ・ナショナリズムを後者の特殊形態とする．本章の定義は，時代背景を別にすれば，この定義に近い．安部博純『日本ファシズム研究序説』未来社，1975年，318-323頁；山口前掲注11，167-168頁．

第10章 今なおファシズムの世紀なのか？

を考えれば，丸山が特に重視した（i）「社会の強制的なセメント化・同質化」という側面は明らかに存在したように思われる．アメリカでは同時多発テロ事件直後には，戦争への批判が非愛国的だとして封殺された．

例えば，ABCテレビの人気トーク番組「ポリティカリー・インコレクト」では，司会者が「臆病者はアメリカの方だ」と批判したところ，番組が打ち切りになった．9・11の時にブッシュ大統領と側近が「ネブラスカの穴の中に逃げ込んでいた」と非難する記事を書いたコラムニストが解雇された．また，「ブッシュは大統領の職務を果たしていない」という見出しを掲げたテキサスの新聞社は，一面に謝罪文を載せる羽目になった．また，テロ事件後，僅か数日で「反テロ愛国法」が施行され，テロリストの疑いのある外国人を司法手続きなしに7日間拘束できることになり，超保守派のアッシュクロフト司法長官の下で，容疑の不明確なムスリムやアラブ系の住民を秘密に長期間予防拘禁したり，事情聴取したりしている[17]．ここには，明らかに人権侵害が存在する．さらに，高校2年の少女が，校内で反戦クラブ（「無政府主義クラブ」）を組織しようとしたら，停学処分を受け，処分取り消しを求めて提訴したところ，「この時期の反政府活動は教育現場を混乱させる」と裁判官も停学を支持した（2001年11月1日）[18]．

以上に比べると，イラク戦の段階ではアメリカ内部でも戦争に対する批判が一定程度可能になったものの，このようなムードがなくなったわけではない．例えば，ベトナム戦争取材でピューリッツァー賞を受賞したピーター・アーネット記者は，バグダッドで取材している際に「アメリカの戦争計画は挫折した．作戦変更を余儀なくされている」とイラク国営テレビのインタビューで述べたために，「イラクのスパイ」と批判されて，NBCから解雇された（3月31日）．また，モンタナ大学の言語学の教師デニス・ホルトが開戦後の最初の講義（3月21日）で反戦の意見を述べたため，学期中停職になった（大学側は，反戦の言動が理由ではなく，学生や父兄から「授業中の先生の言動が常軌を逸してお

---

16 丸山眞男「ナショナリズム・軍国主義・ファシズム」前掲注11『増補版　現代政治の思想と行動』所収，299-300頁．
17 矢部武『テロ後のアメリカ　いま「自由」が崩壊する！』KKベストセラーズ，2002年，194-195頁など．
18 坂本龍一監修『非戦』幻冬舎，2002年，271-272頁．

り，奇妙で気違いじみている」という苦情が出たためと説明した）．ニューヨークのアルバニーのショッピング・センターで，「地球に平和を」「平和に機会を与えよ」という文句の入った反戦 T シャツを着ていた人が，脱ぐことを拒んだので逮捕された（不起訴になった）．

次に，(ii)「精神様式・発想様式」についても，古典的ファシズムほど純粋な形ではないものの，やはり見ることができる．「a 自国あるいは自民族中心主義」は，「パックス・アメリカーナ」の実現を目的とする新保守主義に明確に見ることができる．「b『自然的』優越者」という観念は露骨には表明されないものの，このアメリカ中心主義に伏在しているように思われる．「c・d 大衆や婦人に対する不信」も明確には現れないものの，共和党保守派には存在する側面であり，少なくとも民主党よりはその傾向が見られよう．「e 知性・論理よりも本能・意思・直観・肉体」も明示的には唱えられないものの，（言い間違いや知識の貧困などに現れているような）ブッシュ大統領の知性は嘲笑の対象となっている[19]．他方，ブッシュ大統領は自分が「直感」を重視していることをしばしば述べている．そして，「f・g 進歩や平和の観念の否定・嘲笑，戦争賛美」も，新保守主義の中に看取できる．例えばロバート・D・カプランの『戦士の政治――何故リーダーシップは異教徒のエートスを必要とするのか？』(2003 年) は，リヴィウス，孫子，マキャアヴェッリ，ホッブズからチャーチルなどの現代まで，戦争を肯定するような政治観に焦点を当てて，"「近代」世界などは存在せず，ただ古代の継続があるのみだ"とする．また，マックス・ブートは，『平和の野蛮な戦争――小戦争とアメリカの力の興隆』(2002 年) で，アメリカの行ってきた多数の小戦争を肯定して，それによって今日のアメリカへと「興隆」した歴史を讃えている[20]．さらに，「h ニヒリズム，反共など否定的要素」についても，「反テロ」という戦争目的自体が正にこの否定的要素を表している．また，カプランやケーガンなどの著作は露骨な軍事力の称揚を行っている点で，古典的ファシズムの場合と同様の，反倫理的なニヒリズムを感

19　FUGAFUGA Lab. 編『ブッシュ妄言録』ぺんぎん書房，2003 年；ダグラス・ラミス監修，テリー・マクミラン解説『不思議の国のブッシュ』平野すみれ訳，光文社，2003 年．

20　Robert D. Kaplan, *Warrior Politics: Why Leadership Demands a Pagan Ethos*, New York, Vintage Books, 2002; Marx Boot, *The Savage Wars of Peace: Small Wars of American Power*, New York, Basic Books, 2002.

じさせる[21].

　このように，以上の特徴はナチズムほどは明確な形で現れてはいないものの，それと共通する要素を多かれ少なかれ見ることができる．だから，ブッシュ政権はまだ「完全なファシズム体制だとは毫も」思わないものの，このような状態を見ると，そこにはマッカーシズムの場合と同様の「歴然たるファシズムの傾向が」現れているように見えるのである．

　丸山は，戦後の冷戦によって現れた「新たな形態のファシズム」については次のように書いている．

> 「戦後のファシズムは，a 国際的反革命の総本山になったアメリカ合衆国の内政におけるマッカーシー主義……，b アメリカ帝国への従属性を著しくした他の資本主義国における主として国内消費用のファシズム，c 旧来の植民地・反植民地の民族解放運動に対応する土着の反動勢力……，d 主として旧枢軸国の一部に現れている，拝外主義の伝統を継承したネオ・ファシズムというような種々複雑な発現形態をもち，しかも戦後世界の公約数になった『民主主義』を否応なく旗印にしているので，その看別は一層困難になり，したがって反ファシズム統一闘争の主要目標と力点についてもさまざまな論争を惹起している．」（強調は引用者）[22]

　ここからは，彼が，マッカーシズムをはじめ「戦後のファシズム」について，「民主主義」を旗印に掲げていても，ファシズムの中に分類していたことがわかる．つまり，「ネオ・ファシズム＝民主制ファシズム」という見方は，既に丸山自身の中にあったのである．従って，少なくとも丸山自身の用法に即して述べれば，マッカーシズムが「戦後ファシズム」の典型例であったように，「反テロ」世界戦争におけるアメリカはいわば「21 世紀（前）ネオ・ファシズム」の典型例と考えられるであろう．

21　Robert Kagan, *Of Paradise and Power: America and Europe in the New World Order*, New York, Alfred A. Knopf, 2003. ロバート・ケーガン『ネオコンの論理――アメリカ新保守主義の世界戦略』山岡洋一訳，光文社，2003年．詳しくは本書の序章 4，終章注 4 参照．
22　丸山前掲注 16「ナショナリズム・軍国主義・ファシズム」，303 頁

マッカーシズムは，東西冷戦の最初の段階においてアメリカで起きたファシズム的現象であった．拙著『非戦の哲学』で論じたとおり，「反テロ」世界戦争は，東西冷戦終了の後に初めて現れた世界戦争である[23]．だから，この危機の最初の段階において，アメリカで再び同様の前期的ネオ・ファシズム化現象が起こっても必ずしも不思議ではない．ここには，自由の国であるはずのアメリカが持つ一面が現れている．

勿論，「デモクラシーのファシズム」という表現は，「民主制の下のファシズム＝ネオ・ファシズム」を表すから，丸山の表現を用いれば，「制度としての民主主義」（＝民主制）は存在していても，「理念としての民主主義」や「運動としての民主主義」は形骸化ないし萎縮してしまっている[24]．つまり，形式的には民主主義が存在していても，実質的には民主主義が十全に機能しなくなっているのであり，アメリカの場合は50年代より軍産複合体などの政治・経済の「権力エリート」（ライト・ミルズ）の力が強まって実質的には寡頭政に近くなっている．表面的には「多元主義」とされてはいても，実質的には「利益集団自由主義」（Th. ローウィ）となっており，これは，西欧諸国におけるネオ・コーポラティズムと一定程度対応する現象である．このような寡頭化傾向が極点に達したときに，前期的な「民主制のファシズム＝ネオ・ファシズム」化現象が現れた，と言うことができよう．

アフガニスタン戦の時点において，学識のあるはずのアメリカ専門家や研究者の一部が，その状況においてもなおアメリカを賛美し擁護するのを目の当たりにして，筆者は驚いた．しかし，考えてみれば，それほど極端ではなくとも，大なり小なり日本人の多くは，心理的にアメリカを批判できなくなっているのかもしれない．確かに，アメリカは戦後日本にとって，民主主義や地方自治のモデル国の一つであり，多くの知識人が，アメリカを批判することを躊躇するのも，心理的に理解できなくはない．しかし，この精神の構造こそが，国家主義者の批判する「西洋（アメリカ）贔屓」「西洋（アメリカ）かぶれ」に他ならないのではなかろうか．

23　小林正弥『非戦の哲学』筑摩書房，2003年，第2章・第5章．
24　丸山眞男「戦後民主主義の『原点』」『丸山眞男集』第15巻，岩波書店，1996年，69頁；千葉眞「『帝国』の戦争が明らかにしたもの」『論座』2003年6月号，42頁．

自由という普遍的理念に基づいて戦前の日本超国家主義を否定する者は、その論理的帰結として、今日のアメリカ－イスラエル超国家主義をも批判しなければならない。逆に言えば、「反テロ」世界戦争における超国家主義を批判することのできない者には、日本軍国主義における超国家主義も批判する資格がないと言って良いであろう。

4 「地球的反動の総本山」としてのアメリカ超国家主義

丸山は、ファシズムを革命への「反動」と把握し、アメリカのマッカーシズムを「戦後ファシズム」の総本山として批判した。ここで少し問題を感じるのは――共産主義・社会主義革命を支持していたとは思えないので――この時点における「革命」の中身が必ずしも明確ではないことである。古典的ファシズムにおいては、第一次世界大戦以後の戦間期における混乱やベルサイユ＝ワシントン体制への後発国の挑戦、反共産主義革命、社会基盤としての新旧中間層の動揺・動員などが重要な特徴をなした。戦後、さらには21世紀には、当然政治的・社会的状況は変化しており、これらはそのままの形では存在しない。

そこで、ここでは、「革命的変化」に相当するものを今日の状況において規定してみよう。そこには、脱官僚制化・脱物質的価値観（イングルハート）への変化などさまざまな側面が考えられるけれども、その内の重要な一つが脱国家化、即ち国際化・地球化と地域化であろう。そこで、この傾向に対する「反動」が、ネオ・ファシズムの特徴をなすと考えられる。現在のもっとも巨大な革命的変化である地球的統合に対する反発として、その弱点を悪用する形で極右などのネオ・ファシズムが「躍進」したと考えられる。

アメリカの場合は、グローバライゼーションの中心だから、一見すると、ブッシュ政権の「帝国」化がその反動とは単純には考えられないが、だからと言ってネオ・ファシズム化と無関係とは言えない。いわゆるグローバリズムは、前述した（歴史の進展を表す）地球化ないし地球域化（グローカル化）とは似て非なるものだからである。実は、古典的ファシズムにおいては、丸山が強調した「反動性」と「反革命性」の他に、単なる「保守反動」とは異なって「擬似革命性」が存在する[25]。同様に、アメリカの新保守主義には、リベラルない

し左派からの転向者が多いから，旧保守主義とは異なって，この「擬似革命性」が顕著に存在する（序章4参照）．それで，旧保守主義のように，孤立主義や現実主義（国際協調主義）ではなく，国際的膨脹主義による秩序変革を追求するのである．また，キリスト教原理主義の方は，さらに下からの大衆的運動という色彩が濃く，従来の東部エスタブリッシュメントに対する「擬似革命性」を持つ．双方とも，実質的には「反動」的ながら「擬似革命性」を有するのである．

グローバリズムは一見理想的な国際化・地球化であるように装いながら，実はこれらの美名の下にアメリカを始め大国家や大企業など強者の国益・権益を実現しようとしている．従って，このような「グローバリズム」は，実は「アメリカ超国家主義」の別名に過ぎず，これは「アメリカ世界帝国主義」に他ならない．ここにおけるネオ・ファシズム化は超国家主義の現れであると同時に，帝国主義の現れでもあるのである．

筆者は，これまでネオ・リベラリズムによって知的に正統化された「グローバリズム」を「経済的グローバリズム」と呼んで，「文化的地球化」と区別し批判してきた．しかし，現在では，政治的・軍事的「グローバリズム」が「反テロ」世界戦争という形で世界を席巻しているから，もはや「経済的グローバリズム」という表現すら古くなってしまった．これは，もはや直截に「（アメリカ）超国家主義＝世界帝国主義」と呼ぶべきであろう．ちょうど「第三帝国」や「大日本帝国」が超国家主義でありファシズムであったように，「帝国」は同時に超国家主義やファシズムでも有り得るのであり，アメリカ（世界）帝国もアメリカ超国家主義でありファシズム的で有り得る[26]．

人類史の進展は，今日の地球的危機である環境問題や南北問題を解決するために，エコロジー的で持続可能な経済や社会を構築し，地球的公正を実現して南北の不均衡を減少させるところにあろう．また，市場経済の歪みを直して，自己利益を最大化して欲望を追求する物質中心主義的な生き方を改め，脱物質主義的・精神的な生へと転換することが，地球的な観点から見た真の「発展」

---

25 山口前掲注11，Ⅱ-5．
26 帝国主義とファシズム・全体主義との関係については，山口前掲注11，Ⅲ-5「ファシスト帝国主義」；川崎修「帝国主義と全体主義」『思想』954号，2003年，8-26頁．

となろう．このような人類史の方向性から見ると，アメリカ帝国の「擬似革命」は明らかに「反動」をなしている．京都議定書からの離脱による，環境問題解決への妨害は，その端的な例であり，経済的グローバリズム自体が市場経済の競争原理を貫徹してさらに南北不均衡を拡大する．

　だから，ブッシュ政権のアメリカは正しく人類史における反動の中心，「国際的反革命の総本山」になっているのである．ネオ・ファシズムの特徴をいわば「地球的反動」と呼べば，アメリカはいわば「地球的反動の総本山」であるとでも言うことができよう．

　丸山の影響を受けて日本の超国家主義を研究した藤田省三は，『全体主義の時代経験』(1995年) において，20世紀の全体主義について「戦争の在り方における全体主義」「政治支配の在り方における全体主義」「生活様式における全体主義」と三つの形態を挙げた．第三の「生活様式における全体主義」は通常は「経済中心主義」の一環であって平和的なものだから，前二者の暴力的「全体主義」とは反対のものと思われがちである．けれども，それだけに一層，「社会の基礎次元に達した根本的『全体主義』」と藤田は見做している．近代を通じて拡大してきた「具体物・対象物の量的次元への還元」に「20世紀全体主義の本質的特徴がある」とすれば，「今日只今の全世界を蔽って進行して止まない『市場経済全体主義』もまた，『全体主義』の反対物ではなくて，むしろ，本質的特徴を平和的相貌をとりながら極めて鮮明に顕現したものであるのではないか」というのである[27]．

　この観点から見ると，ブッシュ政権の「超国家主義＝ネオ・ファシズム」は，この三つの全体主義を全て備えていることがわかる．まず，経済的なグローバリズムや市場原理主義は，第三の「市場経済全体主義」に他ならない．そして，この「平和的相貌」だけではなく，同時多発テロ事件以後は，「反テロ」世界戦争という「戦争の在り方における全体主義」も，さらには国内の自由の抑圧という「政治支配の在り方における全体主義」も現れた．だから，ブッシュ政権は，その規模こそ完全な全体主義とは言えないものの，3類型が全て兼ね備わった点では，稀に見る典型的な「21世紀の全体主義」なのである．これこ

---

[27] 藤田省三「全体主義の時代経験」『藤田省三著作集6』みすず書房，1997年，43-44頁，76-77頁．

そ，「国際的反革命の総本山」にふさわしい！

　序章で述べた通り，この超国家主義の思想的動因は，新保守主義とキリスト教原理主義であり，いわば「アメリカ原理主義」と「キリスト教原理主義」という二つの原理主義であると言うことができる．そもそも，原理主義は，その根本的な教義ないし原理を純粋に実現しようとするものだから，それは革新的ないし急進的側面を持つと同時に，その依拠する過去の聖典などを絶対視してその通りに実現しようとする点で復古的・反動的である．だから，原理主義は「擬似革命性」を持つと同時に，「反動」ないし「反革命」たるファシズムと結びつきやすく，原理主義はファシズムでも有り得るのである[28]．

　キリスト教原理主義の場合には，進化論を教えることを拒否する場合もあるように，この復古性は明らかである．アメリカ原理主義とは，自由・民主・市場などのアメリカ的原理を絶対視するという意味において，「自由原理主義」「民主原理主義」「市場原理主義」などと言うことができる．これらを疑わない人から見れば復古的ではないが，例えば福祉国家のような達成を重視する人から見れば復古的であり，先述のような人類史の進展を予想する人から見れば，さらに復古的・反動的である．

　従って，アメリカの超国家主義は「擬似革命」的な「地球的反動の総本山」というネオ・ファシズムの特徴を備えている．しかも，ここには戦前日本と同様に宗教的側面も存在する．アメリカ原理主義は「自由と民主主義」という名目を掲げて「正義の戦争＝正戦」を自称する．また，キリスト教原理主義はキリスト教の観念を悪用して戦争の正当化を図っており，この点において，この戦争は「聖戦」とすら言える要素を持っている．特に後者の点では，宗教が政治に悪用されていることになり，戦前日本の超国家主義と類似した側面があると言わざるを得ない．

　戦前日本の超国家主義については，政教一致を唱える国家神道の体制が問題とされ，靖国問題などの懸案が残っているものの，政教分離が戦後制度化された．同様に，キリスト教原理主義はイスラームをいわば邪教ないし異教として批判ないし軽蔑し，新保守主義も民主化の妨げとしてイスラームの勢力を弱め

28　原理主義については，本書終章3参照．

政教分離を行わせようと内心考えているだろう（まえがき参照）．

しかし，アメリカの場合を考えてみると，問題は，政治と宗教，より正確には国家と教会の制度的な癒着だけではないことに思い至る．アメリカの場合は，制度的には政教分離がなされているとされているものの，実質的な「公共民宗教（civil religion）」としてこの二つが関連しているからである．

仮に政教が制度的に分離していても，国民の意識において宗教的観念が強く影響し，現実の政策において宗教が政治と関連して悪用されれば，政治において現実的な智恵を曇らせることになる．アメリカ型超国家主義はこの例であり，政教分離が制度的には存在する点では戦前日本の超国家主義とは別の形ながら，宗教が悪用されることによって国家主義が強化されているという点においては，戦前日本型の超国家主義とも共通点を持つと言うことができるであろう．

5　宗教的／虚無主義的超国家主義

イスラエルの場合は，さらに極端な例であろう．本書の黒川・臼杵論稿で指摘されたように，ユダヤ教の観念が政治的な大イスラエル主義に悪用されて，イスラエルが占領・入植を続けたことが，パレスチナ紛争を激化させた．距離を置いて考えれば，平和共存の達成が，現実的な希望であり智恵であると思われるにも拘らず，これを妨げているのが，ユダヤ教とイスラエル政治との連関ないし――臼杵陽の指摘する――再接合である．ユダヤ教は民族宗教であり，黒川論稿で指摘されているようにその戦闘的観念が悪用されている点でも，戦前の日本における国家神道と共通性を持つ．

勿論，イスラエルの場合も，元来の政治的シオニズムは世俗的なナショナリズムだったし，それ故政教一致ではないから，ファシズム期の日本とは異なる．しかし，イスラエルの中でも，「バルフォア宣言→イスラエル建国→東エルサレム占領（エルサレム「解放」）」という流れを，神の予定したコースと見做して，政治的シオニズムをユダヤ教的に正統化する動きが顕著になってくる．特に，その中の「宗教シオニズム」は，イスラエルの拡大がメシアの到来につながると信じて大イスラエル主義を推進するから，特に危険である（終章3参照）．臼杵論稿で指摘されているカハ党などは，イスラエルからのアラブ人追放とい

う人種主義的主張を行ったので，それを「擬似ファシズム運動」と見做す批判も存在した．そのため非合法化されたのであるが，右派にはこれと通底する要素も多い．カハ党の創設者であるラビのメイール・カハネと宗教的シオニズムとの影響を受けて，イガール・アミールが，オスロ合意を成立させたラビン・イスラエル首相を暗殺した（1995年11月）[29]．これが，オスロ合意破綻への暗転をもたらしたと言えよう．また，シャス党のようなユダヤ教超正統派の政党も，1999年選挙では17議席を得て（19議席のリクードに続く）第三党に躍進し，バラク内閣ではユダヤ教原理主義の閣僚が5分の1強，議会でもユダヤ教原理主義者が22％強を占めた[30]．宗教シオニズム，カハ党，シャス党などは，いずれもユダヤ教原理主義と見做されるから，イスラエルにも，原理主義的民族宗教の政治への悪用や悪影響という点で，戦前日本の超国家主義と類似した側面が存在する，と言うことができよう．

　アメリカの場合にせよ，イスラエルの場合にせよ，このような悪影響をもたらす宗教は原理主義的で硬直的・復古的・反動的であることが多い．戦前日本の国家神道を考えてもわかるように，宗教的原理主義と超国家主義は容易に結びつく．

　そして，現にこれらの集団は暴力的でもある点で，古典的ファシズムと共通性が存在する．1920年代にはキリスト教原理主義者はクー・クラックス・クラン（KKK）などの白人至上主義団体と癒着した．原理主義者カール・マッキンタイヤーは「20世紀宗教改革時代」という組織を作って反共主義を煽り，反共のゴールドウォーターを支持した．最近では，中絶に反対するアメリカの原理主義者は，中絶実施病院や医師を数多く襲撃し，病院では防弾ガラスや防弾壁を付け，警備員を武装させている．また，白人至上主義の反政府・武装右翼集団ミリシアのメンバーは，KKKなどの白人至上主義組織とも関係し，原理主義的な前千年王国論やハルマゲドン思想などを信じている場合も存在する[31]．

　勿論，宗教の政治的影響という問題は，アメリカ-イスラエルと戦うイスラ

29　本書の臼杵論稿の他，臼杵陽『イスラムの近代を読みなおす』毎日新聞社，2001年，155-161頁．
30　臼杵陽『原理主義』岩波書店，1999年，61-76頁参照．
31　坪内隆彦『キリスト教原理主義のアメリカ』亜紀書房，1997年，第1章・第4章．

ーム原理主義ないしイスラーム過激派の側にも存在する．この場合は，明示的に宗教的論理を掲げる政治運動なので，この問題点は可視的である．もっとも，原理主義が必ず国家主義と結びつくわけではなく，特にイスラームの場合は日本やイスラエルの場合と違って普遍宗教・世界宗教だから，狭義における国民主義（国民国家を単位とする近代的ナショナリズム）と結合するとは限らない．イスラーム原理主義の場合，ホメイニ革命後のイランやアフガニスタンのターリバーン政権のような場合を除くと，原理主義的国家が現実に存在するわけではないので，宗教的-政治的運動に留まっている場合には，現実の国家と結びついた「超国家主義」とは現れ方は異なってくる．

そもそもイスラーム原理主義の場合には，イスラームの思想に基づいて，西洋で形成された今日の国民国家のシステム自体を否定し，イスラーム全体の共同体（ウンマ）を政治的に形成し，そこにカリフ制を再建しようとする[32]．だから，現実のイランやターリバーン政権とは別に，既存の国民国家自体が神聖化される「超国家主義」とは異なった側面が存在する．ある意味では，「国民国家」を超えて宗教と国家が結びつくという意味ならば，イスラーム原理主義の理念は正しく「超国家-主義」だと言うことができるかもしれない．具体的には，国民国家のナショナリズムではなく，汎アラブ主義のアラブ・ナショナリズムと共通性が存在するかもしれない（終章3）．

フランスの極右の場合は，今のところ宗教的思想についての報道は見かけない．そこで，これは，日本型超国家主義よりも，むしろナチズムやイタリア・ファシズムとの類似性を感じさせる．そもそも，戦前日本の超国家主義をこれらのいわば本場のファシズムと同じようにファシズムと呼ぶべきかどうかは，議論が分かれるところである．本章では，丸山の用例に倣って戦前日本もファシズムとして議論したが，学問的には本格的に検討する必要があるであろう[33]．

ともあれ，日本型超国家主義においては，宗教と政治との悪しき結合関係が重要な要素であるのに対して，ナチズムやイタリア・ファシズムにおいては，

---

[32] 中田考『ビンラディンの論理』小学館，2002年を参照．
[33] 丸山眞男は，日本ファシズムという用語を用いているが，ファシズムという概念の適用に必ずしも積極的に賛成しているとは限らず，留保を付す必要があるかもしれない．この点について，『丸山眞男集』第3巻，岩波書店，1995年，植手通有「解題」379頁参照．

むしろ「ニヒリズムの革命」（ラウシュニング）[34]と言われるように，通常の宗教性の否定・蔑視が中心的な要素となる．弱者を保護・擁護する人類愛・利他の思想を嘲笑し，力や強者をあからさまに正統化する．この点において，今日のポスト・モダン思想と同様に，ニーチェの影響が強いのである．

従って，ファシズムの下位分類として，「①宗教的超国家主義と②世俗的ないし虚無主義的（ニヒリスティック）超国家主義」というように分けることが考えられよう．前者は，戦前日本のように，宗教と政治が結びつくことによって排外的・独善的国家主義（ナショナリズム）を強化する超国家主義であり，宗教的・倫理的に見えてもその内実は原理主義的である．他方，後者は，ナチズムやイタリア・ファシズムのように，ニヒリズムを特徴として，通常の宗教性・倫理性一般を否定し，権力性・暴力性を露骨に肯定・賛美するような超国家主義であり，非倫理的・非宗教的である．あるいは，後者のみをファシズムと呼び，前者のみを超国家主義と呼ぶことも可能であろう．

いずれにしても，現在のアメリカやイスラエルは基本的に前者の事例に属し，フランスの極右やドイツなどでのネオ・ファシズムは後者に分類することができると思われる．もっとも，この2つは排他的ではなく，戦前のドイツでも観念論的・ロマン主義的・宗教的な思想がナチズムへの途を開いた側面が存在する[35]．逆に，今日のアメリカでも，ニヒリズムを感じさせる露骨な力の賛美が現れている（序章4参照）．現在のアメリカにおいては「新保守主義／キリスト教原理主義」にそれぞれ「宗教的／虚無主義的超国家主義」に対応する部分がある，と言うべきかもしれない．

そして，これらはお互いに緊張関係を孕みながら相互に昂進していく危険性が存在する．例えばドイツでは，中道右派の野党・自由党のメレマン副党首がシャロン首相らの「不寛容な態度がドイツの反ユダヤ感情をあおった」と発言して（2002年6月3日），イスラエル批判という形を取りながら自ら反ユダヤ感情を煽り勢力を伸ばす危険性が指摘された．イスラエルの超国家主義的な暴力的政策は，反ユダヤ主義を呼び起こし，本家本元のナチズム的な国家主義ない

34　Hermann Rauschning, *Revolution of Nihilism : Warning to the West*, 1939.
35　例えば，ゲオルゲ派について，佐々木毅『プラトンの呪縛――二十世紀の哲学と政治』講談社，1998年，第1部3など．

しファシズムに点火する危険性も存在するのである．

　また，一発触発の状態で核戦争の危険が生じたインドーパキスタン紛争においても，カシミール問題を巡って，双方の宗教（ヒンドゥーとイスラーム）とナショナリズムとが結合している[36]．これらは，宗教的超国家主義と言うことができるだろう．インドは大国とは言え，ヒンドゥー教の範囲は基本的にはインドに限定されているという点で，今日ではインドという国民国家に固有のナショナルな宗教と見做すことができよう．それ故，後述のように，神道という民族宗教を持つ日本とも共通する側面が見られるのである．

6　大日本帝国とアメリカ世界帝国における歴史の逆説

　このような観点からすると，宗教的原理主義など原理主義の強い影響を受けている点で，現在のアメリカは戦前の日本と同様の宗教的超国家主義という側面を持つことになる．他にも共通点は存在する．

　まず，独伊などの「下からのファシズム」（丸山）は，アウトサイダーがファシスト政党を結成・拡大して権力を掌握するから，その過程において，テロなどの暴力や違法行為を用いる．これに対して，日本においては，「上からのファシズム」（丸山）と言われるように，クーデターは成功せず，形式的には明治憲法に従った政権交代により，官僚・軍などの統治層が体制を転換させたが，実質的には5・15事件や2・26事件が軍国主義化に深甚な役割を果たした．同様に，ブッシュ政権の場合は，形式的には民主的選挙によって選出されたが，フロリダ州の選挙における集計の混乱のために，その正統性には疑問が存在する．そして，この政権交代により，共和党政権とは言っても，従来の東部エスタブリッシュメントは政権から決定的に後退し，その頭脳は新保守主義に，またその社会的支持基盤は南部保守層（キリスト教原理主義の強固な地域）に移行した[37]．この移行は，古典的ファシズムにおけるファシズム的・革新的知識

36　インド側についての優れた現地の報告として，中島岳志『ヒンドゥー・ナショナリズム』中央公論新社，2002年．
37　Michael Lind, *Made in Texas : George Bush and the Southern Takeover of American Politics*, New York, Basic Books, 2003.

人の台頭や，新旧中間層の役割を想起させる．新しいファッショ的政党こそ登場しないものの，共和党という既成の大政党が決定的に変質したのである．

キリスト教原理主義の抬頭は，大衆的な動きだから，「下からのファシズム」に対応しよう．フォルウェルやロバートソンらのテレビ宣教師の活躍も，ナチズムにおける扇動（ヒットラーやゲッペルス）を想起させる．他方，新保守主義やこれに追随する知識人・軍産複合体などは，「上からのファシズム」に対応しよう．後者の方が実際に政権に入っていたりブレーンになっている点において，アメリカ超国家主義は日本型ファシズムに類似する．とは言え，いずれの古典的ファシズムにおいても，下からの「擬似革命」と上からの「権威主義的反動」が存在し組み合わさっているとされるように[38]，ブッシュ政権においてもこの双方が複合しているのである．

さらに大きな問題は，日独のファシズムが第二次世界大戦を起こしたのと同様に，アメリカも世界戦争を起こしつつあるという点である．第二次世界大戦における枢軸国が軍事的に世界秩序の変更を企てたのと同様に，アメリカも中東の民主化をはじめ，自分にとって有利な新しい世界秩序を実現するために世界戦争を起こしている．ファシズム的政権は，軍事的に世界秩序の転覆・変更を企てるのである．

イスラエルやアメリカの主張に従って，アフガニスタン戦は「自衛戦争」だから正当だという反論があるかもしれない．先にふれた拙著『非戦の哲学』[39]などでこの論理には批判を加えたので，ここでは繰り返さない．さらにイラク戦になると自衛戦争という戦争正統化の議論は全く成り立たない．国連安保理の新決議なしに攻撃を行ったことからも明らかなように，この戦争は違法なのである（本書の松井論稿参照）．ここでは，戦前の日本超国家主義との類似性に注意を喚起したい．

戦前の日本は，中国などを「侵略」すると称して戦争を起こしただろうか？否，その場合にも「自衛」という名目が使われた．例えば，満州事変においても，日本が既に中国に軍事的に進出している事態を顧みずに，現地で起きた暴動などを背景に，（実際には柳条湖事件は石原莞爾らの謀略であるにも拘らず）

38　西川正雄「ヒトラーの政権掌握」『思想』512号，1967年；山口前掲注11，34-35頁．
39　小林前掲注23，第3章．

中国側が仕掛けた暴挙であるとして，正当防衛の戦いと自称して軍事的な侵略を行った．これは，現在の反「テロ」戦争の論理とどこが違うだろうか？　9・11の同時多発テロについて謀略説を取らなくとも，過去の政策を反省せずに，事件に対して自衛戦争と称して軍事力に訴える点は同じであろう．

　当時の「大日本帝国」は，「帝国」の外交的・軍事的政策を反省することなく，「匪賊」討伐という「自衛」目的と称して戦争を拡大していった．そして，第一次近衛内閣は，「国民政府を対手とせず」という声明を出して（1938年1月16日），もはや引き返せない泥沼に突入していった．これは，シャロン首相が自治政府を「テロ支援体制」と決めつけ，パレスチナ自治政府のアラファト議長との接触を一切絶つと断行を宣言した状況（2001年12月13日）とよく似ている．やはり，この断行声明から，その後の戦争状態とオスロ合意の実質的破綻へと突入してしまった．

　さらに，アメリカ帝国の国連軽視や安保理新決議なしのイラク戦開始は，大日本帝国の国際連盟脱退に似ているし，宣戦布告なしにフセインらイラク首脳を暗殺しようとする開戦の仕方も，真珠湾攻撃を連想させる．ブッシュ大統領が開戦演説を行ったのは，第一撃が行われた後であり，真珠湾攻撃後に伝わった日本の宣戦布告を思わせる．このような類似性に鑑みれば，かつての大日本帝国を批判する者は，現在のアメリカ世界帝国の「反テロ」世界戦争＝蛮族討伐戦争を批判しなければならないだろう．そして，イスラエルの場合も，パレスチナ側の抵抗が占領に起因している以上，その「自衛戦争」も戦前日本のそれ同断であると言うことができるのではないだろうか．

　振り返って考えてみると，歴史の逆説がここには存在する．20世紀の歴史において，最大の虐殺は，ナチス・ドイツのユダヤ人殺戮（ホロコースト）であり，その目的はいわば「民族浄化」だった．それ故に，戦後ドイツは——「南京大虐殺」などを引き起こした日本と共に——厳しく糾弾され，そのような悲惨な事件が二度と起こらないように，多くの人々が最大限の努力を傾注してきた．

　戦後の社会科学における最大の目的も，このような悪夢が再現することのないようにすることだった，と言っても過言ではないだろう．他のさまざまな論点については，多様な意見が存在しているにも拘らず，この一点においては，

殆ど全ての社会科学者や多くの良識ある市民が一致していたと言ってよい．これは，戦後の社会科学における最大公約数に他ならなかった．

旧ユーゴなどにおいても，非人道的な殺戮行為が起きたとされたが故に，「人道的介入」の妥当性が主張されたのだった．この場合は，その主張の正統性について多くの議論があったが，例えばイスラエルのパレスチナ大侵攻（2002年）においては，規模は別にして，ジェニンの虐殺（4月）などの殺戮行為の存在自体は，アメリカ・イギリス系メディアによってすら明確に報道されており，疑う余地がないように思われる[40]．

ここにおける最大の歴史的逆説は，かつてナチス・ドイツに虐殺されたユダヤ人の作った国家・イスラエルが，今度はパレスチナ人に対して，文明国としては戦争同様の虐殺行為を行っているということである．かつて同胞が虐殺されたからと言って，それとは無関係な他者・弱者を殺戮して良いはずはない．筆者には，イスラエルの繰り返す殺戮行為は，未来の世界において，かつてのナチスや軍国主義・日本のように厳しく指弾されるように——そして指弾されるべきであるように——思えるのである．

戦後ドイツや戦後日本は，他国から批判されただけではなく，内部の民主派は，自国の過去を自己批判して，超国家主義やファシズムといった誤りを繰り返すことのないように努力を積み重ねてきた．日本の場合，その成果は決して十分とは言えず，再び鎌首をもたげてきた国家主義に対して，警戒しなければならない．しかし，ここには，ともかくも歴史の教訓が公共的に存在する．

これに対して，「反テロ」世界戦争において恐ろしいことは，アメリカやイスラエルにおいては，そのような「歴史の教訓」が存在していないということである．イスラエルは戦後に建国されたわけだから，当然第二次世界大戦の教訓はないし，むしろナチズムによる被害者という自己正統化があるのみだろう．四回にわたる中東戦争は，軍事力の行使に反対する歴史的教訓よりは，むしろ軍事力行使の必要性という「歴史的教訓」をもたらしているようにすら思える．

他方，アメリカはベトナム戦争以外にはほとんど敗北したことがないし，湾

40　責任者たるイスラエル側の主張を除けば，虐殺者数を別にして，ジェニンにおける非人道的な虐殺の発生自体を疑う声は殆どなかった．それなのに，驚いたことに，アメリカのフライシャー報道官は，"ブッシュ大統領はシャロン首相を「平和の人」と信じている"と述べた（2002年4月11日）．

岸戦争の勝利によってベトナム戦争の教訓は忘れられてしまったようである．同時多発テロ事件直後のアメリカにおける異様な愛国心・ナショナリズムの高揚は，国内における反戦の言論の自由を封殺しているから，もはや「健全なナショナリズム」ではあり得ない．イスラエルの強硬姿勢の背景にも，やはり国民のナショナリズムの高揚がある．アメリカやイスラエルにおいては，「過剰な愛国心やナショナリズムの結果として悪事を行い手痛い敗北を喫する」という歴史的体験がないために，このような事態が容易に起こるのであろう．

7 日本近代史とイラク「民主化」

その一方で，「反テロ」世界戦争において，アメリカは，勝利した対日戦争の類比を頻繁に用いて戦争を遂行している．まず，同時多発テロ事件が，「カミカゼ・アタック」と形容された．次に，ブッシュ大統領の「悪の枢軸」発言は，明らかに「日・独・伊」の枢軸に準(なぞら)えてイラク・イラン・北朝鮮を「悪の枢軸」と呼んだものである．さらに，イラク戦において，最初の段階で行われた「衝撃と恐怖」作戦では，バグダッドなどを攻撃したミサイルからキノコ雲のような煙が立ち上がった．この作戦は，日本が原爆によって降伏した（アメリカ側からすればアメリカ軍の犠牲者を少なくできた）ことを意識して作られた．また，フセイン政権を打倒した後については，アメリカ軍を中心とした占領が計画され，これも日本占領との類比によって出来ている[41]．さらに，イラク軍が自爆攻撃を始めると，やはりカミカゼ・アタックとされる．

日本人から見れば，バグダッド空爆は東京大空襲を思わせる．既にクラスター爆弾や劣化ウラン弾を用いていることをアメリカ軍は認めており，このような残虐兵器の使用を厳しく批判せざるを得ない．特に劣化ウラン弾の使用は，唯一の被爆国として決して容認できないことである．原爆投下を思わせるような小型戦術核の使用にまで至らなかったのは，せめてもの幸いであった．しか

---

[41] この歴史の誤用については，日米などの著名な日本占領研究者30人も「日本占領研究者の訴え――イラク戦争・占領は歴史を無視する計画である」という反対声明を出している．アメリカ側ではハーバート・ビックス，ブルース・カミングス，ジョン・ダワー，アンドリュー・ゴードン，ビクター・コシュマンらが署名している．

し，アメリカは戦争後に小型核の使用を可能にすべく研究開発を再開しようとしている（上院軍事委員会が予算案を可決，2003年5月9日）．

つまり，アメリカにはベトナム戦争以外に深刻な敗戦経験がないので，このような戦争を起こすのみならず，勝利した対日戦争を想起しながらイラク戦を行っているのである．解放軍としてイラク人に歓迎され，占領によって民主化を遂行させるという発想にも，日本占領の成功が反映していよう．新保守主義派から見れば，イスラーム世界には政教分離が存在せず，専制君主や独裁者が君臨しているから，国家神道や天皇崇拝が覆っていた戦前の軍国主義日本と同じように見えるのであろう．イラク民主化をモデルにして中東を民主化する構想（序章4参照）においては，明らかに日本民主化が歴史的先例とされている．新保守主義派の狙う中東民主化は，実は中東に日本民主化のモデルを適用しようとするものと言うことができるのではなかろうか？

日本政府がアメリカ・イギリスの有力な支持者であり，フセイン政権から見れば，アメリカ・イギリスに続く第三の敵国となったことを考えれば，アメリカが中東諸国をこのように飼い慣らしたいと思うのも無理はないかもしれない．しかし，これは歴史の完全な誤用ないし悪用であろう．イスラームは世界宗教であり日本神道のような民族宗教ではないから，対日戦の場合と違って，イラク一国を倒すだけではイスラームの宗教的権威は崩れない．

日本の場合には天皇制が残されて，日本人の占領軍への反感を和らげ，戦後の政治体制を受け入れて復興や民主化における混乱を減らす方向に作用した．このため，日本人による占領軍への武力攻撃ないし襲撃などは殆ど起こらなかった．これに対して，イラク人の多くはいずれ反米感情を持ち，アメリカ軍を「占領軍」として見るだろうから，襲撃や抵抗運動などの混乱状態が続くだろう．また，イスラーム圏においては，他の地域に存在する信者を激昂させ，イスラーム原理主義の影響力を増大させ，イスラーム穏健派までも反米的にさせて，「文明の衝突」ないし文明衝突戦争を引き起こしてしまいかねないのである．

また日本の場合には，明治維新以来，福沢諭吉・中江兆民らの思想家も影響力を持って自由主義的ないし民主主義的な思想が導入されており，戦前にも曲がりなりにも政党政治の経験があった．軍国主義によってこれらの思想や政治

は抑圧されていたものの，敗戦後には民主化の素地となった[42]．イラクや中東の場合には，このような伝統が戦前日本よりも遙かに弱いから，「イラク解放」後に民主主義を定着させるのは，日本の場合よりも遥かに困難だろう．

そして何よりも，日本の場合に，一応民主主義が形式的には定着したのは，単に占領軍が民主的な憲法を一方的に与えたからだけではなく，日本の知識人をはじめ日本人自身が「侵略戦争」を起こした過去を反省し，民主化を推進しようとしたからである．然るに，イラクの場合には，むしろ「侵略戦争」によって体制が転覆されたという歴史が残るので，民主化を目指す勢力にとっても大きな負荷となろう．イスラーム派や民族主義者とのせめぎ合いが起これば，それを制するのは困難で，むしろアメリカ・イギリスの傀儡（政権）と見做されて敗退する危険が高いであろう．

アメリカ・イギリス軍は，フセイン独裁政権からイラク国民を「解放」する軍隊として，国民から歓迎され，イラク南部ではそれに呼応して民衆蜂起が起こることを期待していた．しかし，その楽観的観測は裏切られ，本格的な民衆蜂起は起こらなかったし，「解放軍」への歓迎もあまりなかった．ここから推測すれば，軍事的「侵略」によって，恨みを持つ民の間で民主主義が円滑に定着すると期待するのは，所詮，傲慢な幻想に他ならないのではなかろうか？

イラク戦は同時多発テロ直後には当初「反テロ」戦争として主張されたが，アル＝カーイダとフセイン政権との関係が実証されなかったため，「大量破壊兵器」開発・所有を阻止する戦争という戦争目的の詐術的転換が行われた（序章3参照）．しかし，戦争末期になっても「大量破壊兵器」が発見されなかったため，独裁からの「解放」戦争・「民主化」戦争という戦争正統化へと，2度目の詐術的転換が行われた．言う迄もなく，この詐術的正統化を看破し，この戦争が正当な理由を欠いた侵略戦争であったことを認識して，ブッシュ政権の責任を厳しく追及する必要がある．

しかし，問題はこれに留まらない．仮に本当に民主的な選挙を行えば，シーア派ないしイスラーム派が勝利し，イスラーム政権ないし原理主義的政権が成立する可能性は極めて高い．ブッシュ政権はこの結果を甘受できるだろうか？

---

42 坂野潤治『日本政治「失敗」の研究——中途半端好みの国民の行方』光芒社，2001年を参照．

何らかの方法を用いてこの結果を避けようとすれば，直接ないし間接占領を長く継続することになり，自らこの戦争が侵略戦争であることを認めることになる．もしイラク人の親米政権が真に民主的な選挙を行わずイスラーム勢力を抑圧するようなことになれば，今度は「イラクの民主化」という戦争目的が破綻する．フセイン独裁政権を打倒して，親米独裁政権を作ることになるからである．

かと言って，イスラーム政権の成立を許せば，イラン・イラクと地続きの2国で反米イスラーム原理主義政権が成立することになりかねない．これは，アメリカにとってイラン革命以来の悪夢であり，イ・イ戦争の頃にアメリカがフセイン政権を支援したのは，このような事態を回避したいからであった．侵略戦争と反米感情の高揚という負の遺産を残し，イスラーム政権を誕生させて平和裡にアメリカは撤兵するだろうか？

かくして，「日本民主化」との類比は，「イラク民主化」においてはまず間違いなく妥当しない．歴史的類比を用いるならば，前述のように，現在のアメリカはむしろ戦前の日本超国家主義と類似している．他方，日本において現在のイラクに対応する事象を考えるならば，それは戦後民主化よりもむしろ明治維新の方が適切であろう．日本の場合は外圧（黒船来襲）の下で国内の力（志士達）による体制変革が行われたが，イラクの場合独裁政権は外国軍によって打倒された．しかし，その後の状況には若干の類似性が存在する．

日本の場合，幕府に代わる精神的支柱が天皇制に求められたように，新生イラクもイスラームに精神的支柱を求めるかもしれない．戦前日本が次第に議会制を導入したように，新生イラクも形式的には議会や「民主制」を取り入れるかもしれない．しかし，そこから生まれてくるのは，アメリカが期待するような親米民主主義ではなく，やはりイスラーム的な「民主政」や議会であろう．そして，戦前日本において国家神道がナショナリズムの基盤をなしたように，新生イラクにおいてはイスラームがイラク・ナショナリズムないしはアラブ・ナショナリズムと結合して国家の基礎となるかもしれない．

このような政治体制は，戦前日本の場合と同様に，将来は問題を引き起こすかもしれない．しかし少なくとも，明治維新が日本の独立を保全する「抵抗のナショナリズム」という側面を持ったように，そのような新生イラク政権にも，

アメリカの侵略に対する民衆の抵抗の形態として，一定の歴史的意義を認めざるを得ないのではないだろうか？

8　世界的循環論における極右的反動への警鐘

　本章冒頭では，"日本について戦前循環と戦後循環があり，現在は戦後循環の後半における「政治腐敗→強権化」という段階に入っているのではないか"という予感ないし懸念について書いた．ただ，示唆してきたようなアメリカ超国家主義の傾向を考えてみると，このような懸念は実は日本一国にのみ当てはまるものではなく，世界全体にも当てはまるように思われる．

　ネオ・コーポラティズムという概念自体について，戦前のコーポラティズムが戦後において形を変えて再生したものと考えることができるが，比較政治学において同様の再生現象は「多元国家論→多元主義」「恩顧主義→新恩顧主義（クライエンテリズム　ネオ・クライエンテリズム）」「国家主義（ナショナリズム）→新国家主義（ネオ・ナショナリズム）」などさまざまな概念にも考えることが可能である．「ファシズム→ネオ・ファシズム」という再生現象も，この内の一環として考えられる．

　すると，これら総体を「世界的戦前循環→世界的戦後循環」として捉え，「強権体制→自由化・民主化→強権体制」という「世界循環」を認識することができるかもしれない．勿論，一国の規模で捉えれば，アメリカ・イギリスのように，第二次世界大戦前から民主制を貫徹した国家も存在する．しかし，世界的に見れば，"枢軸諸国を中心にしてファシズム体制が出現してイギリス・アメリカも戦時体制を余儀なくされ，世界的な強権化をもたらした"という点において，大局的にはこのような大きな循環を見ることができるかもしれない．

　現在や今後においても，同様に健全な自由主義や民主主義を維持する国家も存在しよう．しかし，もしこのような循環論に即して超国家主義への潮流が世界的に現れているならば，これは深刻である．幸い東西冷戦は米ソ間では本当の熱い戦争にはならなかったが，「反テロ」世界戦争は既に進行中である．しかも，それは単に対外的戦争というだけではなく，アメリカを初めとするいわゆる先進諸国においてすら，国内にも深刻な強権化をもたらしつつある．このような時代の雰囲気を察知して，"もはや「戦後」ではなく「戦前」である"

と言われることがある．これは正しいだけではなく，既に「反テロ」世界戦争が始まっていることを考えると，もはや「戦中」ですらあるのかもしれない．

　それにも拘らず，政治学者も含め，人々の危機感は余りにも薄いように思われる．その一つの理由は，この（第二次世界大戦後の）「戦後循環」においては，「ネオ・コーポラティズム」にせよ，「新恩顧主義（ネオ・クライエンテリズム）」にせよ，「ネオ・ファシズム」にせよ，いずれも民主制を正面から否定しようとするわけではなく，国内の自由を完全に抹殺する形では現れていないからであろう．部分的に戦前に似た現象が現れているにしても，いわゆる先進諸国にいる限り，国内では形式的には自由や民主主義が保たれているから，第二次世界大戦前のような強権化の危機が生じているとは思わないのであろう．おそらく，このような感覚が，イラク戦が遂行された現時点においてすら，アメリカ支持を公言する現実主義者が多数存在する原因であろう．

　いわゆる先進諸国において，形式的民主制が保たれているのは，第二次世界大戦後には，ホロコーストを始め古典的ファシズムのもたらした惨事への反省とアメリカの世界的影響力とが相まって，民主制はいわば不動の公理となり，それを打破しようとする政治思想や運動は力を持ち得ないためである．今後，ネオ・ファシズム化が進展すると，民主制すら否定しようとする勢力が再び抬頭してこない保証はないから，これには常に警戒が必要であろう．しかし，現在までのところ，そこまでは至っていないのは，勿論望ましいことである．

　ただ，この結果，戦前と類似した現象は，いわば形式的な民主制を前提にしつつ，それと複合する形で現れてくるようになった．ネオ・コーポラティズム，新恩顧主義，新国家主義，ネオ・ファシズム——いずれも然りである．つまり，戦後循環の諸現象は，戦前循環の場合とは今のところ様相が異なり，「民主制＋α」という形で現れているのである．これを「複合的」と形容することにしよう．民主制と強権化との複合ならば，「複合的強権化」ということになるし，「ネオ・コーポラティズム」「ネオ・ファシズム」等々は（民主制との）「複合的コーポラティズム」「複合的ファシズム」などということになる．

　「これらの複合的要素が存在しない純然たる自由民主主義が最高の政治体制である」という保証はないから，このような複合的変化が必ず悪いものと断言できるわけではない．例えば，ネオ・コーポラティズムの場合には，資本主義

第10章　今なおファシズムの世紀なのか？

体制の問題点を克服しようとする側面が強いから，経済政策における議会制の比重の低下を強権化として単純に批判することは必ずしも適切ではないと思われる．

しかし，「新国家主義」や「ネオ・ファシズム」の場合には，やはり複合的強権化の孕む問題を警戒しなければならないであろう．国内の問題を措くとしても，これらは明らかに対外紛争の危険，戦争の危険を増大させる．「反テロ」世界戦争の場合，仮にアメリカ本国において自由や民主主義が保たれたとしても，国外において悲惨な犠牲が生じる．戦争によって殺される無辜の犠牲者が，多数現れるのである．

のみならず，前述したように，国内における自由の抑圧の危険，人権侵害などの危険も増大する．これは，アメリカだけではなく，日本においても同様である．ネオ・ファシズム化の兆候が現れているアメリカに随従している結果，アメリカの要求に応えるためにも，日本でもテロ特措法と共に自衛隊法が「改正」され，有事法制が導入された（本書の山内論稿を参照）．また，個人情報保護法案なども，個人情報の強権的管理へと進む危険性を内包している．

複合的強権化の問題性が最も露骨に現れるのは，勿論，「反テロ」世界戦争の対象となる地域である．アメリカはイラク戦を「大量破壊兵器の破壊」や「独裁者からの解放」のための戦争と正統化し，新保守主義者は「自分達はフセイン政権打倒後には『支配』するのではなく，『指導』するだけだから，これは帝国主義や占領ではない」と主張している．しかし，実際にはフセイン体制以後にアメリカが中心になって，兵器輸出でイスラエルとも関連の深いジェイ・ガーナー米軍退役中将による軍政を布き（2003年5月に更迭され，元外交官ポール・ブレマーに交代），その後に親米イラク人による暫定政府を形成しようとしている．さらに石油利権・復興利権なども米国系の企業に独占させようと図っている．これらの事実を見ると，その後にイラク人による政府に移行するにしても，これがアメリカの国益に基づく「占領」や「征服」でないと信じることは難しい．

確かに，新保守主義者が主張するように[43]，アメリカ軍による恒久的支配を

43　Donald Kagan, "Reaction to 'Bush's Real Goal in Iraq': Comparing America to Ancient Empires is 'ludicrous'" *The Atlanta Journal and Constitution*, October 6, 2002.

行うのではなく，イラク人による民主制に移行するとすれば，これは古典的な「帝国」や「植民地化」とは違う．しかし，イラクの形式的「民主化」を前提にしつつ，実質的には経済的権益や政治的利益を確保しようとする点において，これは「複合的強権支配」なのである．その意味において，新保守主義は，「新帝国主義」であり，「新植民地主義」であると言うことができよう[44]．ここには，対象地域に民主制を将来与えることを前提にしつつも，第二次世界大戦以前における帝国主義や植民地支配が再生しているのであり，これらは「新帝国主義＝複合的帝国主義」「新植民地主義＝複合的植民地主義」なのである．

日本は，宗教的超国家主義によって戦前に大失敗しただけに，その歴史的教訓から学んで，戦後には平和憲法に立脚した平和主義を公式公共哲学の中核にしてきた．外交的には日米安保の下で対米随従路線を歩んできたが，非戦，特に反侵略戦争は平和主義の基本中の基本であろう．これに対して，前述のようにアメリカ・イギリスは戦勝国だったが故に，そのような歴史的教訓を学ぶことがなく，現在は宗教的超国家主義や侵略戦争の過ちに陥ってしまっているように思える．アメリカの国連軽視ないし無視は，戦前日本の国際連盟脱退を思い起こさせる．「大日本帝国」の過ちは，現在の「アメリカ帝国」の過ちの先例をなすのである．

アメリカはイラクをはじめ中東諸国を，過去の日本のように軍事的に打倒し占領して民主化し，随従国にしようと企図している．しかし，戦後日本が民主化のために努力したのは，日本自らが侵略戦争について間違いを犯したことを認識し，その宗教的超国家主義を反省したからである．ターリバーン政権やフセイン政権にも過ちはあったであろう．しかし，「反テロ」世界戦争そのものについて，その超国家主義を反省すべきなのはアメリカの側であり，歴史はそのような裁断を下すのではなかろうか．

過去に失敗を犯した日本の政治学は，同様の失敗を繰り返しつつあるアメリカ・イギリスの現実について，その問題点をいち早く認識しうる．過去の日本を深く反省したことのない人々は現在のアメリカも批判しないだろう．逆に，過去の日本を深く批判する人々こそ，現在のアメリカを，そしてそれに追随す

---

[44] アメリカの保守系の論客の中には，これらの用語を使って露骨に「新帝国主義」「新植民地主義」を唱える場合すら存在する．田中宇『仕組まれた9・11』PHP研究所，2002年，208-216頁．

る日本政府を徹底的に批判しうる．日本の人々こそ，その過ちの根源を思想的に見抜き，批判しなければならないのである．

　本章においては，歴史的比較を用いつつ，一見語義矛盾に思える「デモクラシーのファシズム」への兆候について論じてきた．最後に，「今なおネオ・ファシズムの世紀なのか？」という全体の問いに戻って総括すれば，次のようになるだろう．

　まず，古典的なそれも含め，ファシズムを本章では「超国家主義」一般として包括的に把握し直しており，超国家主義の内包を狭義のファシズム概念のそれよりも広く考えている．そして，超国家主義とは，「政治的ナショナリズム（民族主義，国民主義，国家主義）の極端な形態」であり，通常のナショナリズムと異なって，国内においては「強権化」（国家主義の強化，軍国主義化，総動員体制化，人権抑圧など）や「排他主義」（過度の愛国心や人種差別，拝外主義など）を，また国外に対しては「侵略性」（膨張主義，帝国主義，覇権化など）を帯びた時に，それは「超国家主義」ということになる．それには，宗教的原理主義と結合した「宗教的超国家主義」とニヒリズムが中心となる「虚無主義的超国家主義」とが下位分類できるが，この二つは背反的ではなく，混在することも多い．これらが思想的動因となって，通常のナショナリズムを「超国家主義」ならしめ，内外におけるこれらの現象を生み出すのである．以上を要するに，「超国家主義」を"「①政治的ナショナリズム」が「②宗教的原理主義ないしニヒリズム」と結合することにより，「③国内の強権化・排他主義，④国外に対する侵略性」という性格を持つようになった極端な場合"と規定できるだろう．

　このような規定を前提にすれば，現在の世界にはアメリカやイスラエルをはじめ，様々な地域に超国家主義の危険な兆候が現れている．アメリカの場合，その程度においては，ナチズムなどの古典的な真性ファシズムのような全面的な形態ではないものの，以上の4点を備えている点において，その前駆的症状が現れていることは疑いないように思われる．ここには，「超国家主義」への兆候が現れており，丸山眞男のように「超国家主義」一般について「ファシズム」概念を用いるとすれば，彼がマッカーシズムを「戦後ファシズム」と呼んだように，9・11以降のアメリカはいわば21世紀の「前期的ネオ・ファシズ

ム」と見做すことができるだろう．

　これは，あくまで丸山の問題意識に即して彼のファシズム論を現在の事態に適用した結果である．おそらく丸山ならば，マッカーシズムの場合と同様に，9・11以後のブッシュ政権についてもファシズムの兆候を見出すだろう[45]．もっとも，ファシズム概念を学術的に展開することは必ずしも本章の目的ではなく，本章の目的はむしろこの危険な兆候に理論的な警鐘を鳴らすことにある．以上のように言うからといって，アメリカが民主主義や多元主義を全面的に失ってしまったというつもりではなく，筆者自身もベトナム反戦時に見られたようなその復元力になお期待している．だから，「アメリカは古典的ファシズムとは大きく異なっているから，これにファシズム概念を適用すべきではない」という学問的反論があっても，それにも一理は存在すると考える．しかし，そのような立場を取る場合にも，ブッシュ政権のアメリカに，新保守主義やキリスト教原理主義の影響によって，いわゆる「保守反動」的側面や「極右」的側面が存在することまでは，否定できないだろう．これこそが最大の問題である．

　「今なおファシズムの世紀なのか？」——この問いに対して，本章では，今後この疑いが晴れることを念願しつつ，しかし現在ではこの疑問が妥当している側面が存在することを指摘してきた．しかし，その最終的な結論は，現時点ではなお疑問符のままである．今後の展開によっては，「やはりファシズムは20世紀の過去のものであり，21世紀における危惧は杞憂に過ぎなかった」という結論が現れるかもしれない．しかし，そのためには，確かに現時点で存在する極右的強権化，極右的反動の危険が世界的に広く自覚され，批判されて克服されなければならない．この課題が十全に果たされて，「既にファシズムの世紀は終わった」と全ての人々が断定できる時が来ることを祈りたい．その時に，このような疑問を敢えて提示した本章が学問的に無意味な屑と化しても，筆者は非常に幸福であるに違いない．

45　ノーマン・メイラーも，現在のアメリカの愛国心が自由を抑圧しファシズムないし全体主義へと移行する危険を警告し，現在は「前-全体主義的状況」である，としている．Norman Mailer, *Why are we at War?*, New York, Random House Trade Paperbacks, 2003, p.70, 105, 108.

*　2003年4月6日脱稿．ただし，校正時に状況の進展に合わせて加筆した．

第六部
展開：戦争批判の理論と実践

終　章　戦争批判の地球的公共哲学
　　　——地球的人民主権による平和へ

小林正弥

1　戦争批判の論理と地球的公共主義

　まえがきで述べた通り，本書はアフガニスタン戦からイラク戦まで「反テロ」世界戦争を包括的に捉え，その戦争を批判する公共哲学を展開することを目的としている．

　ラムズフェルド国防長官らが主導したイラク戦（2003年3月20日開戦）の緒戦の作戦が失敗した後で，国防長官とパウエル国務長官の「戦争哲学」の対立が報じられた[1]（朝日新聞2003年4月4日付）．このように「戦争哲学」にも様々なものが存在するように，「戦争批判の公共哲学」にも多様な立場が有り得る．本書収録の論稿にも多様な立場が含まれているが，それらは戦争批判の論点を提示する議論，いわば一種の戦争批判の論点集として捉えることができるであろう．そのような観点から，各部には，編者にとって各論稿が提起していると思われる論点を疑問形で示しておいた．

　本章では，拙著『非戦の哲学』（以下，拙著と略）[2]で述べた筆者自身の考えに

---

[1] ラムズフェルド国防長官を始めブッシュ政権は，短期戦でフセイン政権を一気に打倒し民衆から解放軍として歓迎されると考えていたが，予想外のイラク軍（特に民兵）の抵抗に遭いアメリカ・イギリス軍の死傷者が相当数現れて，軍隊の増派をせざるを得なくなった．それで，この時点（3月末-4月初め）では攻撃計画の責任について，ラムズフェルド国防長官らが批判され，パウエル国務長官との「戦争哲学」の相違が報じられた．ただし，バグダッドへの侵攻を再開した後では，フセイン政権が早く崩壊した（バグダッド陥落4月7日頃）ので，全体として見ると，当初の予定通り，戦争は1ヶ月程度の短期戦となった．

も適宜言及しつつ，その立場から，各論点について概括的に論評することにしたい．その過程で，本書所収の多くの論稿が報告された地球的平和問題会議（あとがき参照）における討論にも適宜言及し，その場合は「小林（発言者名）発言」というような形で示す．これはパラフレーズが行われているので，文責は筆者にある．また，本書の姉妹書である公共哲学ネットワーク編『地球的平和の公共哲学――「反テロ」世界戦争に抗して』（東京大学出版会，2003年）における論稿にもしばしば言及するので，その論稿は例えば「小林論稿，姉妹書」というような形で示すことにする．

およそあらゆる戦争は人間の生命を犠牲にするが故に，信条倫理（Gesinnungsethik，心情倫理の別訳）の観点からは，戦争はいわば「悪」として全て批判されなければならない．これが，日本においては，内村鑑三以来の長い伝統を有する「非戦論」の基本的命題であり，だからこそ，世界に恒久平和を実現することが究極の理想となる．この信条倫理の観点からすれば，「反テロ」世界戦争も，アフガニスタン戦以来，それが戦争であって人命の犠牲を伴う以上，それは直ちに「悪」であり，批判されるべきものである．

しかし，政治倫理ないし結果倫理（Verantwortungsethik）の観点からは，自衛戦争のように止むを得ない際には「必要悪」として戦争を認める立場も存在する．例えば，**序章**で論じた戦後アメリカの正戦論を考えれば明らかなように，ファシズム政権が侵略戦争を企てた場合，それに対する抵抗としての戦争を全面的に否定することは，論理的に必ずしも容易ではない．そして，少なくとも「反テロ」世界戦争を引き起こす側は，「反テロ」や自衛戦争の論理，さらにイラク戦においては「大量破壊兵器」の開発・所持に対する予防というような論理によって，戦争の正当化を図っている．この立場からすれば，「反テロ戦争」は信条倫理からは否定されるべきものであっても，結果倫理からすれば肯定されるべきもの，ということになる．「新たな『テロ』を起こさないために，また生物化学兵器や核兵器などで将来大被害が生じないように，『テロ組織』を匿う政権や『ならず者国家』は打倒されるべきであり，そのために戦争が必要である」というのは，もし意味をなすとすれば，結果倫理の論理なの

2　小林正弥『非戦の哲学』筑摩書房，2003年．

である.

　信条倫理の立場から戦争を批判するだけならば、およそあらゆる戦争が否定される以上、「反テロ」世界戦争というような特定の戦争について、その背景や現実を詳細に研究する必要は必ずしも存在しない．しかしながら、信条倫理からだけではなく結果倫理の立場からも戦争を批判するためには、その戦争の内実について吟味することが必要になる．本当にその戦争が「結果」として望ましい状態を実現できるかどうか、ということが決定的に重要になるからである．従って、「反テロ」世界戦争の場合であれば、「反テロ」「大量破壊兵器の開発・所有の阻止」という戦争の「目的」や手段の妥当性が、その効果に照らして具体的に吟味されなければならなくなる．そのためには、イスラーム世界についての洞察や、法や政治についての考察が必要となるのである．

　筆者自身は、拙著において、信条倫理と結果倫理の双方から、「反テロ」世界戦争を批判した．信条倫理から戦争に反対すると共に、結果倫理から見ても、ハンチントンの言う「文明の衝突」の危険を引き起こすから、アメリカにとってすらこの戦争は極めて不幸な結果をもたらす、と論じたのである．

　同時多発テロ事件は、ビルの崩落という映像の効果もあって、人々に心理的衝撃を引き起こした．筆者自身も含め、多くの人にとって、終末論や黙示録が連想された．20世紀末に、例えば巷間に言う「ノストラダムスの大予言」(1999年7の月) のような世界の破滅は来なかったが、約二年後の21世紀初め (2001年9の月！) には、それを連想させるような世界史的事件が実際に起きたのである．

　筆者にとり、これは、ハンチントンの言う「文明の衝突」の危険を感じさせるものだった．この議論は、「文明」内部における多様性を軽視している点で学問的に不正確であると共に、アメリカの戦略論的な観点から論じられているから、学問的には殆どこの議論は批判の対象とされた．しかし、筆者は、むしろこの議論を真剣に受け取り、それをトインビーなどの文明論の本流の観点から捉え直すことによって、非戦の議論を拙著で提起した．

　「文明の衝突」批判論は、しばしば文明という観念自体を批判する．これに対して、筆者は、文明という観念を重視するが故に、イスラームの民衆に西洋文明ないしアメリカ文明への反発を引き起こして「文明の衝突」のような事態

へと至ることのないように，アメリカ主導の戦争に反対したのである．このような文明重視の発想は，イスラーム圏の知識人マフディ・エルマンジュラ（モロッコのモハメド五世大学教授）の「文明戦争」という概念と期せずして一致している．筆者は，それを「文明衝突戦争」と呼び，"この危険を孕むからこそ，信条倫理のみならず，結果倫理から見ても，アメリカは「反テロ」世界戦争を起こすべきではない"と論じたのである（拙著第 2 章）．

　拙著刊行後にイラク戦が生じてしまったために，このような不安は，その後沈静するどころか，ますます高まっているように思われる．イラク戦によって，イスラーム世界の人々はますます反米感情を高め，それらの諸国における政権も不安定になり，さらに中東地域全体に及ぶ大混乱の危険すら現れてきた．そして，既存の国際関係や国際秩序・国際法も根本的に動揺しつつある．特に，イラク戦にあたって，国連安保理の多数の反対によって新決議が実現しなかったため，アメリカ・イギリスは国連を無視して開戦した．これによって，国連の権威は大きく揺らぎ，今後の国際秩序が混沌としてきたのである．

　ある意味では，これには相当の理由があるかもしれない．現在の国際連合は第二次世界大戦における「連合国（united nations）」が主導して構築したものであるが，おそらく「反テロ」世界戦争は第二次世界大戦後の最大の戦争＝世界戦争となりつつあるからである．そしてイラク戦に関して，アメリカ側は，アメリカ・イギリスの「連携軍（coalition）」ないしそれを支持する「有志連合」が同様の役割を果たしている，と考えているようである．だから，イラク戦後の復興過程，さらには世界秩序構築においては，アメリカ（・イギリス）が主導権を握り，国連を軽視する可能性が高い．新保守主義の中では「国連は旧来の領土侵略がない限り動かないことがわかった．国連は 21 世紀の新たな脅威に対応できない」という意見が強力であり[3]，「暗黒の王子」と言われる新保守主義者リチャード・パールは，国連安保理新決議に反対したフランス・ドイツなどを批判して，フランス・ロシア・中国が常任理事国であることに疑問を呈したり，NATOとの関係を再考したりする可能性に言及している[4]．第二次世界大戦の「連合国」から国際連合を作ったように，イラク戦の「アメリカ・イ

---

[3] 読売新聞 2003 年 3 月 31 日付．

ギリス合同軍（coalition）」とその支持国から新しい機構——国際連携（！）——でも作るというのだろうか！[5]

このような思惑通りに進むとは思えず，フランス・ドイツのみならず，イギリスからも国連の機能を回復しようとする動きが現れるであろう．しかし，少なくとも理論的には，国連や国際法の在り方を含め，およそ全ての国際秩序を根本的に再考しなければならなくなりつつある．そこでこの点について，本章では「地球的公共哲学」，なかんずく「地球的公共主義」の観点から考察を行うことにする．

まず，公共哲学の発想からすると，戦争を行っている「国家＝公」の論理から考えるのではなく，民衆という公共的な立場から考える必要がある[6]．そうすると，今日の戦争は，被害者になる無辜の民間人の生命を犠牲にすることになるから，決して望ましいことではなく，最大限回避すべきである．

「民」の立場にとって，「公益＝公共的利益」という概念が一般的に存在する

---

4 「国連安保理は政治的な組織だ．真実を見つけて審判を下す司法組織ではなく，各国政府を代表する人々で構成されている．／第二次大戦後の歴史のめぐり合わせで，不幸にも安保理では5カ国が拒否権を持っている．今の時点で安保理をつくったなら，フランスのような中型の力の国に誰が拒否権など認めるだろうか．ロシアも中国もそうだ．拒否権の分配は歴史のアクシデントとしか言いようがない．歴史は変わっている．日本のような重要な国が国連でフランスよりも影響力がないというのはおかしなことだ．／我々は欧州連合（EU）とどう付き合うかを考える必要がある．フランスは，EUをアメリカのカウンター・ウエート（平衡錘）と位置付けようと繰り返し公言してきた．それは理解するが，北大西洋条約機構（NATO）ではカウンター・ウエートどころか反対勢力になっている．考え直さねばならない．」（毎日新聞2003年2月24日付インタビューより）．やはり新保守主義の立場から，ロバート・ケーガンは，アメリカとヨーロッパの立場が別れていることを直視しなければならない，とする．ヨーロッパは，法・規則・国際的交渉や協調を重視して「平和と相対的繁栄，イマニュエル・カントの『恒久平和』の実現という歴史以後の楽園に入りつつある」と考えているのに対し，アメリカは，"国際法・規則は信頼できずに軍事力の所有と行使にしか頼れない「無秩序なホッブズ的世界」にいると考えて，力を行使している" という．Robert Kagan, *Of Paradise and Power: America and Europe in the New World Order*, New York, Alfred A. Knopf, 2003. ロバート・ケーガン『ネオコンの論理——アメリカ新保守主義の世界戦略』山岡洋一訳，光文社，2003年．

5 現に，『ウォールストリート・ジャーナル』社説「国連安保理よ，さらば」（3月21日）では，アメリカが安保理を脱退し，イラク戦を支持したイギリス，オーストラリア，スペイン，日本などと新たな国際安全保障機構を作ることを提案した，という．古森義久「さらば，国際連合——アメリカに背を向けられた安保理事会は無力化する」『Voice』2003年5月号，56-63頁．

6 公共哲学についてのこのような規定については，佐々木毅・金泰昌編『公共哲学』全10巻，東京大学出版会，2001-2002年参照．

し，それとは反対のものとして，特に環境問題について用いられてきた「公害」という概念を「公共的害（悪）」と呼ぶこともできよう．同様に，公共的に望ましいことに対しては「共通善」「公共善」という概念が用いられているが，それとは反対に公共的な悪については「公共悪」という概念も考えることができよう．この場合，戦争一般は，人命を奪う点において「公共害」「公共悪」であり，歴史的に止むを得ない場合はあるにしても，それは「必要悪」に留まる．

これが，公共哲学における戦争批判の出発点であろう．いかなる理由があるにしても，戦争による死者・犠牲者という陰惨な現実から目を背けてはならないのである．「国家＝公」はしばしば人々の犠牲を正当化する美辞麗句を駆使するが，それに惑わされずに具体的な人々の生命（いのち）そのものから公共的な真実を直視するのが，公共哲学の努めである．戦争は民衆にとっての「公共悪」であると同時に，「国家＝公」が強制的にもたらす悪という意味において，「公悪」と言うことができるのである．逆に言えば，「平和」は最重要な「公共善」であり，それを実現することこそが，公共哲学の最大の使命の一つなのである．

さらに，今日では，国民国家を前提とする「公＝政府＝官」の論理を相対化する必要が増大している．経済的なグローバライゼーションに先導されて，私達は地球的な視野を必要とする時代に突入した．公共性も単に国民国家の規模で考えるだけでは不十分になり，国境を越えた「超国家的公共性（トランス・ナショナル）」や「地球的公共性」の概念を考える必要が増大した．だから，公共哲学も一国規模で考えるだけではなく，地球的視座の下で考えるべきであり，「地球的公共哲学」が必要になる．例えば，戦争の問題にしても，アフガニスタン戦やイラク戦は日本に直接の関係はなくとも，地球的観点からそれに真剣に取り組み，戦争批判を行う必要が存在する．特に，政治哲学との関連においては，「共和主義＝公共主義」という伝統に沿って，「地球的公共性」の実現を中心的理念とする「地球的公共主義（ビジョン）」を構想することができる[7]．

このように考えて私達は「反テロ」世界戦争に対して全力で取り組み考察を

---

[7] （新）公共主義（ネオ・リパブリカニズム）は，様々な公共哲学の中における筆者自身の立場である．小林正弥「新公共主義の基本的展望――戦後日本政治理論の観点から」佐々木毅・金泰昌編『公共哲学10　21世紀公共哲学の地平』東京大学出版会，2002年，第4章（特に133-138頁）を参照．

終　章　戦争批判の地球的公共哲学　263

行ってきたが，イラク戦によって，さらに国際秩序のあるべき姿についても，地球的公共哲学の観点から考察する必要性が高まったのである．「テロ」への対処を起点にして考えてみよう．

　極端な楽天家は，一切暴力や強制力のない世界を夢想するかもしれない．しかし，現実にはこれは不可能であり，国家内部においても警察が存在し，犯罪者は摘発されるし，司法によって判決を下され，強制的に執行される．もし国際社会ないし地球的共同体において，現在の国民国家のように，このような法的制度が成立していれば，おそらく「テロ」は犯罪として地球的警察によって摘発され，裁判によって判決が下されるであろう．現在の国家内部で，殺人者に対する報復ないし復讐が認められていないように，その場合も「テロリスト」に対して報復や復讐は認められず，あくまでも地球的警察によって逮捕され，裁判にかけられなければならない．

　徹底した信条倫理の立場からは，このような処罰すら暴力的で望ましくないと思われるかもしれないが，信条倫理を重視する立場でも，ここまでは認める場合が多いであろう．しかし，現在の国際社会においては，国際法にしても国際機構にしても，このような制度が十分に確立していないところに問題がある．それだけに，信条倫理と結果倫理双方の観点から，その不十分な制度において望ましい方法を考えなければならない．これが，**序章**で述べた理想主義的現実主義の立場である．

　さらに，地球的公共哲学における規範論としては，「テロ」への対処や戦争批判のような具体的論点と同時に，これらの考察の中から浮かび上がる国際秩序構想にも注意を払う必要がある．筆者自身の地球的公共主義においては，次のように考える．

　確かに，現在の世界は，一方では「テロ」，他方ではアメリカの「戦争」によって大きく動揺しており，理想的世界秩序がすぐ実現する段階にはない．しかし，少し距離を置いて，数百年後の世界を想像してみよう．これは，一種の思考実験である．テクノロジーがさらに遙かに進展して，人々がさほど時間をかけずに，現在の国内旅行のような感覚で地球の裏側にも行くことができるようになったと仮定しよう．また，言語の障害が克服され，母国語の相違を超えた対話が極めて容易になったとしよう．この時，今日のような国民国家中心の

政治体制が持続しているだろうか？　現在ですらインターネットにより瞬時に国際的なコミュニケーションを行うことができるようになったのだから，これは必ずしも無理な想定ではないだろう．

　筆者は，このような思考実験において，技術的進展と共に，いつか必ず地球的政治統合が達成されると想像している．いわば国際連邦ないし地球連邦・連合のような「地球的公共体」が実現する，ということである．これは，現時点ではいわばSFのような空想的な夢に過ぎないが，このような地球的統合の進展自体は――人類が滅亡せずに技術的進歩を続けてゆく限り――殆ど必然的である，と筆者は考えている．問題はそこに至る時間の長さと経路だけであり，その終着点自体には疑いを持たない．

　そこで，このような地球的統合が達成される将来の時点を，いわば「地球的政治統合点 α」と呼ぶことにしよう．これは，例えば地球連邦が結成される時点であり，いわば「地球連邦暦元年」とでも言うべき年である．未来史から見ると，現在はそこに至る前史と扱われることになろう．西洋暦ではキリストの誕生を境にして「紀元前X年」というように，「連邦前X年」とでも言うことになる．このようにして，地球的政治統合の達成された後の地球的公共世界のイメージを，可能な限り明確に想像することが重要である[8]．

　勿論，現在はそのような理想の実現から程遠いから，そのような構想をすぐに実行することはできない．しかし，このような将来の世界のイメージを持つ場合と持たない場合では，現実の問題に対する解決の方法が異なってくる．そのような理想や将来のイメージを持たなければ，混沌とした現実の中でひたすら現実主義的な方策を追いかけることになってしまう．これに対して，前述のような，いわば人類史の理念を持っていれば，その理想をすぐ実現することは

---

[8]　まえがきで言及した「世界連邦運動」は，世界憲法案（1948年）なども起草しているので，地球的政治統合の具体的なイメージを持つために非常に有益である．モントルー宣言（1947年）における「世界連邦の6原則」とは，次のようなものである．「(1) 全世界の諸国，諸民族を全部加盟させる．(2) 世界的に共通な問題については，各国家の主権の一部を世界連邦政府に委譲する．(3) 世界連邦法は「国家」に対してではなく，1人1人の「個人」を対象として適用される．(4) 各国の軍備は全廃し，世界警察軍を設置する．(5) 原子力は世界連邦政府のみが所有し，管理する．(6) 世界連邦の経費は各国政府の供出ではなく，個人からの税金でまかなう．」詳しくは，http://member.nifty.ne.jp/uwfj/

終 章 戦争批判の地球的公共哲学 265

できなくとも，そこに至る過程として，理想から逆算して現実的な施策を行うことが可能であろう．「将来＝将に来たる」（これから来ようとする時）という言葉を生かして，このような方策を「将来志向的理想主義的現実主義」と呼ぼう．

「テロ」の場合について述べれば，ブッシュ大統領は極めて現実的に，かつ冷酷にこれを「戦争」と規定して，「反テロ」世界戦争を開始した．これに対して，地球連邦が成立した後の時点においては，前述のように，「テロ」は犯罪として警察によって捜査される．だから，将来志向的な発想からすれば，可能な限り，「テロ」は「犯罪」として規定し，それに基づいて現実的な対応策を練るべきである．そこで，次節ではこの可能性について考えてみよう．

2　イスラーム法：「テロ」は犯罪か戦争か？

まず，「反テロ」世界戦争の第一戦線たるアフガニスタン戦について考察する．同時多発テロ事件は，アル＝カーイダが起こしたものとされ，それを匿うターリバーン政権は攻撃の対象とされた．テロ組織を匿う国家や政権を攻撃対象とするのが，「反テロ」戦争の論理である．そこで，アル＝カーイダのようなイスラーム過激派とターリバーンのようなイスラーム原理主義，さらにはイスラーム世界一般との関係が問題になる．この「イスラーム問題」（姉妹書，第1部参照）を本書ではイスラーム法と犯罪・戦争の関係から考察している．

当初アメリカはターリバーン政権に対して，ウサーマ・ビン＝ラーディンを引き渡すように要求した．これが実現可能であれば，「テロ」を犯罪として扱うことが可能だったわけである．ターリバーン政権は，イスラーム法廷で裁くことを主張してこの要求に応えず，アメリカは戦争に訴えたが，果たして他に方法がなかっただろうか？　本書**第一部**の二つの論稿は，この問題に対して重要な示唆を与えている．

前述のような統一的な地球的法制度が実現していない以上，最も望ましいと考えられるのは，イスラーム世界の内部でアル＝カーイダのようなイスラーム過激派を取り締まったり摘発したりして，裁判にかけ処罰することであろう．あるいは，摘発や裁判はアメリカ側が主導するにしても，イスラーム世界の側でもそれに協力したり，同意したりする可能性も考えられる．この場合は，タ

ーリバーン政権も打倒の対象として，いきなり戦争に訴えることは避けられるだろう．しかし，そもそも，そのような可能性はイスラーム法においては存在したのだろうか？

第1章の柳橋博之「現代のイスラーム法解釈における危険性――スンナ派イスラーム圏の法体系」は，スンナ派イスラームを中心にしながら次のように述べる．"実際には『クルアーン』が比較的詳しく規定しているのは家族法と相続法の一部に限定されているから，イスラーム圏の大部分でイスラーム法としてこれらは忠実に適用されたが，それ以外は国家制定法の役割が大きく，現在では古典的なイスラーム法学は力を失って，家族法などごく限定された領域で拘束力を持つに止まる．／だから，逆に言えば，「ジハード」（特に，武力的ないわゆる「小ジハード」）も含め，それ以外の領域では「イスラーム純化運動」がイスラーム法学の学統とは相対的に無関係な解釈を行って混乱を引き起こす危険が高い．"

保坂修司「オサーマ・ビン＝ラーデン主義は存在するか」（姉妹書収録）は，正にこの危険性をビン＝ラーディンについて見て，彼の「ムハンマドがもたらしたフィクフ」（知識，イスラーム法学）という表現に注目し，これがオウム真理教における「秘密金剛乗」のような機能を果たしている可能性を示唆している．

次の**第2章**である池内恵・山本登志哉「イスラーム法における『罪と罰』」では，正にこの点に関して，アメリカから見た「テロ」行為についての解釈が議論されている．同時多発テロ事件直後『世界週報』（2001年10月16日号）に公表された池内論稿「非対称戦争とイスラーム世界」では，イスラーム教の規範において，「何よりもイスラーム世界の軍事的・政治的・宗教文化的な優位性を保つことが要求される」と指摘され，善悪などの倫理的概念を敢えて棚上げした西洋近代の国際秩序とそれが対比される．そして，"アメリカの「報復措置」が「十字軍」・「善と悪との闘争」と受け取られ，「世界観闘争・価値闘争の土俵」に乗って「キリスト教対イスラーム教の対立」という図式になれば「宗教テロリスト」の思うつぼだから，それを避けるために，日本人としては「テロリズム」を「戦争」と断言せずに，あくまでも「犯罪」であり「罪と罰」の問題として扱うべきである"と池内は主張した．

これに対して，対話「非イスラーム世界と意味を共有する可能性」で，山本登志哉は，アメリカとアル＝カーイダとの対立について「領域を持つ国家（群）権力と，領域無く世界に拡がるネットワーク的（NGO的）権力」という「新しいタイプの『世界戦争』」という認識を述べつつ，異質の価値観を持つ者の間における相互理解の可能性を模索する観点から"イスラーム世界の価値観において，内在的に「テロ」を「罪」と考えることができるか"と問うた．これに対して，池内は次のように答えた．

 "イスラーム教徒の立場からは，不信仰の「戦争の地」においてジハードを行い異教徒を殺すことは，イスラーム法の原則的な理念からは「罪にならないばかりか推奨される行為である」（ただ，被害者の中にイスラーム教徒が含まれているから「イスラーム教徒を殺したことに関して有罪」という判断がなされうる）．従って，ターリバーンが主張したように，イスラーム法廷で裁けば，「ターリバーン的なイスラーム法廷」では「実質的に無罪」となってしまう可能性が高いから，アメリカがこれを無視したのは止むを得ない．／しかし，実際にはイスラーム法の運用実態においては，歴史上，『コーラン』の原則を保持しつつも，「拡大解釈」を加えて，変化する状況に適用を図ってきたし，同時多発テロ事件に対しても，「エジプトのアズハル機構の総長がテロを罪と断定しているように，近代国家機構に組み込まれた宗教エスタブリッシュメントの立場からは，現代世界の常識的な判断にあえて対抗しようとはしない場合が多い」．／だから，原理主義のようにこの拡大解釈を「欺瞞」とする立場に加担せずに，むしろその拡大解釈の可能性を利用し，外部世界から「テロは文化等に関係なく犯罪である」という「説得的な道理」を国際的に練り上げて，それをイスラーム世界の側からも「イスラーム法の一つの解釈」として認め，受け入れるようにさせるべきである．"

 柳橋論稿と合わせて考えると，"イスラーム法の原則的な理念においては「テロ」を「罪」と見做すのは必ずしも容易ではないが，少なくとも今日では家族法・相続法など以外の分野では拡大解釈の余地が大きいから，イスラーム過激派などのように「テロ」を「ジハード」として実行する危険も存在する一方で，他方では外部世界からの知的・政治的圧力によって「テロ」を「罪」として受け入れさせる可能性も存在する"ということになろう．その後の池内-

山本対話で議論されているように,実際には,以上のような方向に向けての「対話」を行うことができるような思想はアラブ世界では強力ではないから,「罪と罰」の範疇によって「テロ」問題を解決することは必ずしも容易ではない.しかし,この努力を放棄して,ブッシュ大統領のように「テロ」を「戦争」と規定し,戦争によって対抗するのでは,イスラーム原理主義の狙うような「世界観闘争」に陥ってしまうのである.

だから,この対話が追求しているように,「テロ」をあくまでも「犯罪」として捉えることが重要であり,筆者は「同時多発テロ」を「新しい戦争」と捉えるのではなく,「超巨大犯罪」として捉え,あくまでも「犯罪」として対処することを主張した[9].同時多発テロ直後には,アメリカはこれを21世紀の「新しい戦争」と規定し,日本でもそれに追随する論者が多かった.池内論稿にある「非対称戦争」という表現もこの当時多用されたが,イラク戦に至った今日では,むしろ「反テロ」世界戦争は「古くからの戦争」と共通する側面が目立っている(西崎論稿,姉妹書参照).

この対話が行われた後で,ブッシュ大統領は「悪の枢軸」発言などに現れているように,ますますキリスト教原理主義の言辞を多用し(序章参照),イラク戦を開始した.ブッシュ大統領らのキリスト教原理主義やアメリカ原理主義は,この池内-山本の「対話」でも指摘されているように,イスラーム原理主義と類似した側面を備えており,「対称的原理主義」と見做すことができる(拙著第2章6)[10].それ故,イスラーム側からは,ますます「異教徒による侵略・征服」と見えることになり,「ジハード」の論理を正当化する結果になってしまう.

現にイラク戦においては,フセイン大統領はアメリカ・イギリス軍の攻撃に対して「ジハード」として「徹底抗戦」を呼びかけた[11].これに対応する形で,アズハル(カイロにあるスンニ派の最高権威機関,タンターウィー総長)が評議会で"イラク攻撃は新十字軍による侵略行為であり,侵略と戦うのはジハード(聖戦)である"という声明を出した.また,聖地ナジャフのシーア派最高位アヤ

---

9 小林前掲注2,98-99頁.
10 本書の第10章5,本章注13-16の他,森孝一『「ジョージ・ブッシュの」のアタマの中身——アメリカ「超保守派」の世界観』講談社,2003年,特に第1章「原理主義者(?)ジョージ・ブッシュ」の第3節「奇妙な双子——ブッシュとビンラディン」,60-62頁,を参照.

トラ・アッシターニ師が、イラク攻撃に対するジハードを信者の義務とするファトワ（宗教見解）を出したと伝えられた[12]。

アズハル（モスク・大学）は世界中のスンニ派（イスラーム教徒の9割）に大きな影響力を持ち、カトリックのバチカンのような存在である。エジプト政府に所属する機関で、総長の任命権は大統領にあり、池内が述べたようにこれまで欧米に妥協的であり、同時多発テロ事件の際にはテロを非難した。このような穏健派までが、「イスラーム法によれば、もし敵がムスリムの地を襲撃するなら、ジハードは、全ムスリムの義務となる。なぜなら、我々アラブ・イス

---

[11]「24日、フセイン大統領は、イラク国営テレビで、戦争を『ジハード』（聖戦）と位置づけたうえで、軍と国民に『抵抗すれば神が勝利を与えてくれる』と徹底抗戦を訴えた。…また、今回の戦争について『回避に努めたが、侵攻された今は戦う以外に選択肢はない』と述べ、侵略戦争であることは誰の目にも明らかだとしてイラク側の『大義』を強調した。／さらに、アメリカ・イギリス軍を『悪』と位置づけて、『神が敵ののどを切り裂くよう命じた。神は必ず勝利を与えたまう』と述べ、今後、アメリカ・イギリス軍が攻勢を強めても『耐え忍べば神が勝利をもたらしてくれる』と強調、『殉教者は楽園に召されることが約束されている』とも述べた。／大統領は20日の演説に続き、演説を『パレスチナ万歳』という言葉で締めくくった。これは、イスラエルとの激しい衝突を続けるパレスチナに同情を寄せるアラブ諸国の支援を意識したものとみられる。」（毎日新聞2003年3月24日付、アンマン＝春日孝之）

[12] これは、深刻な問題なので、朝日新聞の記事（2003年3月28日付）を引用しておく。「評議会はイスラム学者30人で構成される。／問題の会議は、イラク戦争が不可避となった2月27日午後に開かれた。総長のムハンマド・タンタウィ師（74）をはじめ30人が出席した。／開会直後、一人が口を開いた。『ローマ法王までイラク戦争反対を打ちだした。アズハルも態度表明すべきだ。』／参加者から反対の意見はなく、『アメリカ・イギリスのイラク侵略を非難する』といった文言が次々に決まった。しかし会議は次第に過熱した。／『ブッシュは頭がおかしい。キリスト教徒の右翼野郎だ。』『ブレアはブッシュの召使いに成り下がった。』／アメリカ・イギリス非難は4時間近くも続いた。A師は『もうだれにも流れを止められなかった』という。／窓の外が暗くなりはじめころ、『ブッシュは新しい十字軍という言葉を使った。新十字軍による侵略、という文言を声明に入れよう』という主張が出た。それまで黙っていたタンタウィ師が突然立ち上がった。『用があるので失礼する。でも、あなた方がどのような声明をつくろうと、私は承認するつもりだ。』／総長はいたたまれなくなったのだろう、と参加者はいいあった。／この声明でアズハルはエジプト政府の手綱を振りきってしまった。／声明は総長ではなく、事務局長の名前で発表された。重大な声明だったが、新聞の記事は小さかった。記者の一人は『派手に扱うと政府ににらまれる』と肩をすくめた。／それでも数日後、イスラム組織『ムスリム同胞団』は『神とともにジハードに向かえ』と声明。…ある活動家は『アズハルでもイスラム大衆の怒りをかわしきれない状況なのだ』という。彼はアズハル声明のポスターを街中に張り出す作業を始めている」（カイロ発＝郷富佐子）。また、タンタウィ師は、3月28日にアズハル・モスクで1万人を前に「誰も聖戦の扉を閉じることはできない。聖戦は、我々の領土を守る唯一の手段だ。イラクとパレスチナの人々に力を」と説教した（朝日新聞2003年3月29日付）。

ラーム共同体は，我々の土地，信仰，そして尊厳を奪おうとする新たな十字軍の侵略に直面するからだ」とする声明（3月9日）を発表したのである．総長やイスラーム研究アカデミーは，約1週間後にはフランスやドイツの反対を挙げて，"この「新たな十字軍」は，キリスト教徒との戦いを意味するものではない"と補足的に説明し，「キリスト教対イスラーム教」の宗教戦争という考え方を否定した．それでも，アメリカ・イギリス軍に対するジハードという骨格自体に変わりはないから，この衝撃は大きい．

この声明の論理は，ビン＝ラーディンの対米ジハード宣言（保坂論稿，姉妹書を参照）と基本的に共通している．つまり，アフガニスタン戦の段階では，対米ジハードを唱えたのはイスラーム原理主義ないし過激派が中心だったのに対して，イラク戦においては穏健派・正統派までが同様の主張をしたのである．こうなると，世界中のイスラーム教徒が対米ジハードを正当と考えかねなくなってしまう．

これは，前述した「文明の衝突」ないし文明衝突戦争の懸念を増大させる．イスラーム原理主義や過激派が「聖戦（ジハード）」を呼号するだけで，一般のイスラーム教徒がそれを受け入れなければ，文明衝突戦争にまではならないだろう．しかし，穏健派や正統派が「聖戦」を主張するようになれば，本当にそのような危険が現実化しかねない．このような深刻な展開を含めて考えると，池内-山本対話が"「テロ」を「戦争」と規定せずに「犯罪」として「罪と罰」で捉えるべきだ"と主張したのは，極めて重要な「戦争批判」の論理だったと思われる．しかし，残念ながら，イラク戦によって，事態は正反対の最悪の方向，つまり池内の言う「世界観闘争・宗教戦争」に向かいつつあると言わなければならないのである．

3 パレスチナ戦争：根源は宗教か政治か？

アフガニスタン戦における「反テロ」戦争の論理は，イスラエルに悪用されて，パレスチナ紛争を激化させ，オスロ合意を事実上崩壊させた．臼杵陽がその**第4章**「シオニズムの問題性——パレスチナ／イスラエルの視点から」で触れているように，シャロン首相は「ターリバーン／ビン＝ラーディン」の関係

を「アラファト／ハマースなど」のそれと同じだと見做し,「テロ組織」を匿う「アラファトら自治政府」を攻撃の対象としたのである．これは，アメリカの意向には反していたが,「反テロ」戦争の論理的展開と見做せるから，パレスチナ紛争も「反テロ」世界戦争の一環であり，その犠牲者数から言っても，いわば「パレスチナ戦（戦線）」と見做すことができるのである．

　さらに,"アメリカの「反テロ」世界戦争，特にイラク戦遂行において，隠された目的の一つは，イラクに脅かされるイスラエルの安全を確実なものにすることである"という見方も存在する．**まえがき**で述べたように，いわゆる新保守主義者（ネオ・コンサーバティブ）には，親イスラエル色が濃いからである．この点を考慮に入れれば，パレスチナ戦線は，この世界戦争全体にとって極めて重要な意味を持つことになる．

　湾岸戦争の際，フセイン大統領は 1990 年 4 月に「もしイスラエルがイラクに対して何か企てるなら，我々はイスラエルの半分を焼き尽くすだろう」と演説して，8 月にクウェート侵攻を行った．そして「イラクのクウェートからの撤退は，イスラエルのパレスチナからの撤退などと同時に解決すべきである」と「パレスチナ・リンケージ論」を持ち出して，開戦後にもイスラエルに対してスカッド・ミサイルを発射した．このような経緯からして，親イスラエル派はフセイン政権の打倒を願うことになるのである．

　まず，黒川知文はその**第 3 章**「ユダヤ教の戦争観，殉教観」において，ロシア・ユダヤ人のイスラエルへの移住によって，その排他的な「エートス」が影響を与えたことを指摘してから，次のように述べる．"モーセの十戒の第 6 戒「殺すなかれ」は「同胞ユダヤ人を殺意を抱いて殺してはいけない」という意味である．これは戦争や死刑を禁じるものではなく，戦争は神の命令の下に行わなければならない．聖書にある「主の戦い」が「聖戦」と解釈され，イスラエルはそのための「神の兵士」として，神の前で謙虚でなければならない，とされる．また，祈りと倫理的行いと殉教の死が，神の栄光，神の名を汚さない行為として規定されている．／一般的に，普遍的な宗教に排他的な民族主義が加わった時に，宗教は拡大解釈されて政治運動，闘争，戦争へと発展し，宗教の普遍的な愛の教えに反する結果になる．そこで，地球的平和のために，①諸宗教界における平和運動，②他宗教ないし無宗教の者による，絶対的に中立的

な第三者による仲裁，の必要性を提言する."

これに対して，キリスト教的な観点からは，ここで言う「同胞」をユダヤ民族だけに限定せず普遍的に解釈する可能性や，稲垣論稿（姉妹書）のように，シャロームの概念などを中心に非戦・平和主義の方向にユダヤ教を解釈する可能性が指摘された（宮平望発言）．ここには，あくまで民族宗教としてのユダヤ教をそのまま解釈する立場と，そこから批判的に発展した普遍的なキリスト教の立場から旧約聖書を解釈する立場との相違が存在しよう．

黒川が宗教的な側面からパレスチナ問題を論じたのに対して，臼杵陽は**第4章**において，政治的な側面からシオニズムの問題性を指摘する．即ち，"シオニズムは「ユダヤ国家」の建設を目的とする思想・運動の総称で，世俗的な政治運動として出発したにも拘らず，その国家の「場」について「パレスチナ／イスラエル」とする根拠を「聖書」にしか求められないところから，再びユダヤ教を取り込まざるを得なくなった．／シオニズムにおいては，「土地なき民に民なき土地を」という政治スローガンに現れているように，パレスチナの地にはアラブ人が不在と観念されていた．しかし，実際にはアラブ人が居住していたから，その非ユダヤ人を少なくして逆に多くのユダヤ人をパレスチナに移住させるという「トランスファーのイデオロギー」に帰着せざるを得なかった．態度が曖昧だった主流派の労働シオニストに対して，これを明確にしたのが，修正主義シオニストであり，現在の与党リクードに繋がる右派的な大イスラエル運動である．／9・11の約1ヶ月後に暗殺されたイスラエル観光大臣ゼェヴィーは，この種の排他主義を代表する極右シオニストである．またイスラエル国籍を持つアラブ人アズミー・ビシャーラ議員が，レバノンのシーア派民兵組織ヒズブッラーを賞賛したために議員特権を剥奪されたが，この動議を提出したのが（ユダヤ宗教法の貫徹したユダヤ教国家ないし社会を目指す）宗教政党シャスである．さらに，湾岸戦争時にアメリカで暗殺されたユダヤ教ラビのカルネは，極右政党カハ党を結成して綱領でイスラエルからのアラブ人追放を唱えた．これらの極右は，シャロン政権に連続しており，「犠牲者による犠牲者の創出」というシオニズムの問題性が存在している."

パレスチナ問題の根源は，宗教なのだろうか，それとも政治なのだろうか？この二つの論稿は，それぞれが宗教と政治という別の側面からパレスチナ問題

を扱いながら，その悪しき結合関係を浮き彫りにしていると言えよう．黒川は，ユダヤ教という宗教の「戦争観」や「殉教観」を扱いながらそれと政治的な民族主義との結びつきを問題にした．これに対し，臼杵は，世俗的政治運動として始まったシオニズムを論じながら，シオニズムの排他主義が再びユダヤ教という宗教と曖昧に結合していることを説明している．

（ビン＝ラーディンが怒ってアメリカに聖戦を行う契機となった）アメリカ軍のサウジアラビア駐留にしても，（第二次インティファーダを翌日に呼び起こした）リクード党首シャロンによるイスラームの聖地ハラム・アッシャリーフ（東エルサレムの旧市街にある）への強行訪問（2000年9月28日）にしても，いずれも政治的行為である．後者については，正統派のユダヤ教徒にとっては，神殿の丘に神殿が再建されるのはメシアが到来する時だから領有は問題にならないのに対し，これを問題化しているのは，国家としてのイスラエルの利益を重視する修正主義シオニストないし宗教シオニストである（臼杵陽）．だから，宗教思想だけで問題が起こるわけではなく，それが政治ないし国家に利用される形で結合する場合に，問題が生じる．

つまり，ユダヤ教だけで問題が起こるのではなく，いずれの論稿も，「ユダヤ教-シオニズムの民族主義」という「宗教-政治的民族主義」結合により問題が生じることを指摘しているのである．宗教シオニズム（グーッシュ・エムニームなど）やカハ党（やシャス党）などは，「ユダヤ原理主義」と呼ぶことができる[13]から，これは「原理主義的宗教-政治的民族主義」の結合である．

同じユダヤ教原理主義でも，ユダヤ教超正統派は，メシアの到来は，信仰の成就した時と考えるから，それまでは祈り続けることになり，イスラエル国家の人為性を支持せず，非シオニズムの立場に立つ．これに対して，「宗教シオニズム」は，"イスラームの聖地アル・アクサー・モスクと昔のドームがある場所（アル・ハラム・アッシャリーフ）にユダヤ教第2神殿を再建することがメシアの到来，つまり新しい神の国である"とする．だから，これは大イスラエル主義とつながり，シオニズムを進めること＝メシアの到来と信じられることになる．こうして，グーッシュ・エムニームは，ヨルダン川西岸やガザに入

---

[13] 臼杵陽『原理主義』岩波書店，1999年，II「ユダヤ原理主義を考える」，特に70頁．

植し、パレスチナ人追放を考える[14]. これは最も危険な思想であり、神殿の再建のためにイスラームのモスクを破壊しようと企てるグループすら存在する. 本当にこのようなことを実行すれば、イスラーム世界とイスラエルとの全面戦争にすらなりかねないのである[15].

　ここで、イスラエルと対立しているもう一方の当事者・パレスチナ人の側に目を向けると、私達は奇妙に類似した構図が存在することに気づく. PLOなどの主流派はパレスチナ人の民族主義運動であるが、最近民衆の支持が増大して強力になったハマースやイスラーム聖戦などは、いずれもイスラーム原理主義運動であり、特にこれらが「自爆テロ」などの抵抗運動を行うことによって、紛争を激化させている. 前述したように、シャロン首相は後者のイスラーム原理主義ないし過激派を「テロ組織」と見做してそれを「匿う」という名目で自治政府を攻撃しているが、実はイスラエル側にもユダヤ原理主義が存在して、右翼的な排他主義に影響を与えている.

　つまり、イスラエル側には「ユダヤ教原理主義-(修正主義的)シオニズム」、パレスチナ側には「イスラーム原理主義-パレスチナ民族主義」という「原理主義的宗教-政治的民族主義」結合が存在しており、この二つは対称的な関係をなしているのである. 現在のパレスチナ問題においては、いわば対称的な「原理主義-民族主義」結合が対峙しているのであり、これを対称的「原理主義-民族主義」結合と呼ぶことにしよう. しかも、これらのそれぞれにおいて、当初は「政治的民族主義」が優勢だったのに対して、近年は「宗教的原理主義」の側が相対的に強力になってきており、鏡像をなすこの二つの原理主義の対立が紛争を激化させているのである[16].

　アフガニスタン戦においては、アル=カーイダもターリバーンもイスラーム原理主義の範疇で考えることができるから、民族主義との結合には注意が向かなかった. しかし、イラク戦においては、やはりこの結合を見ることができる. イラクのバアス党（アラブ・バアス社会主義党）は元来世俗的なアラブ民族主

14　臼杵陽『イスラームの近代を読みなおす』毎日新聞社、2001年、157-195頁.
15　David S. New, *Holy War: The Rise of Military Christian, Jewish and Islamic Fundamentalism*, Jefferson, North Carolina, McFarland & Company, 2002, Ch. 19, 23.
16　臼杵陽は、「ユダヤ教原理主義対イスラーム原理主義」という「宗教的過激分子」の鏡像的な対立図式を示している. 臼杵前掲注13、98-100頁.

義・社会主義の政党だから，シーア派中心のイスラーム原理主義（ダアワ党）を1970年代後半に弾圧した．この勢力はイラン革命を賞賛してアジーズ副首相など政権中枢にまで攻撃を行ったから，1979年に大統領になったフセインは，指導者ムハンマド・バーキル・サドルらを80年に処刑し，イスラーム革命の波及を恐れて予防的にイランを攻撃して，イラン・イラク戦争に突入したのである（1980年-1988年）．湾岸戦争の段階で，にわかにイスラーム的なレトリックを多用し始め，パレスチナ問題の解決を要求して「聖戦」を唱えたものの[17]，イラクのクウェート侵略が原因だったために，イスラームの人々に訴える力はそれほど大きくはなかった．しかし，「反テロ」世界戦争におけるイラク戦線，言い換えれば第二次湾岸戦争においては，事情は大きく異なっている．

アメリカ・イギリスが不法に軍事的先制攻撃を行ったために，先述したように，フセインの「聖戦」に訴える「徹底抗戦」の呼びかけはイラクないしイスラームの民衆に訴える力を持ち，さらにアズハルなどのイスラーム正統派・穏健派までがこれを「聖戦」として正当化した．つまり，これは，フセインの一方的な主張だけではなく，イスラーム穏健派が一時的にアラブ民族主義に加勢したことになるから，これは「宗教-（アラブ）民族主義」結合と言えよう．

アメリカは，アル＝カーイダとイラクとの関係を疑って，「大量破壊兵器がテロ組織に渡ることを阻止する」という大義名分を掲げてイラク戦を起こした．つまり，「（イスラーム）原理主義-（アラブ）民族主義」結合を疑ったと言えよう．これには根拠が見出せない（序章参照）が，その反動として，逆に過激派ではなくムスリム一般がイラクの抵抗を「聖戦」と見做すようになり，「イスラーム（一般）-アラブ民族主義」結合が生まれてしまったのである．

しかも，バアス党の場合，そのナショナリズムは，近代的なナショナリズム一般とは異なって，近代の国民国家に限定された民族主義・国民主義ではなく，アラブの統一を掲げるアラブ・ナショナリズムである．そもそも，アラブ民族主義とは「西はモロッコから東はイラクまで広範な地域に居住するアラブ民族が，第一次世界大戦後，イギリス・フランスによって分断され別々の国家として成立したことを批判して，アラブ民族の統一・連帯と真の独立を目指す思想」

---

17 以上については，酒井啓子『イラクとアメリカ』岩波書店，2002年，第3章-第4章．

であり、エジプトのナセル大統領によって一世を風靡した。バアス党もその影響下で成長した反米的な左翼民族主義政党であり、イラク一国に留まるものではなく、1940年代にシリアで生まれ、50年代にイラク・ヨルダンなどに広がった。社会主義とは言っても共産党とは異なり、私有財産は認めるし、イスラーム的価値観もアラブ民族主義の重要な要素と考えていたという[18]。だから、彼らの観点からすると、アラブ民族主義はイスラーム原理主義とは明確に背反するが、イスラーム的言辞を用いたり「聖戦」を唱えたりするのは、アラブ民族主義と必ずしも矛盾はしないのかもしれない。

　バアス党はイラクだけの党ではなく、シリアでも長くバアス党政権が続いており、ナセル大統領のエジプトと共に一時的にはアラブ連合共和国（1958年-1961年、エジプト、シリア）が成立したし、1963年にはエジプトとシリア・イラク（双方ともバアス党政権）との間でアラブ連合共和国連邦の結成が宣言された（ただし、実現せず）。その汎アラブ主義の故に、建前の上では、バアス党の各国指導部の上には民族指導部が存在する（元々はシリアに存在したが、イラクでも別個に設立して本家争いが生じたので有名無実化した）[19]。

　また、イラクの共和制政権は、植民地時代に引かれた国境の恣意性を批判して、サウジアラビアやクウェートとの国境を認めない方針を取り続け、特にクウェートはオスマン帝国下でバスラ州の一部に帰属していたので、60年代・70年代にもその領有権を主張した。フセインは、実際には経済的動機ながら、これを根拠にクウェートに侵攻したわけである。

　しかし、実際にはアラブ・ナショナリズムよりもイラク一国のナショナリズムが優先されることが多かった[20]し、クウェート侵攻では逆にアラブ諸国の反発まで受けてしまったから、アラブ民族主義は近年は殆ど機能していなかったと言えよう。他方、フセイン政権は恩顧主義（庇護‐随従関係）を利用した独裁政権になっていき、化学兵器によるクルド人虐殺などについての欧米からの批判も効いて、メディアの報道においては、バアス党の以上のような思想的側

18　酒井前掲注17、18頁、22-23頁。
19　酒井前掲注17、68頁。
20　酒井啓子『フセイン・イラク政権の支配構造』岩波書店、2003年、終章「イラクであること、アラブであること」を参照。

面は殆ど無視され，イラクは単なる残虐な抑圧的独裁国家と見做されている．

　フセイン政権自体については，これはある程度近年の実態を反映しているが，だからといってその背景をなすバアス党の思想，ことに汎アラブ主義については無視されてはならないと思われる．もしフセインが戦争で殺され，「殉教」と見做されるようになると，反米的抵抗のためにアラブ民族主義とイスラームとが結合し，何らかの形で政治運動として再生する可能性も無視できないと思われるのである．

　ユダヤ教は民族宗教だから，イスラエルの場合には，国民国家の範囲における民族主義（ナショナリズム）との結合が論理的に自然である．これに対して，イスラーム教は普遍宗教だから，近代的国民国家との結合が不自然であるのに対して，逆にアラブ・ナショナリズムとの結合は論理的にはさほど不自然ではないであろう（拙稿，第10章5参照）．

　また，アメリカにおいても，「反テロ」世界戦争は，ブッシュ大統領に顕著に見られる「キリスト教原理主義」及び新保守主義の「アメリカ原理主義」と，9・11以後極端に高揚した「愛国心」とが結合して遂行されている．だから，アメリカ自体にも，「原理主義-ナショナリズム」結合が見られる．従って，パレスチナの場合と同様に，イラク戦などにおいては，アメリカの側にも対称的な「原理主義-ナショナリズム」結合が存在するのである（第10章参照）．

　さらに，イスラエルの「ユダヤ教原理主義-シオニズム（世俗的民族主義）」とアメリカの「キリスト教原理主義＋アメリカ原理主義（新保守主義者）-ナショナリズム」との間には，見逃すことのできない関係が存在する[21]．1970年代から台頭したキリスト教原理主義は，神学的には「聖書無謬説」と「前千年王国説」（後述）という特徴を持つ．そこで，「聖書には誤りがない」という聖書無謬説に基づき，「神がユダヤ人にパレスチナの地を与えた」という聖書解釈に従って，シオニズムの大イスラエル主義を支持・支援するのである．この解釈は，シオニズムが再接合せざるを得なくなったユダヤ教の解釈，特にユダヤ原理主義の解釈と一致することになる．

　この根拠となるのは，旧約聖書創世記15章18節において，「主」がアブラ

21　以下の記述は，主として，臼杵前掲注13，28-29頁，及び76-86頁「キリスト教原理主義とシオニストの共犯」による．

ハムと契約を結んで言ったとされる言葉「あなたの子孫にこの土地を与える．エジプトの川から大河ユーフラテスに至るまで」であり，この範囲を「西はナイル川から東はユーフラテス川まで」と解釈するのである．事実，キリスト教原理主義の政治団体・道徳的多数派(モラル・マジョリティ)を1979年に結成したジェリー・フォルウェルは，パレスチナどころか，「自分としてはイスラエルが今日のイラク，シリア，トルコ，サウジアラビア，エジプト，スーダン，レバノン全土，ヨルダン，クウェートを奪うといいと思っている」と語った (1983年)[22]．これは，通常の大イスラエル主義以上のものであり，イスラエルが中東の殆どの地域を支配することになる！　もっとも，新保守主義者の言う「中東の民主化」はほぼこの地域に相当しよう．もし，事実上アメリカ-イスラエルの勢力の及ぶ親米国家をイスラエルの実質的支配下の地域と見做すならば，新保守主義の構想が実現すれば，原理主義のこの聖書解釈と一致してしまうことになる．

また，キリスト教原理主義の中には，ピューリタン的な終末論ないし千年王国論に従って，大イスラエル主義を支持する側面も存在する．原理主義者が信じる「前千年王国説」は，旧約聖書の「ダニエル書」や新約聖書の「ヨハネの黙示録」における終末預言を解釈して，「最終戦争（ハルマゲドン）→最後の審判→キリストの再臨→千年王国の到来」という順序で，千年王国到来の前に最終戦争とキリスト再臨が起こると考える．さらに，終末の前に，ユダヤ教徒は神から約束された祖国を回復し，その上でユダヤ教徒がキリスト教に改宗してから，千年王国が到来する，というのである[23]．

ハル・リンゼイの『今は亡き大いなる地球』は広く読まれ，ここでは「ソ連のイスラエル侵攻→核戦争→終末」という聖書解釈（天啓史観）が主張されて，原理主義者に大きな影響を与えた．このような解釈によって，例えばフォルウ

---

[22] グレース・ハルセル『核戦争を待望する人びと——聖書根本主義派潜入記』越智道雄訳，朝日新聞社，1989年，214頁．

[23] キリスト教原理主義や，それと政治の関係については，ハルセル前掲注22のほか，上坂昇『現代アメリカの保守勢力——政治を動かす宗教右翼たち』ヨルダン社，1984年；越智道雄『〈終末思想〉はなぜ生まれてくるのか——ハルマゲドンを待ち望む人々』大和書房，1995年；森孝一『宗教からよむ「アメリカ」』講談社，1996年；坪内隆彦『キリスト教原理主義のアメリカ』三一書房，1997年；蓮見博昭『宗教に揺れるアメリカ——民主政治の背後にあるもの』日本評論社，2002年；越智道雄『21世紀のアメリカ文明——文化戦争と高度管理社会』明石書店，2002年などがある．

ェルは，右派的・軍事的路線を政治的に主張し，第三次中東戦争におけるイスラエルの軍事的勝利（1967年）を神の計画と解釈して以来，イスラエルの軍事的方策を熱心に支援した．千年王国の到来のためには，まずユダヤ教徒が祖国を回復する必要がある，と考えるからである．

もっとも，キリスト教原理主義者は，その後で，回復されたイスラエルを中心に世界最終戦争（ハルマゲドン）が起こると信じ，ユダヤ教徒の改宗を予期する．だからこそ，彼らはイスラエルのタカ派路線を強く支持する．このように動機においては全く異なるが，ユダヤ人の祖国回復については，ユダヤ原理主義やシオニズムの大イスラエル主義と一致し，野合するのである．

それどころか，この千年王国論は，キリスト再臨の前提をなす「最終戦争」を待望する側面すら存在する．レーガン時代には，このような世界最終戦争は米ソ間の核戦争として行われると信じられていた．レーガン自身が少なくとも1986年まではこの天啓史観を信奉しており[24]，キリスト教原理主義者の全国大会でソ連を「悪魔の帝国」と呼んだ（1983年3月9日）．だから，"彼の軍事拡大路線や，核ミサイルの撃墜を狙う戦略防衛構想（SDI）への核戦略の転換などに，レーガンのハルマゲドン説への信奉が反映しているのではないか"という点が非常に懸念され，批判されたのである[25]．

幸いレーガン政権では中道派の現実主義者が次第に影響を持つようになり，ゴルバチョフ大統領の新思考外交によって米ソ冷戦が終了したので，このような天啓史観はそのままの形では成り立たなくなった．また，1980年代後半には，テレビ伝道師達のスキャンダルが次々と起こり，フォルウェルも道徳的多数派を解散した（1989年）．パット・ロバートソンも，1988年に大統領選挙に出馬し，1989年にキリスト教連合を結成したが，訴訟や経営問題などが起こった[26]．

さらに，ロバートソンは同時多発テロ事件後にフォルウェルの「9・11は神の怒りである．アメリカが神をあなどったために神は護りの手をさしのべたまわなかったのだ」という発言に同調したために，世論の激しい反発やブッシュ

24　ハルセル前掲注22，12頁．
25　坪内前掲注23，247-250頁．
26　坪内前掲注23，152-156頁；蓮見前掲注23，124-140頁．

政権の冷淡な反応に会い，テロ後約3ヶ月の12月5日に総裁辞任に追い込まれた（ただし，実質的には創設者としてなお組織を支配している）．これは，"驕り高ぶったアメリカにアッラーの怒りが下った"というビン＝ラーディン側の論理と正に類似しており，イスラーム原理主義とキリスト教原理主義との間の前述のような対称的類似性が現れている．ただ，それだけにアメリカ自身の非を認めることになってしまうので，（それを拒んで自分達の「正義」を主張して「報復戦争」に向かおうとする）ブッシュ政権やアメリカ国民の反発を招いたのであった[27]．

　フォルウェルやロバートソンの後退によって，キリスト教原理主義の政治への影響は減退したと考えられているが，現ブッシュ政権においてはこの影響の危険は大きい．**序章**4で述べたように，レーガン大統領の場合と同様に，ブッシュ大統領自身が原理主義の思想的影響を受けており，政治的にも支持基盤としているからである．レーガンがソ連を「悪魔の帝国」と呼んだように，子・ブッシュは「悪の枢軸」という表現を用いた．また，原理主義は宗教的な十字軍主義（宗教ナショナリズム，聖戦論）を鼓舞しており，マッカーシズムの時代からレーガンに至る反共主義はその現れであった[28]．

　ブッシュ大統領の十字軍発言（2001年9月16日）には，明らかにこの影響が現れていよう．彼は「悪」や「悪を行う者」という言葉を7度用い，「この十字軍，このテロリズムとの戦いには，長い時間がかかるでしょう」と述べて，イスラーム世界からの大きな反発を招いた．補佐官達はこの大失言を撤回し，陳謝する羽目になったのである[29]．これはブッシュ大統領の本音が現れてしまったものと推定される．現に，フォルウェルは「ムハンマドはテロリストだと思う」と述べ，ロバートソンは「イスラームはナチスより邪悪だ．ヒトラーも邪悪だが，イスラーム教徒がユダヤ教徒に行おうとしていることはもっとひどい」と語り，さらにかつて有力なテレビ説教師だったジミー・スワッガートはムハンマドのことを「性的倒錯者」「変質者」と呼んだ，という[30]．つまり，原理主義者にとっては，イスラームは相変わらず邪宗に他ならず，その世界に

27　森前掲注10，120-124頁．
28　坪内前掲注23，第6章；蓮見前掲注23，175頁及び第10章．
29　ボブ・ウッドワード『ブッシュの戦争』伏見威蕃訳，日本経済新聞社，2003年，124-125頁．

対する戦争はやはり十字軍のような聖戦となるのである．

　このような発想の結果ブッシュ大統領が開始した「反テロ」世界戦争によって，再び中東で大戦争が起こる危険が生じてきた．これは，イスラエルを中心に「世界最終戦争」が起こるという原理主義者の終末論に適合的である．だから，彼らの中には，このような観点から「反テロ」世界戦争を支持する場合すら存在するだろう．動機こそ異なれ，これは，中東の民主化を企てる新保守主義者の狙いと，中東の戦争支持という点では一致するのである．

　勿論，アメリカのイスラエルに対する支持は最近始まったものではなく，ユダヤ・ロビーは強力な力を持っており，少なくとも1960年代以降は経済援助，武器供給などを含め，イスラエルを強力に支援してきた．ただ，リベラル派プロテスタントがアラブ側・パレスチナ側にも配慮するようになったので，ユダヤ系保守主義はイスラエルの安全を確保するために，キリスト教原理主義と連携するに至った．序章で触れたように，ユダヤ系のアーヴィング・クリストルは，中絶問題など社会問題も含めて在米ユダヤ人はキリスト教原理主義を支持すべきだとし（『コメンタリー』1984年7月号）[31]，その路線を子のウィリアム・クリストルも継承して今日の新保守主義へと至っているのである．

　このように，「ユダヤ教原理主義＋シオニズム」と「キリスト教原理主義＋アメリカ原理主義（新保守主義）」との間には，呉越同舟ながら，イスラエルや戦争の支持という点で奇妙な対称性が存在することがわかる．しかも，池内恵（第2章執筆）がその著書『現代アラブの社会思想――終末論とイスラーム主義』（講談社，2002年）で詳しく説明しているように，アラブの側でも終末論が流行しており，それに陰謀史観やオカルト思想が合流している．これらは，"イスラエル-アメリカ側の陰謀により，イスラーム世界への侵略や大戦争が起こり，終末が来る"とするわけである．

　ここにおいても，「イスラエル-アメリカ」側の原理主義的終末論とイスラーム側の終末論とが対称的に一致している．このようにイスラエル・アメリカ・

30　森前掲注10，102-106頁．天啓史観で有名なリンゼイは，9・11を明確にキリスト教とイスラームとの宗教戦争の文脈で説明している．Hal Lindsey, *The Everlasting Hatred: The Roots of Jihad*, Murrieta, Oracle House Publishing, 2002.

31　坪内前掲注23，217-222頁．序章4も参照．

アラブの三者間で対称的な思想状況が存在するということは,「反テロ」世界戦争の思想的動因の一つとなり,文明衝突戦争の危険を高めていると考えられよう.第10章では,この内のイスラエル-アメリカ側の「宗教的原理主義＋政治的ナショナリズム」をアメリカ「超国家主義」の要因として批判した.パレスチナやアラブの側は,これに抗する「抵抗のナショナリズム」に相当するが,こちらも同様の側面を持っているだけに,この対立は容易に解消せずに激突してしまうのである.

用語についても触れておこう.**序章**で述べた「戦争」の規定と同様に,「原理主義」や「テロ」の概念の定義も,それ自体が大問題である.「原理主義」については,臼杵陽(第4章執筆)が『原理主義』(岩波書店,1999年)という著作を刊行している.そこで詳述されているように,イスラーム研究においては"この用語はキリスト教原理主義の場合にも否定的な語感を持ち,「イスラム原理主義」という圧倒的に多い用例でも同様だから,イスラームへの偏見を助長する.全てのムスリムが『コーラン』の無謬性を信じているから,イスラームに原理主義の用語を用いるのは同義反復である.だから,この用語を使用すべきではなく,イスラーム主義・政治的イスラームなどの他の用語を用いるべきである"という主張が強力であり,少なくともこの用語を換骨奪胎して用いる必要性がある(臼杵発言).

ただ,中村廣治郎のように比較の観点からこの用語の有意性を主張する研究者も存在し[32],栗田禎子も,"中東の知識人自身が,「テキストの字面のみに拘束され,テキストと現実との間の弁証法的対話の重要性を忘れた態度」と定義した上で原理主義という用語を用いている例もある(姉妹書,栗田論稿参照)から,この用語を使用しても構わない"と述べた.筆者自身は,比較の観点から共通性を重視してこの用語を用い,さらにその反動性・硬直性は実際に危険で問題だと考えるから,その否定的語感も込めて敢えてこの用語を用いている.

ただ,原理主義運動には,正当な近代・現代批判の側面や,それに基づく――アイゼンシュタットが「ジャコバン的次元」と呼んだような――急進的革命性も存在するから,この点も見失われてはならないであろう[33].原理主義運

---

32 中村廣治郎『現代の宗教13 イスラームの近代』岩波書店,1997年;臼杵前掲注13, 26-41頁.

動から上述のような反動性が脱落し，その宗教的原理の本質的部分そのものは生かしつつ将来志向の「進歩的」ないし発展的運動へと転形することが可能になれば，これらの長所が生きて肯定的な機能を果たしうることになろう．

　「テロ」については，臼杵が述べているように，イスラエルの前首相ベギンとPLO議長のアラファトとイスラエル現首相シャロンは，皆共通して，少なくとも一時期は敵から「テロリスト」と呼ばれていた．しかし，ベギンとアラファトの場合には，その運動の正当性が認められるに従って，そのイメージには「テロリストから民族解放の英雄への転換」が（一定程度）行われたのである．討論でも指摘されたように，このような例は歴史上稀ではない．例えば，近年では南アフリカのマンデラ大統領がそうだし，韓国では伊藤博文を暗殺した安重根も，当時は日本や韓国の御用学者によって「テロリスト」とされたが，現在は英雄となっている，という．

　強者の不公正や不正義に対して，弱者の側から抵抗を試みる場合，暗殺などの「テロ」の方法しか有効なものが存在しない，と思われる場合がある．権力の側は当然それらを「テロリスト」などとして抑圧・弾圧しようとする．しかし，それらの抵抗運動が後世において正当だと認知された時，「テロリスト」は一転「解放の英雄」へと転化することがあるのである．

　パレスチナ問題では，とりわけこの論点が厳しく問われる．アメリカやイスラエルから見た場合，自爆「テロ」はテロそのものであるが，パレスチナ側から見れば，抑圧や不正に対する「抵抗運動」である．そこで，同時多発テロ事件後に国連で国際テロ問題集中討議が行われても，「テロ」の定義について合意が成立せず，決議案が採択できなかった（2001年10月4日）．

　「反テロ」世界戦争は，この点でも困難な問題を抱えている．ビン＝ラーディンらアル＝カーイダなどの「テロ組織」に対してすら，イスラーム世界においては，欧米の抑圧や不正という印象が一般的に強いが故に，民衆の中で一定の支持ないし共感が存在する．まして，パレスチナ問題における「テロリスト」については，イスラエル-アメリカの問題性が際だっているだけに，共感や同

33　松本健一『原理主義——ファンダメンタリズム』風人社，1992年；S. N. Eisenstadt, *Fundamentalism, Sectarianism, and Revolution : The Jacobin Dimension of Modernity*, Cambridge: Cambridge University Press, 1999.

情はさらに大きい．だから，政治状況が変化してこれらの主張が正当とされるようになれば，西洋側から見てさえも，「テロリスト」が「英雄」に転化するという逆転現象が起こらないとも限らない．同じようなことは，アメリカの言う「ならず者国家」についても言いうるであろう．将来イラクのフセイン大統領がアメリカ・イギリスの侵略ないし征服に抵抗して「殉教」した民族的・宗教的英雄と位置づけられるようにならないとも断言できない．

逆に，イスラエルはパレスチナの抵抗組織の幹部を暗殺しているから，パレスチナ側から見ればこれは「国家テロ」ということになる．また，アメリカも南米などに対して軍事的介入を繰り返してきたし，「反テロ」世界戦争にはそれを世界的に拡大したという側面も存在する（飯島みどり発言，姉妹書，275-276頁参照）．だから，チョムスキーなどが批判しているように，アメリカ自体が「テロ国家の親玉」と見做されることも有り得る[34]．

「テロリスト」が「英雄」に転じることがあるように，将来において，アメリカなどの国家やその正統な指導者が「テロ国家」や「国家テロリスト」と見做される可能性も，論理的には皆無とは言えない．この場合，「反テロ」世界戦争は正に，「テロ国家」の行った「テロ世界戦争」に他ならなくなってしまうであろう．「反テロ」というように，括弧を付して表現している所以である．

つまり，公共哲学の一観点からは，次のような議論が成立しうる．"「テロと国家とが，一見して思われるほど対極的な存在ではない」という重たい現実が存在する．国家の成立過程においては大抵何らかの暴力や実力が存在することが多く，これはいわば「原テロ」「原暴力」と見做すことも可能である．ところが，一度国家が成立して暴力を独占すると，その「公＝政府」の立場から見て，それに暴力的に反逆する主体の行為を「テロ」と呼んで抑圧する．しかし，「国家」の行為は実定法的には「合法的」でも，公共的な民衆の観点から見て，「それが本当に正当でありテロの目的が不当である」という論理的な保証は存在しない．

だから，始めは暴力的な「テロ」であっても，それを契機として多数の人々

---

[34] ノーム・チョムスキー『「ならず者国家」と新たな戦争——米同時多発テロの深層を照らす』塚田幸三訳，荒竹出版，2003年；ウィリアム・ブルム『アメリカの国家犯罪全白書』益岡賢訳，作品社，2003年．

が公共的にその主張を支持するようになり，秩序の大規模な変革が起こると，立場が逆転することが起こりうる．かつての「テロリスト」の方が「正統」になって英雄視され，かつての為政者が「国家テロリスト」と見做されるようになる可能性もあるのである．この観点からすると，ビン＝ラーディンの中に公共性の芽が存在するとすら言えるかもしれない"．

それにも拘らず「反テロ」世界戦争の論理を盲信することは，現在の世界秩序を肯定することになりかねないし，またアメリカの内外で見られるように，権力によってこの論理が強行されると，健全な抗議や批判までもが「テロ」の疑いをかけられて封殺されかねない．「テロ」が暴力による人命の犠牲を招く以上，信条倫理から見ると，それは非難されなければならないだろう．しかし，その倫理的な非難が「公権力＝国家権力」の過度な正統化を招いて，民衆の公共的利益を抑圧することにならないように私達は注意しなければならないのである．

4　国際政治：「テロ」と戦争の悪循環は超えられないか？

前の二つの節で論じたように，アフガニスタン戦にせよ，パレスチナ戦にせよ，さらにイラク戦にせよ，原理主義ないし宗教と民族主義やナショナリズムとの結合が，戦争を招いていた．そこで，このような問題について，イラク戦までも含めた「反テロ」世界戦争の（現時点までの）全体について，国際政治の観点から戦争そのものを主題として議論することが必要となる．

まず木村正俊は第5章「正戦と聖戦」で，20世紀は善悪の戦いを回避しようとしてきたという認識の下に，西洋の正戦の観念とイスラームの聖戦観念とを比較検討して以下のように述べる．"西洋では，ユダヤ教に由来する旧約的聖戦観念と，ストア派とローマ法に由来する必要最小限度の暴力行使という観念があり，14世紀までにキリスト教の正戦論が成立する．これは「戦争のための法」「戦争における法」からなるが，キリスト教徒内部で戦争を限定する規則であって異教徒との間では残虐な戦争が容認された．この中世的な正戦論によりキリスト教徒間では戦争の限定が行われていたが，16世紀の宗教改革以後，「善悪の戦い」たる聖戦ないし宗教戦争が勃発して，破壊的な無限定戦争

となる．その反省から，17世紀後半の30年戦争以降，聖戦は否定され，西欧では共通の価値や規範の共有によって，フランス革命直後を例外として限定戦争が行われた．／他方，イスラームのジハードは，伝統的イスラーム法学（スンニ派）によると，「小ジハード」（戦闘＝聖戦）と「大ジハード」（克己，修身）の双方を含むが，前者の「聖戦」は，キリスト教の正戦とは異なって，異教徒との戦いにおいて法的に自己規制したものである．それは，イスラームの防衛と拡大を唯一の正当な目的として戦争を限定し，一定のルールに基づいて異教徒と戦うものであり，カリフの発動する「攻撃的ジハード」と，個人的義務としての「防衛的ジハード」とから成る．イスラームが地上を埋め尽くすまで異教徒との永続的戦争状態が続くことを想定していたが，実際には講和条約により攻撃的ジハードを棚上げする議論が展開された．／20世紀における侵略戦争の違法化は伝統的正戦論の復活と見做すことができるが，（民主主義のための戦いを主張する）ウィルソン大統領などアメリカの国際政治への登場や社会的変化によって，国際政治のイデオロギー化が進み，善悪二元論的なイデオロギー闘争が起こることによって，両次の世界大戦のような全体戦争が行われた．／他方，イスラームの側も，1224年にカリフ制が廃止されたために攻撃的ジハードは不可能になり，防衛的ジハードや非暴力的なジハードが重視されるようになり，アズハルに組織されたウラマーなどは西洋との政治的紛争をなるべく避ける方向に向かったが，逆に政治的イスラームは善悪二元論的な世界観に立って「真のイスラーム国家」の建設を目標とする「革命のジハード」を目指すことになる．／こうして，西洋側においてもイスラーム側においても，かつては限定戦争を意味していた正戦が20世紀において変容し，「現代の正戦」は「正義のための戦争」を意味するようになってしまった．"

木村がイスラーム側とアメリカ側について「聖戦と正戦」という概念の対比によって考察を行ったのに対し，藤原帰一は**第6章**「二つの恐怖の谷間で——冷戦後世界における暴力とアメリカ」で，イスラーム側の「テロリズム」とアメリカという「帝国」の戦争として，その双方の側の「暴力」を対比させる．彼によれば，"現在のテロリズムは無差別殺人と同じ暴力になってしまったし，アメリカ軍の行動もそれに脅かされる側から見れば暴力に過ぎない．／双方の暴力のいずれへの恐怖が強いかによって，例えばイギリスとインドネシアの反

応が分かれ，日本はその中間になって双方の恐怖に動かされることになった．／いかに不正・不公正があってもテロという無差別暴力を正当化することはできないが，他方アメリカも国際的制度や国際法の拘束を拒絶しており，9・11以後明確に「正義の帝国」への道を踏み出した．これは，中世西欧における，国家権力による暴力の独占過程と似たところがあるが，絶対王制と違って，この正義の帝国には共和主義者達によって倒される恐れは今のところない．／ブッシュ政権の対外政策は「①正邪の二分法，②『われわれ』と『やつら』の二分法，③単独行動を辞さない」という三つの特徴によって彩られているが，ここではアメリカの外での犠牲は問題とされていないし，ここにおける普遍的理念やモラルはごく狭く，例えばイラク攻撃は9・11の結果というよりも，湾岸戦争以来の共和党保守派の年来の主張を実現したものであって，一部のイデオロギーの実現に過ぎない．しかし，この「帝国に頼る平和」は，紛争への過大介入や，公約と実態との乖離，振幅の大きな対外政策などの理由で不安定になるだろうし，国連などの国際機関の役割が大きく後退するだろう．イラク攻撃前の数ヶ月においてはアメリカへの恐怖がテロの恐怖を上回ったように見えるが，アメリカを国際主義に引き戻す展望は未だ見えない．"

　両者とも，イスラーム側の暴力とアメリカ側の暴力との双方を論じながら，「どちらかが，より恐ろしい」のではなく，その双方の危険性を指摘している．「両方が共に恐ろしい」のであり，それ故に双方が批判の対象なのである．木村は，池内の言う「世界観闘争」の回避の必要性を国際政治の文脈において指摘しており，序文で言う「対称的原理主義戦争」の側面に焦点を当てているし，藤原は「テロ対帝国の戦争」という要素を主として論じている．

　まず，木村論稿で主題の一つになっているジハードの観念について述べておこう．（池内が第2章で護教論と呼ぶように）一部のイスラーム研究者の中には，イスラームへの偏見を批判する余り，イスラームが戦闘的・武力的という「俗説」を批判して，「イスラームは本来は平和的な宗教であり，ジハードも本来は克己などの努力を意味する」と主張する人がいる．しかし，木村と同様に，柳橋論稿や池内論稿も，イスラームのジハードの観念が，暴力的な側面をも含むことを認めており，平和的な「大ジハード」の観念の他に，戦闘的な「小ジハード」の側面が存在することを指摘している（詳しくは姉妹書の池内論稿を参照）．ジ

ハードの戦闘的観念は，藤原が強調しているような無差別テロの問題を生む点において，その存在がまず正確に認識される必要があろう．

もっとも，筆者がこの認識を重要視するのは，一部のイスラーム研究者が心配するように，戦闘的なイスラームというイメージに立脚してイスラーム世界に対する攻撃を正統化しようとするためではない．それとは正反対に，そのような攻撃に反対するためである．ハンチントンは，「文明の衝突」の危険に対してイスラームの封じ込めを戦略論的に画策するから，アフガニスタン戦も支持した（ただし，イラク戦には反対した，拙著178頁）．これに対して，筆者は，「ジハードの戦闘的観念の強力さを考えると，武力攻撃は文明衝突戦争の危険性を増大させるから，信条倫理のみならず，結果倫理からも行うべきではない」と反対した．

池内によると，「攻撃的ジハード」という概念は必ずしも正確ではなく，元来，宣教の立場からは，実情がどうあれ全てのジハードは主観的には防衛的な必要に迫られて行うものと定義されてきた．この場合，"イスラームは地上を覆い尽くすか，最低限優位性を確保するべきだ"と考えられるから，それが実現するまでは，イスラーム教徒がイスラームの拡大ないし優位性の確保のために行う戦争も，実際に攻撃を受けた場合の反撃も，基本的に信徒の義務とされる[35]．

そこで，論理的には，客観的に見て，イスラームが非イスラーム世界を攻撃している場合も，イスラーム側からは，主観的には防衛的なジハードと観念される場合も有り得る．この場合は，非イスラーム世界の側からすれば自衛の必要が生じるから，ハンチントンの言うような戦略的な対処も有意性を持ちうる．イスラーム原理主義がイスラーム世界で勝利すると，このような事態が生じるから，極めて危険であり，この点からもイスラーム原理主義は思想的に批判されるべきであり，その伸長を警戒する必要がある．

しかし，現在の世界情勢は，客観的には，イスラーム側が非イスラーム世界を攻撃しているのではなく，逆にアメリカなど西洋諸国の側がイスラーム世界（の一部）を攻撃している．イラクのクウェート侵略ですら，イスラーム世界

---

[35] 筆者への池内の私信による．

内部の紛争であり，非イスラーム世界への攻撃ではない．そこで，この状況下で現実にイスラームを攻撃すれば，「防衛のためにジハードを必要とする状況が存在する」というイスラーム原理主義の主張を立証してしまうことになる．彼らの呼びかけの説得力が増して，それに応える信徒が増大してしまう危険が存在するのである．

　アフガニスタン戦でもこのような危険が存在した．まして，イラク戦は国際的合法性のないアメリカ・イギリスの先制攻撃であり，フセイン政権を打倒して占領することを目指している．だから，イスラーム教徒から見れば，これは，イスラーム世界の防衛のためのジハードが正に必要とされる状況に他ならないことになろう．従って，前述したように，イスラーム原理主義だけではなく，イスラームの正統派・穏健派ですら，イラク防衛のためのジハードを義務とする声明を出したし，穏健派のエジプト・ムバラク大統領も「この戦争は100人の新たなビン＝ラディンを生むだろう」とアメリカに警告したのである（2003年3月31日）．

　「反テロ」世界戦争の結果，イスラーム原理主義がイスラーム世界で優勢になり各国の政権を掌握してしまうような事態が生じれば，客観的には攻撃的なジハードを行う危険すら生まれるから，論理的には非イスラーム世界も物理的に防衛する必要すら生じてしまう．これが，筆者が警告した「文明の衝突」の事態である．イスラーム側が軍事的にも強化されて客観的に軍事攻撃を行うことができるほど万一事態が悪化してしまえば，西洋側の立場からは軍事的な対決という選択が，結果倫理からは一概に否定できなくなる．そこで，このような事態を避けるためには，現時点ではイスラーム原理主義の主張に説得力を持たせるような（イスラーム世界に対する）軍事的攻撃を行うべきではない．この点においては，非戦の信条倫理と結果倫理が一致するのであり，筆者の非戦論はこの論理に立脚している．

　しかし，現実には，アメリカは，池内や木村が懸念しているような「世界観闘争」「善悪の戦い」へと「反テロ」戦争を拡大している．木村は，（ウィルソン大統領以来の）アメリカによる国際政治のイデオロギー化の潮流の中でこの戦争を捉えているが，この中でもブッシュ政権は，藤原が指摘するような「帝国」化の側面と共に，現実に宗教的原理主義の直接的影響を受けている点で際

だっている．これを「聖戦と正戦」という文脈で表現すれば，少なくともブッシュ大統領やその原理主義的支持者の意識においては，この戦争はキリスト教原理主義の意味世界における「聖戦」そのものなのではなかろうか？

「聖戦」の要素が見られるのは，戦争の宗教的動機や開戦理由という「戦争のための法」の側面だけではない．アフガニスタン戦におけるアル＝カーイダやターリバーンなどの捕虜の扱いなどに見られるように，アメリカは戦争法規，即ち「戦争における法」の遵守をなるべく避けようとしており，フセインやアル＝カーイダなどの「敵」ないし「悪」を抹殺しようとしている．「戦争のための法」だけではなく，「戦争における法」の無視ないし軽視という非人道性においても，木村が言うような，西洋における「聖戦」の特徴（無限定戦争への傾向）が見られる．つまり，ここにおいては，アメリカ原理主義の掲げる「正義の戦争＝正戦」がキリスト教原理主義によって「聖戦」へと部分的に転化してしまっているのである．

木村は，"限定戦争を意味する伝統的な正戦論が，20世紀において西洋で「正義の戦争」を意味する「現代の正戦」論に変わってしまった"と指摘する．特にアメリカについては，この観が深い．ブッシュ政権も，イラク戦において「イラク民衆の独裁者からの解放のための戦争」という名目を掲げ，西崎論稿（姉妹書）が指摘しているようなアメリカの戦争形式を踏襲したから，この点では「現代的正戦論」となっていると言って良いであろう．前述の通り，ブッシュ大統領の演説に見られるような「宗教的」意識には「聖戦」の要素も含まれているから，合わせて考えれば，「現代的正戦」観とキリスト教原理主義的な「聖戦」観とがこの戦争には複合して存在していることになる[36]．つまり，「反テロ」世界戦争においては，イスラーム側の「聖戦」とアメリカ側の「聖戦＋正戦」とが対決しているのである．

イスラームの「聖戦」観念が歴史的にはイスラーム帝国の建設の思想だった

---

[36] 蓮見博昭は，軍事的戦争に対するキリスト教徒ないしキリスト教会の態度として，「①（絶対）平和主義（Pacifism），②正戦論（Just war theory）」，③十字軍主義（Crusade doctrine，聖戦論，宗教ナショナリズム），④二王国説（Separation of Kingdom）」という4つを挙げている．「反テロ」戦争についての「正戦＋聖戦」という筆者の理解は，この内の②と③との結合に相当する．蓮見自身も，ブッシュ大統領に③の十字軍主義が見られることに言及している．蓮見前掲注23，175頁．

ように，今日のアメリカの「聖戦＋正戦」観念は，新保守主義者が目指すような「パックス・アメリカーナ」，そして「アメリカ帝国」の樹立のための思想として機能する（序章参照）．藤原帰一の『デモクラシーの帝国――アメリカ・戦争・現代世界』（岩波書店，2002年）によって，アメリカを「帝国」と捉える見方は人口に膾炙した[37]．

　この側面を強調して，"9・11と（戦争が開始された）10・07とを分けるべきだ"とする主張も存在する（栗田禎子発言）．"9・11の方は「文明の対話」に関わるような長期的な問題であるとしても，（従来の「自衛権」の概念を大きく踏み越える）10・07の方が国際法に反する暴挙，アメリカによる新帝国主義的戦争であることは明らかであるから，実はこちらの方が重大な問題であり，糾弾されるべきだ"というのである．これに対しては，"9・11の翌日の9・12にブッシュ大統領が「テロ」を戦争と規定した段階で，既に開戦は決定されていたから，10・07を指弾するだけでは十分ではない．単に帝国主義と批判するだけではなく，国際機関で，テロリズムの定義やテロリストの処罰の方法を定めたり，アメリカが専断的に行う武力行使の決定を規制し責任を追及する仕組みが必要であり，力の論理を許さない法的制度が必要である"という議論もなされた（板垣雄三発言）．

　これは，後述する国際法・国際機構の問題に直結する．ただ，問題は，アメリカがそれに従う意思を持たない以上，このような理想を実現する方法が簡単には見つからないことである．筆者としては，まずは民衆による世界的な平和のための努力，「平和のための戦い」としての「和戦」の必要性を強調したい（拙著，第8章）．アメリカ「帝国」の崩壊には，軍事的ないし経済的失敗が必要であるにしても，民衆の戦争批判によって理念の実現を促進することは不可能ではない．アメリカは世界的には軍事的に抑制の不可能な「帝国」であるにしても，国内では民主制の機能している「デモクラシーの帝国」だから，ベトナム反戦運動のように，アメリカ内部からの戦争批判が高まることが切に望まれる．これは，アメリカ国内における共和主義的伝統の再生を意味しよう．

　勿論，アメリカ以外における戦争批判が意味を持たないわけではない．アメ

37　藤原帰一『デモクラシーの帝国』岩波書店，2002年．小林前掲注2，第1章4では筆者なりにアメリカについて「帝国」概念を規定した．

リカ・イギリスが単独で攻撃に踏み切ったイラク戦突入の経緯自体がこの点を物語っている．フランス・ドイツ・ロシア・中国などの戦争反対には，権力政治の発想や利権などの現実的考慮も部分的には存在したであろうが，それを貫くことができた最大の理由は，これらの諸国の国内においても国際的にも戦争反対の世論が高揚したからであろう．この国際的な公論の結果，アメリカ・イギリス・スペインの提出した新決議について，安保理の中間派諸国においてすらアメリカ・イギリスなどの支持に回る国は少なく，採択が不可能になったのである．

これは，戦争そのものを阻止することはできなかったものの，戦争の「大義」が容易に疑われる状況を作り出して，反対が少ない場合よりも，西洋的な「聖戦」としての無限定戦争を困難にした．例えば民間人の死傷が少なくなるようにアメリカ軍などが国際世論に配慮する必要性を高めたであろう．これによって，少なくとも，限定戦争という意味における伝統的な「正戦」へと「聖戦」を引き戻す可能性が増大するのである．

藤原が喩えているように，現在のアメリカの「帝国」化は，確かに近代当初における絶対王制の出現を連想させる．権力の強大化，ことに単独でも他国を制圧できる圧倒的軍事力の存在が，その中心的な特徴である．その結果，他国と協議したり合意したりする必要が少なくなり，単独で決める独裁ないし専制が可能になる．これは，当初単独行動主義と呼ばれていたが，もっと端的に帝国化と呼ぶ方がむしろ明快である．権限の点から言えば，これは絶対王権による主権の獲得過程に喩えられよう．

それまでの中世的な貴族がアメリカ以外の先進諸国やその国民に相当し，フランス革命以前の三部会のような中世的な身分制議会を国連に対応させることができよう．その中で貴族身分の会議に相当するのが，安保理であり，特に拒否権を持つ常任理事国であろう．これに対して，平民（第三身分）の会議は国連総会に類比できよう．いわば，国連の制度は安保理の常任理事国の寡頭制と総会の民主制との複合であり，その意味における混合的体制である．中世の場合と同様に，国連がこのような仕組みになっているのは，歴史的経緯と現実政治における権力関係によるものであって，哲学的・理論的根拠によって正当化できるわけではない．

イラク戦を巡ってアメリカ・イギリスとフランス・ロシアなどとの間に深刻な対立が生じたのは，アメリカが絶対君主制への道を歩み出したのに対して，いわば貴族内部で対立が生じた歴史的先例に喩えることができよう．ラムズフェルド国防長官がフランスを「古いヨーロッパ」として批判したのは，「新しい絶対王権」の立場からの「古い貴族」への批判に相当しよう．逆に，フランスは，「古い貴族制」の理念としての，国連安保理の国際協調体制を守ろうとしたことになる．この抵抗は重要な意味を持ったが，絶対王制の場合と同じように，王権の伸長や恣意的な権力行使自体を食い止めることまではできなかった．

藤原が示唆しているように，この絶対王権を人民の意思によって打倒するのは，極めて困難な課題である．しかし，絶対王権の場合においても，人民の力によって王権を打倒するのは極めて困難な課題であった．フランス革命を想起すると，貴族と王権とが衝突し開明的貴族が反逆するところから，革命への過程が始まった．それに刺激され民衆がバスチーユ監獄を襲撃することによって，革命が生起し，次第に進展して王権の打倒と共和政体，人民主権の成立にまで至ったのであった．

この歴史的先例を考えれば，フランスなど「古いヨーロッパ」と帝国化を企てるアメリカとが衝突したのは，地球的構造変革にとっては重要な契機かもしれない．この類比において，パリの民衆に相当するのは，世界の民衆であり，なかんずくいわゆる先進諸国の民衆であろう．戦争批判の国際的世論の沸騰，民衆の非戦への抗議行動は，近代史におけるバスチーユ襲撃のような新しい局面を，21世紀の世界史に拓く可能性を有するかもしれない．

前述のように，経済のグローバライゼーションによって地球的統合が進展している今日，遅かれ早かれ政治的な地球的政治統合が未来の世界史の課題となることは，疑いを容れない．その場合，「地球的な政治体制・政治制度をどうするのか，そしてそれをいかに建設するのか」という点は，今後の政治哲学の最重要な主題をなすであろう．同時多発テロ事件以来，「反テロ」世界戦争の背景として，世界的な貧困問題や構造的な経済的格差ないし南北問題やパレスチナ問題などが，地球的な問題として改めて浮上した．イラク戦を巡って少なくとも一時的に国連が機能停止に陥り，国際秩序の動揺が明確になった以上，

この問題に本格的に取り組むのは喫緊の課題となった．国民国家中心の政治に代わって，地球規模の政治を構想する必要があり，それこそが地球的公共哲学にとって，最大の課題の一つとなったのである．

　近代における国民国家の確立から類比して，現在の地球的課題を考えてみよう．共和主義の伝統においては，王権は私益を追求して公益ないし公共善の実現を阻害し権力を私物化するが故に，共通善を実現するためには打倒されなければならなかった．それに代わって公共性を実現するために，人民主権が確立され，民主政治が実現された．

　現在，地球的視座で考えてみれば，アメリカ「帝国」は，「反テロ」世界戦争は勿論のこと，京都議定書からの離脱のように環境問題などでも，地球的公益に大きく反する行動を取っている．環境問題においてはアメリカ企業の権益がこのような行動の原因をなしていることは疑いないし，アフガニスタン戦やましてイラク戦においても，石油利権などの経済的利益がその一因であることが強く疑われている．つまり，アメリカ「帝国」ないしそれを支配する強者の「私益」が，地球的「公益」ないし地球的公共善を阻害しているのである．そして，藤原が指摘しているように，この「帝国」を統制することはアメリカ以外の人々にはできないから，地球的公益を実現する制度的回路は存在しない．

　アメリカはイラク戦において，フセインの専制支配の打倒と民主主義の実現を謳ったが，それが「デモクラシーの帝国」である以上，地球的視座から見ると，このように「アメリカ自体が専制支配を行っている」と批判されることになる．民主主義を拡大しようとする国家自体が，地球的観点からは専制国家となるのである．これは，大いなる逆説であろう．そして，これに代わる理念は，地球的公益ないし公共善であり，それを実現する基本的原理は，いわば「地球的人民主権」である．国民国家における共和主義や民主主義の理念を地球的に拡大すれば，未来の地球的政治の基本的原則はやはり地球的人民主権でなければならないし，その理念は地球的公共性の実現でなければならない．

　国民国家と同様の水準で制度的に地球的政治を実現すること——例えば世界連邦を形成したり，全人類が1票を持って投票するような世界的な民主主義によって世界議会や世界大統領を実現したりすること——は，残念ながら遙かに遠い人類史の課題である．そこで，そのような可能性を近未来に追求すること

は理論的にも望ましくはないし，現実的にも可能ではない．しかし，地球的政治に至る胎動の一つとして，現在のアメリカ「帝国」批判や戦争批判を見ることは十分に可能である．

例えば，イラク戦の直前（2003 年 2 月 15 日）に全世界で 1000 万人以上の民衆が参加した戦争反対のデモには，いわば地球的民衆ないし「地球的人民」の総意が現れており，これを，いわば「地球的人民主権」における「地球的一般意志」の表現と見ることができる．アフガニスタンにせよ，イラクにせよ，民衆が爆弾などの犠牲になるから，同じ民衆の意志として戦争反対の意思表示が世界的になされることは容易に理解できる．そして，この意思表示において重要なのは，自分達の頭上に爆弾が降ってくるのではなくとも，アフガニスタンやイラクの不幸な人々のために非戦の意思表示を行うという点で，国境を越えた同胞愛や友愛，いわば「地球的同胞愛」ないし「地球的友愛」が見られるという点である．

国民国家確立の段階でルソーが述べたように，一般意志は，制度的な議会よりも人民集会において，直接民主政の形態で現れることが少なくない．同様に，世界的な制度としての国連，特に安保理よりも，いわば「地球的人民集会」としての地球的デモによって，地球的人民の総意たる一般意志が現れたのである[38]．これは，いわば「地球的直接民主政」の発現と言うことができよう．それはアメリカ「帝国」の開戦を阻止することはできなかったが，安保理の新決議を阻止するという点では一定の役割を果たした．この意味では，地球的人民主権に基づいて，地球的人民の意思表明が地球的政治に影響を与えたことになり，その点で人類史に重要な一歩を画すものかもしれない．

同様に，これほど注目されはしなかったが，この時点で非同盟諸国会議の第 13 回首脳会議がマレーシアで開かれ（2 月 24 日-25 日），多くの諸国がイラク戦に反対した．特に議長国・マレーシアのマハティール首相は，「アメリカ同時多発テロ以降，富める国の振る舞いが貧困国の怒りを買っている．一般市民を犠牲にする現代の戦争は石器時代より原始的だ」と厳しく批判すると共に，南

---

[38] 同様に，政府がアメリカに協力する方針を決めても，民意を受けて議会が抵抗した場合もあった．例えば，トルコの議会は，アメリカ軍のトルコ領内の通過を阻止したし，韓国の議会は政府の望む派兵決議を一度は阻止してその実現を遅らせた．

北問題などの構造的問題を指摘して，国連改革の必要性を主張した（2月24日）[39]．また，非同盟諸国は，国連安保理が新決議を採択できずに機能不全に陥った際に，安保理に代わって国連総会が行動する「平和のための結集」を実施することを，議長国・マレーシアを通して安保理に打診した（3月12日）．

一方でアメリカ・イギリスとフランス・ドイツなどの対立により「古い議会」としての国連の欠陥が露呈し，アメリカ「帝国」の側からは，その「改革」ないしそれに代わる別の国際機関を作る可能性が示唆された（注5参照）．その反面，他方では地球的人民の総意を代弁する形で「新しい議会」を制度的に構成する必要性も，国際的に提起されたのである．これは，いわば「地球的制度改革」ないし「地球的議会改革」と言えようか．

「帝国」の「戦争」を批判して現れたこの二つの潮流，「地球的直接民主政」と「地球的制度改革」が進展して，「地球的人民主権」の下の「地球的一般意志」が実現し，戦争が徹底的に批判されて平和が実現することを期待したい．前述したように，「帝国」に代わるべき地球公共体の政治体制は，究極的には「地球連邦」ないし「地球連合」における「地球的共和制」とでも言うべきものであろう．これは，古くはカントが原型を提示した「恒久平和」のための政治体制である．残念ながら，これは未だに遙か彼方の理想と言わざるを得ないが，その方向に向けて一歩一歩努力してゆくのが，地球的公共哲学，なかんずく「地球的公共主義（共和主義）」の当為となろう．

5　法：正当な戦争か？

以上のような戦争についての全体的理解を前提として，まずその法的側面を

---

[39] 2003年3月24日の発言は，「いかなる国も世界の警察官にしてはならない」「（アフガニスタン攻撃や近づくイラク攻撃といった一連の動きは）テロリズムに対する戦争ではなく，世界支配を狙う戦争だ」「戦争とは『原始的』（な紛争解決の手段）だ．残念なことに石器時代から数千年も経つのに，人類はまだ（戦争による）殺人という手段で問題を解決しようとしている」など．また，「米国のやり方は非道徳的だ」（3月6日），「米国のモラルは地に堕ちた」（3月21日）とし，3月24日には「米国は世界の歴史に汚点を残した」として，アナン国連事務総長の辞任を要求した．「アジアの声」（Voice of Asia／主宰：坪内隆彦）のサイトなどより．http://www.at.wakwak.com/~asia/index.html

論じてみよう．藤原が指摘した「帝国」は，従来の国際法を破る存在であり，国際法の存在理由を危機に陥れる．国際法が崩壊してしまえば，池内-山本対話で議論されたような，同時多発テロを犯罪として捉えて「罪と罰」の範疇によって対処する可能性が，そもそも存在しなくなってしまうのである．そこで，まず国際法の観点から「反テロ」世界戦争を論じることが必要になる．

松井芳郎は第7章「国際テロリズムに対する一方的武力行使の違法性」で，アフガニスタン戦について，国家の一方的武力行使の法的妥当性を検討する．国際法学者として松井は，国際法からこの武力攻撃について検討する必要性を主張し，以下のように論じる．

"国際テロリズムは，国際法上の主体として認められないテロ集団の行為だから，これは国際法上の戦争ではあり得ない．この点について，アメリカの国際法学者を例外として，日欧の国際法学者の間では完全な一致がある．従って，これを「戦争」と呼ぶことは誤称であり，「新しい戦争」というような戦争の形容はシュミットの言うような「例外状態」に道を開きかねない．／対アフガニスタン武力攻撃の合法性に関して，特にアメリカ・イギリスの自衛権行使という主張について検討すれば，①アルカイダのような非国家行為体については自衛権の行使は認められていない．②ターリバーンはアルカイダのテロに対して，「実質的関与」したり「命令・支配」ないし「認知・採用」したことがアメリカ・イギリスによって証明されてはいないから，テロ組織をかくまう国としてターリバーンに対して攻撃を行うことも認められない．さらに，国連憲章第51条が定める自衛権行使の要件についても，③武力行使開始の10月7日まで1ヶ月近く経っているしその間にアメリカ・イギリスは安保理で集団的措置を取るように十分に働きかけなかったから，「必要性の要件」は成立せず，このように時間が経って行われる武力攻撃は「自衛」ではなく「報復」ないし「復仇」である．また，51条は「先制的自衛」を認めていないから，この論理で武力攻撃を正当化することもできない．④テロ組織の処罰や撲滅，テロ組織を匿う国の抑止，世界的な安全観の回復など，アメリカの挙げる武力行使の目的は，自衛として認められる「均衡性の要件」も満たしていない．⑤国連憲章が成立して60年近く経つ以上，「慣習法上の自衛権」を適用することもできない．さらに，自衛以外の違法性阻却事由についても，⑥対抗措置として武力攻

撃を行うことは禁止されているし，（アルカイダのような非国家行為体の行為に対しても適用できるかもしれない）「緊急状態」についても，テロ攻撃再発の危険が客観的に証明されていないなどの理由で，これによってイラク攻撃を正当化することはできない．従って，対アフガニスタン武力行使は違法である．／それにも拘らず，大国によるこのような一方的武力行使が繰り返し行われて他の諸国の支持を受けるようになると，確立した武力行使禁止原則が弛緩し，自衛権概念が拡大して超法規的なあらゆる暴力手段が認められるようになり，ホッブス的な無秩序世界が再現してしまう．自衛権の名の下に大国・強国による一方的武力行使が認められるならば，一部の大国とその同盟による「国連の集団安全保障体制のハイジャック」となり，安保理はそれを止める手だてを持たないことになる．国際テロに対する国際法の欠陥があるにしても，むしろそれ以上にこの点で現存の国際法が決定的な欠陥を持っていることが暴露されたのであり，今後は一方的武力行使を規制する仕組みを強化することが必須である．"

　国際法の場合と同様に深刻な事態が，日本の国内法，特にその最高法規たる憲法にも生じている．山内敏弘は，**第 8 章**「歴史的岐路に立つ平和憲法——テロ対策特措法と有事法案に関連して」において，全国憲法研究会がテロ特措法と自衛隊法改正について反対声明を出したことに触れてから，以下のように述べる．

"テロ特措法等は①法律を正当化する憲法上の根拠の不在，②武器使用の可能性が，違憲の集団的自衛権行使に踏み込み，日本防衛には無関係な武力紛争に参加する危険性，③国会の事後承諾という議会統制の軽視，④自衛隊や海上保安庁の権限拡大，といった点で問題である．また，有事関連法案は日米新ガイドラインの下に，より包括的・明示的に武力行使を伴う軍事協力を可能にするものであり，有事に地方自治体などを従わせる一種の総動員体制を作り，戦争に協力しない国民を罰する規定を作るなどの点でも問題である．これらの延長線上には憲法第 9 条の改正がある．／これらに対して，平和憲法の基本原理を国際社会に向かって発信してそのような国際秩序の形成を追求することが重要である．テロもアメリカのアフガニスタン攻撃も共に正当化はできず，テロについては，「アメリカの国内法で裁くために，首謀者の特定→アフガニスタ

ン政府に引き渡しを要求→国連」という道筋を踏むべきであった．「公正で民主的な世界秩序の形成」のためには国連改革が必要である．国連の最大の問題は安保理とその常任理事国の拒否権制度であり，これは「常任理事国が決めたことは他国を拘束するが，常任理事国が気に入らないことには常任理事国は従う必要がない」という制度なので，中世の絶対王政とあまり変わらない側面がある．近代国家における「国家の自己拘束」と同様に，「常任理事国の自己拘束」が必要であり，アメリカなどの強大な「力の支配」から「法の支配」へと国際社会を変えていかなければならない．"

このように，国際法や国連の問題点を指摘して「法の支配」の実現の必要性を主張する点で，両論稿は共通している．まず，国際法について述べれば，同時多発テロ事件直後には，加藤尚武の「連続テロに対する報復戦争の国際法的な正当性は成り立たない」という声明[40]がインターネット上で広く読まれたし，松井自身も雑誌論文を発表したりして重要な役割を果たした[41]が，松井の論稿はアフガニスタン戦の不法性を学問的に精緻に解き明かしたものであり，その価値は極めて大きい．このような論稿こそ，研究者が正にその専門的研究を生かして実践的に社会に貢献する好例であろう．

松井の見解によれば，"国際法から見ても，国際テロは「条約締結国が国内法を適用して国内裁判所で裁判する，国内法上の犯罪」だから，池内-山本が指摘していたように，同時多発テロもこれに準じて「戦争」ではなく，「犯罪」として対処されるべきだった"ということになろう．山内はその具体的な手順を略説している．

従って，「反テロ」世界戦争という概念は，「テロに対する戦争」という規定を内包しているが故に，国際法から見れば，これ自体が誤謬ないし矛盾を含んだ用語なのであり，だからこそ「反テロ」という括弧が必要なのである．逆に言えば，国際法からみるとアフガニスタン戦は自衛戦争とは言えないのだから，これは「報復（retortion）」ないし「復仇（reprisals）」（対抗措置 countermeasures）に他ならないことになる．国際法では武力による復仇は禁じられているから，この戦争は違法な「報復戦争」ないし「復仇戦争」と言わざるを得ないのであ

---

[40] 加藤尚武『戦争倫理学』筑摩書房，2003年に収録．
[41] 松井芳郎「米国の武力行使は正当なのか」『世界』2001年12月，40-47頁．

る.

　さらに，松井の論稿は，執筆後に起こったイラク戦についても示唆するところが大きい．イラク戦においては，そもそもイラクないしはその領内のいかなる組織からもアメリカに対する「テロ」ないし攻撃が事前に存在していないのだから，それが国際法上で自衛戦争と認められる余地は皆無であろう．

　アメリカ・イギリスは，「イラクの大量破壊兵器がアル＝カーイダに渡ってテロに用いられる恐れがある」として先制攻撃を行った．これを正当化するために用いることができるのは「先制的自衛」の概念であろうが，松井は，国連憲章第51条の明文の文言解釈や先例から，この概念の適用には妥当性が存在しないことを明らかにしている（第7章3）．イラクからアメリカへの攻撃が差し迫っているという危険性について，客観的な証明などもできるはずがないから，松井の結論はイラク戦についても変わらないであろう．イラク戦にあたってアメリカ・イギリスが根拠とした国連決議もアフガニスタン戦の場合と同様に根拠薄弱だから，イラク戦も国際法からして違法そのものであろう．

　イラク戦においては，アフガニスタン戦について松井が懸念した事態は，より先鋭化して現れた．アメリカ・イギリスは国連安保理の新決議を採択できず，国際社会の中で孤立していたにも拘らず，正当性のない一方的先制攻撃を行っているのだから，一応多くの諸国の支持を得たアフガニスタン戦の場合と比して，遙かにその違法性は深刻である．だから，この事態に対して，イギリスでも，日本でも国際法学者は戦争に反対する声明を出しており，松井も日本における声明に加わっている[42]．

---

[42] オックスフォード，ケンブリッジ，パリ大学などのイギリスとフランスの著名な国際法学者16人が，現状では対イラク武力行使は国際法違反となるという声明「戦争は不法となる」を連名で発表し，イギリスの首相府に送付した（*The Guardian*, Friday, March 7, 2003；毎日新聞2003年3月8日付）．また，日本では2003年3月18日に五十嵐正博，大沼保昭，古川照美，松井芳郎（以上4人が発案者）ら23人が，国連安全保障理事会の新たな決議なしの対イラク武力行使は国際法上違法であるとして，「イラク問題に関する国際法研究者の声明」という川口順子外相あての声明を林景一条約局長に手渡した（毎日新聞2003年3月19日付）．『緊急増刊　世界　NO WAR！　立ちあがった世界市民の記録』第715号，岩波書店，2003年6月，172-173頁に収録．また，イラク武力行使について「いっさい正統化できないあからさまな侵略行為」と述べる松井自身の文章「パンドラのはこに残されたもの——対イラク戦争における国際法と世論」が，同じ『世界』の122-124頁に収録されている．

松井が論稿で懸念したような，国際秩序の無法世界化が，イラク戦では決定的なところまで進行してしまった，と言って良いであろう．ブッシュ・ドクトリンではアメリカは「ならず者国家」に対して先制攻撃を行うことができるとされており，イラク戦はその戦略ドクトリンが実行されたものである．ならず者国家を規定するのはアメリカ自身だから，これによれば，アメリカはいつでも何の国際的手続きもなしに他国を武力攻撃できることになってしまう．これが，国連憲章で定められた戦争違法化の原則と全く背反していることは明らかであり，これが認められれば国連憲章の精神はもはや死んだも同然である．ブッシュ・ドクトリンを前提にした国際秩序や国際法は，もはやアメリカ帝国の下における国際秩序や国際法であり，いわば「帝国秩序」や「帝国法」とでも言うべきものになってしまう．

　それだけに，松井が主張しているような，強国の一方的武力行使を規制する制度の形成は一層喫緊の課題となる．イラクのクウェート侵略は湾岸戦争や経済制裁を招いたが，違法なアメリカ・イギリスのイラク攻撃に対しては何の制裁措置も国際的に取られなくてよいのだろうか？　これが違法な戦争だとすれば，その遂行は巨大な犯罪，戦争犯罪である．第二次世界大戦におけるドイツや日本が違法な戦争を行った責任を戦後に問われた以上，論理的にはアメリカ・イギリスの行った違法な戦争も，例えば同時多発テロと同様に，それは「罪と罰」の範疇で考えられ，指導者の戦争責任が問われなければならないのではないだろうか？[43]

　イラク戦でも，民間人も含め，多大な死傷者，無辜の犠牲者が出たことは疑いない．これが違法な戦争の結果ならば，論理的にはその大量殺人の責任は，例えば人道に反する罪として厳しく問われなければならない．しかし，現実的には安保理ではアメリカ・イギリスが拒否権を持っている以上，そのようなことは事実上不可能である．また，1998年に締結された国際刑事裁判所規定に従って裁くことが考えられるが，そもそもアメリカはその発効に反対して他の諸国に圧力をかけており，近未来にはここでも責任を問うことは不可能であろ

---

[43] このような方向を目指す第一歩として，アメリカの戦争犯罪を裁く国際民間法廷の試みが存在する．アフガン戦犯法廷準備委員会編『ブッシュの戦争犯罪を裁く』1（アフガン戦犯法廷準備編），2（アフガニスタン国際戦犯民衆法廷入門編），現代人文社，2002年を参照．

う．

　イラク戦を離れて，例えばアメリカがヒトラーのような政治家に支配され，ナチス・ドイツと同様の侵略戦争を，他の諸国の反対を無視して単独で行ったと仮定してみよう．この場合でも，アメリカに対して責任を追及する方法は国際機構には存在しない．つまり，アメリカはいかに不当・不法な戦争を行っても，処罰されることはないし，その責任が国際的に問われる制度的機構も存在しない．現在の国際秩序は，第二次世界大戦の連合国，とりわけアメリカが正当な対外政策を行うという前提の下に作られており，この前提が崩壊すると極めて理不尽な秩序になってしまうのである．だからこそ，ドイツのシュレーダー首相も述べたように[44]，一方的武力行使を規制する新しい国際的制度が必要になる．

　山内も，同様の問題点を国連の安保理，ことに常任理事国の拒否権制度について指摘し，その制度的改革を主張する．絶対主義国家との類比は筆者自身も前節で行ったところであり，地球的人民主権の確立や地球的公共性の実現のための当為としては，制度的には当然国連の抜本的な改革が必要とされよう．前節で触れたように，安保理や総会は，地球的議会へと至る方向へと向かうように段階的に改革がなされてゆくべきなのである．地球的公共主義においては，前節で述べたような政治的変革と共に，法的変革も必要になる．山内の「自己拘束」という表現を用いれば，「地球的な法的自己拘束」「地球的法の支配」が必要になるのである．

　共和主義の伝統からすれば，専制君主の恣意的支配・私的支配は，法を蹂躙する不法な支配であり，それに代わるべき共和制は法的支配である．それ故，その中軸をなす憲法を中心にした法的支配を維持するために，立憲主義が重要になる．しかも，その法は人民が自ら決定するべきものであり，その自治ないし自己統治の下で「非支配の自由」(Ph・ペティット)[45]が存在する．

44　シュレーダー首相は，2003年3月26日付の『ディゼット』紙とのインタビューで，アメリカ・イギリスが安保理を軽視した今回の事態を教訓とし，「一部の国だけによる武力行使が行われないための新しい国際的なルール作りが必要だ．アメリカ・イギリスが今回のケースを他の中東諸国へ広げる前例としないことを期待する」と語ったという（毎日新聞2003年3月30日付）．

45　Philip Pettit, *Republicanism : A Theory of Freedom and Government,* Oxford : Clarendon Press, 1997.

だから，「帝国」の君主に相当するアメリカが国際法を蹂躙して不法な支配を樹立しようとするのに対し，地球的公共主義は逆に法的支配を回復・確立しようとする．この場合，その法の形成やその内容は，強国・大国や強者・富者などが一方的に決めるのではなく，地球人類総体が何らかの方法で実質的に関わることのできるものでなければならず，その意味において，「地球的自治」「地球的自己統治」が必要になる．国連憲章は，現在の国際秩序では最も憲法に近い法規だから，その蹂躙は深刻なのであり，これに対して国際法，いわば「地球法」が再建され，いわば「地球的立憲主義」も確立されなければならない．

　しかし，こと日本に目を向ければ，地球的立憲主義どころか，国内における立憲主義も深刻な危機にある．山内が述べるように，テロ特措法は憲法に根拠を持たず，日本国憲法第9条に反しているにも拘らず，既にテロ特措法によって自衛隊は派遣されてアフガニスタン戦に協力した．有事法制は，山内論稿執筆後に国会に再び提出され，自民党と民主党との修正合意により圧倒的多数で遂に成立してしまった（2003年6月6日）．筆者の観点からすると，ここで重要なのは，「非武装平和主義の立場を堅持したいという，いわば憲法ファンダメンタリスト」の立場から見て，これらの事態が違憲であるだけではなく，「抑制的な武力行使は一定程度容認するという観点から憲法の平和主義を支持する」立場から見ても，テロ特措法による自衛隊の派遣は違憲だという点である．全国憲法研究会のテロ特措法に対する反対声明にも，山内自身の属する前者の立場の研究者だけではなく，後者のような立場の研究者も署名しているという．

　拙著第3章（111-112頁）で論じたように，そもそも自衛隊違憲論を取れば，勿論テロ特措法は違憲である．しかし，これだけではテロ特措法が持つ決定的な深刻さを見逃しかねない．これまで自衛隊が増強されてきたにしても，憲法第9条の平和主義によって，湾岸戦争も含めて，日本と直接の関係のない海外で戦争に参加することは辛うじて避けられてきた．しかし，テロ特措法に基づく自衛隊の派遣と燃料補給などのアメリカ軍などへの協力は，明らかに軍事力による戦争への協力であり，端的に言えば「参戦」である．アフガニスタン戦において日本は第二次世界大戦後初めて本格的に「参戦」してしまったのであり，その事実は重い．

筆者は，いかなる原理主義も思考の硬直性を免れないと考えるので，「憲法原理主義」も含め原理主義一般に反対であり，解釈学的態度の系として，一定の範囲内での憲法解釈の変更は容認する．だから，自衛隊違憲論は現時点では取らず，この点で先の二つの立場の内では後者の方に近い．しかし，この自衛隊の容認は，自衛権の行使としての専守防衛（筆者が東洋の平和思想家・墨子に因んで言う「墨守」）のためであって，決して攻撃のためではない．憲法第９条をどのように解釈しても，自国の防衛とは無関係の紛争で武力を行使することは明確に禁止されているから，墨子の言う「非攻（非攻撃）」を日本は堅持しなければならない．ところが，アフガニスタン戦においては，アメリカの攻撃に軍事的に協力してしまったのであり，その意味で「非攻」の禁を破ってしまったのである．

　これは，いかなる解釈を取っても容認できない明確な憲法第９条違反であり，この点において日本は立憲主義の危機を迎えている．だから，筆者は拙著第３章において，このような危機に警鐘をならし，小泉内閣は国家の最高法規を議論と正当な手続きなしに突然変更してしまった点において，いわば「クーデター内閣」であると批判した．この表現は，松井の言う，大国による「国連の集団安全保障体制のハイジャック」にちょうど対応している．アフガニスタン戦において，さらにイラク戦においてはなおさら，アメリカの一方的武力行使は国際法を独断で変更しようとするものであり，いわば国際法における「クーデター」であると言ってもよいであろう．国際法においても，日本の国内法においても，「法の支配」が危機的な状態を迎えているのである．

　松井論稿も山内論稿も，「法の支配」を実現しようとする立場から，アメリカの一方的武力行使や日本のテロ特措法・有事法制を違法として批判している．しかし，事態の深刻さは，単に違法状態が存在するということには留まらない．国際法における戦争違法化や日本国憲法における戦争放棄の規定は，これらの法則の中軸をなす部分であり，これらの違反は枝葉末節の違法状態ではなく，いわばその全体を揺るがす．国連憲章を国際秩序における憲法に喩えることができれば，国際法においても，日本国内においても，立憲主義が危機に陥っていると言うことができよう．「反テロ」世界戦争における「法」の問題は，法律全体の一部のみに関わるような通常の問題ではない．その衝撃は「法の支配」

終　章　戦争批判の地球的公共哲学　305

全体を揺るがすような深刻なものなのである．

6　政治：ファシズムか平和主義か？

　山内論稿が憲法学の立場から，憲法の平和主義の危機と，今後目指すべき方向を論じているのに対し，政治学ないし政治思想の立場から，憲法を社会契約と捉えて同じ課題に挑んでいるのが，千葉眞の第 10 章「戦後日本の社会契約は破棄されたのか——政治思想史からの徹底平和主義」である．千葉は，筆者同様にアフガニスタン戦における自衛隊派遣を戦後初めての明白な参戦行為と見做し，戦後日本の平和主義の社会契約が破棄された事態とこれを深刻に捉えて，次のように論じる．

　"日本国憲法体制と日米安全保障体制との間の従来の亀裂は明らかに分裂に転化し，憲法の根本規範が下位の条約の要請によって反故にされた．日本国憲法は，悲惨な国民的体験に基づく「体験的平和主義」を背景にして成立したものであるから，国家創設行為としての日本国憲法制定を社会契約として捉えることができる．／戦後平和主義は世代交代や内外の情勢の変化によって衰退してきたが，平和主義を復活させるためには，護憲派の解釈の中で「絶対平和主義」（トルストイのような無抵抗主義）よりも「徹底平和主義」（ガンディーやキング牧師などの非暴力抵抗主義）を取るべきである．戦争直後の憲法学では前者の立場が多かったが，政治学的視点から見ると，前者は自己犠牲や殉教の死を全ての市民に要求することになり，同時に決疑論的傾向があるからである．後者の徹底的平和主義の立場によれば，戦争放棄・戦力不保持と共に自衛権・平和的生存権を認め，「非武装防衛」「非暴力自衛」を容認し，さらには極限状況・緊急事態における一時的な自衛隊戦力の行使の可能性も完全には排除しない．／さらに，21 世紀の構想としては，今世紀終わり頃までの長期的展望として，国連警察・国連軍設置と全国家の同時的武装解除，2020-2030 年頃までの過渡的な中期的展望として，統一化された朝鮮半島・台湾・日本，さらには中国からなる東アジア安全保障体制の確立と，日米安全保障条約の段階的解消，肥大化した自衛隊の大部分の災害救助隊への段階的改組などが考えられる．平和主義の再生のために，生活者・市民の二つの選択肢として，違憲審査権に訴

える可能性，非戦平和ネットワークの横の連帯を広げて生活者の市民政党としての「平和党」（仮称）を結成する可能性が考えられる．"

　ロバート・ベラーの「契約破棄」の観念を援用しながら平和憲法を社会契約として把握して論じる方法は，政治思想としては極めて自然ながら，日本の文脈では不思議に新鮮である．筆者自身も拙著で，前述のように，小泉内閣によるクーデターを社会契約違反として捉え，これを抗議行動の論理として用いる可能性を示唆した（113-114頁）．イラク戦における日本政府のアメリカ・イギリス支持は，千葉がアフガニスタン戦について論じたような，日本国憲法体制と日米安全保障体制との分裂をさらに明確なものにした．日本政府は，イラク戦についての新決議案が安保理で採択されて，憲法原理としての国際協調と日米同盟とが両立することを願っていたが，それが不可能になると，開戦後に小泉首相は，日米安保による日米同盟の重要性を強調してアメリカ・イギリスを支持し，国際協調という憲法原理の方は斥けたからである．

　序章で述べたように，筆者も千葉と同様に，"日本国憲法の平和主義は，戦後日本の「国是」であり，（革新的）公共哲学の中軸をなす" と考えている．公共哲学という観点からの以上のような解釈は，憲法解釈にとっても意味があると思われる．何故なら，戦後憲法学で主流だった山内のような平和主義的憲法学とは異なって，近年は若手憲法学者などの間で，アメリカの政治哲学・法哲学，特にそのリベラリズムや公私二元論の影響などによって，憲法解釈から価値観を可能な限り排除しようとする動向が抬頭しているからである．

　アメリカにおける今日のリベラリズムは，意見の多様性を重視する余り，"政府の強制的権力が関わる公的領域の決定や政策においては，「重なり合う合意」（後期ロールズ）が存在するような「権利」（正義）を重視する反面，意見が分かれる「善」のような価値観が影響すべきではない" と主張している．この考えに従うと，人権論は積極的に論じることができるが，天皇制や平和主義などについての議論には消極的になってしまう．

　実際，近年は大学の憲法の講義において，これらやそれに関わる判例などは余り説明されない場合が少なくない，と聞く．千葉が述べているように，日本国憲法の三つの基本原理は「主権在民，基本的人権，平和主義」とされてきたが，この内で平和主義については，明らかに左右の間での価値観の対立が激し

く，それだけに前文・第9条などの平和主義をなるべく軽視ないし無視する解釈を行う傾向が，近年強まってきているのである．前文だけしか存在しないならばいわば精神規定として解釈され，実定法としての規制力を持たないとされてしまうであろう．実際には，第9条の規定が存在するから完全に無視することも難しいだろうが，その規制力を最低限に解しようとしているように見えるのである．

コミュニタリアニズム的な公共哲学の観点からすれば，このような解釈は端的に誤謬である．コミュニタリアニズムは，ロールズ以来のリベラリズムにおける正／善の峻別と「正の善に対する優位」という命題に反対し，公的領域においても「善」などの価値観が入ってこざるを得ない場合があることを主張している．生命倫理や環境の問題がその好例であるが，平和問題も正にこの典型をなす．この点に関しての左右の対立は，畢竟するに，「戦争目的として掲げられる他の価値に対して人命や平和の価値をどれだけ重視するか」という価値観の問題に関わっているからである．

公的領域においてもこのような価値観を決定から排除することはできず，いわば集合的な価値観が政策に影響を与える．その中でも最も重要な集合的価値は憲法の中に規定されることが有り得るし，場合によってはそれは望ましくさえある．日本国憲法における平和条項は正にこの例であり，その他にも福祉や環境などについてはこのような可能性が考えられる．

コミュニタリアニズム的な共和主義，特にルソー的な社会契約論の立場からすると，人々の意志や社会契約によって，集合的価値観を含む憲法を制定することは，むしろ原則的な理想であろう．憲法制定後，一定の時間が経過した後では，憲法に規定されて内包されている価値観は，その時点における人々の意思と異なる場合が有り得るから，その限りにおいて，その時点の人々についての主権在民の原則との間には緊張関係が存在する．しかし，憲法制定時の人々の意志に立脚している以上，主権在民の原則と完全に矛盾はしない．その時点で定式化された集合的価値は，その憲法体制の下の政府を拘束するのであり，時間の経過と共に現存の人々の意思との乖離が激しくなった時には，人々の意思によって憲法改正を行えばよいのである．

千葉が「体験的平和主義」という概念によって指摘しているように，日本国

憲法の平和主義は，敗戦や唯一の被爆国という日本自身の歴史的経験に立脚している．政治哲学・公共哲学におけるコミュニタリアニズムは，当該の社会の文脈を重視するから，平和主義の堅持は，この観点からも正当である．従って，日本国憲法は，平和という価値を明示的に憲法原理とし，それが日本国民の歴史的経験に立脚しているという点において，日本固有の特色を持つ．だから，これはいわばコミュニタリアン的な発想を内蔵した憲法なのであり，純粋にリベラルな原理に立脚した憲法ではない．北米のリベラリズムを単純に適用して平和主義を軽視する憲法解釈論は誤っているのである．

さらに筆者自身の考えるところでは，文明論的観点からすれば，戦後平和主義は，聖徳太子の17条憲法以来，日本文化に定着した「和」の思想とも通底している．「和」の思想は，その後の歴史的展開の中で「閉鎖的・同質的な和」となることが多かったので，「開放的で異質性を含む和」として再定式化される必要がある．「和」は戦後平和主義の「古層」として認められるべきであり，このような転換を行うのならば，新世紀における日本の平和主義の文明論的基礎となりうるであろう（拙著，第2章7）．

このように，平和主義は，日本文明の有意義な特色として認識され，再定式化されなければならない．従来は，左翼は「和」という日本的な概念にアレルギー的な反発をし，逆に右翼は平和主義に反対してきた．平和公共哲学は，このような左右のイデオロギー的対立を超え，日本の文脈に立脚して平和主義を日本の基本的理念（国是）として再確立してゆくべきである．筆者は，今日の日本におけるコミュニタリアニズム的公共哲学は，憲法の平和主義を中軸にするべきであり，そこにこそ日本の固有性が存在する，と考える．

アメリカ・コミュニタリアンは，アメリカというコミュニティーに発想が限定されているために，リベラリストも含めて，「反テロ」世界戦争に賛成している場合が多い．このような限界を超えるためには，日本にせよ，アメリカにせよ，特定のコミュニティーを超えた地球的コミュニティーの視座を根底に持つ必要が存在する．これが，「地球的コミュニタリアニズム（共同体主義）」や（それに立脚した）「多層的コミュニタリアニズム」の要諦であり，「地球的平和主義」「複層的平和主義」が，ここから導かれる（拙著，第5章5-6参照）．

アメリカ・イギリスが「反テロ」世界戦争へと陥ってしまい，アメリカの知

識人でも「正戦」としてそれを支持する人が少なくないのは，逆説的ながら，日独に比して，第二次世界大戦など多くの戦争に勝利してきたからであろう．第 10 章で述べたように，戦前日本と同様の誤謬を，今日のアメリカ帝国は犯しているように見えるのであり，後世から指弾されるだろうと思われる．ここには，第二次世界大戦の勝者の傲り（と敗者の反省）があり，これが，今日の事態の一因となっているように思われる．

日本の場合，敗戦という歴史的体験があったが故に，平和主義を憲法的な原理として確立することができたのであり，これを堅持して平和な世界の構築に寄与することは，日本固有の世界史的課題ないし使命であろう．それを放擲して，軍事力の行使ができる「普通の国」（小沢一郎）を目指すのは，地球化の進行に反する逆行ないし退行と言わざるを得ないのである．

以上のような考察は，政治哲学や公共哲学全体にも重要な問題を投げかけている．従来の政治哲学・公共哲学において，平和を最重要な範疇として用いているものは少ない．特に，英米系の政治哲学においては，自由や民主主義，場合によっては平等といった価値が極めて重視され，これらを中心にして議論が展開されるのに対して，平和という価値が重視されることは少ない．これは，アメリカ・イギリスによって「自由や民主主義の拡大のための戦争」が実施される現実と対応しているだろう．これに対して，例えば敗戦後の日本における最も独創的な政治哲学者の一人・南原繁は，カント哲学の影響を受けながら，その政治哲学において「永久平和」を「最高善」とした[46]．ここには，明らかに日本の敗戦経験や戦後平和主義が反映していよう．

この点を改めて考えてみれば，確かに自由や平等は重要な価値であるが，生命そのものの安否に関わる平和の価値は，それらに勝るとも劣らない．だから，平和の価値を自由や平等と同様に，あるいはむしろそれ以上に重視して政治哲学・公共哲学が構築されて然るべきであろう[47]．この点において，南原が指し示したような政治哲学は，日本の歴史的体験に淵源を持つ日本政治哲学の独特

---

[46] 南原繁『政治哲学序説』岩波書店，1988 年，436-437 頁．南原は，「最上善」としての「正義」と「安寧・福祉」との綜合を「最高善」としての「永久平和」である，とした．

[47] この点について，坂野潤治『十五年戦争論再考――平和三勢力の敗退』北海道大学大学院法学研究科附属高等法政教育研究センター，2002 年に示唆を得た．

の貢献として，今後さらに追求されるべきだと思われるのである．

　このようにコミュニタリアニズム的な政治哲学ないし公共哲学の観点からは，近年の憲法学の潮流に反して，憲法の平和主義を擁護することが可能である．ただ，同じ平和主義ではあっても，憲法学と政治学においては視角の相違に応じて，その内実には差が有り得る．千葉が触れているように，戦争直後以来憲法学では絶対平和主義が強く，山内もこの伝統の中にいるのに対し，国際政治を始め政治学の観点からは，それは余りにも非現実的であるという危惧が存在するからである．

　この点は地球的平和問題会議でも具体的に議論され，国際政治の立場からはその硬直性が護憲派の衰退に繋がったことが指摘された．例えば"小泉首相が憲法論争を「神学論争」として回避しようとしたことに現れているように，憲法が軽視されるに至ったのは，憲法学者の側にも責任はないだろうか"（田中孝彦発言）．この問いに対して，"確かに憲法学者は例えば非武装中立主義について，正当化の根拠を十分に示してこなかった"と認めつつも，"①侵略戦争の過去や戦争責任の未処理，②憲法の平和主義的な先進性，③核戦争や総力戦の時代において戦争は手段たり得なくなった"というような論拠が挙げられた（山内発言）．

　これに対する国際政治研究者からの反応として，"①ソ連の抑止という自分の利益のためにアメリカ軍を使った．②日本政府は憲法を守らなかったから，対外的には極端に意味が少ない憲法だったし，アジア諸国からも信頼されてはいない．③日本国政府は日米安保の受益者だった．④憲法改正は阻止できるが自分達で政府は作れないという状態から脱して，憲法を実行する政府を自分達で作る必要がある．権力を奪うために憲法を諦める必要があるというのではなく，憲法を遵守する権力を作る必要がある．⑤日本に軍事力がなかったことは1回もなかったから，非武装というのはそもそも問題ではなく，問題は軍事力の増減だけだった．⑥その反面，軍事力に頼らない方法を考えることが余り行われてこなかった．カンボジアの例のように，これを現場で考えることが重要である"（藤原発言）．

　これに対する憲法学者からの応答として，"①日米安全保障条約が双務性を持たずに片務的なものになっているのは，憲法第9条が歴史的に強く影響して

きたからなので，第9条にも対外的な意味はあった．②それはアジア諸国の日本に対する見方にも影響した．③日本政府は受益者だったとは言え，沖縄県民には大きな負担だった．④現時点では，国民意識から見て，「憲法原理主義の非武装平和主義では政権獲得は困難だ」ということは理解できるので，理想主義的現実主義の立場に立って，抑制的な武力行使の容認論により政権を獲得して絶えざる軍縮を追求するのも，次善の策としては理解できる"(山内発言)．

　また，憲法を巡るこのような論点は，国際法をめぐる次のような議論とも関連する．"既存の国際法から見れば，アフガニスタンにおけるアメリカの武力行使は違法だが，アメリカ政府はこれを自衛戦争として解釈しており，現実の力関係を反映してこのような解釈が可能になりつつある．同様に，人道的介入を口実にして侵略や内政干渉を行うことも可能になり，国際法や国際機構が極端に流動的になりつつある．だから，既存の国際法からアメリカを非難するだけでは現実的には不十分である．カンボジアの平和維持活動にしても，アフガニスタンの復興援助にしても，アメリカ政府に対する現実の熾烈な権力闘争が展開しているのだから，そこで日本がアメリカとは異なった役割を果たすことが重要である．日本人が攻撃されていなくとも，日本は紛争地域に長期的な関与を続け，威嚇ではなく当事者の信頼を獲得することが大きな目標となる"(藤原発言)．

　つまり，国際政治の観点からすると，"平和主義的な理想は共有していても，憲法や国際法からの法律的批判だけでは十分ではなく，国際的にはアメリカが覇権を握る現実の中で，それに盲従せずに平和を構築する具体的努力が必要であり，国内的には抵抗政党に甘んじないで憲法を遵守する権力を自分達の手で実現することが重要である"というのである．山内が，かつては丸山眞男が憲法問題研究会の有力なメンバーだったのに対して，「近年の政治学者は，日本国憲法の平和主義に対してあまり愛想が良くないようにみえる」と述べる（第8章4）のは，このような知的状況の反映であろう．ここには，現実的判断の有無という差と共に，憲法学と政治学との発想の相違も現れている．憲法学においては，憲法典との形式的・実定的な合憲性・合法性が重要であるのに対して，政治学では政策についてむしろ実質的な正当性が問われるのである．

　国際政治学からだけではなく，政治学一般からも次のような戦後平和主義の

問題点が指摘される．"世界的には「民主主義のための戦争」が支配的だったのに，民主主義と平和主義が一体化したのが戦後日本の特色である．侵略戦争放棄は不戦条約以来広がって必ずしも日本国憲法だけの特色ではないから，焦点は戦力放棄である．身体化された平和主義，生活の中に染みこんだ平和主義の問題としては，①敗戦・飢餓体験，ヒロシマ体験といった被害者意識から出発して，朝鮮半島・中国への植民地支配や侵略の加害者体験が血肉化されなかったこと，②生活保守主義型・自己保身型の「巻き込まれ拒否」平和意識，③現存した社会主義への過大評価，④沖縄・小笠原・奄美など「周辺の戦後」の忘却が存在する．こうした視点から，戦後の国民運動型平和運動を検証することが必要である．そして，日米安保の段階的解消という場合にも，新しい日米平和友好条約とか，中国・韓国等を含む東アジア地域の安全保障という代替的な平和構想が必要である"（加藤哲郎発言）．また，"①戦争は古代以来存在するが，平和は思想史的には近代の人工的な創出物ではないか．②アメリカの属国としての日本という観点の重要性．③アジアとの歴史経験の共有の重要性．④アメリカのアジアに対する支配の形態についての考察の必要性．④天上の視線によって地上の平和が支えられるという観点の必要性"（鈴木規夫発言）という指摘もなされた．

　これらに対応する形で千葉自身も，"憲法学だけではなく政治学でも，戦後民主主義を理念だけではなく日常生活や歴史に具体化・日常化させることができなかったように，非武装中立主義も理念だけではく具体的な制度論として展開できなかった．憲法前文では全世界の人々の平和的生存権を謳っているけれども，その積極的・創造的な平和主義が実際には生かされず，他者性の希薄な一国平和主義になってしまった．また経済優先の生活保守主義的平和主義だったという問題点は確かにある．だが，平和を失うことの危険，戦争を美化する危険については，日本政府と日本人は機会を捉えて主張し続けるべきだ．アメリカやアル＝カーイダなどの正戦・聖戦という考え方については，その問題性を日本は体験から学んだ．だから，平和の理念を現実の中で生かしていくことが必要である"とした．

　これに対して，国際政治学者からも次のような示唆がなされた．"日米の政府を批判するだけではなく，ヒューマニティーの尊重という観点から日本の市

民がアメリカの市民に発言したり，第三者のヒューマニティーをも守るという点から憲法第9条も解釈することが重要である．また，政治的暴力の後に世界秩序が作られるというような現実を追いかけていくことを通じて，現実ではない可能性を追求するという（理想主義的現実主義というよりもむしろ）「現実主義的理想主義」も重要であろう"（田中発言）．"「日米安保がなくなるわけがないとか第9条が守れるわけがない」とかいう議論は，極めて狭い論壇の中の常識に過ぎず，フィリピンのマルコス政権崩壊の時のように，それまで沈黙していた民衆が雪崩のように新しい可能性について話し始める場合があるから，憲法を実行する政府の建設を断念する必要はない"（藤原発言）．

ここには，緊張関係を孕んでいる二つの平和主義（序章参照）を架橋する可能性が現れているように感じられる．千葉は，これらの国際政治研究者に比べれば相対的には絶対平和主義に近い立場にあるが，このような批判を念頭において，より現実的な徹底的平和主義を提唱している．それでも，"現実の危機的状況というアクチュアリティをさらに意識する必要性があり，「パレスチナ問題→湾岸問題→中央アジア問題→東・東南アジア問題」というように紛争焦点が連結し連動する全体状況の中で，グローバルな文明戦略を持つ必要性が存在する"（板垣雄三発言）という指摘がなされた．そこで，筆者自身は，平和主義の徹底性において千葉に共感しつつ，さらに現実性に配慮して拙著（第4章-第6章）では以下のように「新徹底的平和主義」を主張している．

戦後の護憲平和主義は，社会主義などのイデオロギーに依拠していた場合が多いから，今日では理論的再構成が必要である．丸山眞男の平和論は，戦後平和論の源流と見做すことができるが，これは東西対立の中において平和的共存を可能にするための論理である．そこで，今日では，文明対立の中で平和共存を可能にするための論理として再定式化する必要がある．そのために，文明論の観点から「衝突文明間中立主義」，「文明間不戦」，「衝突文明間非同盟主義」などを構想する．また，丸山の論文「三たび平和について」は，「東西間の戦争が直ちに核戦争と人類の滅亡を招く」という理由によって，戦争を否定し非武装中立を主張するものだった．ところが，冷戦が終了してこの悪夢が去った反面，湾岸戦争を嚆矢として地域紛争が生じて，人類破滅には至らない戦争の危険が高まったので，この点では現実的に自衛の必要性を直視しなければなら

ない．そこで，戦争廃絶・恒久平和の理想を堅持しつつも，当面，過渡的には非武装中立主義は「有武装（衝突文明間）中立主義」として再定式化されるべきであろう．

従って，戦後長く最大の争点だった自衛隊をめぐる合憲違憲論争については，現時点では解釈の変更を追認し，自衛隊の存在を合憲として容認する．しかし，これは平和憲法を蔑ろにしてよいと考えるからではなく，逆に，専守防衛を徹底し，平和憲法の眼目たる徹底的平和主義を貫徹するためである．古代中国思想において，墨子は，普遍的な愛の思想たる「兼愛」の下に「非攻」（非攻撃）を唱え，専守防衛の平和主義を徹底的に実践した．墨子は自ら武力によって侵略に対して抵抗したのである．専守防衛論と徹底的な反侵略戦争論は，「非攻」と一致する．そこで，専守防衛論を「墨守論」と呼び，戦後平和主義における「反戦平和」を「非攻（非戦）平和」へ，また「非武装中立主義」を「墨守中立主義」へと再定式化する．この意味において，自衛隊はいわば専守防衛のための「墨守隊」たるべきであり，その存在自体は肯定されるが，それが，目的を専守防衛に限定していない通常の「軍隊」ではない点こそが貴重なのである．

この観点から，実践的には，テロ特措法などによる自衛隊の海外派遣と「参戦」には断固とした反対が可能になる．自衛隊の存在自体を違憲とする護憲平和主義から見れば，海外派遣も，新たな違憲状態の進展にしか過ぎないかもしれない．しかし，墨守論，即ち「専守防衛＋徹底的平和主義」からすれば，専守防衛と無関係な「反テロ」世界戦争への協力こそが，墨守の理念と背反する決定的な違憲状態をなす．自衛隊の存在と海外派遣・参戦という決定的な相違が，見失われてはならないであろう．

まして，反核は戦後平和主義の要であり，いかに「相対化」の進む時代にあっても，これは「絶対的」に守られるべき平和主義の核心である．この意味における「絶対的平和主義」は堅持されるべきである．日本政府要人の（将来の）核保持合憲（安倍晋三官房副長官）や（将来の）非核3原則見直しの可能性（福田康夫官房長官）といった発言は，この点で見逃しがたい暴言である．また，アメリカの先制攻撃（や核行使）を可能にする新戦略ドクトリン等は，この観点からも厳しく批判されるべきであり，万一にも核行使の可能性があるような戦争に日本は決して「参戦」してはならない．これは，平和憲法の命じる

絶対的規範である．

　戦後平和主義における徹底的平和主義の中核は「侵略戦争・軍国主義・核戦争」の絶対的否定と考えることができるが，現在では米ソ核戦争の危険に代わって「文明戦争」の危険が浮上している．そこで，「侵略戦争・軍国主義・核戦争・文明戦争」の四つを絶対的に否定する「新徹底的平和主義」が必要であり，戦後平和主義はこのように再定式化されるべきである．

　千葉が斥ける「絶対的平和主義」に立つ場合，究極的にはおよそあらゆる戦争が否定されるから，そこには，絶対的な戦争批判の公共哲学が生じることになろう．これに対して，他の平和主義の場合には，侵略戦争批判・（自衛ではない）武力介入批判など，具体的な状況に応じた戦争批判が必要になる．この中で，千葉の主張する「徹底的平和主義」は，自衛は認めるものの，非暴力主義に立つ点で極めて徹底した平和主義の形態である．

　筆者の理解では，戦争を限定的に認める他の平和主義との相違点は，あくまでも戦争違法化による戦争廃絶と恒久平和の理想を掲げて，可能な限りそれを追求するところにある．徹底的平和主義は，戦後平和主義のこの理念を継承する点で理想主義的である．ただ，少なくとも筆者の言う新徹底的平和主義は，自衛権などを認める点で現実的でもあり，その意味で理想主義的現実主義の立場に立つ．

　戦後平和主義者の中には，このような再定式化が，平和主義の理想を形骸化させる危険を危惧する人もいるかもしれない．しかし，自衛のための武力を認めるからと言って，恒久平和の理想を放棄するわけではなく，平和主義的理念をおよそあらゆる外交政策に反映させようとするのである．この点は，「反テロ」世界戦争に対する対応に如実に現れる．現実主義者はアメリカに追随する道を選ぶのに対して，新徹底的平和主義者は，アフガニスタンやイラクでの戦争は日本の自衛に関係しないから，平和の理念に基づいてあくまでも反対を貫くのである．

　イラク戦において政府は北朝鮮問題を根拠にアメリカ・イギリス支持の正統化を図ったが，イラク戦は日本の自衛と直接の関係は存在しない．そしてこれはアメリカ・イギリスの先制攻撃であり，前述したように国際的合法性も存在しないから，イスラーム世界から見ると紛れもない「侵略戦争」である．だか

ら,「非攻」という理念と正面から背反し,新徹底的平和主義はこの戦争に断固として反対する.

墨子の場合は,単に自らの国を「専守防衛＝墨守」するだけではなく,その「非攻」の理念を実現するために,強国に攻められた弱小国の軍事的救援に赴いて守城戦を行った.これを「反テロ」世界戦争に単純に適用するならば,根拠なく先制攻撃されたアフガニスタンやイラクの軍事的救援に「墨守隊」が赴くことになる.勿論,アメリカ軍の攻撃に対してこのような軍事的救援を行うのは自殺行為だから,現実的にはこのような方針は取り得ない.現に,墨家ですら,このような守城戦は,初期墨家集団の集団自決（委託された守城戦の失敗の責任を取り指導者たる鉅子・孟勝以下180人が前381年に全員自決）という悲劇的な結果を招いたのである[48].しかし,「アメリカの戦争に反対すると経済上の不利益が生じるかもしれない」とか,「北朝鮮問題の解決に不利かもしれない」とかいったような,疑わしい議論に対しては,墨家の果敢な精神を顧みることが有用であろう.

私達は,不当な軍事的攻撃を受ける弱者を軍事的に救援することはできないにしても,せめて自分の経済的利益などのために攻撃に加担することは避けるべきである.まして,朝鮮特需やイラク戦におけるアメリカのように,その戦争から経済的利益を得ることを考えるべきではない.経済的自己利益を追求せずに,非攻の理念を貫くべきである.

同様のことは,「地球的公共主義（＝共和主義）」の観点からも言い得よう.歴史的共和主義は,「公共善」や「美徳」を重視し,これと経済的利益ないし「富」とが緊張関係に立つ時には,前者を優先する.これを今日の状況に当てはめれば,やはり経済的「富」の問題よりも,「公共善」としての平和の実現を優先すべきである,ということになる.

右派の論客・佐伯啓思は,アメリカ独立革命やルソーの思想・フランス革命に言及しながら,「祖国のために死ぬ」ことを「徳」とする思想として「共和主義＝公民的人文主義（ポコック）」を扱い,自らの国家重視の思想に援用している[49].確かに,共和主義においては,共和国が不当に外国から攻撃された

---

[48] 小林正弥「東洋的倫理-政治理論の原型とその論敵達——中国思想の新構造主義的概観と今日の政治哲学」『千葉大学法学論集』第15巻第3号,2001年,120頁.

終　章　戦争批判の地球的公共哲学　317

きには，祖国を防衛するのが，公民の努めとなろう．しかし，これはあくまでも自衛のためであり，この点においては墨子の思想と共通する．だから，平時において国家を強調する論理的必然性はないし，まして祖国防衛の観念が攻撃的・好戦的思想を帰結するわけではない．確かに，歴史的共和主義には軍事的側面を強調する思想もあるが，筆者はこれを思想的に否定し，共和主義的な伝統を平和主義的な新公共主義として再構築しようと試みているのである．

絶対平和主義の場合は，およそあらゆる戦争に反対するから，この特定の戦争に反対する理由は要せず，従って日本の防衛に不安を持つ国民に訴える力が弱くなりがちである．これに比して，以上のような新徹底的平和主義の方が今日の世論にも訴える力が強く，結果として戦争批判の機能を，より強力に果たしうるのではないだろうか．

戦争反対の意味を表す言葉として，拙著では「非戦」という概念を重視した．第１に，「反戦」が個々の戦争に対する反対という意味を含意しやすいのに対し，「非戦」は戦争廃絶・恒久平和の理想を内包し，徹底的平和主義の中心的理念を表すのにふさわしいからである．第２に，平和運動の語感や雰囲気を変えるためである．戦後平和主義において左翼的運動によって「反戦」という用語が多用されたため，この用語には左翼的・闘争的なイメージが付着してしまっている．これに対し，筆者は，丸山の言う「深く内に蓄えられたものへの確信」に支えられた「文化の……立場からする政治への発言と行動」[50]として，精神性・倫理性・芸術性に立脚した平和運動を構築することが必要と考えている．

「非戦」という用語は，日露戦争期の内村鑑三（及び幸徳秋水・堺利彦ら）の非戦論以来，住谷天来，柏木義円，賀川豊彦（「全国非戦同盟」，1928 年）などによって用いられてきており，この伝統には宗教性・精神性が強い[51]．だから，以上のような意味で「非戦」を用いるのは歴史的な用語法を反映している．も

49　佐伯啓思『「市民」とは誰か――戦後民主主義を問いなおす』PHP 研究所，1997 年，第 5 章．
50　丸山眞男「『である』ことと『する』こと」『日本の思想』岩波書店，1961 年，179 頁．
51　この内，内村・住谷・柏木・賀川はキリスト者であり，住谷天来は同時に墨子の思想的影響を受けている．住谷一彦・住谷馨・手島仁・森村方子『住谷天来と住谷悦治――非戦論・平和論』みやま文庫，1998 年．他方，幸徳・堺は社会主義的な立場からの非戦論の原点であり，『万朝報』で内村と共に論陣を張り，社論の開戦論への転換に伴って 3 人とも退社した．

っとも，宗教的背景を持つだけに，「反戦」の使用者の場合と同様に，この伝統には絶対的平和主義者が少なくない．その点では新徹底的平和主義における「非攻」の思想とは差異が存在する．そこで，「非攻＝新・非戦」であり，新徹底的平和主義は「新非戦論」と言うこともできよう．

　千葉は，非戦論の目指す恒久平和を実現するための制度構想として，長期的な国連警察・国連軍の設置（21世紀末まで）と過渡的な中期的展望として東アジア安全保障体制の確立（2020-2030年頃）と日米安保の段階的解消・自衛隊の段階的改組を挙げている．タイム・スケジュールは別にして，筆者も基本的には同意見である．上述した地球的連邦ないし連合や地球議会・地球的共和制・地球法といった構想は，千葉の言う長期的構想以上の超長期的展望に相当するかもしれないが，この究極の理想を規制的・指導的理念として，その下位の制度構想を考えれば，千葉が示したような制度構想が殆ど必然的に導出される．

　近代国家においても，まず絶対君主が軍事力を集中することによって主権を獲得していった．これが，民主化と共に国民国家の軍隊や警察へと転化したのである．だから，アメリカ帝国への軍事力の集中に対して，地球的共和制を実現するためにはやはり国連など国際機構に軍事力・警察力を集中する必要が生じる．究極的には地球軍・地球警察ということになろう．それと共に各国の主権を国際機構に譲渡してゆくことが必要になろう．これは，明治維新における廃藩置県のような過程であり，鎌田東二が示唆したように[52]，日本神話における国譲り（例えば出雲神話における大国主命）のような過程である．このためには，日本で言えば，自衛隊の改組により，その中核を地球軍の中に改編してゆくことが必要になろう．軍事・警察と共に，地球裁判所も必要になろう．現在の国際刑事裁判所などの試みが，その一歩となろう．

　しかし，これらはすぐには不可能であろうから，中期的には確かに地域統合を進展させ，日本ならばアジアにおける安全保障体制の形成に努めることが必要となろう．東北アジアの地域統合は，日中韓の間に歴史問題を抱えているので，言うは易く行うのは困難な課題であるが，この大きな構想を明確に描くことによって，それが促進されることを期待したい．

52　これは，イラク非戦会議「地球的平和と公共性――イラク戦に抗して」（2003年2月22日-23日）における鎌田報告で用いられた表現である．

アメリカの帝国化は，それぞれの国に不安と（従属についての）不満を高まらせるから，地域内部の過去の問題を乗り越えて各国が未来の協調を追求する方向に作用するかもしれない．このためにも，各国は地域内部の他国に対する排他的・高圧的ナショナリズムを捨てることが必要であり，日本について言えば，反中・反韓の感情を捨て新国家主義を弱体化させることが必要である．地域的な安全保障という観念は，一国平和主義・絶対平和主義とは相反するが，墨子的な平和主義とは全く矛盾しない．むしろ強国に侵略された弱小国の救援という墨家の行動は，地域的な安全保障の発想の先駆となり得るかもしれない．

　さらに，地域統合については，歴史的問題の障壁により東北アジアの統合に時間がかかるならば，東南アジアとの協調を先行させることが考えられよう．拙著では文明間戦争を避けるために，日本は衝突文明間で中立を保ち，かつての非同盟主義に倣って「衝突文明間非同盟主義」ないし「平和非同盟」路線を取ることを提案した．かつてのアジア・アフリカ諸国に倣って「新アジア・アフリカ平和非同盟外交」を主張したのである．これは，"1950-1960年代の反帝国主義・非同盟運動の中には，アジアの平和思想の影響も存在したので，このような方向を発展させる可能性はないだろうか"（栗田発言）という示唆と共通する[53]．

　拙著執筆の時点では，現時点でこのような路線を取っている他国の具体的なイメージが存在しなかったので，「文明の対話」を提唱したイランのハータミ大統領に言及するに止まった（同書85頁）が，その後のイラク戦に至る展開の中で，マレーシアのマハティール首相が非同盟諸国会議で前述のような戦争批判と理想主義的提案を行っていることに感銘を受けた．マハティールはかつて「ルック・イースト政策」を提唱し，1990年にEAEC（東アジア経済会議）という東南アジアに日本も含めた経済的地域統合構想を提唱した．日本は，それを嫌うアメリカの意向に従ったので（アメリカを含む）APECが中心になりEAEC構想は実現しなかったが，21世紀に入ってASEANプラス3（日中韓）という自由貿易圏構想が現れているので，東南アジアに始まる経済的地域統合の中に日本も積極的に入っていくことは現実性のある外交方針ではなかろうか？

53　岡倉古志郎『非同盟研究序説　増補版』新日本出版社，1999年参照．

この延長線上に（東南アジアを含む）「東アジア共同体」が生成することも考えられないことではない．

　幸い，東南アジアの地域には，東北アジアに比べると，相対的には歴史的問題の障害が小さい．明治以来の歴史を考えると，北進論と南進論があったが，最終的には北進論が優勢になり，悲惨な侵略戦争へと突入した[54]．その故事と歴史的経緯を考えると，東北アジア統合が困難な状況下においては東南アジアとの地域的協力にまず力を注ぐことも一案かもしれない．つまり，非同盟諸国と協力して「東南アジア平和非同盟外交」を行い，その安全保障体制に協力してゆく道である．藤原が示唆するような，カンボジアなどの地域への長期的・平和的貢献の延長線上には，このような可能性が考えれるのではないだろうか．

　日本の大きな問題は，日本自身のナショナリズムにも妨げられて，EU に相当するような東アジアの安全保障体制や地域統合に展望が見出せないところにある．その結果，日米同盟への依存を深めざるを得ず，いかにアメリカが不法な戦争を行ってもそれを支持する対米随従外交へと陥ってしまっている．これに対して，以上のような中期的展望は，隘路を打開する名案となるかもしれない．日米安保の解消まで進むかどうかは具体的状況によるであろうが，地域的安全保障に展望が開けてくれば，日米同盟への依存やアメリカによる自衛隊増強・軍事的協力への圧力を減らす道が開けるであろう．そして少なくとも，日米関係を，常にアメリカを支持する完全同盟（従属）ではなく，新徹底的平和主義の下で適切な場合にのみアメリカに協力するという，いわば「部分同盟」へと変化させることが必要であろう．

　最後に，千葉は，生活者・市民の具体的な平和運動の可能性として，違憲訴訟と共に，非戦平和ネットワークの水平的な連帯による「平和党」（仮称）結成を挙げている．これも段階的に考えるとすれば，拙著で述べたように，当面の課題として短期的には非戦平和ネットワークの拡大と水平的連帯が，まずは必要であろう．これは，平和運動の再生のために必要であり，このための具体的な試みとして，千葉自身や鎌田東二・西田清志と共に，筆者も「地球平和公共ネットワーク」の結成（2003年元旦）に協力した．

54　この点については，坂野潤治氏との会話から示唆を受けた．

この試みの第1の特色は，知識人・研究者が，丸山眞男の言うタコツボ的な学問の細分化の壁を越えて，学際的に連帯し，しかもその知見を生かして実践的・現実的な活動を行っていることである．これは，公共哲学運動自体の特色であり，「公共哲学ネットワーク」として既にネットワークが形成されている（姉妹書参照）．千葉と筆者は，この有志として地球平和公共ネットワークの発起人になったので，この公共哲学運動の特色は，そのまま新しい平和運動の中に生かされている．

　地球平和問題会議でも，「知識人の役割は，世界に矛盾や抑圧が存在している場合に，周辺化された人々の証言を行う意味でも非常に大きい」ことが指摘された（加藤節発言）．中国や韓国と違って，日本では，"研究者が「知識人」と自称しなくなっており，その責任を回避している"という．このような些か情けない状況に抗して，知識人ないし研究者の実践性と公共的責任を復活させることが，地球的平和問題会議の目的であったし，それが平和問題に関しては地球平和公共ネットワークという形に具体化したのである．

　第2の特徴は，単に知識人・研究者だけではなく，NPOや生活者・市民ないし筆者の言う「公共民」（公共的市民の他，公共的農民・漁民・庶民などを含む）と連帯して，新しいネットワークを結成し，活動を展開していることである．姉妹書で論じたとおり，戦後啓蒙やさらには戦後平和運動の問題点として，知識人中心の理性中心主義が存在し，感性や身体性，さらには精神性・芸術性において弱点が存在していた．その後，研究者と市民・公共民との連帯の必要性は広く自覚されているものの，これも言うは易く行うは難しい．この研究者と市民・公共民との壁を突破して，より広い連帯を形成することを目指しているのである．

　さらには，研究者間でタコツボ化現象が起こっているように，市民運動やNPO相互の間でも実は壁が存在し，タコツボ化が存在するから，これを突破することも重要な課題となろう．研究者間の壁，研究者と公共民の壁，公共民同士の壁というように，様々なところに存在する壁を打破し，広範な連帯による平和運動を発展させることが，このネットワークの大きな目標である．

　この第2の特色は，結成趣意書の作成にも反映した．研究者とNPO・市民とでは，共通の目的を目指しながら，表現の形式は異なるから，それぞれの特

色を生かしながら2通りに趣旨を表現することにしたのである．これを**参考資料1**として付しておく．

また，イラク戦についてはイラク非戦会議「地球的平和と公共性——イラク戦に抗して」(2003年2月22日-23日)を開催し，そこで研究者の実践に関わる問題として，学問と声明に関して正面から本格的に議論を行った．平和問題談話会のように，丸山ら戦後啓蒙の時代には知識人が時事的な重要な問題について学際的に討議して声明を公表することが行われ，公共的にも重要な意味を持っていた．しかし，今日では学問のタコツボ化を反映して分野横断的な声明は稀になっているし，個別学会でも会員の価値観・見解の多様化を反映して声明を出すことが困難になり，出す場合にも「X学会有志」という形式を用いることが多い．議論もさほど活発に行われずに，一部の人の間で文章を作り署名を求めることも少なくはない．

社会から見れば，細部の意見の相違よりも，進行中の大問題について研究者が持つ見解について大要を知ることの方が肝要であろう．他方，研究者としてもそれに応えて見解の幅広い一致点を知らせるのが，学者の公共的責任を果たすことになるのである．逆に，自分の専門的研究にこだわって「時事的重要問題に対して一切の意見表明を避けるべきだ」とする考え方は，学者の公共的責任を無視するものと言わざるを得ない．そこで，私達は学際的に幅広い討議や意見交換を行い，その結果を集約して「イラク非戦声明——『反テロ』世界戦争から『いのちと平和』を守るために」を公表した．上記のネットワークの特色を反映して，この声明には次のような特色がある（詳しくは，**参考資料2**を参照）．

第1に，戦後の平和問題談話会の声明のように，研究者が個別の専門領域を超えて連帯し，本格的な議論を経て合意に到達し，社会に対して共通の見解として戦争反対の見解を公表した．個別領域の学会などの声明とは異なって，呼び人／賛同者には，政治学（福田歓一・山口定・加藤哲郎／石田雄），平和研究（武者小路公秀・臼井久和・多賀秀敏），イスラーム研究（栗田禎子，鈴木規夫／板垣雄三），国際法（松井芳郎），憲法（／水島朝穂・山内敏弘），哲学（山脇直司・大橋容一郎），日本倫理思想史（黒住真），環境学（鬼頭秀一），宗教研究・哲学（久山宗彦，稲垣久和），経済学（／八木紀一郎）など，関連す

る諸領域の代表的研究者が数多く加わっており，声明作成においては多くの専門家の協力を得た．特に，声明本文を中心に，板垣雄三・栗田禎子らイスラーム研究者（姉妹書参照）や，本書に論稿が収録されている松井・山内など国際法・憲法研究者の意見も取り入れたので，筆者のような政治学研究者だけでは不可能な声明を作成することができたと思う．

　第2に，研究者だけではなく，NPO参加者など生活者市民ないし公共民が呼びかけ人や賛同者に加わり，双方が連携して戦争反対の意思表示を行った．声明においても，啓蒙主義的平和運動の限界を超え，民衆と連帯して非戦の声を挙げたのである．

　第3に，新世紀の平和運動を構築するために，地球的公共性の概念を中核にして，戦後のイデオロギー対立を超えた平和運動の思想と行動を展望している．声明では，平和憲法の文明史的価値とともに「いのち」の重要性が強調されているし，また旧来の闘争的な「反戦」運動と区別して，倫理的・精神的な「非戦」という概念が用いられた．

　ここに現れたような動向はまだ出発点に過ぎないが，これをさらに広く展開して，研究者ないし知識人間，研究者と市民，市民間の壁を越えて緩やかな連帯のネットワークを構築してゆくことが重要な課題となろう．さらに，その先の中期的課題として，千葉は平和党（仮称）の可能性を挙げている．具体的にこのような形を取るかどうかは別にして，考える必要があるのは，平和主義との関連における政党政治の在り方であろう．

　千葉自身も触れているように，戦後日本政治においては社会党が護憲平和の党として重要な意味を持ち，戦後平和主義を政治的に代表してきた．社会党（社民党）の退潮自体は社会主義イデオロギーの衰退の結果であると共に，社会民主主義への転換が遅すぎた結果でもある．しかし，その結果，平和公共哲学を政治的に代表する政党が極めて小さくなってしまったのは，平和主義にとっては大きな危機である．「反テロ」世界戦争のように，極めて深刻で違法な戦争が起こっており，それに対して政府が違憲の政策や立法を行っているのに，大きな政治問題とならない最大の理由は，ここに求められよう．

　それ故，平和公共哲学を実践的に機能させるためには，平和運動や憲法解釈のみならず，やはり日本政治の中核に，平和の理念を掲げる政党など何らかの

平和主義的政治勢力が必要であろう．筆者としては，そのような政党については，「政党」という組織の存在理由や目的・性格といった根本的問題に遡って理論的・実践的な考察を加える必要性を感じているが，これについては別の機会に論じたい．

　最後に，**序章**で述べた丸山眞男の問題意識に戻って，この文章を締めくくろう．丸山の学問は，彼が体験した第二次世界大戦，特にそこに至る日本の誤謬をその思想的根源に遡って認識するところから，生まれたものであった．「反テロ」世界戦争は，少なくとも第二次世界大戦後の最大の戦争であり，今後の展開によっては第三次世界大戦と呼ばれるようになる可能性すら存在する．それ故に，丸山の洞察をこの戦争に対して適用することが重要な意味を持ちうるし，またこの戦争から丸山のように新しい洞察を思想的に引き出すことも可能であろう．ささやかながら，このような課題に取り組んでみたのが，**第10章**「今なおファシズムの世紀なのか？――21世紀の超国家主義批判」である．

　この文章は，本書で提起されている様々な問題意識に対応している．例えば，池内や木村の示唆した「世界観闘争」や「宗教戦争」を避ける必要性や，黒川・臼杵論稿の宗教と政治の関係に関する議論などである．

　後者の方，つまり前述の「宗教（原理主義）-政治」結合について，この文章では，戦前日本についての「超国家主義」という丸山眞男の洞察を生かし，「反テロ」世界戦争におけるアメリカやイスラエルについて「超国家主義」の兆候を批判した．形式的な民主制と両立する「ファシズム」の形態として「ネオ・ファシズム」の概念を提起し，その前期的な症候が現れていることに警鐘を鳴らそうとしたのである．

　私達は過去の日本について批判し反省したからこそ，今日のアメリカの過ちを認識し批判することができる．逆に，第二次世界大戦で勝利したアメリカ・イギリスは失敗して反省しなかっただけに，現在傲りの余り大きな過ちを犯しているように見える．ここには，歴史の逆説が存在する．この逆説は，"アジアの被害者との語り合いの中で，憲法第9条の倫理性は，自分達が正しいということを根拠にすることができず，逆に誤った過去を持っていることを基盤にしていると感じた"（山本登志哉発言）という指摘とも通底するであろう．

　前者の論点，即ち世界観闘争・宗教戦争ないし文明の衝突を避けるためには，

どのような道があるだろうか？　理論的には，二つの道が存在するであろう．第1は，リベラルな発想で，国内においても国際的にも，いわば政教分離を推し進め，世俗的な中で最低限合意できる規則を見つけることである．池内は基本的にはこの方法を示唆している．これは，西欧で宗教戦争の悲惨な体験から生まれた方法であり，今でもその意味は極めて大きい．

　地球的平和問題会議でも，この方法を発展させるために，価値観が共有されていない場合の対話の方法を発展させる必要性が指摘された．パレスチナ問題などでは，占領者と非占領者との交渉だから，極めて厳しい状況だが，それでも「平和のオアシス」という村のようにユダヤ人と（イスラエル国籍を持つ）パレスチナ人との共存の試みもなされている．パレスチナ問題に比べれば，ビン＝ラーディンなどイスラーム原理主義の方がグローバルな文脈を意識してイスラーム共同体と異教徒との対立を想定しているだけに，世界観についてのグローバルな対話の土俵に乗ってくる可能性があるかもしれない（池内発言）．

　しかし，この方法だけでは限界がある．イスラーム世界にせよ，またアメリカやイスラエルにせよ，近年宗教的関心が高まっており，そう簡単には非宗教化や政教分離が進まないからである．宗教的関心自体は，アイデンティティーや人生の意味を巡る人々の渇望や希求から生まれている側面もあるから，一概に否定するのは適切ではない．また，宗教的関心と政治的関心とを完全に分離するのも困難である（鎌田東二発言）．

　そこで，第2に，宗教的超国家主義に陥らないように，宗教自体の在り方を発展させるという方法も考えられよう．これは，公的領域においても宗教性・精神性を軽視しないという点において，むしろコミュニタリアン的な方法である．

　黒川論稿では，地球的平和の実現のために，宗教界における平和への努力と絶対的な第三者の仲裁という二つの方法が挙げられていた．また，特にユダヤ教，キリスト教，イスラーム教の間では旧約聖書が共有されているので，絶対中立的な立場というよりも，その3者間で理解を深める必要性も指摘された（宮平望発言）．

　さらに，鎌田東二は，その三者間だけの対話に留まるとそれ以外は異教徒になってしまうという点を指摘し，"あらゆる宗教を含めた，宗教界における平

和の努力"の必要性を印象的な口調で語った．宮沢賢治の『銀河鉄道の夜』では，ジョバンニ少年とキリスト教徒（黒い外套を着た青年）との"本当の神様とは何か"という問題を巡る言い合いが平行線を辿るのに対し，第3次稿で登場するある人物（その人）は別の箇所で「みんながめいめいじぶんの神さまがほんたうの神さまだといふだらう，けれどもお互ほかの神さまを信じる人たちのしたことでも涙がこぼれるだらう」と言う[55]．鎌田は，これらの部分を紹介して"このような compassion を共有するところ，異教徒も含めて涙や笑いを共有するところから，宗派を超えた平和への努力が生まれてくるのではないか"と述べたのである．

同様に，日本において多くの人が自らの宗教性を自覚せず否定する世俗主義の擬似意識を見直して，文明間の相互対話や交流を図る必要性（板垣発言），宗教学的観点からの中立的な宗教教育の必要性（鎌田発言），公教育で諸伝統について選択して学べるようにする可能性（稲垣発言），近代的な宗教概念を超える必要性（鈴木発言），異質性を自覚する生き方についての対話教育（山本発言），人生の意義や生と死について根源的に思考する対話的な哲学教育の必要性（山脇発言）などが示唆された．

筆者は，これらに共感しつつ，「各伝統がその伝統に即した形で，地球的時代にふさわしい精神性を発展させてゆく必要がある」と考える．例えば，イスラームであれば，原理主義的ではない形で，国家を超える同胞愛の観念を発展させることは不可能だろうか．原理主義とは正反対に，その宗教的伝統の中から，新時代に不適合な部分は斥け，逆に重要になる部分を発展させる方法を，解釈学的に展開する必要があると思うのである．筆者自身は，儒教的伝統に即して「新々儒学革命」と題する試みを行ったことがある[56]が，同様に，イスラームやキリスト教・仏教・ユダヤ教など他の宗教についても，「新（々）●●教」というような試みを展開することが可能かもしれない．

第10章で論じた超国家主義の問題を超えるためには，このような方向を目指し，ルソーの公共民宗教（religion civile）の概念を発展させて，「地球公共

---

[55] 鎌田東二『宮沢賢治「銀河鉄道の夜」精読』岩波書店，2001年，70-71頁，127-128頁．
[56] 小林正弥「新々儒学革命――東洋的美徳-公共哲学の再建」『千葉大学法学論集』第15巻第4号，2001年3月，43-99頁．

民宗教」ないし「自然宗教」「超宗教」という概念をいずれ提起してみたい．思うに，前述したような「地球連邦・連合」における「地球的人民主権」や「地球的共和制」を実現するためには，やはりその精神的基礎として，地球人類としての同胞愛・友愛を育くむ必要がある．そのためには，宗教的ないし精神的問題を避けて通ることはできず，「地球公共民宗教」ないし「超宗教」を考える必要がある，と考えるのである．

　筆者は，丸山を論じた際に，丸山個人だけではなく，その師・南原繁との関係に留意して，南原-丸山公共哲学の総体を視野に入れる必要がある，と述べた[57]．前述のように，南原は，戦後日本を代表する平和主義的政治哲学者であり，彼は，非戦論を提唱した内村鑑三の門下であって，その思想的基礎は無教会派のキリスト教にある．無教会派は，「教会の無い者の教会」(「無教会論」1901年)であり，いわば「制度としての教会ではない教会」，「教会を超えた教会」とでも呼べるような特色を持っている．この性格は，南原の政治哲学の内容にも反映している．そして，上述の「超宗教」という概念は，無教会派の──宗教ではあるものの──「教会を超えた教会」，即ち「無教会＝超教会」という性格とも対応していると言うことができよう．

　南原-丸山公共哲学という視角から見れば，(宗教的)超国家主義批判は，戦前には南原の『国家と宗教』(1942年)で展開され，戦後に丸山の「超国家主義の論理と心理」(1946年)などの論稿で定式化されて，人口に膾炙した．拙稿における超国家主義批判は，南原-丸山公共哲学を今日の事態に即して展開したことになる．宗教と政治の関係については，丸山の場合，第1のリベラルな方法を尊重したと思われるが，同時に宗教的・超越的な普遍的原理の重要性も強調した．また，南原の政治哲学は，明確に第2のコミュニタリアン的な方法に近い．南原-丸山公共哲学の総体として考えると，この双方の方法を共に重視することになると思われる．

　前述のイラク非戦声明などを通じて，私達は，公共哲学の観点を背景にして戦争批判を遂行し，分野横断的・学際的な知識人・研究者により学問の公共的責任を果たすように努めている．このような試みを通じて，戦後思想の時代に

---

[57] 小林正弥「丸山眞男の思想的発展──その全体像の批判的再構成」小林正弥編『丸山眞男論──主体的作為，ファシズム，市民社会』公共哲学叢書第2巻，東京大学出版会，2003年，246-249頁．

はあったような学問の実践性・有意性の回復を目指している．同時に，研究者とNPOや市民・公共民との連帯を図り，戦後の時代にはなかったような新しい平和運動の構築をも試みている．敗戦後の日本にあって南原は，平和のための努力こそが新生日本の果たすべき課題であり使命であると情熱的に訴えたのであり[58]，「戦争批判の公共哲学」に基づいたこれらのささやかな「平和のための戦い＝和戦」（拙著第8章参照）が，彼の訴えを少しでも実現するものとなり得ることを祈りたい．

58　例えば，南原繁「平和の宣言」『南原繁著作集　第7巻』岩波書店，1973年，295-433頁．

あとがき

　このあとがきの執筆直前に，本書の姉妹書である公共哲学ネットワーク編『地球的平和の公共哲学——「反テロ」世界戦争に抗して』（公共哲学叢書第3巻，東京大学出版会，2003年）が刊行された．しかし，正にその同じ日（2003年5月1日）に，ブッシュ大統領は，太平洋上の空母エイブラハム・リンカーン艦上で「イラクでの主要な戦闘作戦は終結した」と戦闘終結宣言を行った．ブッシュ政権が多用する日本民主化とイラク「民主化」との類比（第10章7参照）を考えれば，リンカーン艦上の宣言は，ミズーリ艦上で行われた日本無条件降伏の際の調印式典を想起させる．

　この終結宣言では，イラク戦を「自由と正義のため，そして世界の平和のため」と位置づけて，生物・化学兵器に対しては僅かに捜索中と述べたに留まる．大量破壊兵器という戦争目的は，既に重要性を失い，「民主化のための戦争」へと事実上置き換えられている．ここからも，当初の戦争目的が詐術に過ぎなかった（序章参照）ことが改めて確認できる．

　しかも，これはまだ戦争終結宣言ではなく，戦闘の完全な終了を意味しない．今後，暫定政権が発足しても，イラク国民会議代表のチャラビ中心のものになれば，イラク人にそれは傀儡政権と見做されるだろうから，アメリカ占領軍や傀儡政権に対して，散発的な武力的抵抗やデモなどによる抗議がなされるだろう．そして，アフガニスタンでも事情は同様であり，実はまだターリバーンなど反政府勢力の反攻がなされ，各地の米軍基地へのロケット砲攻撃などが日常的に行われていて戦闘は続いている（朝日新聞2003年5月3日付）．アメリカは大戦闘では「勝利」を収めることができても，最終的な勝利を手にすることができるかどうかは疑わしく，政治的に泥沼化する危険は大きい．この後，有事法制が成立し（2003年6月6日），イラク特措法が国会で審議中である．他方，イラクでは連日のようにアメリカ兵に対するゲリラ的攻撃が行われ，戦闘終結宣

言以後，73回の攻撃で計31人の米英兵が死亡（178人が負傷）したという（2003年7月1日まで）．事態は予想通り泥沼化しつつある．また北朝鮮問題の緊迫化に伴い，「反テロ」世界戦争は中東のみならず東アジアにも拡大する危険が増大している．地球平和公共ネットワーク有志で有事法制反対声明を公表するなど，私達はささやかな努力を継続しているものの，全体状況は日本にとってもさらに危険な方向に展開しつつある．本書刊行がこの世界戦争の全体像を透視することを可能にし，これ以上の戦乱の拡大に対する学問的抵抗の拠点となり得ることを願う次第である（2003年7月4日追記）．

それにも拘らず，勝ち誇った新保守主義は「中東の民主化」をさらに推進しようとするから，今後シリアやイランへと戦火が拡大する危険も存在するし，東アジアでも北朝鮮の核問題を巡って先制攻撃がなされる危険も無視できない．要するに，現在は「反テロ」世界戦争の「戦中」であり，この戦争は中東と東アジアの双方でさらに拡大する危険を孕んでいる．だからこそ，ひとまず「大戦闘」が終結して小休止の気運が生まれている現在にこそ，この戦争の真の姿を批判的に熟考する必要があろう．次に危機が生じた時には，現在の省察こそが戦争批判のための現実的な力となるだろう．

本書には，同時多発テロ事件以後，公共哲学ネットワークを中核にして私達が行ってきた戦争批判の努力が様々な形で結実している．そもそも，本書の中核をなす論稿の多くは，地球的平和問題会議における報告を起点にしてまとめられたものである．この会議は，同時多発テロ以後の危機意識の下でアフガニスタン戦の最中に，年末の異例な日程（2001年12月28日-30日，於千葉大学）で行われた．その内容は極めて豊富で1冊の本には収録できなかった．既に約半分の報告は，先述の姉妹書として刊行されている．姉妹書は，会議の歴史的記録という性格を持つように編集されているので，会議の詳細についてはそちらをご覧頂きたい．姉妹書を担当された東京大学出版会編集局長の竹中英俊氏をはじめ，出版社の壁を越えたこのような計画を実現させて頂いた両出版社の関係者に改めて感謝したい．また，公共哲学関係者にも様々な形で御協力を頂き，特に山脇直司氏には「戦争批判の公共哲学」というタイトルを提案して頂いた．感謝する．

本書の内で，時間的に最も早く原型が作られたのは，池内-山本対話である．

池内恵氏による発題は，時事通信社『世界週報』2001年10月16日号に発表されたものであり，表題・小見出し及び表記・表現を執筆時のものに戻した以外は基本的には初出のままである（脱稿は2001年9月20日，発売は10月5日，原題は「『世界観闘争』の土俵に乗ってはいけない——『非対称戦争』とイスラム世界」）．この論稿は，末木文美士氏の手をへて宗教学・哲学研究者のメーリング・リストで配布され，それに筆者が注目して，未知だった池内の承諾を得て公共哲学フォーラムのメーリング・リストに転送した．これを契機に公共哲学フォーラムで山本登志哉氏と池内恵氏との間で対話がなされ（2001年10月20日-26日），池内論稿と共に公共哲学ネットワークのサイトに掲載された．この時期の重要な議論として公共哲学ネットワークで注目を集めた．本書の主題たる「法と政治」に密接に関係する議論なので本書に収録することにし，口語体のやりとりを文章体に改めるなど両氏に加筆修正を施して頂いた．

次に，柳橋論稿・黒川論稿・臼杵論稿・木村論稿・山内論稿・千葉論稿は，年末の地球的平和問題会議における報告を元にしている．原稿として初めから執筆して頂いた場合もあるし，テープ起こしを元に改訂して頂いた場合もあるが，姉妹書とは異なって，口語体ではなく文章体の論稿としての形を整えて頂いた．藤原帰一氏には，会議当日にも「国際政治におけるアフガン空爆の意義」という重要な報告を行って頂いたが，その後状況が大きく展開したので，藤原氏はイラク戦が迫る状況下において新しい論稿を執筆して下さった．

さらに，この会議では残念ながら国際法の報告がなかったが，本書の主題にとっては特に重要なので，事後的に松井芳郎氏に執筆をお願いした．また，拙稿（第10章）は，公共哲学フォーラムで書いた内容（2002年4月21日及び6月3日，公共哲学ネットワークのサイトに掲載）が，他の論稿と呼応していると考え，改訂して収録することにしたものである．なお，本書の主題と関連の深い加藤節氏の報告については，改訂されて同氏の著書（筑摩書房，近刊）に収録される予定なので，参照されたい．

そこで，藤原論稿と拙稿を除くと，他の論稿は主として同時多発テロ事件からアフガニスタン戦までの経緯を念頭に執筆されている．ところが，刊行が近づく中でイラク戦の可能性が極めて高くなったので，イラク戦までも射程に入れて，筆者独自の観点から，まえがき・序章・終章を執筆した．特に終章では，

これらの論稿の視点をイラク戦にも適用して考察すると共に，筆者自身の議論の文脈の中において，地球的平和問題会議での重要な発言にも言及するように努めた．また，イラク戦に直面して，鎌田東二・千葉眞氏らと結成した地球平和公共哲学ネットワークの結成趣意書やイラク非戦声明も，関連資料として収録した．だから，本書は，イラク戦も含め現在までの「反テロ」世界戦争の総体を対象として扱っている．

　姉妹書の方が刊行準備は早く進んでいたので，それがあくまでもアフガニスタン戦時の地球的平和問題会議を中心に構成されているのに対し，イラク戦をも扱っている点は本書の重要な特色をなす．刊行時期は約3ヶ月の相違ではあるが，姉妹書がイラク戦以前の状況を前提にしているのに対し，本書はイラク戦とそれ以後の状況にも対応しているのである．幸い，本書の編集を担当して頂いた勁草書房の徳田慎一郎氏からは，当初から，本書の内容をアフガニスタン戦時の地球的平和問題会議の報告のみに限定せずに，戦争批判の論点を提示する独立した論文集として，長期的に意味を持つように編集することを要請されていた．刊行時期が期せずしてイラク戦後の段階に相当することになったので，この編集方針が極めて有意義な効果をもたらした，と言って良いであろう．この点で氏の編集方針の提案に感謝したい．

　もっとも，姉妹書は文明間対話のような極めて大きな主題を扱っているので，イラク戦によってもその内容には殆ど変更の必要がない．そのあとがきで記したように，姉妹書で私達が展開した議論——例えばアメリカに対する懸念や文明間衝突・宗教間衝突の危険性——は，イラク戦によって正しかったことが確証されたのであり，文明間対話の必要性などの主張は，現在ではますます必要性を帯びてきていよう．勿論本書にも同様の側面が存在し，イラク戦でますます明らかになったブッシュ政権の性格やその一方的武力行使の問題性などは，正に本書の最大の主題の一つである．

　しかし，イラク戦にあたっての国連安保理新決議を巡ってアメリカ・イギリスとフランス・ドイツ・ロシアなどの対立が激化し，この衝突はイラク戦後にも続いて国連や国際法をはじめ，国際秩序を根本から動揺させている．これは，アフガニスタン戦においては見られなかった新しい事態であり，この点は「戦争批判」「法と政治」という主題を扱う本書こそが扱うべき問題である．その

意味においては，本書の刊行がイラクにおける「主要な戦闘作戦」の終結後となったことは，偶然とは言えむしろ幸いであった．

　日本における親米保守派のイデオローグ達は，イラク戦後，雑誌で"「国連神話から脱却」（中西輝政）し，「アメリカ幕府」（渡辺昇一）に従う他の道はない"と声高に唱えだした．「我ら属領の臣民」（福田和也）とか，"国連に代わってアメリカが（イラク戦における）有志同盟を中心に作る国際秩序において，日本が国連の場合に比して高い地位（日米英の3国同盟中心の機構における常任理事国）を得る好機だ"（渡辺昇一）というような「現実主義的」議論を始めた．崇高な理念を欠くのはもとよりのことながら，「反テロ」世界戦争の開始前には，平和主義者の「軟弱さ」や「弱腰」を罵倒し自らの「勇敢さ」を誇っていたのに比して，何という情けない議論だろうか．「正体見たり，枯れ尾花」と言いたくなるような，保守派の思想的落魄を実感させる事態である．

　これは，これまで守勢一方に回ってきた平和主義にとっては，むしろ局面を転換させ，反転攻勢が可能になる好機であろう．一部の反米保守を除けば，日本の親米保守派はせいぜい「帝国の臣民」として地位の向上を狙うことしか念頭にないのだから，人々は現実の中における理想の再生，理念を現実化しうる方途を無意識の裡に探し求めるに違いない．そして，これこそが，本書序章で言う「理想的現実主義」の目指すところなのである．

　もとより，このように平和主義の再生を図るためには，ここまで平和主義の凋落をもたらした原因を直視し，徹底的な議論を行うことによって，平和主義自体の革新・再構成を図ることが必要になろう．本書は，単に戦争批判を行っているだけではなく，多かれ少なかれ平和主義に共感を持つ論者の間でなされた，緊張感を孕んだ議論を紹介し（終章ほか），平和主義再生への思考の素材を提供している．

　現実が混沌として，目指すべき方向が不明確になる時こそ，その現実の中で可能な理想を提示する思想として，公共哲学が重要になろう．比較的静かな時代に比して，激動の時ほど，公共哲学の社会的必要性は高まり，その問題設定や問題意識も先鋭にならざるを得ない．

　そもそも，同時多発テロ事件以後のアメリカの国内的・国際的動向は──第10章で言及したように──ワイマール時代にカール・シュミットが提起した

「例外状態」という観念や「委任独裁」の状態を想起させる．また，イラク戦における被害者の映像を見れば，人々には戦争の悲惨な実態について実感することができる．これは，「戦争批判の公共哲学」の重要性を痛感させるだろう．さらに，フセイン政権崩壊後のイラクの無秩序状態や略奪の横行を見れば，ホッブズが描いた「自然状態」（万人の万人に対する闘争）を単に抽象的な議論としてではなく，具体的なイメージとして把握することができるだろう．そして，これに対する軍政やその下で形成される「傀儡政権」は正に，ホッブズが主張したような，専制的主権者としての政府形成の論理を想起させる．他方，これに代わって，本当に民主的な議会制や民主政を実現しようとするのが，社会契約論においてはロックやルソーの直面した理論的課題であった．

戦争は人命を犠牲にする究極の事態だけに，公共哲学・政治哲学が改めて考えるべき課題を，このように次々と提示する．混乱の時代だからこそ，過去における偉大な公共哲学の意義が，より明確に実感され得るし，今日の課題そのものに応える公共哲学がさらに強く要請される．

思えば，戦後政治学の主峰たる丸山眞男の生きた時代も，そのような時代だった．丸山が例えばシュミット等に寄せた関心や「超国家主義」を凝視した視線，そしてその平和問題への努力も，「反テロ」世界戦争の過程の中で，筆者は以前以上に深く理解し得たような気がしたのである．

筆者は，これまでもこのような問題に無関心だったわけではない．今年編集して刊行した『丸山眞男論――主体的作為，ファシズム，市民社会』（公共哲学叢書第2巻，東京大学出版会，2003年）の序章で書いたとおり，丸山没後に思想界で丸山誹謗論の嵐が吹き荒れる中で，筆者自身は「丸山の意義を正確に把握し思想的再構成を行うことによって未来に生かす」という希望の下に，この書の源をなす千葉大学のプロジェクト（丸山逝去翌年の1997年-2000年）を遂行していた．

しかし，2001年9月11日以前の時点においては，筆者は，丸山との関連では平和問題を主として彼自身が取り組んだ1960年代までの問題として捉えていた．少なくとも筆者に関する限り，丸山思想への関心は主として（恩顧主義論や習合主義論としての再定式化を目指している）他の理論的・思想的側面にあり，その平和問題への思惟を今日の平和問題に対して再構成して生かすとい

う視座は少なかった．

　この状態は，（プロジェクトが終了した翌年の）2001年9月11日に決定的に変わった．この日から，丸山が終生取り組んだ戦争やファシズムの問題，そしてそれに対する平和問題が，あたかも突然のように現在の問題として浮上し，公共哲学も新しい問題設定を余儀なくされた（姉妹書のあとがき参照）．上梓された『丸山眞男論』の構成や終章にはこのような問題意識の変化が反映しており，丸山公共哲学におけるファシズムや平和問題の重要性が，プロジェクト遂行中の段階よりも強調されている．そして，この問題意識の実践的展開が，本書と姉妹書（そして拙著『非戦の哲学』筑摩書房，2003年）に他ならない．筆者自身の予期に反して，南原-丸山公共哲学の問題意識を今日に生かす最大の具体的論点は，筆者がこれまで追求してきた恩顧主義等々の問題以上に，「反テロ」世界戦争を巡る地球的平和問題になったのである．

　もとより，公共哲学には様々な種類が存在し，南原-丸山公共哲学の系譜はあくまでもその内の一つにしか過ぎない．戦争批判の公共哲学，あるいは地球的平和の公共哲学は，他の様々な種類の公共哲学の観点から発展させることができるだろう．否，本書や姉妹書の内においてさえ，実際には様々な種類の公共哲学の観点が含まれているのである．姉妹書に比して，本書においては，戦争批判の論点を提示し議論するという編集方針（終章参照）の故に，筆者自身の公共哲学の観点が，より強く投影されている．しかし，これは，戦争批判の公共哲学を発展させる出発点でしかなく，筆者の見解はあくまでもそのための一試論にしか過ぎない．これがいわば思想的導火線の役割を果たし，様々な観点から戦争批判の公共哲学が力強く展開されて，現実の「反テロ」世界戦争の拡大を防止し地球的平和の実現に寄与することを衷心より念願する．

2003年5月5日

　　　　　　　　　　　　　　　　　　　　　　　　　　　　　小林正弥

巻末資料
資料1：地球平和公共ネットワーク結成趣意書
資料2：イラク非戦声明
　　　──「反テロ」世界戦争から「いのちと平和」を守るために

資料1：地球平和公共ネットワーク結成趣意書

私たちが志すもの

1. 私たちは，それぞれの「いのち（生命）」の安らぎと喜びが感じられるような地球平和と公共世界を築いていくことをめざします．
2. 私たちは，生活者の視点に立ち，足元からの智恵を生かして，地球平和と公共的価値を創造していくことをめざします．
3. 私たちは，個の自立と，多様な他者との共同性をともに尊重し，地球平和のためのゆるやかな友愛ネットワークを公共的に築いていくことをめざします．
4. 私たちは，日本国憲法第9条の「戦争放棄・永久非戦」という地球平和の理念について，その文明史的意義と公共的価値を，よりいっそう力強く世界の公論に訴えていくことをめざします．
5. 私たちは，地球平和の実現のために平和大綱を作成し，非暴力的な公共的活動を行い，生きていることの喜びと楽しさを共に味わうことのできる平和の術（アート・オブ・ピース）を創造していくことをめざします．

　私たちは，以下のような趣旨で，地球的公共性の観点に基づいた平和ネットワークを結成します．それは，多様性の尊重に基づく，ゆるやかな自発的結合です．理性と感性，知性と精神性・芸術性・身体性，生活世界と公共世界とを結びつけるために，「足の裏で憲法第9条を考える会」と「公共哲学ネットワーク」の有志が，それぞれの表現形態を生かしながら，共通の目的を説明してみました．

発起人　鎌田東二
小林正弥
千葉　眞
西田清志

〈趣意書1〉平和への希望，友愛の螺旋

1. 足元からの平和を

　一人ひとりが，足元から平和を感じてみる．

いのちの息吹を感じてみる．
自分と世界を感じてみる．
そして，足元から平和の種子を育ててみる．

わたしたちは，直立歩行を始めた人類の「足」という，一人ひとりの人間の原点に立ち戻り，足元から「平和とは何か」を感じとり，考え，行動していこうと決心しました．

2. 平和の問いかけ

21世紀が始まった矢先の2001年9月11日，全世界の人々に「平和とは何か？」という深く重い問いが突きつけられました．

何の罪もない多くのアメリカ市民の命を奪ったイスラム過激派によるテロ行為は，決して許されるものではありません．しかし，自らの命を犠牲にして行われた行為の中から，彼らが抱えた問題の大きさがはじめて浮き彫りにされたのも，もう一つの事実でした．

テロリストは何を求め，何に抗議して，自らの命を犠牲にしていくのでしょうか？　彼らが訴えている声を静かに聴き取り，それを理解し判断し，自分たちも，現実も，共に変えていくような，"共に生きる知恵"を見出していくことができなければ，わたしたちがめざす未来はいつまでも到来しないのではないでしょうか？

3. いのちの尊厳と対話

こういう状況の中，わたしたちは国家による国益尊重の論理から脱し，地球に住む一人ひとりがいのちの尊厳を保障できる平和な社会の実現を具体的にめざそうと考えます．

この社会・国家を形成しているのもわたしたち一人ひとりであり，問題を作り出しているのもわたしたち一人ひとりです．

足元から学んだ大切なこと，それは「何をするにも他人まかせではなく，自らが二本の足で立つ．"個の自立"から始まる」という厳然たる事実でした．そして，「自分が幸せになるには，他者の幸せがあってこそ成り立つ．知らぬ間に他を収奪しているとしたら，いつの日か，必ずその報いがくる」という真理です．

わたしたち一人ひとりが平和に暮らすためには，まず，わたしたちがこの地球上の一個のいのちであるという，個の存在の意味と尊厳を認め合っていくことが必要ではないでしょうか？　そうして初めて，対話を通して個と社会と文化の多様な形を練り直し，創造していくことが可能になるのではないでしょうか？

わたしたちが一人では生きられないという現実に気づき，個であると同時に，他者との輪の中で生き，他者の力によって活かされている現実に気づいた時，初めて感謝と幸せの念が起こってくるはずです．

4. 大地に根ざして生きる

裸足で大地を踏みしめてみると，ジワ〜ッと大地の体温が飛び込んできます．裸足になるだけで，人は自然の記憶を呼び覚ますことができるのです．そしてその時，"平和"とは，と

てもシンプルなことだと気がつくのです．食べて，仲間や家族と談笑して，安心して眠る．それだけで幸せなのだと．

それが，足の裏が教えてくれたもう一つの大切なことです．

わたしたちは，この平和の感覚と，幸せの感覚を，足元から取り戻していきたいと思うのです．

5. 新しい非戦・平和運動の形を求めて

そのために，わたしたちは足元に根ざし，しっかりと大地に立ち，自己の感覚をみがき，想像力と思考力を存分にはたらかせ，一人ひとりのこころと，からだと，他者性の目覚めに立ち会いながら，この社会の中で，すきとおる風の息吹とともに，新世紀にふさわしい非戦・平和運動を持続的に展開させていくことを決意します．

しなやかな感性と知性を統合し，楽しく喜びに満ちあふれた平和運動のあり方を模索し，自然と調和し，基本的人権を擁護し，一人ひとりがいのちの尊厳を保障できる世界を創造していくことをめざします．そして，この運動自体の中に，身体性の開発や喜悦や幸福感情を呼び覚ますような芸術性を開発し，創出していきたいと思います．多様性と創造性を愛でる友愛と寛容の精神をもって，平和憲法第9条を新世紀に甦らせる試みに挑戦していきたいのです．

6. 非戦パートナーシップの確立

さらには，1949年に憲法で常備軍を廃止し，永世非武装中立宣言をしたコスタリカに学び，アジア諸国から「非戦国家」としての認知を受け，世界中の平和希求市民とのネットワークを結び，積極的な民間平和外交を実践し，一人ひとりの市民が動き，連動することを通じて，「地球平和公共ネットワーク」を立ち上げていきます．

こうして，地球市民一人ひとりが足元から自覚し，平和である実感が持てるような，ヒューマン・コミュニケーション・パートナーシップを，この水の惑星に共に住まういのちや人々とつながることによって実践していきます．

7. 人間の叡智の夜明けに向かって

負の遺産としての2001年が，人類の叡智の夜明けとして記憶されるよう，未来へ向けて，平和文化と，平和の社会を，新しい時代の幕開けの道として提案していきます．

そのための方法を共に，個性豊かに開発・創造し，一つ一つ実現していきませんか．平和への希望を胸に，過去・現在・未来が深く大きくつながる友愛の螺旋の中に，一人一人の創造性と持てる力を投入し，多くの困難を乗り越え，力を合わせて，この宇宙の中にかけがえのない水の惑星である地球の平和を形づくっていきましょう．

2003年1月1日
「足の裏で憲法第9条を考える会」有志
鎌田東二・西田清志

〈趣意書2〉非戦の活動

1. 地球的危機の到来

　2001年9月11日の同時多発テロ事件以降，世界は重大な地球的危機を迎えている．イスラーム過激派によるテロ行為は，人命の犠牲をもたらすが故に非難されるべきであり，これに対しては重大犯罪として刑事的な摘発・処罰・取り締まりが国際的になされるべきである．
　しかし，こうしたテロ行為を戦争と規定し戦争で報復しても問題は解決せず，さらに多くの無辜の犠牲者を招く．暴力は暴力による報復という悪循環を招き，事態を悪化させてしまう危険がある．また，ブッシュ政権は，テロ組織だけではなくそれをかくまうタリバーン政権も敵とみなして攻撃対象としたが，この「反テロ」戦争の論理は，倫理性も合法性も欠いている．
　単独行動主義の姿勢が際だつブッシュ政権は，いわば「アメリカの新帝国主義」とでも言うことができるような横暴な姿勢を示し，徒に戦争を開始し拡大させる道を歩んでいる．これによって本当に「文明の衝突」のような大戦乱が生じることを私達は深く危惧し，日米政府はもとより，世界の公論に対して，「文明間の対話」と非戦の重要性を訴えたい．
　およそあらゆる戦争は悪と見なすことができるが，必要悪としてその正当性が主張されることが多い．しかし，この「反テロ」世界戦争は必要悪ですらなく，地球的に甚大な人命の犠牲をもたらす地球的悪そのものである．さらに，核戦争は「絶対悪」と呼ぶことができるのであり，核戦争という絶対悪を回避することは私達の最大の願いである．
　それにも拘らず，アメリカ政府を中心として多くの政府が戦争を支持し，日本政府もアフガニスタン戦争においてはテロ特措法という違憲立法を行い，第2次世界大戦後，最初の参戦行為・海外派兵を行った．イラク戦にあたってもイラク特措法の立法や戦争への協力が政府部内では検討されている．

2. 新しい平和運動の形成

　そこで，私達は，「反テロ」世界戦争という地球的悪に反対し，平和の回復・実現という地球的公共善を達成することを目的として，新しい平和運動を形成したいと考える．
　戦後の平和運動は，敗戦という経験に基づき，平和憲法の理念を堅持するために重要な役割を果たしてきた．しかし，共産主義・社会主義イデオロギーの硬直性，一国平和主義，経済至上主義・生活保守主義，沖縄の要塞化，独善的啓蒙主義・理性主義などの問題も存在し，戦争経験を持たない若年層には訴える力は衰弱していると言わざるを得ない．
　そこで，私達は，「地球的公共善としての平和」という地球的平和公共哲学の観点から，宗教的・哲学的・倫理的・芸術的要素を重視して，新世紀にふさわしい新しい非戦平和運動を創造的・生成的に展開することを目指す．
　これは，内村鑑三以来の伝統を持つ「非戦」の思想を運動として展開することをも意味しよう．かつて丸山眞男が主張したように，内面的・文化的蓄積に立脚した「非政治的市民の

政治的活動」が必要なのであり，私達は生活世界に根をおろした生活者市民による「小政治」の実践，深い精神性に立脚した公民（公共的市民・農民・漁民など）の新平和運動として展開したい．

　地球的危機の時代に平和を実現するためには，現代世界を覆う政治的無関心・無気力の壁を突破して，公衆の良心・良識に基づいた実践的活動が必要である．私達は，ガンジーなどの先例にならい，アーレントが主張したように，言論や討論に基づく平和的な活動を非暴力的に行うことを決意する．

　このような活動を自ら行うためには，一人一人の智恵と勇気・力が必要である．そして，このような運動の動機は，戦争の死者・犠牲者をなくそうとする愛である．運動が闘争的・破壊的なものにならず，批判対象をも救うような建設的なものとなるためには，優しさと愛が必要であろう．愛と知と勇気を備えるように努めながら具体的な活動を遂行するのが，今日における公共民的美徳（civic virtue）であろう．この意味において，平和運動自体が美徳を涵養する人格形成と練磨の場でもあり得るのである．

　従来の平和運動が重苦しく闘争的な雰囲気になりがちだったのに対して，私達は，理性と感性とを統合し，内面的な喜びや楽しみに満ちた平和運動を展開したいと願っている．これは，いわば「平和の術（アート・オブ・ピース）」としての，「和楽の運動」ないし「和楽の祭り」ということができよう．

　これは，聖徳太子の17条憲法にも見られるような日本古来の「和」の思想を尊重しつつ，戦後の平和憲法における平和主義を新世紀に甦らせようという試みである．アメリカの新帝国主義に対して，アジアなどからも非戦の声を挙げることによって，新しい平和な地球文明の生成に寄与することが私達の願いである．新自由主義的・西洋中心主義的なグローバライゼーションに対しては，各文明・文化相互の承認と尊重に基づいた地球的・地域的（グローカル）な文明・文化を形成することが必要なのである．

　平和の非戦ネットワークが，地球的平和を希求する仲間・同志達の友愛ネットワークとして展開し，全世界の平和志向のネットワークと連携して，地球に平和な公共世界が実現することを念願し，私達はここに「地球平和公共ネットワーク」を結成する．一人でも多くの地球公共民が参加され，この新しい運動が地球的平和の実現に寄与することを祈りたい．

2003年1月1日
「公共哲学ネットワーク」有志
小林正弥・千葉眞

資料2：イラク非戦声明
──「反テロ」世界戦争から「いのちと平和」を守るために

　9・11の同時多発テロに対して開始された「反テロ」戦争は，今やイラク戦，そして世界的な危機へと拡大しつつある．この「反テロ」世界戦争に対して，私たちは，「いのちの尊厳と価値」を守り育てることを希求し，平和憲法の文明史的価値を重視して，以下のように平和的解決を世界の公論に訴える．

1　「反テロ」戦争への反対：テロ行為に対して国家が戦争を企てるべきではない．それは報復と破壊をもたらし，無辜の「いのち」をさらに失わせる．むしろ，その背景をなす 南北格差，先進国や多国籍企業による収奪，国際政治における不公正に対して，抜本的な解決を図るべきである．

2　「反テロ」戦争と「大量破壊兵器」戦争との論理的断絶：「大量破壊兵器の開発・所有」を名目とするイラク戦は，同時多発テロとは論理的には無関係である．従って，反「テロ」戦争の延長線上にイラク攻撃が行われるべきではない．

3　「大量破壊兵器」戦争の不当性：イラクの「大量破壊兵器の開発・所有」は明確に立証されておらず，安保理ではこれに関する認定も武力行使の決定もなされていない．従って，これを理由とする「大量破壊兵器」戦争は正当化できない．「大量破壊兵器」の武装解除は，査察を始め，国連を中心にする平和的・外交的手段により行われるべきである．

4　体制転覆戦争への反対：イラクの政治体制はイラクの人々が決めるべきであって，外部から，フセイン政権転覆という体制変革を軍事的に企てるべきではない．

5　イラク戦の不当性：以上の理由により，イラクに対する先制攻撃や，まして国連安保理決議なしの先制攻撃は，地球的公共性に反する悪であり，国連憲章・国際法違反であって，道義的・政治的・法的に不当である．これを黙認することは，国際秩序の瓦解と無法世界化をもたらす．

6　日本の当為：日本政府は，平和憲法を遵守し，イラク戦に反対し，平和的解決を主張すべきである．国内では説明を回避しながら国際的には米英の新決議への支持を表明し，各国に働きかけたのは，民主主義の原則に背反しており，開戦に積極的に加担したことになる．まして，米英等は新決議案を採択できずに武力行使を行っている以上，日本政府は，支持を直ちに撤回し，この国際的不法・不当行為に強く反対を表明すべきである[i]．

7　戦争加担への反対：日本の軍事的加担は，憲法違反であり，立憲主義の瓦解をもたらす．また対テロ特措法を根拠とした軍事的加担は，同時多発テロへの対策というこの違憲立法の趣旨にすら反しており，法治主義にも背反する．被爆などの歴史的経験から平和主義を理念

として定めた日本は，不法・不当な戦争に対して軍事的にも経済的にも決して加担すべきではない[ii]．

　私たちは，憲法前文の平和的生存権や第9条の非戦の精神が地球的な平和公共哲学として世界に広がり，21世紀における「いのちの平和文明」の礎となることを念願する．そこで，平和を希求する世界中の生活者市民と連帯することを願いつつ，「いのち」が不当に失われることのないように，ここにイラク戦争への反対を表明する．米英は，自らの過ちを認め，不当で非人道的な攻撃を即刻中止すべきである[iii]．

2003年2月27日公共哲学ネットワークのサイトに掲載
2003年3月20日改訂
2003年3月20日アメリカによるイラク攻撃開始直後，[i]-[iii]を増補

呼びかけ人

鎌田東二（地球平和公共ネットワーク発起人，武蔵丘短期大学，宗教学）
小林正弥（地球平和公共ネットワーク発起人，千葉大学，政治哲学）
千葉眞（地球平和公共ネットワーク発起人，国際基督教大学，政治思想史）
西田清志（地球平和公共ネットワーク発起人，NPO「Be Good Cafe」監事）
以下50音順
伊藤洋典（熊本大学，政治思想史）
稲垣久和（東京基督教大学，キリスト教哲学）
臼井久和（中央大学，平和研究）
大橋容一郎（上智大学，哲学）
加藤哲郎（一橋大学，政治学）
鬼頭秀一（東京農工大学，環境学）
久山宗彦（カリタス女子短期大学，宗教・文化論）
栗田禎子（千葉大学，中東史研究）
黒住真（東京大学，日本倫理思想史）
佐藤研（立教大学，聖書学）
鈴木規夫（愛知大学，イスラーム研究）
関谷昇（千葉大学，政治思想史）
多賀秀敏（早稲田大学，平和研究）
松井芳郎（名古屋大学，国際法）
舟場保之（関西学院大学，哲学）
福島泰樹（歌人，僧侶）
福田歓一（東京大学名誉教授・日本学士院，政治学史）
武者小路公秀（中部大学，平和研究）

山口定（立命館大学，政治学）
山本登志哉（共愛学園前橋国際大学，発達心理学）
山脇直司（東京大学，社会哲学）
吉田敦彦（大阪女子大学，ホリスティック教育学）

＊なお賛同者は略した（2003年3月20日時点で計86名）．肩書き等はサイトへの掲載時点のものである．

趣旨

　2001年9月11日の同時多発テロ以降，世界は重大な地球的危機を迎えている．イスラーム過激派によるテロ行為は，人命の犠牲をもたらすが故に非難されるべきであり，これに対しては重大犯罪として刑事的な摘発・処罰・取り締まりが国際的になされるべきである．
　しかし，これを戦争と規定し戦争で報復しても問題は解決せず，さらに多くの無辜の犠牲者を招く．暴力は暴力による報復という悪循環を招き，事態を悪化させてしまう危険がある．また，ブッシュ政権は，テロ組織だけではなくそれを匿うタリバーン政権も敵と見做して攻撃対象としたが，この「反テロ」戦争の論理は，倫理性も合法性も欠いている．
　そこで，私たちは，アメリカが主導するアフガニスタン戦争に反対している．まずはテロの原因となった構造的不公正，例えばアメリカ軍のサウジアラビア駐留やパレスチナ問題，さらには貧困・飢餓問題ないし南北問題などが解決されるべきである．その過程でイスラーム過激派への民衆の支持は減少して，過激派は弱体化するであろう．このような世界的構造改革と共に取り締まりを強化することによって，不公正の抜本的解決を図るべきである．
　残念ながら強行されたアフガニスタン戦争の結果，誤爆などによって多くの無辜の民の犠牲がもたらされ，その死者は既に同時多発テロの犠牲者を上回った．また，「反テロ」戦争の論理は，イスラエルにも転用されてパレスチナ紛争を激化させ，オスロ合意を事実上崩壊させた．さらに，インド-パキスタン紛争を激化させて核戦争の危機ももたらしたし，ロシアのチェチェン人弾圧などにも口実を与えた．これらは，既にイスラーム過激派のテロによる反撃をもたらしている．
　さらに，ブッシュ大統領はイラク・イラン・北朝鮮の3国を「悪の枢軸」と呼んで，これらの地域にも戦争を拡大させる懸念をもたらした．また，フィリピン，イエメンなどには軍事顧問団などを送って，既に小規模な戦線の拡大を行っている．そして，ブッシュ政権は，大量破壊兵器開発・所有国などに対しては先制攻撃を可能にする新戦略ドクトリンを打ち出し，核や生物化学兵器などの大量破壊兵器の使用に対しては核攻撃も辞さないという方針を秘かに採用した．これは，戦争防止を目的とする国際法的秩序を崩壊させ，核戦争の危険すら招く．ブッシュ政権の単独行動主義は，一種の軍事的帝国主義と言わざるを得ない．これは，既存の国際法や国際秩序に明確に反しており，地球的な公共性ないし公益の実現を著しく阻害している．
　このように，「反テロ」戦争は，テロとは無関係でも「大量破壊兵器開発・所有」を名目

とする戦争へと拡大しつつある．イラクとテロとの関係は明確に立証されてはおらず，また核兵器などの大量破壊兵器の所持も証明されてはいない[i]．さらに，これについて安保理は平和に対する脅威と認定してはいないし，この脅威に対処する目的で武力行使を決定してはいない．だから，大量破壊兵器の開発・所有を名目とする武力行使は国際法に違反している．

それにも拘らずイラクを攻撃すれば，再び無辜の犠牲者が大量に生じるであろう．さらに，この戦争はイランや北朝鮮へと拡大して犠牲者を増加させる危険を孕み，核戦争すら起こりうる．特に，北朝鮮の核問題は日本にとっては深刻である．

「大量破壊兵器の開発・所持」は，同時多発テロとは論理的には無関係だから，これを名目とする戦争を「反テロ」戦争の一環として行うべきではない．イラク戦がこの名目で行われれば，次の段階では北朝鮮に対しても同様の戦争が行われる危険が高まる．この場合，日本を含む周辺諸国にも多大な人的・物的犠牲が生じる危険が存在する．このような危険を避けるためにも，イラク戦に反対すべきである．そもそも，世界で最も大量破壊兵器を所有するのはアメリカだから，大量破壊兵器所有を理由としてアメリカが主導する戦争は，二重基準の問題を免れない．

1月下旬に開戦の危険があったイラク戦争は，世界的な反戦の声の影響もあって，延期された．アメリカはパウェル国務長官の機密情報開示でイラク開戦を正当化しようとしたが，その開示した「証拠」は極めて不十分だった．特に，イラクとアル＝カーイダとの関連を主張したが，その部分は著しく説得力を欠いている[ii]．そして，2月14日の国連安保理におけるイラク査察追加報告では，国連監視検証委員会のブリクス委員長と国際原子力機関のエルバルダイ事務局長は，イラクの査察への協力を不十分としながらも一部は評価して，さらに査察の継続を望む意思を表明した（非公開会合）．世界の反戦の声に支えられて，仏独を始め国連安保理の多数が米英の主張する新決議案やイラク戦争の開始に反対した（12対3：2月14日時点）．

これに対して，日本政府は戦争反対の意思を表明しないばかりか，国内では態度を表明しないでいたにもかかわらず，国連安保理の公開討論会で，米英を支持して新決議案の採択を主張した（18日）．国内で説明を回避しながら国際的にこのような表明を行うのは，民主主義の原則を無視した暴挙である．新決議の支持に働きかけることは，アメリカ主導の開戦に積極的に加担することに他ならないであろう．

結局，米英スペインの新決議案は，安保理で多数を確保できず，取り下げられるに至った．18日付けのワシントン・ポストによると，ブルガリアを加えた4カ国の賛成しか得られなかったのであり，これは国際社会における米英の決定的・徹底的な敗北である．仏独などの強硬な反対は，単に国益に基づくものではなく，世界的な非戦の声に立脚しているのであり，このことが中間派諸国大多数の不賛成にも如実に現れている．

それにも拘らず，ブッシュ大統領は世界の民衆の声や，国連・国際法を無視してイラクに最後通告を行い，戦争を強行した（3月19日）．そして小泉首相は，いち早くイラク戦を支持することを表明した．独仏露などが開戦を批判したことを考えれば，これは日本政府が主張してきた国際協力ではなく，突出した米英の支持であり，その責任は極めて大きい[iii]．

あらゆる戦争は人間の死を招く故に可能な限り回避されるべきであり，止むを得ない場合

にもせいぜい「必要悪」に止まる．従って，査察続行や強化によって大量破壊兵器開発・所有を阻止できる可能性がある内は，そのような方法を尽くすべきであって，決して先制攻撃に訴えるべきではない．従って，この戦争は，必要悪ですらなく，上述のように地球的公益に反する地球的悪そのものとすら言えよう．

　米英も，国連憲章の精神に従って[iv]，加盟国として平和的解決を最大限追求すべきであり，イラクに対する武力行使を行うべきではない．また，攻撃開始時点では米英に対してイラクからの武力攻撃は存在しなかったから，アフガニスタン戦争の場合以上に，自衛権による武力行使（第51条）を行うことはできない．また，アメリカが武力行使の根拠としてあげた安保理決議の内，武力行使を認めた678（1990年）は湾岸戦争についてのものだし，687（91年）は湾岸戦争停戦決議である．また，昨年11月の1441は査察への虚偽報告や非協力を「さらなる重大な違反」であり「深刻な結果に直面する」と警告したが，これは武力行使も容認したものではないし，「重大な違反」についても安保理では認定されていない．だから，新決議なしにこれらを根拠として武力攻撃を行うのは，明らかに不法行為である．

　私たちは，国連憲章の精神に基づいて武力行使に反対する．国連安保理で武力行使を容認する新決議が採択されなかった以上，イラク戦には全く合法性がなく，国連安保理の新決議なしの先制攻撃は，違法な侵略に等しい．これを黙認することは，国際法や国際秩序の瓦解をもたらし，世界は無法化する．また，イラクの政治体制はイラクの人々に決定が委ねられるべきであって，地球上の他の人々はその民主的な自決を援助すべきではあるが，フセイン政権転覆という体制変革を目指す軍事攻撃を外部から行うべきではない．

　私たちは，日本政府が国内では明確な意思表示を避けながら国際的に安保理新決議採択を支持したこと，また新決議採択に向けて外交的に働きかけたことを批判する．ここには，戦後一貫した対米随従の外交政策，そして日本独自の「外交の公共哲学」が欠如していることが如実に現れている．

　まして，安保理新決議なしのイラク戦に対して日本政府が支持を表明したことについては，言語道断と言わざるをえない．米英のイラク攻撃が国連憲章などの国際法に違反した不法行為である以上，それを支持することは国際的な不法行為・不当行為の共犯者となることである．不法行為に対しては，支持どころか，論理的には制裁措置を考えるのが正当である．従って，日本政府は支持を直ちに撤回して，強く反対を表明すべきである[v]．

　日本政府がこの戦争に軍事的に加担することは，憲法における平和主義と明確に背反するから，憲法上許されない[vi]．前文における「平和を愛する諸国民の公正と信義に信頼して……」や第9条第1項の「正義と秩序を基調とする国際平和」の精神によれば，（国連憲章の基本原則として第2条第3項，4項に掲げられているような）紛争の平和的解決を支持することになる．そして何よりも，「戦争」や「武力行使」は「国際紛争を解決する手段としては，永久にこれを放棄」しているから，アフガニスタン戦争やイラク戦争における武力行使に加担することは明確な憲法違反をなす[vii]．

　従って，イラク戦は国際的には国際法を瓦解させる無法行為であると同時に，日本のそれへの加担は，平和憲法と立憲主義を瓦解させる不法行為である．対テロ特措法は違憲立法である上に，これをイラク攻撃に適用することはその趣旨や目的に反している．だから，これ

を根拠とした軍事的加担はこの悪法にすら違反しており，法治主義にも反している．以上から，イラク戦及びそれへの加担は道義的・政治的・法的に不当であり，日本は軍事的にも経済的にもこの戦争に加担してはならない．

　私たちは，「いのちの尊厳と価値」を尊重し，地球的公共性の観点からイラク戦争に反対し，非戦平和を訴える．アメリカは独断的な「正義」を振りかざして戦争を行い，アフガニスタン，さらにはイラクにおいて無辜の犠牲者を生み出しつつあり，日本における原爆等の犠牲者と同様の惨状や苦しみが生まれるであろう．

　日本は，被爆体験などをふまえて，不法・不当な戦争の過ちを痛切に自覚し，戦後その反省の下に平和憲法を定めた．従って，日本はその憲法の精神に従って明確にイラク戦反対の意思表示を行い，逆に世界に向けて平和的解決の重要性を訴えるべきである．米英は，自らの過ちを自覚し，一刻も早く攻撃を中止すべきである〔viii〕．

　日本国憲法第9条には，先進的な文明史的意義・文明論的価値が存在するのであり，この精神に立脚して「いのちの平和文明」が未来に築かれることを念願する．私たちは，「恒久の平和を念願し，人間相互の関係を支配する崇高な理想を深く自覚」し，「平和を愛する諸国民の公正と信義に信頼して」（憲法前文），世界中に生活する「公共民」との連帯を希望しつつ，ここに以上の声明を行う．

〔i〕　この点については，特に来日した元国連大量破壊兵器査察官スコット・リッターの証言を参照．ウィリアム・リバーズ・ピット，スコット・リッター『イラク戦争の真実――ブッシュ政権が隠したい事実』（星川淳訳，合同出版，2003年）．

〔ii〕　パウエル国務長官は，アル゠カーイダ幹部のアブムサブ・ザルカウィ氏がフセイン大統領にかくまわれていると主張したが，その後ザルカウィ氏はフセイン政権の影響力が及ばないクルド自治区にイスラーム過激派と潜伏していると報道されている．

〔iii〕　事態の展開に伴い，以上の2段落を3月20日に挿入．

〔iv〕　国連憲章第2条では「3 すべての加盟国は，その国際紛争を平和的手段によって国際の平和及び安全並びに正義を危うくしないように解決しなければならない．／4 すべての加盟国は，その国際関係において，武力による威嚇又は武力の行使を，いかなる国の領土保全又は政治的独立に対するものも，また，国際連合の目的と両立しない他のいかなる方法によるものも慎まなければならない」とされている．

〔v〕　事態の展開に伴い，この段落を3月20日に挿入．

〔vi〕　日本国憲法第9条は「日本国民は，正義と秩序を基調とする国際平和を誠実に希求し，国権の発動たる戦争と，武力による威嚇又は武力の行使は，国際紛争を解決する手段としては，永久にこれを放棄する．／前項の目的を達するため，陸海空軍その他の戦力は，これを保持しない．国の交戦権は，これを認めない．」と定めている．

〔vii〕　憲法第9条によって日本が全面的に戦争・武力行使・戦力・交戦権を放棄したと解釈する場合は，そもそも自衛隊自身が違憲となるから，軍事的加担が許されない．他方，仮に「国際紛争を解決する手段として」「前項の目的を達成するため」にこれらを放棄したと限定的に解釈する場合にも，アフガニスタン戦争やイラク戦争は自衛戦争ではあり得ず「国際紛争を解決する手段としての」戦争・武力行使に他ならないから，対テロ特措法などの軍事的加担は憲法違反である．

〔viii〕　以上の2段落を，3月20日に改訂．

＊　なお以上の声明は，イラク戦が迫る中，それに反対するものとして，当初2003年2月27日に公共哲学ネットワークのサイトに暫定版が掲載され，3月5日の記者会見で確定版が公表された．さらに，3月20日にイラク戦が開始されてしまったので，それに合わせて米英の攻撃の即時停止と日本政府の支持撤回を求める形に改訂し，小泉首相・川口外務大臣・アメリカ駐日大使宛に，それぞれ郵送した．

執筆者略歴（50音順．＊は編者）

池内 恵（いけうち　さとし）

1973年生まれ．東京大学大学院総合文化研究科博士課程単位取得退学．アジア経済研究所研究員．『現代アラブの社会思想』（講談社，2002年），「イスラーム世界における政-教関係の二つの次元」酒井啓子編『民族主義とイスラーム』（アジア経済研究所，2001年）ほか．

臼杵 陽（うすき　あきら）

1956年生まれ．東京大学大学院総合文化研究科博士課程単位取得退学．国立民族学博物館地域研究企画交流センター教授．『イスラムの近代を読みなおす』（毎日新聞社，2002年），『思考のフロンティア　原理主義』（岩波書店，1999年），『地鳴りする世界　9.11事件をどうとらえるか』（共編，恒星出版，2002年）ほか．

小林正弥（こばやし　まさや）＊

1963年生まれ．東京大学法学部卒業．千葉大学法経学部教授．『非戦の哲学』（筑摩書房，2003年），『政治的恩顧主義論〈クライエンテリズム〉』（東京大学出版会，2000年）ほか．

木村正俊（きむら　まさとし）

1961年生まれ．東京大学大学院法学政治学研究科博士課程単位取得退学．法政大学法学部助教授．「グローバル化とアイデンティティーの政治　ポスト・シオニズム時代のイスラエル」『法政大学教養部紀要』（第116号，2001年），「正戦と全体戦争」『立教法学』（第54号，2000年）ほか．

黒川知文（くろかわ　ともぶみ）

1954年生まれ．東京大学大学院人文科学研究科博士課程修了．愛知教育大学教育学部助教授．『ロシア社会とユダヤ人』（ヨルダン社，1998年），『ユダヤ人迫害史』（教文館，1997年）ほか．

千葉 眞（ちば　しん）

1949年生まれ．プリンストン神学大学大学院博士課程修了．国際基督教大学教養学部教授．『デモクラシー』（岩波書店，2000年），『アーレントと現代』（岩波書店，1996年）ほか．

藤原帰一（ふじわら　きいち）

1956年生まれ．東京大学大学院法学政治学研究科博士課程中退．東京大学大学院法学政治学研究科教授．『デモクラシーの帝国』（岩波書店，2002年），『戦争

を記憶する』（講談社，2001年）ほか．

松井芳郎（まつい　よしろう）

1941年生まれ．京都大学大学院法学研究科博士課程中退．名古屋大学大学院法学研究科教授．『国際法（第4版）』（共著，有斐閣，2002年），『国際法から世界を見る　市民のための国際法入門』（東信堂，2001年）ほか．

柳橋博之（やなぎはし　ひろゆき）

1958年生まれ．東京大学大学院人文科学研究科博士課程単位取得退学．東京大学大学院人文社会系研究科助教授．「8世紀サワードにおける小麦の収穫率を算定する試み」『イスラム世界』（第60号，2003年），「イスラーム法の著作に見る裁判管轄の分配について」『上智アジア学』（第13号，1996年）ほか．

山内敏弘（やまうち　としひろ）

1940年生まれ．一橋大学大学院法学研究科博士課程修了．龍谷大学法学部教授．『人権・主権・平和』（日本評論社，2003年），『有事法制を検証する』（編著，法律文化社，2003年）ほか．

山本登志哉（やまもと　としや）

1959年生まれ．北京師範大学研究生院博士課程修了．共愛学園前橋国際大学国際社会学部助教授．『生み出された物語』（編著，北大路書房，2003年），「〈共在〉としての〈内在〉を生きることについて」『戦後的知と「私利私欲」　加藤典洋的問いをめぐって』（共著，柏書房，2001年）ほか．

巻末資料

* 鎌田東二（かまた　とうじ）　京都造形芸術大学芸術学部教授
* 西田清志（にしだ　きよし）　NPO「Be Good Cafe」監事

発言者（終章参照）

* 飯島みどり（いいじま　みどり）　立教大学法学部助教授
* 板垣雄三（いたがき　ゆうぞう）　東京大学名誉教授・東京経済大学名誉教授
* 稲垣久和（いながき　ひさかず）　東京基督教大学教授
* 加藤　節（かとう　たかし）　成蹊大学法学部教授
* 加藤哲郎（かとう　てつろう）　一橋大学大学院社会学研究科教授
* 栗田禎子（くりた　よしこ）　千葉大学文学部助教授
* 鈴木規夫（すずき　のりお）　愛知大学国際コミュニケーション学部教授
* 田中孝彦（たなか　たかひこ）　一橋大学大学院法学研究科教授
* 宮平　望（みやひら　のぞむ）　西南学院大学文学部助教授
* 山脇直司（やまわき　なおし）　東京大学大学院総合文化研究科教授

戦争批判の公共哲学
「反テロ」世界戦争における法と政治

2003年7月25日　第1版第1刷発行

編者　小林　正弥

発行者　井村　寿人

発行所　株式会社　勁草書房

112-0005　東京都文京区水道 2-1-1　振替 00150-2-175253
　　　　　（編集）電話 03-3815-5277／FAX 03-3814-6968
　　　　　（営業）電話 03-3814-6861／FAX 03-3814-6854
　　　　　　　　　大日本法令印刷・青木製本

© KOBAYASHI Masaya 2003

ISBN 4-326-60159-0　　Printed in Japan

JCLS　＜㈱日本著作出版権管理システム委託出版物＞
本書の無断複写は著作権法上での例外を除き禁じられています。
複写される場合は，そのつど事前に㈱日本著作出版権管理システム
（電話 03-3817-5670, FAX 03-3815-8199）の承諾を得てください。

＊落丁本・乱丁本はお取替いたします。

http://www.keisoshobo.co.jp

福井康太 **法理論のルーマン** A5判 三二〇〇円 10135-0

中金聡 **政治の生理学** 必要悪のアートと論理 四六判 三二〇〇円 35120-9

小泉良幸 **リベラルな共同体** ドゥオーキンの政治・道徳理論 A5判 三五〇〇円 10140-7

若松良樹 **センの正義論** 効用と権利の間で 四六判 三〇〇〇円 15371-7

毛利透 **民主政の規範理論** 憲法パトリオティズムは可能か A5判 三五〇〇円 40205-9

＊表示価格は二〇〇三年七月現在。消費税は含まれておりません。

—— 勁草書房刊 ——